한국경제의 미래, 시장에 답이 있다

전문가 진단을 통한 한국경제의 전망과 전략

한국경제의 미래, 시장에 답이 있다

한국경제연구원 편저

21세기북스
www.book21.com

  한국경제연구원은 지난 1981년 한국경제와 기업의 장단기 발전과제를 종합적으로 연구하고 효율적인 자유주의 시장경제 체제를 구축하고 건전한 기업의 성장을 통해 국민경제의 발전에 기여하고자 출범했다. 따라서 본 연구원은 다양한 경제 이슈에 대해 자유시장, 자유기업, 자유경쟁의 가치에 부합하는 정론을 펼치고 정책 대안들을 제안하여 시장경제 질서를 선진화하고 기업하기 좋은 환경을 조성하기 위한 제도적 방안을 모색하는 데 최선을 다하고 있다.

  이를 위해 다양한 경제 이슈들에 대한 전문적인 진단 및 시장경제 논리를 제공하고자 2003년 1월부터 본원의 홈페이지에 〈전문가칼럼〉을 매주 한 편씩 게재해 왔고, 2008년부터는 〈경제 이슈 논평〉과 〈기업법과 제도 이슈〉를 추가하여 전문가의 의견을 피력해 왔다. 그리고 2009년 7월부터는 그동안 세 가지로 나누어 운영해 왔던 칼럼을 〈KERI 칼럼〉으로 통합하여 매일 새로운 내용을 선보이고 있다.

  이처럼 이 책에 실린 칼럼들은 본래 발간을 목적으로 기획된 것은 아니었으나 네티즌들의 요청과 시장경제에 대한 일반인들의 정확한 이해에 도움을 주고자 책으로 엮게 되었다. 지금까지 2005년에 게재되었던 칼럼을 모아 『한국경제를 읽는 7가지 코드』라는 제목으로 제1집을, 그리고 2007년에는 『한국경제, 추락인가 도약인가』라는 제목으로 제2집을, 2007년 1월부터 2008년 말까지 2년간 게재된 칼럼들은 『한국경제, 미래를 경영하라』라는 제목으로 제3집을, 2009년 1월부터 12월까지 1년간 게재된 칼럼들은 『시장이 붐벼야 사람이 산다』라는 제목으로 제4집을 발간한 바 있다.

이번에 새롭게 발간하는 『한국경제의 미래, 시장에 답이 있다』는 2010년 1월부터 12월까지 게재된 총 250여 편의 글 가운데 90편을 엄선하여 엮었다. 이 책은 홈페이지 게재 당시 부각되었던 다양한 이슈들에 대해 국내의 전문가들이 시장경제 원리에 기초하여 집필한 칼럼을 '코끼리를 춤추게 하려면 파괴하고 창조하라', '규제를 푸는 정책 혁신', '위기에 강한 경제, 부강한 나라', '노동정책, 발상의 전환이 필요하다', '당당하게 세계 속으로 나아가라', '중장기적인 발전전략을 논의할 때다', '선진 사회의 조건' 등 7개 부문으로 나눠 각 주제별로 편제했고 집필 시점을 밝히기 위해 말미에 게재 일자를 표기했다.

특히 이번에 새로 엮어낸 『한국경제의 미래, 시장에 답이 있다』는 우리 사회의 현안 문제를 포괄적으로 다루는 한편 당면하게 될 아젠다를 미리 발굴하여 논의를 주도함으로써 각종 시나리오를 준비하는 데 도움이 되도록 하였다. 또 원론적으로 명백한 사안임에도 불구하고 이념적 편향에 따라 정치화되는 이슈를 건전한 논의의 장으로 인도했으며, 정확한 이론과 가설 그리고 실증을 바탕으로 논의를 전개했다.

바쁜 와중에 시간을 할애하여 귀중한 글을 보내주신 본원의 연구진과 원외 필진 모든 분에게 감사드린다. 또한 칼럼의 필진 섭외와 게재 일정 관리 및 최종 발간에 이르기까지 애써 주신 본원의 정책기획실원, 그리고 21세기북스 직원들에게 감사의 뜻을 전한다. 아울러 이 책의 내용이 한국경제연구원의 공식적인 견해와 반드시 일치하는 것은 아님을 밝혀둔다.

2011년 1월
한국경제연구원 원장
김영용

Chapter 3 위기에 강한 경제, 부강한 나라

Chapter **1**

코끼리를 춤추게 하려면
파괴하고 창조하라

아이패드·아이폰 OS4가 던지는
새로운 도전

▎ **김현종**(한국경제연구원 연구위원)

태블릿 제품에 대한 관심은 지난 1월 27일 애플(Apple Inc.)의 아이패드 (iPad)가 발표된 이후 고조되었다가 잠시 주춤하는 모습이었다. 그러나 4월 3일 미국에서 아이패드가 본격적으로 출시되면서 또 다시 화제가 되고 있다.

일부 관측자들은 생각보다 무겁고, 무선인터넷(WiFi) 연결이 잘되지 않는 제품도 있고, 매번 아이튠즈(iTunes)로 연결해야 하는 문제를 제기 하면서 시장 확대에 대해 부정적인 시각이다. 그러나 아이패드 활용 안내(guided tour) 영상을 통해 무궁무진한 아이패드의 활용법이 알려지면 서 확실히 과소평가할 수 없는 제품임이 일깨워지고 있다. 발표 당시 와는 달리 직접 시연이 가능해지면서 만족스러운 아이패드 터치감에 대한 보도가 이어졌다. 이번에 출시된 아이패드는 4월 8일 현재 45만 대가 팔렸고, 아이북스(iBooks)를 통해 60만 건의 전자서적이 다운로드 되었으며, 3,500가지가 마련된 아이패드 앱은 350만 개가 다운로드 됐 다고 한다.

애플은 4월 8일 또 '아이폰 OS4'를 선보였으며, 올 여름부터 새로 출시되는 아이폰에 탑재할 것이라고 발표했다. 이 발표에 따르면 아이폰 OS4는 기존 이용자들이 그토록 갈망했던 멀티태스킹을 구현할 수 있게 해주며, 한편으로 폴더 기능도 추가하고 있다. 또한 아이북스 앱과 기업용 앱이 추가되었으며 게임센터가 마련되었다. 이제 아이패드와 아이폰은 서로 연계된 서비스를 형성하여 애플이 시장에서 더욱 공고한 위치를 확보하는 디딤돌이 될 것이라 예상된다.

일개 IT기업인 애플의 경우 제품 발표나 출시가 기사화되는 것은 당연한 수준이고, 아예 어떤 제품이 출시될지에 대한 루머도 중요한 뉴스로 다루어지고 있는 정도이다. 매우 이례적이라고 할 수도 있으나 향후의 정보통신산업의 향방에 미치는 영향력이 매우 크기 때문에 주목하고 있는 것이다. 그리고 구글과 비슷했던 애플의 회사 가치는 최근 차츰 앞서 나가기 시작했고, 마이크로소프트의 회사 가치 수준을 향해 점점 올라가고 있는 듯하다. 한편으로는 애플 제품의 연이은 출시와 발표로 아이패드 발표 당시 나왔던 논쟁들이 또 다시 언론에 회자되고 있다. 애플이 이런 제품을 출시할 때까지 우리나라 기업과 정부는 무엇을 했느냐는 비판까지 일고 있다.

애플 제품의 발표와 출시로 인해 가장 당황스러운 기업은 마이크로소프트(Microsoft, MS)이다. MS는 휴렛패커드(HP) · 델(Dell) · 삼성전자 · LG전자 그리고 대만 IT업체 등 글로벌 기업이자 자기의 협력자들에게 실망감을 안겨주었으며, 이제 이들 기업들은 점점 MS 조력자의 자리에서 벗어나려는 움직임을 보여주고 있기 때문이다. 이전까지 MS는 되도록 많은 기기들에 탑재될 수 있는 범용 운영체제를 양산해 왔다. 윈도우 모바일(Windows Mobile)이 그런 제품으로 모바일 기기의 액정 크기, 기능 등 탑재 사양에 관계없이 지원 가능한 범용 OS였다. 이러한 전략은 시장이 정체되어 있을 경우에는 적절하다고 할 수 있지만 다양한 소프트웨어 서비스를 가능하게 하기 위해서는 적절하지 못하다. 보다 많은 하드웨어를 포괄하는 범용 OS는 어떤 디바이스에도 최적이 될 수 없는 운영체제가 되어버리기 때문이다. MS와 마찬가지로 독자적 운영체제를 탑재해 생산해 오던 업체들도 어려움을 겪고 있다. 스마트폰 시장에서 1, 2위를 하던 노키아(Nokia)와 블랙베리(Blackberry)는 점점 힘을 잃어가고 있으며, 한때 PDA 운영체제로 전성기를 누렸던 팜(Palm)은 거의 몰락한 정도가 되었다.

국내 IT 제조사들의 입장에서 애플의 연이은 신제품 출시는 경쟁 패러다임의 전환을 시사해 주었고 이에 대해 대응전략을 변경해야 한다는 사실을 일깨워 주었다. 국내에는 아이폰의 도입 이후 언론에 회자되고 있으나 이러한 변화에 대해 국내 제조사들은 해외에서 이미 감지해 왔으며 변화에 대응해야 할 전략을 고심해 왔다. HP 등 컴퓨터 제조업체 중 서버 생산을 하는 전통적인 컴퓨터 중심 기업들은 최근의 모바일 환경의 변화에 덜 민감한 편이다. 이들 기업은 모바일 서비스 분야에서는 클라우드 컴퓨팅 등 기업 업무용 비즈니스를 중점적으로 고려하고 있어 애플과의 직접적 경쟁대상은 아니다. 애플의 아이워크(iWorks)가 글로벌 사무용 소프트웨어로 성장하기에는 MS오피스의 자리가 너무 크고, 이미 구글닥스나 조호(Zoho) 오피스 등 많은 클라우드 베이스 서비스가 산재해 있다. 아이폰 OS4가 기업용 앱을 지원한다고는 하지만, 아이패드나 아이폰은 직접 프린터에 연결할 수 있는 USB를 갖고 있지 못해 별도의 연결이 필요하므로 기업용으로 발전하는 데에는 여전히 한계를 갖고 있다.

인터넷 서비스 사업자들도 스마트폰과 태블릿 제품 등 모바일 디바이스의 등장과 보급으로 이해관계가 민감해진 분야 중 하나다. PC로만 가능했던 서비스 기능들이 이제 모바일 기기에서 가능해지면서 새로운 비즈니스 모형이 나오고 있기 때문이다. 신규 사업자들에겐 새로운 사업모형을 발견하는 것이 가능한 계기가 되었지만, 기존 대형 업체로서는 글로벌 환경에 노출되면서 위기관리의 필요성을 절실히 느끼도록 하고 있다. 특히 아이폰에는 빙(Bing), 안드로이드폰에는 구글(Google)이 기본 검색엔진으로 장착되어지면 네이버·다음 등 국내 포털업체의 지위가 모바일 서비스에서 위축될 것이라고 우려하고 있는 상황이다. 더욱이 포스퀘어, 고왈라 등과 지역과 연계된 서비스가 검색 서비스와 연동될 경우 국내 포털업체의 입지는 더욱 줄어들 수 있다. 한때 국내에서는 동영상 시장에서 포털(Portal) 사이트의 시장 지배력 남용을 우려하기도 했지만 정보통신 환경의 급격한 변화는 이와 같이 국내 포털에게 오히려 끊임없이 변화와 경쟁력 제고를 강조하고 있어 오히려 글로벌 기업들의 시장 지배력에 압도될 우려를 낳고 있는 실정이다.

아이폰이나 아이패드가 대중들의 관심을 크게 끌게 된 데에는 언론사들의 보도가 큰 역할을 했다. 국내 언론뿐만 아니라 「뉴욕타임스(NYT)」나 「월스트리트저널(WSJ)」 등 외국 언론도 마찬가지였다. 이는 풍전등화와 같이 변화무쌍한 환경 변화에 직면하고 있는 미디어 산업의 위기의식에서 비롯된 것일 수도 있다. 네이버 뉴스 캐스트의 변화에 광고매출액이 영향을 받는 등, 현재의 미디어 플랫폼 구조에서 벗어나 인터넷 이전의 수익구조를 이룰 수 있는 계기를 마련하고 싶어 하는 것이 언론 산업의 한 단면이기도 하기 때문이다. 그러나 블로그와 더불어 페이스북(facebook)·트위터(twitter) 등 소셜미디어(social media)의 각광으로 인하여 언론 산업이 예전의 위치로 되돌아가는 것은 쉽지 않다. 아이패드와 같은 기기에 세련된 디자인으로 편집된 기사를 선호하는 독자들도 있겠지만, 편집 상태는 좋지 않아도 실시간으로 게재

되는 기사를 더 선호하는 독자들이 많아지는 시대로 변해가고 있다. IT업체들은 언론보도용 행사에 언론사 기자들뿐 아니라 유명 블로거(파워블로거)들을 초청하는 일이 증가하고 있는 등, 블로거의 영향력을 중시하고 있는 추세이기도 하다. 향후 권위 있는 논평으로 우리 사회를 진단하는 기존 언론사들의 역할은 여전히 지속할 것으로 예상되지만, 태블릿 제품의 출시에도 불구하고 인터넷 시대 이전과 같은 수익을 모바일 기기를 통해 창출하기는 쉽지 않을 것으로 생각된다. 무엇보다도 광고를 통한 수익창출이 어렵기 때문이다. 광고수익을 검색엔진과 언론사가 양분하는 구조 속에서 누가 많이 가져갈 것인가를 놓고 다투는 양상이 지속되어 왔다. 그런데 애플은 이러한 양분구조에 새로이 끼어들려고 하고 있다. 애플은 아이폰 OS4를 출시하면서 아이애드(iAd)라는 개념을 선보였다. 모바일 서비스를 하면서 광고를 제공하겠다는 것이며 광고 앱 개발자와 6대 4로 수익을 나눠가질 것이라고 한다. 향후 아이애드가 광고 시장에서 어떤 역할과 비중을 차지하게 될 지는 예상하기 어려우나, GPD의 고정적으로 일정 비율을 점유하는 광고매출액을 나눠 갖는 경쟁구조 속에서 또 하나의 경쟁자로 부상할 가능성은 충분하다고 하겠다.

그렇다면 우리나라의 기업들은 어떻게 대응해야 할 것인가? 언론의 비판대로 소프트웨어 분야로의 진출을 우선시해야 할 것인가? 국내 제조사들은 일단 현재의 대응전략대로 다양한 OS에 대응한 모바일 기기를 출시하는 것이 적절하다고 생각한다. 대중들은 저가의 범용제품을 선호하기 때문에 애플의 시장 확대에는 한계가 있을 수밖에 없다. 개방형 운영체제 중 대중화되는 운영체제 위주로 제품을 생산하는 것이 기존 시장을 잃지 않으면서 대응할 수 있는 방법일 것이다. 물론 독자적 혹은 주도적 OS에 대한 고려는 필요하다.[1] 독자적으로 주도하거나 통제가 가능한 운영체제를 확보하지 못할 경우 향후 TV시장의 플랫폼 경쟁에서 취약해질 우려가 있기 때문이다. 다만 기존 고객 시장을 고려하지 않으면서까지 독자적 운영체제 개발과 보급에 주력하는 것은 하드웨어 업체로서의 경쟁력을 갖춘 우리 기업에게 적절하지 않을 수 있다고 생각한다. 영화 산업에 진출하여 위기관리에 실패해 오랜 기간 고생만 했던 소니의 사례는 섣부른 전환에 대한 또 다른 타산지석이라고 할 수 있기 때문이다.

현재와 같은 모바일 서비스의 급격한 변화 양상 속에서 정부의 역할을 강조하는 목소리가 나오고 있지만 실제로 IT분야에서 가장 좋은 정부의 자세는 기업들에 일임하는 것일 수 있다. 정부는 스스로 경쟁을 제한할 의도는 아니겠지만 그동안 추진해 왔던 산업 지원정책이 오히려 플랫폼 제한 등 경쟁제한 정책으로 비춰졌던 게 사실이다. 일률적인 정부 지원정책은 지양하고 차별화된 지원정책을 개발하는 것이 정부의 남아 있는 역할 중 하나가 될 것으로 본다. 그리고 플랫폼 경쟁을 제한하거나 글로벌 환경과 괴리되는 제도를 개선하는 일이 정부의 또 다른 정책과제라고 하겠다. 아이폰 도입 시 논란이 되었던 위치정보에 대한 법제도 등 글로벌 기준과 달라 발생할 수 있는 문제를 사전에 개선하는 노력이 필요하다. 최근 사전심사제도의 개선 등을 통해 정부는 노력하는 모습을 보여주고 있는데, 이러한 노력이 지속되기를 바란다. 국내 업체들이 글로벌 경쟁력을 갖추기 위해서는 국내 IT환경이 글로벌 체제에 부합되어야 하기 때문이다. (2010. 4. 12)

스티브 잡스의 리더십에서 배우는 교훈

■ **김현종**(한국경제연구원 연구위원)

아이팟(iPod)과 아이폰(iPhone)의 열풍으로 디지털 미디어 혁신을 선도하고 있는 미국 애플(Apple Inc.)의 CEO인 스티브 잡스(Steve Jobs)는 삶 자체가 드라마틱하다. 태어나자마자 생모로부터 버림받고 잡스(Jobs) 부부에게 입양되었다. 자신의 등록금을 마련하기 위해 고생하는 양부모를 생각하여 대학을 중퇴한 이후 자신이 좋아하는 전자기기 만들기에 몰두했다. 21세에 애플컴퓨터를 공동 창업하여 급성장시켰지만 30세 때 자신이 창업한 회사에서 쫓겨났다. 절망에 빠졌으나 다시 넥스트(NeXT)라는 회사를 통해 컴퓨터 운영체제를 개발하는 한편, 픽사(Pixar)라는 기업을 인수하고 토이 스토리(Toy Story) 등 3D 애니메이션 영화를 제작하여 상업적인 성공을 이루었다. 반면 애플은 잡스를 쫓아낸 지 10여 년간 이렇다 할 성공을 거두지 못한 채 10억 달러 규모의 적자를 기록하고 있었다. 결국 스티브 잡스는 42세 되던 해에 애플의 경영난을 해결하기 위해 다시 CEO로 임명되었다.

스티브 잡스의 경영관과 리더십에 대해 이러저러한 얘기들이 많지만, 그것이 자신의 드라마틱한 삶을 헤쳐 나가면서 터득한 경험에서 생성된 것인지 혹은 난관을 헤쳐 나가는 천재의 직관인지는 확인하기 어렵다. 그러나 애플의 수장으로 돌아와 그가 이뤄낸 아이맥(iMac), 아이팟, 아이튠즈(iTuns), 아이폰, 앱스토어(App Store) 등의 연이은 성공과정을 살펴보면 그의 경영스타일과 리더십을 가늠해 볼 수 있다.

스티브 잡스가 늘 강조하던 '단순하고 직관적인 것'은 적자에 허덕이던 애플을 세계적인 기업으로 다시 회생시키는 데 중심 역할을 했다. 그는 애플컴퓨터의 창업시절부터 복잡한 형태의 컴퓨터를 지양하고 개인이 편리하게 사용할 수 있는 제품 제조를 중시했다. 마우스를 도입하여 키보드 중심의 입력체계에서 벗어났고 보다 직관적이고 편리한 그래픽유저인터페이스(Graphic User Interface, GUI)를 채택했다. 스티브 잡스가 뉴튼(Newton) 제품군을 사장시킨 것은 개인적인 복수를 위해서였다는 얘기도 있지만 당시 뉴튼은 PDA(Personal Data Assistant)로서 단순하지 않고 사용하기 불편해 대중화시키기 어려운 제품이었기 때문에 과감히 정리됐다.[2] 스티브 잡스의 단순하고 직관적이어야 한다는 생각은 아이팟 제품개발에서 발휘됐다. 출시 당시 mp3 플레이어로서 아이팟보다 기술적으로 뛰어난 제품들은 많았으나, 1,000여 곡에 이르는 파일검색과 작동이 3번의 조작 이내에서 가능하도록 만든 제품은 아이팟뿐이었다. 또한 전화기능뿐 아니라 다양한 프로그램을 지원하는 스마트폰이 빠르게 작동되기 위해서 아이폰 제조 시 과감하게 멀티태스킹 기능을 제거시켰다. 윈도우 모바일 계열의 스마트폰이 멀티태스킹을 지원하지만 반응속도가 느려 사용자에게 답답한 인상을 주던 것과 대조적인 부분이다. 애플은 곧 전자도서기기(e-reader)인 태블릿 제품을 선보이며 이 제품의 운영체제를 아이폰 OS로 할 것이라고 알려져 있는데, 이 또한 태블릿 제품이 단순하고 직관적으로 작동하기 위해 멀티태스킹을 지원하지 않도록 결정한 것이라 생각된다.

스티브 잡스의 성공에 대한 두 번째 요인으로는 '문화와 미디어에 대한 관심'을 들 수 있다. 뛰어난 경영자는 모두 무엇이 돈이 될지를 파악하는 능력이 출중하다. 스티브 잡스도 새로운 시장에 대해 간파하는 능력을 갖고 있었다. 특히 그는 문화와 미디어에 대해 깊은 관심을 갖고 있었고 이러한 관심이 미디어 시장의 변화에 발맞춰 적절한 사업구상으로 이어지게 하는 도화선이 되었다. 애플에서 쫓겨난 이후 픽사(Pixar)를 인수한 것도 그가 미디어 산업에서 3D 애니메이션의 성공 가능성을 인식했기 때문이다. 음반 시장이 디지털화되고 있음을 직감한 그는 아이팟의 시장성을 파악했으며, 소비자들이 스트리밍서비스보다 음원(音源)을 소유하기를 원한다는 사실로부터 아이튠즈(iTunes)의 사업성을 확신했다. 컴퓨터 전문 인력이 영화를 제작한다든지 컴퓨터 제조사가 mp3 플레이어를 만든다는 것은 뜬금없는 일로 여겨졌을 수 있으나 문화와 미디어에 대한 그의 관심이 사업을 추진하도록 확신을 주었다. 애플은 아이맥(iMac)이라는 예쁜 컴퓨터를 제작하여 소비자의 요구에 부응했으며 이어폰 색상을 아이팟과 같은 하얀색으로 통일하는 섬세한 배려를 보여주는 등 제조업체라기보다는 하나의 문화 아이콘(icon) 생산자로서 자리매김했다.

세 번째로 스티브 잡스는 단순한 기계판매가 아닌 '종합서비스'를 제공하는 데 주안점을 두었다. 이는 그의 경영스타일 중 가장 높게 평가받을 부분으로서 애플의 경쟁력을 향후에도 지속시키는데 가장 큰 역할을 수행할 것으로 보인다. 애플은 마이크로소프트(MS)처럼 운영체제를 위주로 판매하는 회사도 아니고, 휴렛패커드(HP)나 델(Dell)처럼 컴퓨터 기기만을 전문으로 판매하지도 않는다. 더구나 구글(Google)처럼 오픈 소스(Open Source) 제공자도 아니다. 스티브 잡스가 창업한 애플은 자사의 운영체제를 자사의 단말기에만 장착하여 판매하는 회사이다. 이러한 경영방식은 운영체제 시장에서 독점적 지위를 갖기도 어렵고 단말기 시장에서 점유율을 높이기도 어려울 수 있다. 그러나 자사의 운영체제와 단말기를 개선하여 의도했던 서비스를 시장에 제공하는 것이 가능하다. 애플은 아이폰을 제작하면서 계획했던 서비스를 제공할 수 있도록 운영체제를 별도로 만들었고 동시에 가장 적절하게 기능을 수행할 수 있는 단말기를 디자인했다. 마이크로소프트는 다양한 스마트폰 단말기를 지원할 수 있는 운영체제인 윈도우 모바일을 개발했지만 단말기별로 다른 소비자의 기호를 충족시키는데 한계가 있었다. 구글은 안드로이드(Android)라는 스마트폰 운영체제를 공개하고 넥서스원(Nexus One)이라는 스마트폰으로 아이폰에 도전하고 있으나 상대적으로 시장에서 좋은 평가를 받지 못하고 있다.

아이튠즈(iTunes) 사업은 종합서비스라는 관점에서 스티브 잡스의 최고 업적으로 평가할 만하다. 아이튠즈는 디지털화되는 미디어 산업의 비즈니스 모델을 구축시켰다. 스티브 잡스는 디지털 음원 판매방식에 대해 고민하고 있던 미국 레코드공업협회(Recording Industry Association of America, RIAA)와 아티스트들을 대상으로 설득시켰다. 복잡한 저작권 문제가 얽혀 있는 음반판매를 아이튠즈 하나로 해결할 수 있도록 만든 것이다. 더구나 판매방식은 앨범 단위가 아닌 음악파일 단위이며 파일 당 99센트에 판매했다. 사람들이 저렴한 가격에 원하는 음악파일을 구입할 수 있어야 파일재생 단말기인 아이팟에 대한 수요가 증가하기 때문이다. 그러나 아이튠즈는 단지 단말기 판매 촉진만으로 이어진 것이 아니라 기존 아이팟 고객을 묶어두는 역할을 했다. 즉, 아이팟이 아닌 다른 회사의 단말기로 교체할 경우 그동안 99센트씩 주고 구입한 음악파일들을 이용하기 어렵게 되기 때문이다. 따라서 아이팟의 고객들은 다른 기업의 스마트폰을 구입하기보다는 아이튠즈에서 구입한 음악파일들을 들을 수 있는 스마트폰을 애플이 제작해 주기를 기대하게 되었다. 그리고 마침내 애플은 아이폰을 선보였다. 그런데 스티브 잡스는 아이폰을 출시하면서 아이튠즈와 같은 종합서비스 장치인 앱스토어(App Store)를 만들었다. 앱스토어는 음악파일이 아닌 어플리케이션(프로그램) 파일을 판매한다. 스티브 잡스는 아이튠즈와 앱스토어의 성공을 기반으로 전자도서 단말기인 태블릿 제품의 출시를 앞두고 있다. 이와 같이 아이튠즈는 아이팟 소비자들을 확보하고 아이폰을 구입하도록 하는 레버리지(leverage) 역할을 했고, 다시 앱스토어는 아이폰 소비자를 확보하고 다음 사업으로 이어질 수 있도록 해주는 역할을 하고 있다.

이 같은 스티브 잡스의 경영관과 리더십은 애플에 대한 충성도 높은 고객층을 확보하게 하였다. 애플과 고객은 단순한 기업과 소비자 간 관계라기보다는 아티스트와 팬들의 관계로 묘사할 수 있을 정도이다. 심지어 애플의 고객들은 스티브 잡스를 추앙하는 종교집단의 추종자들을 연상하게 하는 모습도 보여주었다. 마이크로소프트는 인터넷 브라우저 시장, 게임 시장, 음악재생기 시장 등 어느 정도 시장이 형성되어야 인터넷 익스플로러(IE), X박스, Zune 등으로 진입하여 뒷북치는 실망스러운 행위를 보여주었으나, 애플은 이와 대조적으로 시장을 형성해 가면서 고객이 원하는 제품을 출시했다. 이는 다시 고객의 충성도를 높여주었다. 이러한 충성도 높은 애플의 고객은 400~500달러나 하는 고가의 초기 아이팟 제품을 구입하고 홍보하는 역할을 담당했다.

스티브 잡스는 기업경영에서 리더십의 중요성을 일깨워주면서 '그만한 자원과 자본을 가졌으면 경영은 누가 하던지 회사는 성장한다'라는 대중들의 잘못된 생각을 잠재워 준다. 그는 최근 회복이 불가능한 암환자로 선고 받았다가 치료에 성공하였다. 이러한 경험은 그를 '오늘 죽는다면 어떤 일을 할 것인지'를 생각하도록 하는 습관을 만들어

주었다고 한다. 지나치게 독선적이고 단호해서 자신이 창업한 회사에서 쫓겨날 정도로 강한 카리스마를 지닌 스티브 잡스는 늘 비주류처럼 생각하고 도전해 왔다. 2005년도 스탠포드대학 졸업식에 초대받은 그는 축사에서 '늘 만족하지 말고 늘 우직하게 일할 것(Stay hungry, Stay foolish)'을 당부했다.

스티브 잡스의 리더십을 생각하면서 연상되는 인물이 일본 소니(SONY)의 모리타 아키오(盛田昭夫) 전 회장이다. 그는 1980년대 워크맨(Walkman) 신화를 창조하였던 인물로서 한낱 트랜지스터라디오 제조업체였던 소니를 세계적인 기업으로 성장시켰다. 그러나 그가 1994년 회장직을 물러난 이후 소니는 디지털화의 추세에 발맞춘 제품을 출시하지 못해 워크맨과 동일한 개념인 mp3 플레이어의 시장에서 뒤처져 버렸다. 소니는 휴대폰 시장에서도 고전을 면치 못하고 있으며 노트북컴퓨터 시장에서도 갖고 싶을 정도로 매력적이긴 하지만 그 가격에는 사고 싶지 않은 제품을 양산하는 회사가 되었다. 3D TV 등 엔터테인먼트 부문에서 성장 동력을 모색하고 있는 소니가 새로운 리더십을 확보하여 예전과 같은 모습으로 거듭나기를 바랄 뿐이다. 그리고 올해에는 한국 기업들도 강력한 리더십을 갖고 새로운 도전을 준비할 수 있도록 도와주는 환경이 조성되었으면 하는 바람이다. (2010. 1. 25)

참고문헌

Wikipedia (Steve Jobs, Apple Inc.)

Stanford Report, "You've got to find what you love, Jobs says", 2005. 6. 14.

Discovery Channel, "The Inside Story of iPod", 2006. 12.

공기업이 주도하는 해외 사업에 문제 있다

▌ **손양훈**(인천대 경제학과 교수)

최근 에너지 분야에서 해외 사업이 활발하게 전개되고 있으며 앞으로 더욱 가속화될 것으로 기대된다. 우리는 오랜 숙원사업이었던 원전을 UAE에 수출하게 되었다. 원전을 첫 수출하게 된 것은 우리에게 매우 의미 있는 일이다. 수출 경험이 없다는 이유로 지금까지 겪어온 어려움을 단번에 해결한 쾌거라고 할 수 있다. 더구나 전 세계적으로 원전을 새로 건설하려는 수요가 폭발적으로 느는 시점이어서 그 의미는 더욱 각별하다고 할 수 있다.

정부가 발표한 공격적인 해외자원 개발도 그에 못지않은 일이다. 에너지를 전량 수입에 의존하는 나라가 에너지 안보를 구축하는 유일한 방법이기 때문이다. 앞으로 국제 에너지 가격은 더욱 흔들릴 것으로 전망된다. 이 시점에서 자원개발을 강화하는 것은 당연한 조치이다.

에너지 분야의 해외 진출은 해외에 발전플랜트를 건설하는 일이건 해외의 자원을 개발하는 일이건 공통적으로 갖는 어려운 점이 있다. 불확실성이 크다는 점이다. 자원개발은 성공할 확률이 그리 높지 않아서 불확실하고, 그 나라 정부의 규제위험(regulatory risk)이 커서 안개에 둘러싸인 듯 불투명하다. 투자의 길에는 항상 불확실성이 도사리기 마련이다. 불확실하지만 미래의 기대수익을 보고 투자하려 드는 것이 바로 '기업가정신'이다. 자본주의가 발전하도록 하는 엔진이다. 투자 수익에 대한 기대와 투자한 돈을 잃을 수도 있다는 두려움이 서로 길항하면서 줄타기를 하는 과정을 통해 불확실한 상황을 힘들게 해결해 나간다.

우리 정부가 하려고 하는 에너지 분야의 해외 사업은 이런 장치를 갖추고 있는가? 불행히도 그렇지 못하다. 이 모든 일들이 정부가 주도하고 공기업이 앞장서는 형태로 진행되고 있다는 데 심각한 문제가 있다. 공기업이 투자하는 재원은 자기 돈이 아니라 국민의 세금이다. 투자가 성공하면 승진도 하고 새로운 자리도 생겨서 좋다. 하지만 실패하면 자기가 책임지는 것이 아니라 국민에게 부담을 지우게 된다. 이는 바로 '남의 돈으로 투자하는 격'이다. 사업을 확대하여 판을 키우는 데는 지대한 관심이 있겠지만 상업적인 동기는 부족할 수밖에 없다. 불확실한 미래를 두고 하는 대규모 투자를 이런 공기업에 의존하는 것이 불안하다.

민간 기업이 효율적으로 운영되는 것은 그 사람들이 더 현명해서가 아니라 견제와 균형의 규율이 있기 때문이다. 소비자들이 기업을 규율한다. 제대로 물건을 만들지 못하면 소비자들은 외면한다. 경쟁이나 경쟁자의 출현 가능성이 기업을 규율한다. 나보다 강한 경쟁자는 항상 두렵다. 또한 자본을 제공한 주주와 돈을 빌려준 금융이 기업을 규율하는 것이다. 이와 같이 다단계의 다양한 규율장치가 기업이 바른 방향으로 의사결정을 할 수 있도록 만들어 간다. 규율장치에 잘 적응한 기업은 살아남고 그렇지 못하면 망한다. 그게 시장의 원리이다.

그런데 공기업은 이와 같은 견제와 균형의 규율 장치가 부족하다. 시장을 독점하고 있으니 소비자를 무서워할 리도 없고 경쟁자도 없다.

주주는 공기업의 주인인 국민이지만 의사결정의 현장에서 너무나 멀리 있다. 누가 이들을 견제하고 규율하는가? 정부나 공기업 경영자가 이런 역할을 제대로 하지 못하는 것을 너무나 많이 보아왔다.

원전을 수출하게 되고 해외 자원 개발도 활발하게 추진해야 한다. 어렵게 성사된 일이고 경제가 어려운 상황에서 맞이한 좋은 기회인데 놓쳐서는 안 된다. 새로운 성장 동력 산업이 되도록 유도해야 한다. 민간 기업이 왕성하게 참여하게 하고 젊은이들에게 일자리가 생기도록 해야 한다. 공기업 및 공기업 종사자들의 '잔치'가 되어서는 안 된다. 정부가 투자를 확대하라고 공기업을 마냥 지원하는 것만으로는 부족하다. 긴 안목을 갖고 올바른 방향으로 투자할 수 있도록 정부의 행정체제도 개편하고 산업구조를 개편하는 일에도 적극적으로 나서기를 기대한다. 우리나라의 에너지 분야는 더 이상 소극적인 수입대체 산업이 아니다. 확대지향적인 수출산업으로 거듭나는 계기를 맞이하였기 때문이다. (2010. 1. 29)

한일 산업경쟁력의 명암이 주는 교훈

▌ **김용열**(홍익대 국제경영학과 교수)

최근 한국과 일본이 산업경쟁력을 둘러싸고 희비가 엇갈리고 있다. 90년대 후반부터 시작하여 10여 년 사이에 한국이 일본을 제치고 세계 1등을 차지한 산업이 여러 개나 되는 반면 일본의 제조업에서는 도요타자동차의 대량 리콜 사태에서 보듯이 어처구니없는 일들이 발생하고 있다. 우리가 일본을 따라잡고 1등을 하거나 일본이 맥없이 한국에 자리를 내주는 상황을 상상이나 할 수 있었던가?

최초의 사건은 DRAM부터 시작되었다. DRAM 분야에서 원조인 미국을 제치고 일본이 세계를 주름잡았는데 90년대 후반 들어 한국이 1등을 차지하게 된 것이다. 몇 년 뒤 또 하나의 이변이 TFT-LCD 분야에서 발생하였다. DRAM에서 세계 1등을 내어줄 때만 해도 그럴 수 있으려니 했던 일본의 분위기가 돌변하였다. 두 개의 산업에서 연속적으로 한국에 밀렸다는 사실을 심각하게 받아들이게 된 것이다.

2000년대 이후 조선 산업의 세계 시장점유율 경쟁에서 한국은 다시 일본을 따돌렸다. 조선왕국 일본의 자존심에 큰 타격을 입힌 데 이어 적어도 수년간 한국의 조선 산업은 명실 공히 세계 1등의 자리를 고수하였다. 최근 중국의 급부상이 염려스럽지만 한국이 상당기간 동안 조선 산업의 왕좌를 차지했던 것은 변하지 않는 사실로 남게 될 것이다. 최근 1~2년 사이에 소비재 분야인 가전산업 특히 TV산업에서 한국은 일본을 멀찌감치 따돌리고 세계 최강자로 군림하고 있다.

한두 분야도 아니고 여러 개의 산업에서 한국의 산업경쟁력은 비약적인 성장을 지속하고 있다. 반면에 제조업 최강국인 일본은 과거의 명성이 무색할 만큼 급속하게 경쟁력이 쇠락하고 있다. 무엇이 이러한 변화를 가져온 것인가? 도대체 무슨 일이 있었기에 이처럼 엄청난 일이 벌어지게 된 것일까? 여러 가지 설명이 있을 수 있지만 학술적인 관점에서 몇 가지 요인을 지적하고자 한다.

우선 많이 거론되는 이야기지만 일본이 '볼륨 존(Volume Zone; 중저가 물량 위주 시장으로 주로 아시아 중산층 시장을 지칭)'을 외면하고 차별화된 고급 시장을 지향했다는 점이다. 일본의 기업들이 경쟁상대를 압도하면서 시장의 규모가 크고 지배력이 높은 분야에서 한걸음 더 나아가 하이엔드에 집중하였는데 이러한 틈새를 한국이 파고들 수 있었다. 흔히 일본의 제조업은 생산이나 공장이 강하고 관리나 전략은 약하다고 하는데 생산 및 개발 제일주의가 화근을 불러온 것은 아닐까?

경쟁력 분야의 대가인 미국 하버드대 마이클 포터(Michael Eugene Porter) 교수는 일본이 잘 나가던 무렵 일본 기업에는 전략이 없다는 쓴소리를 하여 큰 반향을 일으킨 바 있다. 독자적인 강점이나 포지셔닝을 갖지 못하고 효율에 목숨을 거는 경영방식으로는 오래 갈 수 없다는 것이다. 포터의 예견이 들어맞았는지 일본은 90년대 이후 골이 깊은 불황과 일시적인 회복을 거듭하면서 전반적인 침체의 국면에서 헤어나지 못하고 있다. 서브프라임 사태 이후 세계적인 경제위기에서도 일본은 더욱 혹독한 영향을 받고 있다.

한국의 산업과 기업에서 일본의 불황은 매우 유리한 여건으로 작용하였다. 일본이 과거처럼 2, 3년 어렵다가 다시 좋아지면 한국은 그 기회를 활용할 수 없겠지만 이번에는 10년이 넘도록 불황이 지속되면서 한국은 수십 년간 이어져 온 추격의 고삐를 더욱 조이면서 마침내 일본을 뛰어넘는 기회를 포착할 수 있었다.

한국은 일본의 불황으로부터 반사이익을 누리는 데 머무르지 않았다. 품질, 디자인, 기술력 등 패러다임의 전환을 이룩함으로써 단순한 가격경쟁력이 아니라 종합적인 제품력에서 비약적인 발전을 이룩하였다. 최근 몇 년간 지식과 기술의 발전 정도가 두드러진 일부 산업에서 한국 기업들이 획득한 특허의 수나 영향력은 괄목할 만한 변화를 보이고 있다. 물론 산업 전체로 보면 일본이 아직 커다란 우위를 갖고 있는 것이 엄연한 사실이다.

일본의 대기업들은 우리와 달리 대부분 전문경영체제로 운영되고 있다. 외환위기 이후 한국 기업들이 소유경영체제로부터 벗어나야 한다는 목소리가 오랫동안 이어져 왔다. 그런데 약간 관점을 바꿔보면 산업 환경이 급변하는 가운데 대형투자를 감행하고 고도의 위험부담을 감수해야 하는 상황에서 전문경영인이 이사회의 동의를 얻어 중요한 의사결정을 신속히 한다는 것이 가능한 것인지 궁금해 지기도 한다.

전문경영체제가 좋은지 소유경영체제가 좋은지는 일률적으로 단정할 수 없다. 다만 불황이나 위기국면에서 가족기업이나 소유경영체제의 성과가 높다는 사실에도 주목할 필요가 있다. 오너십에 기초한 강력한 기업가정신이 나름대로 장점을 가질 수 있는 것은 아닐까?

1등이 자리를 지키지 못하는 이유들 중에 상대방의 선전보다 내부의 자만이 더 중요하다고 한다. 일본의 업계는 일본식 경제 및 경영 시스템이 갖는 우월성에 대해 높은 자부심을 견지해 왔다. 볼륨 존을 회피하고 고급화를 지향한 것도 그러한 맥락을 반영하고 있다. 일본의 시스템을 해외에 이전하여 성공을 거둘 수 있다는 것에 거의 의문을 갖지 않았던 것으로 보인다.

필자는 어느 국제심포지엄에서 한국 기업들에게 일본의 기업 시스템은 경제발전 초기에 비해 준거체계(frame of reference)로서 유용성이 떨어진다는 발표를 한 적이 있다. 그때 토론자로 함께 참석한 일본의 저명한 교수로부터 강한 비판을 받았었다. 일본적인 것의 우수성에 대한 지나친 자만이나 안주가 오늘날 일본의 경쟁력 약화와 연관이 있는 것은 아닐까?

일본 제조업이 세계 최강의 경쟁력을 갖게 되면서 일본의 정부나 학자들은 일본식 경영, 모노쯔쿠리[3], 지식창조론 등 일본의 강점을 자랑하는 이론체계를 개발하고 지원정책을 시행해 왔다. 지금도 일본 경제 산업성은 매년 모노쯔쿠리 백서를 발간하여 홍보와 전파에 힘을 기울이는 동시에 제조업의 경쟁력 강화를 위한 정책에 헌신적인 노력을 경주하고 있다.

이제 한국의 일부 산업들이 세계 최강의 경쟁력을 갖고 글로벌 무대에서 한국 기업의 활약이 두드러지는 가운데 우리 것에 대한 긍지를 가질 필요가 있다. 한국적 경영 운운하자는 것이 아니다. 우리가 잘한 것, 남보다 뛰어난 능력이나 업적으로부터 보편적인 원리를 도출하고 그것을 더 강화할 수 있도록 노력해야 한다는 것이다. 정부·기업·학계 등 모두의 인식전환이 필요한 시점이다. (2010. 2. 10)

삼성의 바다, 안드로이드 그리고 퀀텀 점프

▌**최승재**(경북대 법학전문대학원 교수, 변호사)

　필자가 처음으로 스마트폰을 사용한 것은 M450이라는 기기였다. 삼성전자가 마이크로소프트의 윈도우 모바일이라는 모바일 운영체제의 기반 위에 개발한 모델이었다. PC 운영체제를 통신기기에서 구현하려다 보니 수시로 버그가 생기고, 통화에 어려움이 생기는 등 이용이 어렵고 별도로 공부를 해야 할 정도로 복잡해서 결코 유쾌하지 않은 사용자 경험(user experience)을 했다. 윈도우 모바일은 그 이후에도 시장에서 크게 성공을 거두지 못했다.

아이폰의 열풍

　그로부터 3년 정도의 시간이 지났고 지금 우리나라의 소비자들은 아이폰(i-phone)이라는 스마트폰에 열광하고 있다. 이미 출시된 지 꽤 된 스마트폰이지만 위피(Wireless Internet Platform for Interoperability, WIPI) 표준을 애플이 수용하지 않아서 국내에 판매되지 않다가 우리가 위피를 포기하면서 국내 판매가 가능해진 것이다. 아이폰은 직관적인 GUI(Graphic User Interface)를 최대한 활용하면서 사용자 경험을 극대화하고 매니아를 형성하고 있다. 시장은 애플의 아이팟(i-pod) 열풍과 같이 반응하고 있다. 우리의 기술이 경쟁사보다 훌륭한 것인데도 시장에서 몰라준다고 말하는 기업은 실패한다. 시장은 옳다. 시장이 필요한 것, 사용자 경험을 극대화할 수 있는 제품만 시장에서 성공한다.

삼성의 '바다' 운영체제

삼성은 휴대폰 시장에서 놀라운 추격자였고 이제 삼성은 노키아와 최고를 다투는 모바일폰 제조업체가 되었다. 그런데 삼성은 새로운 패러다임인 스마트폰 시장에서 애플 등에게 밀리는 모습을 보이고 있다.

마이크로소프트의 윈도우 모바일 기반의 휴대폰은 시장에서 배울 것이 있다. 마이크로소프트가 기존의 PC 운영체제에서 최강자이므로 마이크로소프트는 새로운 시장이 아니라 기존 성공의 복제를 원한다. 바로 이 점이 마이크로소프트가 엄청난 연구개발 비용을 들이면서 오히려 시장점유율이 정체 내지 하락하는 원인이 되고 있다고 본다. 아날로그의 최강자였던 소니는 디지털 세상에서 고전하고 있다. 소니는 조금이라도 더 아날로그 세상을 연장하고 싶어 했고 내부의 자원도 아날로그에 집중했다. 구다라키 켄과 같은 인물이 소니의 혁신정신을 이어받으려고 했고, 플레이 스테이션(play station)과 같은 소니 제품의 플랫폼이 될 수 있는 기술을 개발하고 제품화하였지만 주류로 받아들여진 것이 아니었다. 성공은 실패의 가장 중요한 원인이 될 수 있다.

반면 삼성의 휴대폰이 최강이 될 수 있었던 것은 새로운 패러다임을 일찍 받아들였고 그에 승부를 걸었기 때문이다. 삼성전자에는 Digitall 이라는 어구가 있었다. Digital과 All을 합친 이 단어는 디지털에 모든 것을 걸겠다는 염원이었다. 삼성은 아날로그에서 디지털로의 패러다임 시프트의 시기에 준비된 플레이어로 그들의 Digitall 정신으로 최강자가 될 수 있었다.

휴대폰에 카메라 기능이 들어가는 정도의 기술적 컨버전스가 개선이라면 스마트폰은 개선의 임계점을 넘어 양자 세계에서 양자가 어떤 단계에서 다음 단계로 갈 때 계단의 차이만큼 뛰어오르는 퀀텀 점프(quantum jump)에 해당한다. 이 점프를 위한 새로운 패러다임의 핵심은 소프트웨어에 있다. 그리고 소프트웨어의 핵심은 플랫폼인 운영체제에 있다. 삼성이 독자적인 운영체제로 개발한 '바다'를 실제로 얼마나 사용하는가와 무관하게 삼성은 '바다'를 지속적으로 연구하고 개발할 필요가 있다. 삼성의 '바다'에는 다음 세상의 Digitall 정신이 있어야 하기 때문이다.

안드로이드와 표준경쟁 시대의 정부 역할

안드로이드(Android)란 모습과 행동이 인간을 닮은 로봇을 말한다. 그리스어의 $\alpha\nu\eta\rho$(anēr, man)의 파생 단어인 $\alpha\nu\delta\rho\acute{o}\varsigma$가 어원이다. 일본 혼다의 '아시모'처럼 외형만 인간과 닮은 형태를 취하는 휴머노이드(Humanoid) 로봇을 포함하는 의미로 사용된다. 원래 '바이센테니얼맨'은 SF 로봇 소설의 대가인 아이작 아시모프가 1976년에 발표한 소설인데, 이를 1999년에 영화화한 '바이센테니얼맨(Bicentennial Man)'에서 로빈 윌리엄스가 열연한 로봇 '앤드류'나 터미네이터가 바로 안드로이드였다.

그러나 이제 검색 엔진에서 안드로이드라는 단어를 검색하면 가장 첫 번째로 등장하는 것이 구글의 안드로이드 운영체제를 사용한 휴대폰이다. 향후 휴대폰 운영체제는 오픈 아키텍처로 가려고 하는 노키아의 심비안(Symbian), 구글의 안드로이드, 애플의 아이폰, 마이크로소프트의 윈도우 모바일 등 복수의 운영체제가 표준경쟁을 하는 백가쟁명(百家爭鳴)의 시대가 될 것으로 보이는데 삼성의 '바다'도 이들과 함께 경쟁할 수 있기를 바란다.

하드웨어 업체의 기업문화와 소프트웨어 업체의 기업문화는 상당히 다르다. 소프트웨어 기업은 창의력과 자유로움이 필요하다. 안드로이드라는 구글의 작명은 그래서 시사적이다. 인간의 얼굴을 가지고 인간과 대화하는 스마트폰으로의 패러다임 전환 시기임을 말하기 때문이다.

한편 정부도 신기술과 관련된 분야에서 규제의 관점에서가 아니라 기업이 창의력을 최대한 발휘할 수 있도록 힘을 실어주면서 기초기술의 개발이라는 정부의 역할을 충실히 해야 한다. 위피의 실패를 교훈삼아 표준의 갈라파고스 현상을 맞이한 일본 전자회사들의 전철을 밟아서는 안 된다. 기술고립은 단기적으로는 한국 기업들의 이익에 도움이 될 수는 있지만 장기적으로는 우리 기업의 경쟁력 상실로 귀결된다. 필요한 것은 과거 '로봇산업육성법'과 같은 법의 제정이나 담당부서가 아니라 기술과 산업에 대한 정부의 이해이다. 이를 위해서 정부관료 중에 기업가정신을 가지고 있으면서 기술에 대한 이해가 높은 테크노크라트의 존재가 필요하다. 황의 법칙을 주도한 황창규 삼성전자 전 사장을 '지식경제 R&D 전략기획단장'에 임명한 것이 패러다임 전환기에 우리나라가 '퀀텀 점프'를 하기 위한 성공적인 출발점이 되었으면 한다. (2010. 3. 29)

도요타 리콜 사태로 본
지속가능성장 기업의 조건

이병욱(한국경제연구원 경제교육실장)

최근 도요타자동차의 리콜 사태는 아무리 잘 나가는 기업이라도 소비자 등 이해관계자를 소홀히 대하고 제대로 된 위기관리체제를 갖추지 못하면 기업의 지속가능성장에 심각한 위협이 될 수 있음을 보여주고 있다. 불과 몇 개월 전만 하더라도 도요타자동차는 생산방식(Toyota Production System, TPS)과 품질관리, 대·중소기업 협력 사례 등으로 찬사를 받아왔으며 많은 기업들과 전문가들이 도요타 방식을 배우기 위해 노력해 왔다.[4]

그러나 도요타자동차는 일련의 자동차부품 결함 등과 관련한 리콜 사태와 진정성이 결여된 허술한 대처로 주가가 폭락하고, 세계 최고 기업으로서의 명성과 이미지가 한순간에 날아가 버리고 말았다. 앞으로 한동안 도요타자동차가 종전의 명성과 이미지를 되찾기란 쉽지 않을 것으로 보인다. 한 번 떠나간 소비자의 마음을 되돌리는 것은 쉬운 일이 아니기 때문이다. 특히 고객만족경영을 최우선으로 강조해 오던 회사가 소비자를 기만하고 소비자의 안전보다는 자사의 이익추구에만 급급했다는 인상을 준 것은 도요타자동차에 치명적일 수밖에 없다.

<표> 도요타의 최근 제품 결함·리콜 일지

일 시		내 용
2009년	8월 26일	코롤라 등 4개 차종 68만 대 리콜(중국시장, 전동창문 스위치 결함)
	8월 28일	렉서스 ES350 가속페달 결함 4명 사망(미 캘리포니아주)
	9월 29일	캠리 등 380A 만 대 제품 결함 가능성 발표
	11월 25일	제품 결함 416만 대 대상 페달 무상교환
2010년	1월 21일	리콜 대상 차종 북미지역 생산 중단
	1월 27일	5개 차종 109만 대 추가 리콜 발표
	1월 28일	유럽에 이어 중국에서도 리콜(언론보도)

자료: 매일경제신문 외

　우리 기업들 입장에서도 도요타자동차의 불행이 남의 일로만 여겨지지 않을 것이다. 국내 기업들의 과거 행태에 비추어 볼 때 지금까지 운이 좋았다고 안도하는 기업들이 적지 않으리라 생각된다. 아무리 잘 나가는 기업이라 하더라도 실수는 언제든지 생길 수 있기 때문이다. 그러나 지금까지 우리 사회에 만연한 안이한 위기 대처방식에 비추어 볼 때 도요다자동차와 같은 상황에 처하게 된다면 국내 기업 중에서 살아남을 수 있는 기업은 그리 많지 않을 것이다.

　기업은 성장하는 동안에 다른 한편에서는 자만심과 사소한 것에 소홀해 지는 나태함이 독버섯처럼 자라는 법이다. 통상 기업의 평균 수명은 30년을 넘지 않는다고 한다. 이는 외부의 경쟁압력 때문이기도 하지만 보다 큰 요인은 기업 내부의 경직적이고 폐쇄적인 조직문화와 위기관리능력의 부재에서 비롯되는 것임을 실패 기업 사례들은 보여주고 있다.

　예컨대 일본 최대의 우유업체인 유키지루시유업(雪印乳業)의 자회사 유키지루시의 경우 일본 내 햄·소시지 시장의 86%를 차지했던 최대의 식품회사였다. 그러나 2000년대 사상 최악의 식중독 사고가 발생했고 광우병 파동 이후 수입 쇠고기를 국산용으로 위장하려다 발각된 사건에 대한 경영진의 책임회피 발언 등으로 악덕기업으로 몰려 파산하였다.[5] 유키지루시의 파산은 기업의 솔직하고 신속한 위기관리가 얼마나 중요하며 주가관리에만 연연하여 소비자를 무시하는 기업의 태도나 행위를 시장이 더 이상 용납하지 않음을 보여준 대표적 사례이다.

지난날 도요타 생산방식의 핵심은 고객의 요구에 즉각 반응하고 팔리는 만큼 만들어낸다는 원칙하에 품질·납기·가격 면에서의 경쟁력을 확보하여 반드시 이익을 낸다는 것이었다. 또한 생산단위당 원가를 낮추기 위해서 작업을 단순화하고 표준화했다. 이를 위해 구성원들은 물론 협력업체들도 끊임없이 개선노력을 했다. 이것이 바로 도요타의 핵심역량이었다. 그러나 이러한 도요타 정신이 기업의 의사결정과 실행과정에서 정책목표 간에 충돌하거나 조직구성원이나 공급망상에 있는 협력업체들이나 이해관계자들이 상생의 협력관계를 유지하기 힘들게 만드는 한계요인으로 작용한 것으로 보인다. 협력업체 등과의 갈등요인이 잠재된 상태에서 위기가 발생하면, 이해관계자 간에 원활한 의사소통이 이루어지지 못하고 서로 책임을 전가하는 인상을 주게 되어 소비자의 눈에는 이러한 기업의 행태가 자사의 이익에만 급급하고 소비자를 소홀히 대한다는 오해를 줄 소지가 있다. 지난 몇 달 동안 리콜 사태 수습과정에서 보여준 도요타의 행태는 적어도 소비자들에게 불쾌감을 줄 수밖에 없었다.

기업 입장에서 리콜 사태가 초래되지 않도록 철저히 예방하는 것은 중요하다. 그러나 위기사태가 발생하는 경우 신속히 문제 해결에 나서고 이해관계자는 물론 조직 내 구성원 간에 원활히 소통할 수 있는 시스템과 조직문화를 구축하는 것은 더욱 중요하다. 기업이나 단체는 사람들이 모여 움직이는 조직이므로 한두 번의 실수가 발생하는 것은 자연스러운 일인지도 모른다. 그러나 실수를 솔직히 인정하고 신속히 문제를 해결하는 조직문화를 가진 기업에 대해서는 소비자나 시장은 사태발생 전보다 사태수습 후에 더 큰 신뢰감을 보여주는 경우가 적지 않다는 사실에 주목할 필요가 있다.

예를 들면 존슨 앤 존슨(Johnson & Johnson)의 경우 1982년 시카고에서 자사의 타이레놀 캡슐을 먹고 48시간 내에 7명이 사망하는 사건이 발생한 적이 있었다. 이때 사망원인이 독극물인 시안화물(Cyanide)[6]로 밝혀지자 이 회사의 타이레놀 사업(총매출의 7%, 순이익의 17% 차지)은 큰 타격을 입게 되었다. 그러나 사건 발생 1시간 만에 즉각적인 대응책을 마련하여 전 제품을 회수하고 생산과 광고를 일시 중단하는 조치를 취하였다. 또한 언론과의 협조체제를 구축하여 제품의 회수, 구입자의 복용금지, 의사 · 병원 · 유통업자에 대한 경고사항 전달과 대응책 안내 등에서 많은 도움을 받았다. 또한 시카고 근교에 임시 실험실을 설치하여 즉각적인 검사와 함께 각계 전문가 확인 작업에 착수하였다. 이 과정에서 총 약 10억 달러를 사용하였다.[7] 사건 발생 6주 후에 미국 전역에 회사의 조치와 입장을 밝히는 기자회견을 하였으며 그 후 실시된 설문조사에서 응답자의 90%가 당시 사태의 책임이 "존슨 앤 존슨에 없다"고 응답하였다. 이러한 신속하고 진정성이 깃든 대응조치의 결과로 존슨 앤 존슨은 소비자 신뢰를 회복하게 되어 사건 발생 6개월 만에 사건 전 시장점유율(35%)에 가까운 32% 시장점유율을 회복할 수 있었으며 오늘날 세계 4위 제약회사에 머무를 수 있게 되었다. 이 사건을 계기로 회사 차원에서 위기관리 및 지속가능성에 대한 인식이 높아짐에 따라 사건 초기에 구성한 위기관리위원회를 현재까지 운영하고 있으며, 1943년 발표된 사내 윤리강령 '우리의 신조(Our Credo)'에 경영환경 변화를 반영하였으며 세계에서 가장 존경받은 기업의 하나로 좋은 이미지를 유지하고 있다.[8] 회사 내부적 측면에서도 종업원의 책무(commitment)와 자부심을 높이는 요인으로 작용하여 존슨 앤 존슨의 직원 이직률은 글로벌 우수기업들 중에서도 매우 낮은 편이다.

듀퐁(DuPont)사의 경우도 2004년 미국 오하이오 및 웨스트버지니아 주에서 테플론(Teflon; 글라스의 대체 재료인 불소계 필름) 제조에 사용되는 PFOA 라는 화학물질의 위험성을 간과한 이유로 PFOA로 오염된 식수와 관련된 집단소송에 걸려 1억 달러의 합의금을 지급하였으며, 이 화학물질의 안전에 관한 정보를 은닉했다는 이유로 미국 환경청(EPA)에 의해 고발되어 1,600만 달러의 벌금을 부과받은 적이 있었다. 듀퐁은 PFOA가 규제대상이 아님에도 불구하고 회사의 명성 훼손을 우려하여 법정투쟁을 포기하였다. 이 사건을 계기로 듀퐁사는 환경책임에 대한 인식을 제고하여 사건 발생 이후 오염방지를 위해 지속적으로 노력해 오고 있다. 또한 회사 경영진이 직접 나서서 지속가능한 성장을 자사의 비전과 전략의 핵심으로 채택하고 신제품 개발 및 구제품 업그레이드를 추진하는 등 지속가능성을 통한 매출 성장을 도모한 결과 2010년 들어서는 제품 R&D의 생산성을 30% 가까이 향상시키는 성과도 거둔 것으로 알려지고 있다.

오랫동안 1등만 해온 도요타 입장에서 제품의 결함이나 실수를 인정하는 것은 쉽지 않았을 것이다. 최고 기업에 오래 머무르다 보면 조직구성원들 사이에 실수를 용납하기 어렵고 실수를 하는 경우에는 책임추궁이 두려워 이를 은폐하려는 문화가 자리하고 있었는지도 모른다. 이 같은 문화 속에서는 소비자의 불만이 들어오더라도 신속하게 문제의 본질을 파악하고 해결방안을 도출하기보다는 일단 소비자의 운전 미숙이나 기계 오작동으로 돌리거나 제품의 결함이 발견되면 실무라인에서 은폐하거나 협력사의 잘못으로 돌리려는 유혹에 빠지기 십상이다. 도요타자동차의 리콜 사태 수습과정을 지켜보면 이러한 오만한 마음가짐이 도요타자동차의 조직문화 속에 자리 잡고 있지 않았나 하는 생각이 든다.

최근 도요타자동차가 겪고 있는 문제는 어느 기업에게나 벌어질 수 있는 일이다. 다만 위기가 발생했을 때 이를 어떠한 자세와 태도로 신속하게 대응하고 극복할 수 있는지 여하에 따라 기업은 더욱 발전할 수도 있고 몰락의 길을 갈 수도 있는 것이다.

21세기 들어 기업 간 경쟁이 치열해지고 불확실성이 증대되면서 기업의 수명은 더욱 짧아지고 있다. 그래서 기업들은 어떻게 하면 수명을 늘리고 100년 이상 장수할 수 있을까? 즉, 지속가능발전(Sustainable Development)에 대해 관심이 높다. 기업이 지속가능한 발전을 하려면 경제적인 성장을 지속적으로 하면서도 사회적·환경적으로도 지속가능해야 한다. 지속적으로 이익을 내면서도 기업이 직면하는 모든 리스크를 효과적으로 관리해 나갈 수 있어야 한다. 그동안 대다수 기업들은 경제적 성장과 이익을 내는 것에만 열중해 왔지만[9] 사업과 관련하여 나타날 수 있는 위험관리에 대해서는 소홀히 해왔다.

다행히 21세기 들어 기후변화 대응의 중요성과 각국의 환경규제 강화가 무역장벽으로 나타나면서 환경위험관리를 강화하고 있으며, 중국·인도와 동남아 시장으로 사업장을 옮기면서 현지 지역사회와의 소통과 협력의 중요성을 깨닫기 시작하였다. 그러나 기업들은 전사적인 차원에서 위기대응 시스템과 고객과 사회를 배려하는 기업문화를 구축하는 단계로까지 발전하지는 못하고 있다. 최근 대한상의 조사결과에 따르면 도요타자동차의 리콜 사태 이후 경영방침에 현저한 변화가 일어났다고 응답한 국내 기업은 20.6%에 불과한 실정이다.[10]

도요타자동차의 리콜 사태의 교훈이 자동차 산업과 일부 기업들에게 제품의 품질과 안전문제의 중요성을 인식시키는 계기가 된 것은 그나마 다행이지만 이 정도 수준에 그쳐서는 곤란하다. 우리나라와 같이 위기관리에 취약하고 단기 업적주의 문화풍토로 기업구성원들이 자신의 이익 챙기기에 급급한 환경에서는 만에 하나 발생할지도 모르는 실수나 위기가 발생했을 때 신속하고 진솔하게 대응하기란 쉽지 않다. 위기관리능력은 하루아침에 배양되는 것이 아니다. 오랜 기간에 걸쳐 최고 경영자를 비롯해 모든 조직구성원들이 고객중심으로 배려하고 가치사슬망에 있는 모든 기업들이 상생하는 협력문화가 구축될 때 존슨 앤 존슨과 같은 위기 대처능력이 생기는 것이다. 이번 도요타 사태를 교훈삼아 자동차 산업만이 아닌 모든 국내 기업들이 위기관리능력을 개선하는 계기가 되기를 기대한다. (2010. 5. 6)

농업, 기업화가 살 길이다

▌ **김정호**(자유기업원 원장)

농자천하지대본(農者天下之大本)! 농업이 세상의 근본이라는 말이다. 누구도 내놓고 부인하기 힘든 말이지만 요즘 세상에 정말 그렇다고 믿는 사람도 많지 않을 것이다. 천하지대본이 아니라 오히려 이러지도 저러지도 못하는 산업이 되어 버린 느낌마저 든다. 스스로의 힘으로는 설 수 없어서 높은 장벽 안에서만 생명을 유지할 수 있는 존재가 되어 버린 것이다.

다른 국민들이 낸 세금으로 보조금을 줘야만 채산성을 맞출 수 있는 산업, 서민들의 생계비에 큰 부담을 주고 있는 산업이 바로 농업이다. 그러나 농업도 얼마든지 제조업이나 건설업처럼 소비자들에게 이익을 주고 근로자들에게 일자리를 제공하며 나라에 세금으로 기여하는 산업이 될 수 있다. 네덜란드 · 덴마크 · 스위스의 농업이 좋은 사례이다. 이 나라들은 열악한 자연환경에도 불구하고 세계에서 가장 생산성 높은 농업을 만들어냈다. 우리라고 그렇게 못할 이유가 없다.

우리 농업이 발전할 수 있는 방안은 지난 50년간 제조업과 건설업의 발전 경로를 생각해 보면 자연스럽게 알 수 있다. 그중에서도 특히 건설업을 예로 들어보자. 지금 한국의 건설업은 세계 최고 수준이다. 세계에서 가장 높은 건물, 가장 어려운 공사를 한국 기업들이 도맡아 하고 있다. 하지만 원래 그랬던 것은 아니다. 오죽했으면 장충체육관 하나를 짓지 못해서 필리핀의 기업에게 부탁을 했겠는가. 그것이 불과 48년 전인 1962년의 일이었다.

그 당시에는 사실 말이 건설업이지 대목장, 소목장이라고 불리는 장인들만 존재했을 뿐이었다. 요즈음으로 따지면 기술자들이다. 예나 지금이나 장인들에게서 기업가적 사고를 기대하기는 쉽지 않다. 장인들은 대개 엔지니어적 사고를 하는 경우가 많다. 나만 열심히 하면 된다는 사고, 기술적으로 완전하면 된다는 식의 사고방식인 것이다. 고객의 취향은 어떤지 시장 상황이 이렇게 바뀌어 가는지 등에 대해서는 별로 관심이 없다.

그런 장인들을 움직여서 산업의 역군으로 탈바꿈시킨 것이 기업가들이다. 현대건설이나 대우건설 같은 기업들은 그런 노력의 결과물이다. 60년대가 지나서야 비로소 그런 기업들이 나올 수 있었던 것은 조선 500년 동안 사농공상의 계급체제를 통해 기업가가 나오지 못하게 막았기 때문이다. 해방과 더불어 자리 잡은 자유경제 체제는 기업가가 활동할 수 있는 무대를 만들어주기 시작했다. 그런 여건 속에서 정주영 · 이병철 · 김우중 같은 사람들이 모험적인 사고와 고객 지향적 태도로 비즈니스를 펼쳐나가기 시작했다.

대다수의 보통 사람들은 현상유지에 만족하곤 한다. 그러나 가끔은 이례적으로 도전정신을 가진 사람들이 나타나기 마련이며, 그런 사람들은 현실에 만족하지 않고 웅대한 목표에 도전을 해나간다. 그리고 그것이 성공하면 커다란 기업을 만들 수 있다.

흔치 않은 것이 기업가이지만 그들의 세상에 대한 기여는 막대하다. 그들이 이끄는 기업은 많은 소비자들에게 좋은 제품으로 도움을 주며

근로자들에게도 새로운 일자리를 제공한다. 기업가의 성공은 단순히 자기 기업의 확장을 통해서만 이 사회에 기여하는 것이 아니다. 누군가가 새로운 방식으로 성공을 거두기 시작하면 모방과 경쟁과정이 작동하기 시작한다. "저 사람이 저런 방식으로 성공을 거두었으니 나라고 못할 이유가 없어." "저 사람이 저렇게 성공하고 있는데 나만 가만히 있다 보면 도태될 것이 분명해." 자연스럽게 이런 생각들이 퍼져나가기 시작하면서 산업은 발전의 새로운 국면을 맞이하게 된다. 건설업의 태동기에도 그랬고 중동으로의 해외건설 진출 당시에도 그랬다.

우리 농업도 얼마든지 그렇게 될 수 있다고 생각한다. 건설업만 기업가정신이 통하는 것은 아니다. 우리가 현대건설이나 대우건설처럼 세계적 건설기업들을 만들어 냈듯이 농업에서도 '현대농업,' '대우농업'이 나올 수 있다. 아직 그런 기업이 존재하지 않는 것은 우리의 법과 제도와 인식이 농업 기업의 등장을 막아왔기 때문이다.

가장 큰 장애요인은 농어민이나 농·수협 관련 단체가 아니면 농수산 기업을 설립할 수 없다고 하는 규제이다. 생각해 보면 터무니없다. 목수가 아니면 건설 회사를 세우지 못한다고 건설업을 규제하는 격이다. 그랬더라면 한국 건설업이 지금처럼 세계 최고 수준이 될 수 없었을 것이다. 농어민만이 농수산 기업을 세울 수 있다는 규제는 농업에 기업가정신이 발휘될 여지를 없앴다. 사실 이런 규제는 농업만의 것이 아니었다. 의사가 아니면 의료법인을 만들 수 없다는 것도 그런 내용이다. 기업은 학교를 만들 수도 없고, 방송국을 만들 수도 없다는 등의 규제도 같은 사고의 소산이다.

최근 정부는 농업 부문만이라도 그 같은 규제를 폐지하겠다고 선언하고 나섰다. 농어민이 아니더라도 농수산 기업을 설립하고 운영할 수 있게 허용하겠다는 것이다. 늦었지만 반가운 일이다. 그렇게만 될 수 있다면 새로 설립된 농업 기업들을 통해서 지금까지는 주로 수입을 해오던 중국에도 우리의 농수산물을 수출할 수 있을 것이다. 우리나라에도 네슬레, 타이슨 푸드나 켈로그 같은 세계적 식품 기업이 나올 수 있을 것이다.

하지만 정부가 뜻을 품었다고 실천이 가능할지는 두고 볼 일이다. 농민과 농민단체들의 반발도 걱정된다. 농민들은 기업이 농업 부문에 진출하는 것을 일종의 침략으로 생각해 왔다. 기업이 농업에 진출하면 농민들의 설 땅이 없어진다는 것이다. 실상은 오히려 그 반대인데도 그런 생각이 농민들의 마음을 지배하고 있음이 안타깝다.

건설 회사들이 생겨서 건축물의 품질이 좋아졌고 수많은 건설 기술자들의 소득이 올라갔다. 자동차 기업이 생겨서 좋은 자동차를 탈 수 있고 자동차 기술자들의 삶이 좋아졌다. 소비자들에게는 좋은 농산물을 싼 값에 공급하고 농민들에게는 높은 삶의 질을 제공하는 농업 기업이 우리나라에도 여럿 등장하길 기대해 본다. (2010. 5. 31)

코끼리를 춤추게 하려면…

■ **김용열**(홍익대 국제경영학과 교수)

얼마 전 삼성의 신사업 추진방향이 발표되었다. 향후 10년에 걸쳐 '5대 신수종사업'에 23조 원을 투자하겠다는 것이다. 오래 전부터 10년 뒤 한국을 먹여 살릴 새로운 성장 동력이 화두가 되고 있었기에 이번에 발표된 신사업 분야가 반도체 · 휴대폰 등 기존의 대형 사업에 이어서 삼성을 초일류기업으로 계속 유지시켜 줄 수 있을 것인지 귀추가 주목되고 있다.

포스코는 90년대 중반부터 기존의 철강 사업을 보완할 신사업을 추구해 왔다. '포스코 비전 2005', '포스코 비전 2010' 등을 통해 다양한 시도가 이루어졌고, 본업 이외에 몇몇 신규 사업들로 사업범위의 외연을 확장하기도 했다. 하지만 여전히 철강업의 비중이 압도적이어서 기존 사업의 성장이 정체되었을 때 무엇으로 이를 타개할 것인지 아직 불투명한 상태이다.

신사업 추진은 지속적인 성장을 위해 반드시 필요하지만 성공하기 매우 어렵다는 점에서 딜레마를 내포하고 있다. 더구나 규모가 크고 조직이 복잡한 대기업 안에서 신규 사업을 개발하여 기존 사업을 대체 또는 보완할 만큼 키워내는 일은 '코끼리를 춤추게' 하는 것 이상으로 어렵거나 성공 확률이 낮은 것으로 알려져 있다.

하버드대의 칸터(Rosabeth Moss Kanter) 교수는 『The Change Masters』(1983), 『When Giants Learn to Dance』(1989) 등에서 기존 기업의 혁신이 얼마나 어려운지 역설한 바 있다. 신사업 개발과 같은 혁신활동을 위해서는 대기업들이 신속·우호·유연·집중 등의 요소를 도입하여 포스트 기업가적 관리를 해야 하는데, 이를 성공적으로 수행하는 경우는 매우 적다고 하였다. 크리스텐슨(Clayton Christensen) 교수도 『The Innovator's Dilemma』(1997)에서 기존 기업들이 직면하는 기술혁신과 관련하여 파괴적 기술(disruptive technology)의 중요성이 더욱 높아지고 있다고 하였다. 정상적인 또는 훌륭한 경영을 하더라도 파괴적 기술변화에 대응하는 것은 어려우며 파괴적 혁신을 통하지 않고는 신사업의 기반이 마련될 수 없다는 것이다.

대기업의 신사업 창조는 여러 가지 제약 요인이 있다. 가장 중요한 이유를 두 가지만 들어보자. 첫째, 기존의 주력사업에 비추어 어느 정도 만족할 만한 규모의 매출이나 이익을 실현할 기회의 집합이 제한되어 있다는 점이다. 설령 기회가 있다 해도 기술과 시장이 불확실하고, 실패 시 또 다른 시도를 하려면 작은 규모로 시작할 수밖에 없다.

둘째, 기존 사업과 다른 새로운 사업을 추진하는 데 필요한 핵심역량이 별로 없다는 점이다. 대기업일수록 경영자원의 여유가 있지만 대부분 신사업 성공을 보증할 정도의 핵심역량은 보유하지 않고 있다. 더구나 기존 사업과 비슷한 분야로 진출하는 경우 미세한 패러다임의 차이로 인하여 예기치 못한 실패를 경험할 가능성이 높다.

결국 대기업 안에서 신사업을 개발하고 육성하기 위해서는 통상의 관리방식이 아니라 창조적이고 기업가적인 대응이 요구된다고 할 수 있다. 오랫동안 대기업의 신사업 개발과정과 추진성과를 관찰해 온

바에 따르면 회사 차원의 전략적 지향, 개인의 기업가적 행동, 조직의 지원체제 등 세 가지 요소가 필수불가결한 것으로 보인다.

먼저 기존 사업 위주로 배분되는 경영자원을 신사업에도 할당할 수 있도록 명확하고 강력한 전략지향이 필요하다. 회사 전체의 전략지향은 대체로 CEO의 리더십에 의해 표출되는 경향이 있지만 꼭 여기에만 국한되지는 않는다. 광범위하게 공유된 위기의식 역시 신사업 추진을 위한 전략지향으로 연결될 수 있다.

문제는 아무리 회사 차원의 전략지향이 강하다고 해도 대기업의 기업가적 활동이 저절로 나타나지 않는다는 점이다. 대기업 안에서 스스로 기업가적으로 행동하고 기존의 관리 시스템을 초월할 수 있는 개인의 존재가 반드시 필요하다. 이런 기업가적인 개인은 대부분 중간 관리층에서 나오는데 잠재적인 회사 내 기업가들에게 상당한 정도의 자율성을 줄 수 있는지가 관건이다.

회사의 전략지향과 개인의 기업가적 행동이 확보되었을 때 이를 결합하여 혁신활동으로 완성시킬 수 있는 것은 조직의 섬세한 지원과 보호의 프로세스이다. 대기업 내의 신사업 추진은 수많은 위험요인에 직면하게 되는데 중간에 좌초하지 않도록 조직 차원에서 충분히 배려할 필요가 있다. 말로는 쉽지만 실제로 행하기 어려운 것이 바로 이 부분이다.

이처럼 대기업들이 기존 사업을 대체 또는 보완할 수 있는 신사업의 창조를 통해 지속적인 성장을 도모하는 것은 매우 어렵고도 복잡하다. 앞에서 언급한 여러 가지 요인들이 동시에 충족되어야 하는데 각각의 요인들은 양립하기 어려운 경우도 많다. 따라서 현실적인 제약조건과 추진체계상의 고려 요인들을 종합하여 추진할 수 있는 예술적인 경지가 요망된다.

대기업 또는 기업그룹 안에서 신사업을 개발하고 육성하는 일은 "코끼리를 춤추게 하는 것"만큼이나 어렵다. 이런 연유로 서구의 이론에서는 기업 내 기업가정신(corporate entrepreneurship), 사내기업가(intrapreneur)와 같은 개념들이 연구되어 왔다. 선진국 기업들의 모방이나 추격 단계를 지나 자체 생존의 기로에 서 있는 우리 기업들도 예외가 아니라고 할 수 있을 것이다. (2010. 6. 21)

한국의 자유주의 싱크탱크

▌ **복거일**(소설가, 문화미래포럼 대표)

　금융위기 이후의 세월은 자유주의자들에겐 시련의 시절이었다. 느
닷없이 닥친 금융위기는 한동안 세계경제를 마비시켰고 아직도 경기
회복의 전망은 밝지 않다. 국가경제의 운영을 맡은 관료들이나 경제학
자들은 위기의 진단과 처방에서 너무 무력했다. 그러다 보니 시장경제
에 대한 회의와 반감이 늘어났고, 시장경제가 사회의 발전과 풍요를
가장 잘 보장한다고 주장하는 자유주의자들은 어려운 처지로 몰렸다.
중국처럼 시장에 대한 정부의 통제가 엄격한 나라들이 위기를 비교적
잘 넘겼다는 사실은 자유시장에 대한 적들의 주장에 힘을 보탰다.

　물론 자유주의자들이 할 말이 없는 것은 아니다. 금융위기가 자라난
환경의 한 부분인 '자산거품'을 만들어낸 것은 각국 정부였다. 위기의
뇌관이 된 파생금융의 문제는 근본적으로 경제학의 능력 부족에서 나
왔으며 우리가 늘 부딪치는 지식의 불완전성이라는 실존적 문제의 한
부분이다. 안타깝게도 이런 해명은 설 자리가 없다. 침체된 경제를 가
리키면서 시장경제와 경제적 자유주의는 이제 작동하지 않는다고 외
치는 목소리들 앞에서 자유주의자들은 해명의 기회조차 얻지 못한다.

　그래서 전반적으로 자유주의에 대한 믿음이 줄어들었고 자유주의를

아예 버린 사람들도 드물지 않다. 좌·우파의 이념적 대립이 어느 사회보다 심각한 우리 사회에선 사정이 특히 어려우니, 시장경제의 적들은 이번 경제위기를 이념적 전선에서의 돌파구로 삼으려 한다.

이처럼 울적한 한국의 자유주의자들에게 모처럼 밝은 햇살 한 줄기가 찾아들었다. 한국경제연구원이 '템플턴자유상(Templeton Freedom Awards)'을 받은 것이다. 템플턴자유상은 아틀라스경제연구재단(Atlas Economic Research Foundation)이 해마다 자유주의의 신장에 기여한 기관들에 수여한다. 7개 분야에서 뛰어난 업적을 쌓은 기관을 선정해서 수여하는데, 이번에 한국경제연구원이 수상한 분야는 "가난에 대한 해결책들(Solutions to Poverty)"이다. 수상 사업은 한국경제연구원이 2007년에 수행한 '규제개혁 종합연구사업'이다. 한국경제연구원이 펴낸 '규제개혁 종합연구'에 따르면 "한국경제연구원은 국무총리의 요청에 의하여 2007년 6월 1일부터 9월 30일까지 전국경제인연합회와 함께 규제개혁 추진단을 구성하여 2007년 5월 말 현재 국무조정실에 등록된 5,000여 개의 정부규제에 대해 전수 점검 및 평가 작업을 수행하였다"고 한다. 이 사업은 정부 규제에 대해 처음 시도된 종합적 점검과 평가로서 주목을 끌었고 규제 개혁의 자료적 바탕을 마련했다는 평가를 받았다. 이번 수상은 그런 공헌을 확인했다.

시장은 개인들의 재산권이 보장된 상태에서만 존재할 수 있다. 따라서 시장은 안정된 사회질서를, 특히 공권력이나 그것에 준하는 권위의 존재를, 전제조건으로 삼는다. 불행하게도 공권력은 개인들의 재산권을 침해하는 속성을 지녔다. 이런 본질적 모순은 정부가 경제질서를 유지하기 위해 만든 규제에서 특히 선연하게 드러난다. 자유주의자들이 늘 지적하는 것처럼 시장을 위해 나온 규제들이 시장을 옥죄는 경우들이 너무 흔하고 사회는 '동맥경화증'에 걸린다. '규제개혁 종합연구사업'은 이 점에 주목하고 개혁의 단초를 찾으려는 사업이었고 당연히 높은 평가를 받아야 한다.

템플턴자유상을 주관하는 아틀라스경제연구재단은 영국 사업가 앤터니 피셔(Antony Fisher; 1915~1988)에 의해 설립되었다. 20세기 전반 영국에서 사회주의가 지배적 조류가 되면서, 정부의 시장에 대한 통제는 점점 강화되었다. 1945년 피셔는 당시 사회주의에 맞선 거의 유일한 지식인이었던 하이에크를 찾아가서 상의했다. 하이에크는 사회주의를 전파하는 데 결정적 역할을 한 '페이비언학회'를 본받아 자유주의 싱크탱크를 만드는 것이 가장 좋은 방안이라고 조언했다. 그 후 양계업으로 큰돈을 번 피셔는 그 조언대로 1955년에 경제문제연구소(Institute of Economic Affairs; IEA)를 세웠다.

하이에크의 영향을 깊이 받은 랠프 해리스(Ralph Harris)와 아서 셀든(Arthur Seldon)이 이끈 IEA는 자유주의 경제학자들의 이론들을 널리 소개했다. 그들의 목표 청중(target audience)은 셀든이 "아이디어 중고품 상인들(second-hand dealers in ideas)"이라 부른 기자, 교사, 교수, 기업가 그리고 금융 분석가들이었다. 그런 사람들은 정치가들이 활동하는 지적 환경을 만들기 때문에 그들의 생각을 자유주의적으로 만드는 것이 긴요하다는 생각에 처음엔 그들은 외로웠다. 그러나 영국 경제가 점점 어려워지자, 우파 정치가들이 새로운 정책들을 모색하기 시작했고 그들은 차츰 IEA의 주장들에 끌리게 되었다. '유럽의 병자'로 불린 영국을 되살린 대처주의(Thatcherism)는 그렇게 해서 다듬어졌다. IEA의 영향은 실은 보수당에만 국한된 것이 아니었다. 자유시장의 중요성은 마침내 노동당 정치가들도 깨닫게 되어 자유시장을 바탕으로 한 블레어주의(Blairism)가 나왔다.

이후 피셔는 아틀라스경제연구재단을 통해서 자유주의 싱크탱크들이 다른 나라에 세워지는 것을 도왔다. 그의 도움을 받아 세워진 싱크탱크들은 무려 150개에 이른다. 프레이저연구소(Fraser Institute)와 맨해튼연구소(Manhattan Institute)가 대표적이다.

우리 사회에 두드러진 자유주의 싱크탱크가 없다는 한탄이 자주 들린다. 큰 자금을 마련해서 대형 싱크탱크를 만들자는 얘기도 자주 나온다. 그렇게 된다면야 더할 나위 없이 좋지만, 현실적으로는 실현 가능성이 그리 크지 않다. 이미 활동하고 있는 싱크탱크들이 발전해서 기대에 부응하도록 하는 방안이 보다 현실적이다. 대형 싱크탱크가 세워지더라도 다른 싱크탱크들의 향상은 필요하다. 이번 수상은 자유주의자들로 하여금 한국경제연구원이 해온 역할에 새삼 주목하도록 만들었다. 수상을 진심으로 축하하면서, 앞으로 한국경제연구원이 세계적인 자유주의 싱크탱크로 발전해 나가기를 기원한다. (2010. 11. 3)

스마트폰과 스마트TV

▌**김용열**(홍익대 국제경영학과 교수)

　스마트폰을 둘러싼 경쟁이 채 끝나지 않은 가운데 스마트TV의 주도권 다툼이 시작되었다. 디지털 시대를 대표하는 두 가지 '스마트'한 제품의 경쟁구도 이면에는 여러 가지 의미가 숨어 있고 경쟁의 진행과정을 통시적인 관점에서 조망할 때 재미있는 현상을 발견할 수 있다.

　노키아 · 삼성전자 · LG전자 등 기존 휴대폰 산업 주력업체들은 아이폰을 내세워 기존 시장을 재편하려는 애플의 등장으로 커다란 타격을 받았다. 하드웨어가 아닌 어플리케이션에 의해 수요가 결정되는 새로운 환경이 도래함에 따라 애플이 일약 시장의 최강자로 부상하게 된 것이다. 그런데 여기서의 역전 요인은 오래 전 PC산업에서 애플이 IBM에 의해 시장을 잠식당했던 바로 그 반대의 경우에 해당한다는 점에서 아이러니라고 할 수 있다.

　메인프레임 컴퓨터의 지존이던 IBM은 컴퓨터 산업의 환경변화로 PC가 주력제품으로 등장하면서 급격하게 경쟁우위를 상실한다. 이때 PC산업의 새로운 주역으로 떠오른 것이 애플이고, 애플은 PC산업에서 한동안 높은 시장지위를 누리게 되었다. 메인프레임은 강자였으나 PC에 관한 한 후발이었던 IBM이 애플을 따라잡기 위해 선택한 방식은

OADG(open architecture development group)를 활용하는 것이었다. 자사의 소스코드를 공개하고 수많은 OADG로 하여금 IBM 컴패터블 PC와 소프트웨어를 개발하도록 한 것이다.

반면에 애플은 여전히 독자개발을 고집하였고 소프트웨어·부품 등 모든 관련 사업을 수직통합의 방식으로 운영함으로써 초반의 부상에도 불구하고 이후 급속한 쇠락의 길을 걷게 되었다. 그러던 애플이 수십 년의 세월이 지나 스마트폰 분야에서 어플리케이션을 중심으로 시장을 재편한 전략은 다름 아닌 오픈 방식, 즉 요즘 유행하는 개방형 혁신(open innovation)에 해당하는 것이었다. 과거에는 실패했지만 다시 실패를 반복하지 않기 위한 전략전환으로 왕좌의 지위를 탈환한 것이라고 해석할 수 있다.

한국의 전자업체와 유관기관들은 스마트폰 분야에서 늦은 대응으로 선두를 빼앗겼던 경험을 되풀이하지 않기 위해 스마트TV의 주도권 경쟁에 적극적으로 임하고 있다. 민관합동의 협의기구를 설립하는가 하면 해외의 시장동향 파악이나 협력체제 구축에도 발 빠른 대응태세를 보이고 있다. 물론 우리 업체가 주도권을 잡으리라는 보장은 어디에도 없다. 스마트TV의 플랫폼·콘텐츠·하드웨어 등 구성요소를 둘러싸고 치열한 기술경쟁이 벌어지고 있을 뿐 아니라 스마트TV가 관련제품과 차별화하여 어느 정도 시장을 형성할 것인지 불투명하기 때문이다.

우리나라는 과거 HDTV 분야에서 앞서가던 일본을 제치고 상황을 반전시킨 경험을 갖고 있다. 당시 일본은 아날로그 기반의 HDTV에 거액의 투자를 하여 시장을 선점하고 있었기에 우리와는 비교가 되지 않는 상황이었다. 그러나 후발주자인 한국은 디지털 전환이라는 기회를 포착하였고 정부·민간 공동의 개발위원회를 설립하여 공동 R&D를 추진하는 등 적극적으로 대응하였다. 그 결과 오늘날 디지털TV 분야에서 엄청난 시장성과를 거두었고 세계적인 경쟁력을 보유하게 되었다.

그러나 게임은 여기서 끝난 게 아니다. 이제 디지털TV의 다음 세대, 즉 포스트 디지털TV의 분야에 속하는 스마트TV에서 새로운 경쟁이 벌어지고 있다. 현재 경쟁구도에서 한발 앞서가는 구글과 애플, 그 뒤를 바짝 쫓는 삼성과 LG, 그 밖의 수많은 업체들 간에 치열한 싸움이 전개되고 있는 것이다. 과거 디지털TV에서 한국에 밀려 스마트TV 전쟁에서 설욕을 노리고 있는 일본과 무섭게 추격해 오는 중국의 대응도 눈여겨봐야 한다.

PC산업의 변화와 기업들 간의 순위 다툼에서 찾아볼 수 있는 성공 법칙은 출전 선수는 다르지만 휴대폰 산업으로 이어졌고 다시 약간의 선수만 바뀐 채 TV산업에서 재연되고 있다. 다른 산업도 그 기본적인 궤도는 크게 벗어나지 않을 것이다. 이러한 사례로부터 우리는 많은 의미를 발견할 수 있다.

역사는 되풀이되고 성패는 뒤집어지기 마련이던가. 어제의 성공이 내일의 실패로 이어질 수 있고, 과거에 좌절한 기업이 다시 부상하는 사례가 비일비재하다. 다만 스마트폰과 스마트TV 산업에서 보는 것처럼 한때의 성공과 이후의 반전이 되풀이되는 기간은 점점 짧아지고 있고 경쟁의 양상은 점차 복잡해지고 있을 뿐이다.

스마트폰과 스마트TV 산업의 과거와 현재에 진행되고 있는 경쟁구도와 전략전환을 살펴보면 과거의 성공체험을 부정하며 끊임없이 변신하고 네트워크를 중시하는 것만이 살 길이라는 시사점을 얻을 수 있다. 디지털 시대의 총아로 불리는 이들의 사례는 경쟁의 본질이 무엇이고, 성공요소는 어디에 있는지를 배우는 데 더 없이 좋은 교훈을 제공한다. (2010. 11. 8)

퍼스널 로봇 시대의 서막

▌ **최승재**(경북대 법학전문대학원 교수, 변호사)

PC 시대의 환영(幻影)

지금으로부터 50여 년 전, 개인용 컴퓨터에 대한 이야기가 연구자들 사이에서 나오기 시작했다. 1968년 스탠포드연구소(Stanford Research Institute; SRI)의 더글라스 엥겔바트(Douglas Engelbart)는 이메일을 사용하고, 워드프로세서를 사용하여 문서를 작성하며, 자신이 발명한 마우스를 사용하여 개인용 컴퓨터로 업무를 처리하는 지식근로자의 모습을 제시하였다. 하지만 그가 발명하여 특허출원한 마우스에 대한 사용권이 4만 달러라는 헐값에 애플에 전용실시권으로 허여(許與)될 정도로 그가 꿈꾼 개인용 컴퓨터 시대의 도래는 당시 꿈같은 이야기로만 여겨졌다.

지금은 1인당 1PC가 아니라, 2대 이상의 PC를 가지고 있는 시대가 되었다. 하지만 1976년 애플의 창업주 스티브 잡스(Steve Jobs)와 스티브 워즈니악(Steve Wozniak)이 애플I을 시장에 내놓을 때까지도 특별한 기능이 없는 개인용 컴퓨터를 오로지 계산하기 위하여 구입하는 것은 상상하기조차 어려운 일이었다. 그런 의미에서 스티브 잡스는 시대를 선도했고, 일반인의 통념을 뛰어넘었다. 당시 메인 프레임 컴퓨터에 능통한 전문가일수록 개인용 PC 시장은 출현하지 않을 것이라고 여겼다.

전문가들은 자신들의 전문성을 믿기 때문에 자신이 전문가라고 생각하지 않는 이들의 꿈과 같은 주장을 듣지 않는 경향이 있는 것 같다.

그리고 이러한 인식이 IBM으로 하여금 운영체제(Operating System)를 마이크로소프트(Microsoft)에, 중앙처리체제(Central Processing Unit)를 인텔(Intel)에 맡기기로 결정하는 배경이 되었다. 이 결정은 IBM에게는 치명적인 것이 되었지만, 다른 한편으로는 IBM 범용 컴퓨터의 등장을 가능하게 하여, 개인용 컴퓨터를 보편화시키는 계기가 되었다. 그리고 이는 미국 워싱턴 주 레드먼드에 있는 마이크로소프트박물관에 등장하는 창업 초기 이야기의 핵심이다. "태초에 '빌 게이츠'가 있었다. 그리고 그가 개인용 컴퓨터가 있으라 함에 개인용 컴퓨터가 있었다. 개인용 컴퓨터를 하드웨어와 소프트웨어로 나누시어 소프트웨어가 생겼다. 엄청난 돈이 생겨서 좋았다." 이렇게 마이크로소프트의 창업을 설명할 수 있겠다.

개인용 로봇 시대의 등장

2007년 마이크로소프트의 로봇 개발 담당자는 사석에서 필자에게 PC시대의 골드러시가 로봇 산업에서 보인다는 이야기를 했었다. 우리 정부도 2009년 제30회 국가과학기술위원회에서 로봇 산업을 차세대 핵심 산업으로 육성하기 위한 로드맵을 제시했다고 한다. PC산업의 초기 모든 가정에 PC를 보급하겠다는 마이크로소프트 창업자인 빌 게이츠의 생각은 대다수의 전문가들이 몽상이라고 했지만 현실이 되었다.

로봇 산업은 미래의 PC산업이다. 지구는 급속히 고령화가 진행되고 있으며 인류는 대체 노동력을 로봇에서 찾을 수밖에 없다. '로봇' 하면 영화 '터미네이터(Terminator)' 시리즈에서 본 '휴머노이드(humanoid)'라고 불리는 인간의 모습을 띤 로봇을 상상하기 쉽지만, 사실 로봇은 이미 다양한 분야에서 활용되고 있다. 산업용 로봇은 전지회사 생산라인의 극판 공정 등에서 인간을 대체하고 있고, 자동차 회사에서 조립과 도장작업을 하고 있다. 의료용 로봇은 의사를 도와 수술을 하고, 군사로봇이 적을 경계하고 전투를 한다. 영화 '허트로커(The Hurt Locker)'를 보면 지뢰제거 로봇인 EOD(Explosive Ordinance Disposal)가 인간을 대신하여 폭발을 무릅쓰고 지뢰를 제거한다. 일종의 비행로봇인 무인전투기 프리데터(predator)는 아프가니스탄에서 헬 파이어 미사일을 발사한다. 이처럼 로봇은 이미 우리의 삶에 다양한 모습으로 깊숙이 들어와 있다.

자동차를 보자. 2010년의 자동차는 이미 전자제품이다. 그 안에는 다양한 임베디드 소프트웨어(imbedded software)가 있는 일종의 개인용 컴퓨터에 의한 제어가 이루어지고 있다. 미래의 자동차가 전기자동차로 발전·진화하면, 인공지능(Artificial Intelligence)을 가진 일종의 로봇으로 진화하여 갈 것이다. 그래서 비서는 차가 될 수 없지만, 차는 비서의 역할을 할 것이다. 그런 의미에서 영화 속 자동차가 로봇으로 바뀌는 '트랜스포머(Transformer)'는 근미래(近未來)의 일이 될 수도 있다. 당장 경제성이 있을지는 별론(別論)으로 하겠다.

또 스마트TV를 양방향성만으로 정의하는 것은 과도기적인 묘사이다. 스마트TV는 말 그대로 가정 내의 여러 가전 기기들과 소통하면서, 소유자의 행태를 적절히 분석하여 자신이 가진 인공지능을 통하여 최적화된 서비스를 제공하는 형태로 진화할 것이다. 로봇은 디스플레이와 음성으로 인간과 소통하고, 인간의 요구를 충족시킬 것이다. 그리고 로봇은 개인용 로봇으로 진화할 것이다.

로봇산업 선진국의 전제

산업화 초기에 특허 등 지적 재산권 문제를 사전에 정리할 필요가 있다. 기술 로드맵에 따른 특허 포트폴리오의 구축을 잘 해나가는 것은 향후 우리가 최고의 로봇 강국으로 나아가기 위한 초석이 될 것이다. 로봇 산업의 육성을 단순히 육성을 위한 자금의 지원이라는 국가주도 프로젝트의 발주에만 그치지 않도록 하는 정책과 이를 지원하는 법제의 정비가 필요하다. 2008년 제정된 '지능형 로봇 개발 및 보급촉진법(소위 로봇특별법)'이 '과학기술과 법' 영역에서 발생하곤 하는 법제가 산업발전을 저해하게 되는 문제를 발생시키지 않도록 하기 위해서 지속적으로 산업발전을 고려한 개정작업이 필요하다.

로봇은 전자공학이나 기계공학은 물론, 인공지능의 수준을 높이기 위해서 뉴로 사이언스(Nuroscience)와 같이 물리학, 심리학, 의학, 컴퓨터공학 등의 학문이 통섭하는 영역까지 아우르는 종합적인 과학의 총체이다. 결국 로봇 산업의 수준이 그 나라의 산업수준을 판가름할 것이다. 로봇의 눈은 인간의 눈, 곤충의 눈 등 여러 가지 시각 기관들을 모방하면서, 광학 기술과 센싱 기술을 결합하여 나갈 것이다. 로봇이 더 많은 정보를 빠른 시간에 처리하여 상황에 맞는 대응을 하도록 하기 위해서는 더욱더 고집적화된 처리장치가 요구될 것이다. 대학은 이러한 학문 간 융합을 위해서 별도의 융합학문의 영역으로 독립시킬 필요가 있다고 본다.

이와 더불어 전지 산업 등 유관 산업과의 연계도 중요하다. 로봇은 별도의 전원공급 장치를 유선으로 연결하지 않고, 일정 시간 동안 지속적으로 작업할 수 있어야 하므로 고밀도의 전지기술이 매우 중요하다. 이러한 점은 전기자동차의 경우와 같다. 특히 군사용 로봇과 같이 매우 열악한 환경에서 작업을 수행하여야 하는 로봇의 경우에는 이러한 필요성이 더욱 커진다. 전지 산업은 로봇의 심장 역할을 할 것이다. 또한 로봇 산업은 저전력 회로설계가 더욱 중요해질 것이다.

2009년 국내 로봇시장 규모는 8,957억 원(2008년)으로 전년 대비

18.8% 성장률로 지속적으로 성장하는 추세이며, 로봇 전문기업은 187개, 평균 매출액은 50억 원 미만의 중소기업 위주의 산업구조이다. 국가적인 자원의 선택과 집중이 필요한 로봇 산업을 산·학·연이 협력하여 국가적인 프로젝트로 성공시킨다면 로봇 산업은 우리의 미래를 책임질 중요한 성장 동력이 될 것이다. 이런 의미에서 2010년 출범한 '한국로봇산업진흥원'의 역할이 기대된다. (2010. 12. 1)

성공적 사내 기업가정신 발현의 전제조건
: 최고 경영진의 혁신 지향적 리더십

▌ **김학수**(한국경제연구원 연구위원)

솔개는 약 80년을 산다고 한다. 그러나 태어난 지 40년 정도 지나면 솔개의 예리했던 부리와 발톱은 무뎌지고 가벼웠던 깃털은 세파에 찌들고 때 묻어 사냥조차 제대로 할 수 없을 정도로 무거워진다고 한다. 과거 창공을 지배했던 솔개의 위상은 볼품없이 쪼그라들고 솔개는 그대로 죽음을 맞이할 위기에 처하게 된다. 이처럼 생존을 위협하는 현실을 무력하게 받아들일 것인지, 아니면 새롭게 태어나는 고통을 견뎌내고 새로운 40년을 살 것인지 결단의 순간에서 솔개는 약 4개월이 넘는 인고의 시간을 선택한다고 한다.

먼저 무뎌진 부리를 바위에 쪼아 예리한 부리가 새로 돋아나게 하고 지난 40년간 무뎌지고 무거워진 발톱과 깃털을 뽑아서 예리한 발톱과 가벼운 깃털을 갖기 위해 솔개는 약 130일에 걸친 처절한 자기혁신과정을 거친다는 것이다. 처절하고 고통스러운 기간을 미래의 새로운 영광을 위해 과감히 선택하고 참아낸다는 솔개의 우화는 나이가 들면 안주하려는 개인뿐만 아니라 기존 기업들에게 매우 큰 교훈을 준다.

기업의 존속과 성장에 필수적인 혁신

흔히 기업가정신은 창업활동으로 이해되는 경향이 있다. 혁신적인 새로운 기업들이 많이 태어나는 것은 우리 경제의 밝은 미래를 위해 매우 중요한 요인임에 틀림없다. 지난해 말에 발표된 국세청 국세통계연보에 따르면 2008년 현재 39만 8,000여 개의 가동 중인 법인 중 약 25%에 달하는 9만 9,000여 개가 3년 이하의 신생기업이라고 한다. 그리고 약 50%에 달하는 20만 개의 법인이 3년에서 10년 이하의 업령(業齡)을 가지고 있는 것으로 나타났다.

이처럼 새로 태어난 기업들이 오랜 기간 존속하며 지속적으로 성장하는 것은 새로운 기업들이 설립되는 것보다 너 중요하다. 설립한 지 10년 이상 된 법인들은 전체 법인의 25% 정도이고 30년 이상 존속하며 성장해 온 기업들은 전체 법인의 2.5% 정도인 1만여 개에 불과하다. 그러나 10년 이상 된 기업들이 부담하는 법인세액은 전체의 73% 수준에 달하고 30년 이상 존속하고 있는 기업들의 법인세 부담 비중은 전체의 42% 수준이다. 또한 당기순이익 비중도 이와 유사한 수준으로 나타났다. 이러한 법인세 신고 현황은 설립한 지 오래된 기업일수록 국가경제에 기여하는 바가 더욱 크다는 것을 방증한다.

치열해지는 국제경쟁, 역동적으로 변화하는 기업환경, 그리고 지속적으로 확대되는 불확실성하에서 기존 기업들이 오랜 기간 지속적으로 생존하고 성장하기 위해서는 기존 기업들의 핵심사업 영역의 수익성 제고를 넘어서 새로운 사업기회를 부단히 탐색하고 실현하는 사내 기업가정신을 조직적이고 전략적으로 제고해야 한다. 기업을 설립하는 것보다 특정한 사업영역에서 기업 활동을 영위하는 기존 기업들이 자생적으로 성장하는 것은 핵심 사업영역의 수익성을 한계적으로 개선하는 것만으로는 충분하지 않다. 보다 도전적이고 진취적인 자세로 새로운 사업기회를 모색하고 실현하려는 체계적 노력이 수반되어야 한다. 이러한 과정을 흔히 우리는 혁신이라고 일컫는다.

사내 기업가정신은 경영 전반의 혁신과정

일반적으로 기업의 혁신은 새로운 상품이나 기술의 개발로 이해되고 있지만, 엄밀히 말해서 사내 기업가정신을 의미하는 혁신은 자산, 시장, 브랜드 이미지 등 기존 기업의 모든 경영자원을 활용하여 새로운 사업기회를 창출하는 경영 전반에 걸친 혁신과정을 일컫는다. 이러한 혁신과정은 단순히 새로운 상품이나 기술의 개발에 국한되는 것이 아니다. 새로운 고객 발굴, 고객 만족도 개선을 위한 노력, 유통구조 등 기업 경영활동에 관련된 모든 분야의 혁신을 통해 새로운 사업기회를 발굴하는 것이 사내 기업가정신이다.

스타벅스의 성공사례는 기업의 혁신이 새로운 상품이나 기술의 개발에 의해서만 이루어지는 것이 아니라는 점을 잘 보여준다. 스타벅스의 커피 맛이 다른 커피 전문점의 맛과 다소 다르기는 하지만 스타벅스는 고객들에게 4,000원 안팎의 돈을 지불하도록 만드는 데 뭔가 새로운 것을 개발하지는 않았다. 스타벅스의 비교우위는 새로운 커피 맛이나 특별히 개발한 기술에 있는 것이 아니라 스타벅스가 독특하게 제공하고 있는 '제3의 장소'라는 브랜드 이미지에 있다. 스타벅스는 고객들이 집, 직장, 그리고 스타벅스를 연상하게 만드는데 성공한 것이다. 기업의 혁신을 새로운 상품이나 기술의 개발로 국한하여 생각한다면 새로운 사업기회를 충분히 발굴하지 못할 수 있다는 점을 유념할 필요가 있다.

성공적 사내 기업가정신의 발현을 위한 전제조건

사내 기업가정신의 성공적 발현 양상은 개별 기업이 처한 상황과 목표에 따라 다를 수 있다. 월컷 앤 리피츠(Wolcott and Lippitz, 2007)는 사내 기업가정신을 촉진하는 전담조직과 별도의 재원 배분 유무에 따라 크게 네 가지의 사내 기업가정신 발현 양상을 설명하고 있다. 삼성전자와 같이 기업 규모가 큰 경우에는 사내 기업가정신을 촉진하는 전담조직이 있을 뿐만 아니라 그 조직에서 사용할 별도의 재원을 마련해 둔 경우가 대부분이다. 구글과 같이 IT 서비스 기업들의 경우에는 상시적으로 새로운 아이디어를 개발해야 하는 업종의 특수성에 따라 거의 모든 조직구성원에게 새로운 사업기회를 모색하는 임무를 부여하고 일정 기준에 따라 프로젝트를 선정해서 재원을 지원하는 방식이 있을 수 있다. 전담 조직은 있지만 그 재원은 기존 사업부문에서 필요에 따라 지원하는 방식으로 사내 기업가정신을 촉진할 수도 있다. 끝으로 특별 조직이나 재원이 마련되어 있지 않고 우연한 기회에 새로운 사업기회를 발굴하는 경우가 있을 수 있다.[11]

어떠한 형태로 사내 기업가정신이 발현되더라도 그 이면에 가장 핵심적인 역할을 하는 요인은 다름 아닌 최고 경영진의 혁신 지향적 리더십이다. 앞서 말했듯이, 사내 기업가정신의 핵심은 단순한 신제품과 신기술의 도입에 있는 것이 아니라 지속적이고 과감한 혁신과정(innovation process)이 기업 내부 조직에 뿌리를 내리는 것에 있으며 많은 CEO들이 혁신의 중요성을 강조했다. 예를 들어 1993년 프랑크푸르트에서 개최된 삼성그룹 신경영 선포에서 이건희 회장은 "아내와 자식만 빼고 모두 바꿔야 한다"고 밝힌 바 있다는 것은 주지의 사실이다. 또한 100년 지속 기업으로 널리 알려져 있는 GE의 이멜트(J. Immelt) 회장은 과거 코넬대학의 강연에서 "혁신만이 기업성공의 핵심이며 미래에 투자할 유일한 이유"라고 강조했다. 그리고 마이크로소프트의 CEO인 발머(S. Ballmer)는 "고객을 계속 행복하게 만족시키고 경쟁자를 물리치는 유일한 길이 혁신"이라고 언급한 바 있다.

혁신의 중요성을 잘 인지하고 있는 최고 경영진이 혁신의 중요성과 필요성을 조직구성원에게 반복적으로 강조하고 필요에 따라 파격적인 지원을 아끼지 않을 때 무기력하고 타성에 젖은 기존 조직이 깨어나고 유기적 성장의 원동력인 사내 기업가정신이 제고될 수 있다. 항간에는 이건희 회장이 "아내와 자식만 빼고 모두 바꿔야 한다"는 언급을 삼성 내부에서 수만 번 반복했다는 얘기도 있다. 기존 조직의 혁신에 최고 경영진의 리더십이 얼마나 중요한지를 보여주는 한 단면이 아닐까 생각된다. (2010. 12. 9)

▌참고문헌

국세청(2009), 『국세통계연보』

김학수(2010), '기존문화와 융합하는 혁신조직 구축하라', Dong-A Business Review No.68.

Wolcott, R. C. and M. J. Lippitz(2007), "The Four Models of Corporate Entrepreneurship", MIT Sloan Management Review 49(1).

1) 마이크로소프트의 모바일 운영체제인 Windows CE가 컴팩(현재 HP에 의해 인수)의 아이팩(iPaq)에 장착되어 시장을 석권하던 시절, PC 운영체제 시장에서의 독점력이 모바일 기기 OS로도 전이될 것을 우려하여 이에 대항하기 위해 노키아가 주도한 Symbian 진영에 국내 업체가 협조한 바 있었다. 그러나 이는 노키아의 스마트폰 주도력을 높여준 모양세가 되어 버렸다. 이러한 경험은 삼성전자로 하여금 독자적 운영체제인 바다(bada)를 개발케하였다고 알려져 있다.

2) 스티브 잡스가 다시 CEO로 돌아왔을 때 애플의 중요 제품군의 한 축을 담당하고 있던 뉴튼을 사장시킨 것과 관련하여 뉴튼이 그를 10여 년 전 쫓아냈던 전임CEO 존 스컬리(John Sculley)가 심혈을 기울인 작품이었기 때문에 복수하기 위한 것이라고들 했다. 스티브 잡스는 뉴튼사업부를 스핀오프(spin off)시켜 별도의 회사로 만들었지만, 뉴튼사업부 직원들이 퇴사하여 차린 PDA용 운영체제 개발사였던 PIXO를 인수하여 아이팟의 운영체제 개발을 맡겼을 정도로 유연하게 대처하는 경영자였다.

3) 모노쯔쿠리는 일본 제조업 특유의 조직능력을 일컫는 말로, 후지모토 다카히로 도쿄대 대학원 경제학연구과 교수가 제조업에 강한 일본 기업의 특성을 설명하면서 처음 사용한 용어이다. 물건을 뜻하는 모노와 만들기를 의미하는 쯔쿠리가 합쳐진 말로 장인정신을 갖고 혼신의 힘으로 최고의 제품을 만들어 낸다는 뜻의 일본어이다. 얼마 전까지만 해도 manufacturing으로 번역되었지만 지금은 보통 명사로 표기하고 있다. 이러한 모노쯔쿠리 정신을 따르고 있는 기업으로는 쿄세라와 미크론, 야노특수자동차, 도요타 등 일본 제조업 명가 등이 이에 속한다.

4) 필자도 도요타자동차의 환경경영과 지속가능경영을 벤치마킹하기 위해 업계 전문가들과 함께 도요디지동차 본사를 두 차례 방문한 경험이 있으며, 대·중소기업 간 상생경영과 혁신경영 노하우를 배우기 위해 도요타자동차 관계자를 국내 세미나 등에 수차에 걸쳐 초청한 적도 있다.

5) 일본 최대 식품회사인 유키지루시는 생산공장 정전으로 제조라인이 멈춘 적이 있었다. 이때 엔테로토키신 A형 독소가 담긴 유제품이 제조되어 2000년 사상 최악의 식중독 사고를 일으킨 바 있으며, 광우병 파동 직후인 2001년 10·11월에는 소비가 급격히 줄어든 수입 쇠고기의 처분을 위해 호주산 쇠고기 13.8톤을 국산용 상자에 넣어 위장하려 했던 사실이 발각된 바 있다. 두 사건에 대해 경영진은 계속 잘못을 회피하는 발언으로 일관하자, 소비자들은 규탄 시위를 하였으며, 유통채널에서 이 회사 제품은 철거되었다. 이후 햄·소시지의 판매와 생산이 중단되었으며, 사장이 물러나는 파문에 대한 책임을 지고 경영진이 사퇴하였다. 이로 인해 유키지루시 계열사는 일본 국민들에게 악덕기업으로 낙인찍혀 결국 파산하고 말았다.

6) Cyanide은 혈액의 산소 수송능력을 저해하여 심장, 폐, 뇌를 손상시키는 물질로 알려져 있다.

7) 존슨 앤 존슨의 타이레놀 사건은 나중에 제조과정상의 실수가 아닌 것으로 밝혀졌지만, 이 회사는 제품의 안전성 확보를 위해 패키지를 교체하였을 뿐만 아니라 최초로 FDA에 의해 의무적으로 규정된 훼손 방지 포장을 자발적으로 실행하였다.

8) 존슨 앤 존슨은 2002년 포춘지 선정 세계에서 가장 존경받는 회사 7위를 기록하였다. 위기관리능력을 높이 평가 받아 미국 PR협회의 실버 앤빌상(Silver Anvil Award)을 수상하기도 했다.

9) 우리나라 기업의 경우 IMF 외환위기를 겪으면서 재무적 리스크 관리의 중요성에 대해 인식하면서 부채비율을 낮은 수준으로 관리하는 원칙을 확립하게 되었다.

10) 대한상의는 국내 제조업체 1,420개 업체를 대상으로 실시한 "최근 도요타 리콜 사태에 대한 기업인식" 조사결과를 2010년 4월 14일 발표한 바 있다. 기업의 20.6%가 눈에 띌 만한 변화가 있었다고 응답하였으며, 52.4%의 기업은 특별한 변화는 없었지만 품질과 안전문제에 대한 인식이 강화되었다고 응답하였다. 다만 자동차 업종의 경우 60.7%가 경영방침에 변화가 있었다고 응답한 것으로 밝혀졌다.

11) 보다 자세한 사항은 Wolcott and Lippitz(2007)나 김학수(2010)를 참조하기 바란다.

Chapter **2**

규제를 푸는
정책 혁신

왜 통큰치킨에 소비자는 흥분하는가?

▌ **조성봉**(한국경제연구원 선임연구위원)

롯데마트가 선보인 5,000원짜리 통큰치킨이 막을 내렸다. 트위터 글을 통한 청와대 정무수석의 노련한 꾸짖음에 조용히 꼬리를 내린 것이다. 그런데 그 다음이 문제였다. 소비자들과 네티즌들의 불만이 터져 나왔다. 경제학자들도 이를 매우 긍정적인 반향으로 보고 흥분한 것 같다. 소비자들이 깨어나서 '소비자 혁명'의 기운이 무르익은 것으로 보는 시각[1]도 있다.

그러나 차분히 생각해 보자. 도대체 FTA와 같은 엄청난 이득에도 꿈쩍 않던 소비자들이 1주일 밖에 판매되지 않았던 통킨치킨에는 왜 그렇게 벌떼같이 흥분하였는지 잘 이해가 가지 않는다. 소비자들은 FTA 체결하라며 머리에 붉은 띠 두르고 데모한 적도 없으니 말이다. 그저 그러려니 담담했던 소비자들이 FTA와는 비교도 안 되는 것처럼 보이는 이 사소한 이득이 사라진 것에 왜 그렇게 아쉬워하고 흥분하는 것인가?

이 문제 뒤에는 경제적 이득의 본질에 대한 미묘하면서도 섬세한 인식이 숨어 있다. 핵심은 '실현된' 이득인지 아닌지를 살펴야 한다는 것이다. 이번 통큰치킨 사태는 소비자가 그 맛을 일단 한 번 보았기 때문에 나타난 것이다. 비록 1주일이라는 짧은 기간이었지만 5,000원짜리 통큰치킨의 효과는 엄청났다. 각종 매체도 뉴스거리로 또는 비난거리로 통큰치킨을 홍보해 준 셈이다. 만약 통큰치킨이 언론과 여론의 비난으로 또 청와대의 직·간접적 압력으로 매장에서 출시되기 전에 사라졌다면 정말 조용히 이 문제는 마무리되었을 것이다. 그러나 소비자가 짧은 기간이나마 통큰치킨의 이득을 누렸는데 이를 도로 빼앗아가니 가만히 있지 않은 것이다. 차라리 처음부터 주지 않았으면 모르는데 줬다가 뺐으면 가만히 있지 않는 것이 사람의 심리이다. 인간은 다른 사람과 비교하는 상대적인 박탈감을 크게 느끼지만 이보다 더 큰 것이 시간적인 박탈감이다. 이제 누리던 편익을 오늘 누리지 못하게 된다면 참을 수 없는 것이다.

정책을 시행하면서 이런 문제점은 유의하여야 할 대목이다. 정부가 표를 의식해서 선심성으로 복지정책을 함부로 펼쳐서는 안 되는 이유가 여기에 있다. 일단 복지혜택을 맛본 국민들은 정부의 재정상태가 좋지 않다는 이유로 이를 축소하거나 없애려고 할 때 강하게 저항한다. 정부의 복지지출 계획을 일단 짜놓으면 줄이기가 거의 어려운 이른바 불가역성이 있는 것은 이러한 이유 때문이다. 그래서 애초에 복지정책을 시행하기 전에 꼭 필요한 것인지, 인센티브의 왜곡은 없는지, 모럴해저드의 문제는 없는지 또는 재정적자로 정부가 큰 어려움을 겪을 가능성은 없는지 심사숙고해야 하는 것이다.

FTA는 비록 소비자에게는 통큰치킨과는 비교할 수 없을 정도로 큰 혜택을 주지만 '실현된 것'이 아니기 때문에 소비자들은 별로 관심이 없다. 그래서 FTA를 체결해야 한다고 데모하는 소비자는 거의 볼 수가 없다. 오히려 FTA와 관련해서는 이를 반대하는 이익집단의 데모와 이들의 로비를 받은 정치가들의 목소리가 더 크게 들릴 뿐이다. 왜 반대하는 사람들이 데모하는가? 이 역시 자신들이 지금까지 누려왔던 실현된 이득이 사라질 위험에 처했기 때문이다. 결국 현재의 이득을 놓치게 되는 집단의 반발이 큰 것이다. 통큰치킨의 경우에도 목소리를 높인 쪽은 통큰치킨으로 인해 소비자들을 놓칠 위험에 처한 프랜차이즈 배달치킨점들이었던 것이다.

동일한 논의를 SSM에 대한 반대에도 적용할 수 있다. SSM이 들어서면 골목안의 소비자들은 혜택을 보기 마련이다. 가까운 곳에 값싸고 좋은 상품을 파는 가게가 생기기 때문이다. 그러나 이런 소비자들은 목소리를 내지 않는다. 아직 SSM이 열린 것은 아니어서 그 맛을 보지 못했기 때문이다. 목소리를 내고 반대하는 사람들은 자신들의 이득이 사라질 위기에 처한 재래시장 상인과 골목의 구멍가게이다. 그리고 이들의 목소리는 정치권에서 여야를 구분할 것 없이 대변되어 이번 국회에서 '유통산업발전법'과 '대중소기업상생법' 개정안이 통과된 것이다. 만약 이미 들어와 있는 SSM을 규제하는 법을 국회에서 통과시키려 한다면 관련 법안을 지지하는 의원들에게는 정치적 자살행위나 다름없을 것이다. 이미 그 혜택을 보고 있는 소비자들의 실현된 이득을 뺏는 것이기 때문이다.

문제는 올바른 정책과 정치가 무엇이냐는 것이다. 정치의 본질이 국민들의 다양한 이해를 반영하는 것인 만큼 이처럼 목소리를 내고 표로 결집되는 이익집단을 대변하는 것이 어차피 정치의 숙명이라고 말할 수도 있을 것이다. 그러나 장기적으로 국민경제가 발전하고 국민의 진정한 경제적 편익이 어느 편이 클 것인가를 생각한다면 답은 그리 어렵지 않게 찾을 수 있다. 당장 눈앞에서 목소리를 높이는 이익집단을 따르기보다는 '소리 없는 다수(silent majority)'의 행복을 추구해야 하는 것이다.

사실 위대한 정치가들은 국가와 국민 전체의 편익이 무엇인지 늘 생각하고 추구해 왔다. 대표적인 인물이 영국의 윈스턴 처칠이다. 처칠은 본래 보수당(Tory) 소속이었으나 1904년 진보당(Liberals)으로 당적을 바꾼다. 그 이유는 보수당이 자신들의 지지 기반인 부농들의 이해를 대변하여 곡물의 자유로운 무역을 반대했기 때문이다. 처칠은 지지 기반과 실현된 이득과는 무관하게 영국의 미래를 위해서는 많은 소비자들이 싼 값에 곡물을 소비할 수 있어야 한다고 믿었던 것이다. 이른바 자유무역과 시장의 힘을 신뢰한 것이었다. 다시 보수당으로 돌아간 후 2차 대전 직전 수상이 되어 처음 행한 연설에서 국민의 '피와 땀과 눈물'을 요구한 정치가답게 처칠은 실현된 이득을 계산하는 정치적 책략가(politician)가 아니라 보이지 않고 실현되지 않더라도 국민에게 진정 중요한 이득이 무엇인가를 고민한 정치적 지도자(statesman)였다.

이번 통큰치킨 사태에서 청와대 정무수석은 프랜차이즈 배달치킨점들을 편들어 통큰치킨이 사라지도록 유도했다. 그러나 다시 소비자들과 네티즌들의 거센 반발이 일자 대통령이 직접 프랜차이즈 배달치킨점의 가격이 너무 비싸다고 함으로써 다시 소비자들의 편을 드는 모양새를 취했다. 반발하는 집단의 이해를 구하려 분주한 모습이었다. 그러나 이처럼 일일이 누구 편을 들고 번번이 청와대가 의견을 피력하는 것은 적절하다고 할 수 없다. 이 역시 시장에 맡겨야 하는 것이다. 이명박 정부는 출범할 때 '작은 정부, 큰 시장'을 내세웠다. 그러나 촛불시위와 금융위기를 거치고 지방선거를 치른 후에는 친서민정책과 공정사회를 내세우며 시장에 개입하고 정부의 역할을 강화하는 모습을 취하고 있다. 이제 다시 '작은 정부, 큰 시장'이란 초심으로 돌아가야 한다. 그것이 당장에는 '실현된 이득'이 없어 소리를 내지 않는 다수의 국민을 위하는 길이다. (2010. 12. 24)

미국 사례를 통해서 본 의료 선진화의 교훈

▌**김이석**(한국경제연구원 초빙연구위원)

의료서비스 선진화라는 주제를 둘러싸고 영리의료법인 도입 등이 논쟁거리가 되고 있다. 우리가 의료서비스 선진화를 위해 벤치마킹하려고 하는 대표적인 선진국의 의료서비스 체계는 유럽의 공공부문 주도형(정부공급형, 공공계약형)과 미국의 민간부문 주도형이다.

두 가지 의료서비스 체계: 공공부문 주도형과 민간부문 주도형

의료서비스 체계를 의료비 지출을 기준으로 볼 때, 대체로 공적으로 조달되면 공공부문 주도형, 민간재원 조달 비중이 크면 민간부문 주도형이다.[2] 공공부문 주도형에서는 의료비용 대부분이 다른 사람들의 재원으로 지불되어 그렇지 않을 때에 비해 의료서비스에 대한 수요가 크게 늘고 의료 과소비와 의료비의 증가가 나타난다. 그 결과 의료 이외 교육 · 주거 · 생필품 · 문화 부문의 생산과 소비에 투입되는 자원이 감소하고 소비자 후생도 하락한다.[3]

의료 과소비는 재정적자를 초래하고 이에 따라 공공부문 주도형 국가들은 의료서비스 공급자에 대한 각종 규제와 수요자에 대한 서비스 이용제한(rationing)을 통해 의료비 상승을 통제하고자 노력하지만 기득

권자들로부터 강한 저항에 직면한다.[4]

민간부문 주도형인 미국의 의료보험 시장은 민간보험의 비중이 67.4%로 공적 의료보장의 비중 29.0%보다 훨씬 더 크다. 민간보험 시장에서는 고용자 지원 건강보험이 압도적으로 큰 비중(86.8%)을 차지하며, 4천만 명 이상의 무보험자들이 있는 것으로 추정되고 있다.[5] 물론 정부는 세금으로 65세 이상 노령인구(장애인 포함)에 대해서는 메디케어(Medicare)를, 저소득층(임산부 포함)에 대해서는 메디케이드(Medicaid)를 제공하고 있다.

이 글에서는 미국 의료서비스 시장에 대해 보다 자세히 살펴봄으로써 우리 의료서비스 선진화의 방향에 대한 시사점을 찾고자 한다.

미국 의료서비스 시장의 특징

미국의 1인당 의료비 지출수준은 전 세계에서 가장 높으나 평균수명은 그렇지 못하다. 유럽형인 영국과 비교해 볼 때, OECD 보건통계 기준으로 2007년 미국의 1인당 의료비는 6,401달러로 영국의 2,724달러보다 훨씬 높지만 평균수명은 77.8세로 영국의 79.0세에 비해 낮다.[6] 사실 평균수명은 의료비 지출수준과 직접 연관되어 있다고 보기 어려운 측면도 있지만 미국의 경우 의료 과소비에 비해 그 성과는 그렇게 만족스럽지 않다는 것이 전문가들의 공통된 견해이다.

그래서 많은 사람들이 의료서비스를 수익 경쟁을 하는 곳으로 삼지 말고 국영화하거나 공공의 역할을 강화해야 한다고 주장한다. 그러나 의료분야에서 특별히 수익성 추구가 금지되어야 할 이유는 없다.[7] 그리고 미국의 의료서비스 시장을 자세히 들여다 보면 실패한 것은 자유 시장이 아니라 정부 간섭임을 알게 된다. 미국의 민간보험 시장에서 정부 간섭이 또 다른 간섭을 불러온 결과 엉뚱하게도 공공부문에서나

볼 수 있는 소위 '제3자 지불의 문제(3rd party payment problem)'가 나타났던 것이다. 미국에서 의료서비스에 대한 불만이 커진 원인은 자유보험 시장이 실패했기 때문이 아니라 환자가 사용하는 의료서비스 1달러 중 76센트는 환자가 아닌 다른 제3자(정부 · 보험회사 · 고용주)가 지불한다는 데 있다는 것이다.[8]

경쟁적인 민간보험 시장이라면 제3자 지불문제가 발생하지 않는다. 그런데 왜 미국의 민간보험에서 바로 이런 일이 벌어져 사람들이 자유로운 시장에서와는 전혀 다른 유인(incentive) 구조를 가지게 된 것일까? 미국의 민간보험 시장은 정부 간섭이 더 많은 간섭을 부른 전형적 사례로서 그 메커니즘은 다음과 같다.

연방정부는 제2차 세계대전 중 화폐 증발에 따른 대규모 인플레이션을 감추기 위해 임금—가격 통제를 실시하였다. 기업들은 이 임금 통제를 회피하면서 유능한 인재를 고용하기 위해 임금 대신 건강보험을 제시하게 되었으며 이는 기업들의 보편적 관행이 되었다. 의회는 이 건강보험에 대해 과세하지 않기로 결정하였다. 이제 피용자들은 고용주가 보험을 지불해 주었으므로 의료비용에 무관심해지고 의료소비를 늘리게 되어 의료비용은 계속 높아졌다.[9] 이에 보험회사들과 고용주 측은 비용통제에 나서게 되었는데 선거에서 표를 의식한 정치가들이 주도해 의료보험의 커버리지가 더 확대되도록 강제하는 정부 규제를 도입하였으며 이는 피용자들의 지지를 받았다.

이런 과정을 거쳐 미국의 의료서비스 체계는 공적 의료보장 부문에서뿐만 아니라 민간보험 시장에서도 '제3자 지불문제'라는 잘못된 유인구조가 광범위하게 자리 잡게 되었다. 이것이 미국에서 의료서비스의 가격과 의료비 지출이 급증하게 된 근본적 이유이다.[10]

우리에게 주는 교훈

이처럼 미국 의료서비스 시장의 실패는 시장의 잘못이 아니라 정부의 간섭에서 비롯되었다. 요약컨대 미국의 사례에서 보듯 의료 선진화 논의에서 우리는 왜 미국 민간보험 시장에서 사람들의 유인구조가 제3자 지불문제가 만연하는 공공부문과 다름없게 되었는지 살펴보아야 한다는 것이다. 이를 토대로 우리는 미국 민간보험 시장의 문제를 올바로 이해할 수 있게 되고, 이 문제가 공공통제를 강화한다고 해서 해결될 수 있는 성질의 것이 아님을 깨달을 수 있다.

미국의 사례가 우리에게 주는 교훈은 두 가지를 들 수 있다. 먼저 하나의 간섭이 엉뚱한 곳의 간섭과 왜곡을 불러올 수 있다는 것이며, 둘째로 성과가 불분명한 미국의 의료 과소비는 의료에 대한 공공통제의 강화가 아니라 자유시장을 장려해야 해결될 수 있다는 것이다. (2010. 3. 18)

중계권과 방송사 담합

▌ **오정일**(경북대 행정학부 교수)

월드컵 중계권을 둘러싼 공중파 방송사 간 분쟁이 점입가경(漸入佳境)이다. K사와 M사가 S사를 사기죄로 고소하였다. S사가 2010~2016년에 벌어지는 동·하계 올림픽과 월드컵에 대한 배타적 중계권을 따낸 것이 분쟁의 발단이다. S사가 공격적 경영을 시작한 것은 자연스러운 일이다. 공동 중계를 하면 인지도가 떨어지는 S사가 절대적으로 불리하기 때문이다.

이러한 분쟁은 이번이 처음은 아니다. 수년 전 M사는 박찬호의 야구경기에 대한 중계권을 놓고 모 케이블 회사와 비슷한 분쟁을 벌인 적이 있다. 내막은 이렇다. 박찬호 야구경기를 중계하던 M사는 박찬호 선수의 성적이 좋지 않자 중계권을 포기한다. 왜냐하면 시청률이 격감했기 때문이다(시청률은 곧 돈이다). 이때 한 케이블사가 박찬호 경기의 중계권을 사들인다. 사실 이는 도박에 가까웠다. 당시 누가 박찬호의 부활을 예상했겠는가? 하지만 박찬호는 부활했고 시청률은 반등했다(돈을 벌었다는 얘기다). 국민적 관심사인 박찬호 경기는 공중파에서 중계되어야 한다는 주장도 이때부터 제기되었다.

문제는 돈(이윤)이다. M사가 중계권을 포기했던 것, M사가 포기한 중계권을 케이블사가 샀던 것, S사가 올림픽과 월드컵 중계권을 산 것, K사와 M사가 S사를 고소한 것, 원인은 돈이다. 이른바 '쩐의 전쟁'이다. 돈, 즉 이윤으로부터 자유로운 방송사는 없다. 민영이든, 공영이든, 공중파든, 케이블이든 우리는 이러한 '쩐의 전쟁'이 공중파 방송사의 담합을 깨는 방아쇠(trigger)가 될 수 있다는 데 주목해야 한다. 공중파 방송사는 그동안 쉽게 장사를 했다. 공동으로 중계권을 사고 같은 시간에 같은 경기를 중계해서 광고료를 나눠 가졌다. S사가 이러한 '게임의 법칙'을 깬 것이다. K사와 M사가 격분(激憤)할 만하다.

S사의 배타적 중계에 대해 K사와 M사는 두 가지 문제를 제기하고 있다. 하나는 높은 중계권료이고, 다른 하나는 방송법 위반이다. S사가 중계권을 획득하는 과정에서 지나치게 높은 가격을 지불했으며, S사의 배타적인 중계는 방송법 76조 3항의 위반이라는 것이다. S사가 높은 가격을 지불한 것 자체는 국부 유출 측면에서 비난받을 여지가 있다. 하지만 이는 단견(短見)이다. 효율적 경영을 위한 방송사 간 경쟁, 성과와 보상이 연결되는 책임경영이 선행되지 않는 한 방송 산업은 발전할 수 없다. 더구나 중계권을 공동으로 구입하는 과정에서 담합이 있었다면 이는 공정거래에 반한다.

방송법 76조 3항은 '공적 접근권(Public Access Right)'에 관한 것이다. 많은 국민이 관심을 보이는 행사의 중계권자는 대다수 국민이 시청할 수 있도록 다른 사업자에게 중계권을 합리적인 가격으로 제공해야 한다는 것이 그 내용이다. 중계권자가 이윤을 극대화하는 과정에서 소수에게만 프로그램을 공급할 수 있기 때문이다. 쟁점은 두 가지이다. 국민 대다수가 시청을 원하는 행사는 무엇인가? 국민 대다수를 어떻게 정의할 것인가? 외국의 예를 보면 올림픽이나 월드컵은 국민 대다수가 시청을 원하는 행사라고 할 수 있다. 즉, 공적 접근권의 적용 대상이다. 그러나 두 번째 조건은 충족되지 않는다. S사는 공중파 방송사이고 TV 보급률이 90%를 넘기 때문에 S사가 배타적으로 중계하더라도 국민의 볼 권리가 침해된다고는 할 수 없다. 세 방송사 모두가 중계해야 공적 접근권이 보장되는 것은 아니다.

공중파 방송 3사는 공동 중계를 통해 담합을 유지해 왔다. 공적 접근권은 결과적으로 담합을 유지하는 데 악용되었다. 이제야 중계권 분쟁이 발생했다는 사실은 방송 시장의 후진성을 역설적으로 입증한다. 이번 사태가 파국(破局)으로 치달을 가능성은 거의 없다. 담합을 통한 이득, 소송에서 질 가능성, 경쟁이 만들어내는 불확실성 등으로 인해 방송사들은 타협할 것이다. 타협은 담합의 유지를 의미한다. 방송통신위원회가 S사에 약간의 과징금을 부과하고 M사와 K사는 소(訴)를 취하할 것이며, S사는 중계권의 일부를 적절한 가격에 팔 것이다. 그 결과 공중파 3사의 담합은 깨지지 않게 될 것이다. 그리고 늘 그래왔듯이 경쟁·효율성·시장경제라는 가치는 크게 훼손될 것이다. (2010. 6. 30)

자본시장법상의 M&A 규제, 개선이 필요하다

▌ **전삼현**(숭실대 법학과 교수)

M&A는 기업의 지배구조를 진면으로 개편한다는 점에서 항상 '뜨거운 감자'로 논란의 대상이 되어 왔다. 특히 M&A가 해당 기업의 사활을 걸고 이뤄진다는 점에서 당연히 시장에서도 그 영향을 크게 받아왔다. 따라서 그동안 정부 차원에서 이러한 M&A에 대하여 어떻게 규제할 것인가를 두고 많은 고민을 해왔지만 명확한 답을 내리지 못하고 있다. 다만 선진국은 M&A에 대한 규제를 사법(私法)의 영역으로 넘긴 지 이미 오래된 반면, 우리나라는 여전히 공법(公法) 차원에서 이를 규제하는 데 익숙해 있는 듯하다.

M&A에 대한 규제는 '투자자 보호'를 가장 큰 명분으로 삼고 있다. 따라서 투자자들 스스로가 M&A를 견제하는 사법(私法)에 의한 규제, 즉 시장에 의한 견제가 주를 이루고 있다. 반면에 공법(公法)에 의한 견제란 정부가 나서서 투자자 보호라는 기본원칙을 정해 놓고 이를 위반한 경우 이에 대한 제재를 가하는 것을 의미한다.

어느 규제가 더 효율적인지에 대하여 답을 내리기는 어렵지만 분명한 것은 자본시장이 커지면 커질수록 공법적 규제는 순기능보다는 역기능이 더 커진다는 것이다. 이러한 점을 인식하고 우리 정부는 2007

년 8월 자본시장법을 제정하면서 과거 증권거래법 제190조와 제190조의 2에서 규정하고 있었던 합병 등에 관한 규제를 폐지한 바 있다. 이처럼 M&A에 대한 공법적 규제를 폐지한 이유는 현행법상 사법적 규제로도 충분하다는 의견 때문일 것으로 판단되며 당시만 하더라도 M&A를 통한 기업의 영속성이 확대될 것으로 기대되었기 때문이다. 그러나 금융위원회는 이런 시장의 기대와는 달리 법 제정 1년 6개월이 지난 2009년 2월 3일 자본시장법의 시행에 맞춰 슬그머니 법을 개정하여 과거보다 더 엄격한 M&A 규제 규정을 신설하였다. 즉 M&A에 대해 과거보다 더 엄격한 공법적 규제를 도입했다.

과거에는 비상장법인이 우회상장을 위해 상장법인과 합병하는 경우에만 금융감독위원회의 승인을 받도록 하고, 상장법인 간의 합병의 경우에는 신고만 하도록 되어 있었다. 그러나 2009년 2월 개정된 자본시장법에 따르면 M&A를 하려면 금융위원회에서 정한 방법과 요건에 따라 할 것을 강제하는 규정을 제165조의 4에 신설하였다. 이는 상장법인과 비상장법인 간의 합병에 대한 구분 없이 일괄적으로 금융위원회가 정한 시행령과 고시에 따라서만 합병할 것을 강제하는 것을 의미한다. 물론 금융위원회가 이처럼 M&A에 강력한 공법적 규제를 가하고자 한 것은 아마 합병을 통한 우회상장을 차단하고자 한 것이었다고 판단된다.

그러나 최근 상장폐지 실질심사제도가 그 어느 때보다도 엄격히 시행되어 58개 상장사가 퇴출되었거나 퇴출위기에 처해 있으며, 실질심사 시 우회상장에 대해 더욱 엄격히 심사하고 있다. 따라서 굳이 현행 자본시장법 제165조의 4를 통한 M&A의 사전규제가 여전히 필요한지에 대해 논란의 여지가 있다고 본다.

더욱 문제시 되는 것은 바로 시장거래가격을 정부가 통제하는 것은 시장경제의 기본원칙에 반한다는 점이다. 우리 자본시장법 제165조의 4에서 상장법인이 ① 다른 법인과의 합병 ② 중요한 영업 또는 자산의 양수 또는 양도 ③ 주식의 포괄적 교환 또는 포괄적 이전 ④ 분할 또는 분할합병의 경우에는 금융위원회가 이에 개입할 수 있는 포괄적 근거를 마련하고 있으며, 시행령을 통해서 구체적으로 이를 규제하고 있다.

이 법 시행령 제176조의 5 제2항에서는 합병가격 산정 시 자산가치·수익가치 및 그 가중산술평균방법과 상대가치의 산출방법은 금융위원회가 정하여 고시하도록 하고 있으며, 합병가액은 평균 종가로 하고, 외부평가기관의 직정성 평가를 받도록 강제하고 있다. 그러나 이와 관련하여 주의할 점은 M&A 합병가액을 일괄적으로 정부가 정하는 것은 경우에 따라서는 투자자에게 손실을 가할 수도 있다는 점이다. 즉 외부 평가기관이 정한 기준에 따라 적정성을 판단하였을 때 문제가 없음에도 불구하고 정부가 정한 기준에 따라 평가할 때 법 위반으로 인해 M&A가 무산되는 결과도 초래될 수 있기 때문이다.

그러나 최근 상장기업의 퇴출여부에 회계법인의 감사의견 거절이 가장 중요한 역할을 하고 있음을 고려해 볼 때 합병가액의 적정성 여부는 외부 평가기관의 적정성 평가만으로도 충분하다고 여겨진다.

우리 자본시장법은 2007년 8월 제정 당시 구 증권거래법에 존재하던 상법 회사편에 관한 27개의 특례조문을 폐지하고, 이를 상법에 이관시킨 바 있다. 이에 따라 상법은 2009년 1월 상장회사에 관한 특례규정을 신설한 바 있다. 그러나 결국 금융위원회는 이관시켰던 상장회사에 관한 상법 특례규정을 다시 자본시장법에 추가하여 17개의 조문을 신설하는 등 상장회사 영업활동에 대한 규제를 과거보다 더 엄격히 이중으로 규제하는 결과를 초래하였다. 결국 자본시장법은 당초

제정 당시와는 달리 전혀 다른 방향으로 개정작업이 이뤄짐으로써 우리 자본시장을 오히려 혼란스럽게 한다는 지적을 받고 있다.

 자본시장이 커지면 커질수록 정부의 시장개입은 반비례하게 되는 것이 이론적으로나 경험적으로도 타당하다. 이러한 측면에서 볼 때 우리 자본시장법상의 M&A 규제는 오히려 기본원칙과는 정반대로 가고 있다고 판단된다. 물론 과도기적으로 정부의 개입이 불가피할 수도 있다. 그러나 어려운 시기일지라도 진정 정부가 우리나라 자본시장의 선진화를 원한다면 스스로가 시장을 신뢰하고자 하는 노력이 필요하다고 본다. 자본시장법 제정 당시의 취지대로 합병 등에 관한 규정 제165조의 4는 폐지해야 할 것이다. (2010. 7. 9)

완전경쟁과 시장의 실패, 타당한 개념인가

▌**김영용**(한국경제연구원 원장)

경제학 교과서에 자주 나오는 용어 중 하나가 '시장의 실패'이다. 자원이 효율적으로 배분되기 위해서는 시장이 '완전경쟁적'이어야 하는데 그렇지 않은 현실의 시장은 곧잘 실패한다는 것이다. 즉 외부성, 공공재, 독점, 정보의 비대칭성 등의 경우에는 자원이 효율적으로 배분되지 못하여 시장이 실패하므로 정부가 개입하여 이를 교정해야 한다는 것이다.

우리가 사는 현실의 시장에서는 완전경쟁 시장에서 이뤄질 수 있는 자원배분의 효율성을 달성하지 못하는 것이 사실이다. 문제는 그러한 비교가 무슨 의미가 있느냐는 것이다. 완전경쟁 시장은 아무런 비용이 없고 자원의 이동성도 없는 완전한 시장을 일컫는다. 그런데 시장은 교환의 편의, 즉 교환에 따른 여러 가지 비용(거래비용)을 줄이기 위해 생겨나고 이를 더욱 줄이는 방향으로 진화하는 것이다. 그리고 우리 인간이 사는 사회가 완벽하지 않는 한, 거래비용이 줄어들 수는 있지만 완전경쟁 시장에서 상정하는 것처럼 영(零)이 될 수는 없다. 그런 점에서 완전경쟁 시장은 인간 세상에는 존재할 수 없는 진공 상태인 가공의 세계이다. 그런 가공의 세계와 온갖 종류의 거래비용이 존재하고 마찰이 존재하는 현실 시장을 비교하여 후자가 실패한다는 표현은 적절하지 않다. 이런 비교를 '열반오류(nirvana error)'라 함은 잘 알려져 있다.

'시장의 실패'의 준거가 되는 완전경쟁 시장에 대해 더 자세히 살펴보기 위해서는 불가피하게 경쟁의 개념을 검토해야 한다. 아담 스미스(Smith)를 비롯한 고전학파 경제학자들이 인식한 경쟁은 '경쟁하다(to compete)'를 뜻하는 동사적 의미이다. 즉 판매자는 소비자가 가지고 있는 희소한 자원을, 구매자는 판매자가 가지고 있는 희소한 자원을 서로 차지하기 위해 다투는 것이 경쟁이다. 자원이 희소하므로 경쟁이 생기고 이는 곧 경쟁의 본질은 대항적(rivalry)이며 다툼(emulation)이라는 사실을 의미한다. 그러므로 경쟁은 거래 상대방에게 더 매력적인 기회를 제공함으로써 다른 경쟁자들을 이기려는 시장과정(market process)으로 정의된다.

여기에서 한 가지 유의해야 할 점은 동물 세계의 경쟁(biological competition)과 인간 사회의 경쟁(catallactic competition)은 본질적으로 다르다는 것이다. 동물 세계에서의 경쟁은 영합(零合)의 게임으로서 패한 자는 곧바로 폐기된다. 문자 그대로 정글의 세계다. 반면에 인간 사회의 교환 경제에서의 경쟁에서는 패한 자가 폐기되는 것이 아니라 차선(次善), 차차선(次次善)의 자리로 이동한다. 양합(陽合)의 게임이며 경쟁을 통해 자원이 적재적소에 배분된다. 정글의 세계와는 판이하게 다른 것이다.

이제 문제는 중요하게 인식돼야 할 동사로서의 경쟁 개념이 신고전학파로 넘어오면서 상태(state, situation) 개념으로 바뀐 데 있다. 하나의 상태로서의 완전경쟁 시장은 서로 경쟁하는 많은 기업들이 산업에 자유롭게 진입하여 경쟁한 결과, 더 이상 경쟁하지 않는 수많은 기업들이 존재하는 상태를 의미하게 되었다.[11] 그러므로 완전경쟁 개념이 현실을 설명하는 데 부적합한 이유는 가정의 비현실성과 그에 따른 현실 세계에서의 실현 불가능성의 문제도 있지만 '경쟁하다'를 뜻하는 개념과 양립할 수 없다는 데 있다. 이는 "완전경쟁은 과정에 의해 결과적으로 도달하거나 가까워지려는 상태에서 경쟁을 논의하고 있는데, 이는 경쟁 행위의 범위를 없애버릴 뿐만 아니라 행위의 가능성을 불가능하게 만들어 버린다. 따라서 경제학자들이 과정에 의해 나타나게 되는 상태를 논의하면서 마치 경쟁의 본질과 과정에 대해 논의하는 것처럼 믿는 것은 스스로를 기만에 빠뜨리는 것이다"라는 하이에크(Hayek)의 지적에서 더욱 뚜렷해진다.[12]

경제학이 순수논리학이 아닌 사회과학으로서의 의미가 있으려면, 신고전학파에서 가정하는 '주어진' 것들에 대한 탐구가 이루어져야 한다. 그런데 모든 지식이 '주어진' 것이라고 가정해 버리면 현실 세계에서 실제로 설명해야 하는 '중요하고 의미 있는 모든 것'을 무시하게 되고, 경제학은 경제현상의 탐구가 아니라 순수논리학의 탐구가 되어 버린다. 예를 들어 미시경제학 교과서에 나오는 비용곡선들은 모두 최소화된 비용을 나타내고 있는데, 이는 기업이 비용최소화 방법을 이미 다 알고 있다고 가정하는 것이다. 그런데 어떤 방법이 비용을 최소화하는 방법인가는 정작 '경쟁'을 통해서 발견해야 하는 사항이다. "경쟁은 발견적 절차이며, 사람들은 경쟁을 통한 발견적 절차에 의해 지식을 창출하고 집적하여 경제활동에 대한 견해를 형성한다"라는 하이에크의 지적은 바로 이런 점을 표현하는 것이다.

한편 완전경쟁에 대한 커즈너(Kirzner)의 비판도 경청할 가치가 있다. 커즈너에 따르면 "완전경쟁은 모든 시장 참여자들이 동일한 행동을 하며, 다른 참가자가 하는 방법 이외의 다른 더 좋은 방법으로 더 이상 달성할 것이 없기 때문에 다른 참가자의 행동을 주시할 필요가 없는 상태"를 의미한다.[13] 즉 경쟁자를 이기기 위한 더 매력적인 기회를 찾을 수도 없고 절감해야 할 거래비용도 없기 때문에 시장이 할 일이 없어진 상태가 바로 완전경쟁 시장이다.

완전경쟁과 재산권의 관계를 살펴보면 개념적 오류가 더욱 명백해진다. 앞에서 언급한 바와 같이 완전경쟁 시장은 더 이상의 경쟁 행위가 존재하지 않으므로 다른 경쟁자보다 더 매력적인 기회를 제공할 여지가 없는 상태다. 이는 곧 자원을 더 효율적으로 사용할 여지가 없으므로 경쟁을 뒷받침하는 재산권이 어떻게 정의되든지, 또 정의되지 않더라도 아무런 상관이 없다는 결론에 이르게 된다.[14] 즉 시장경제의 근간이 되는 재산권의 역할이 사라지게 된다.

결국 가공의 세계에 입각한 '완전경쟁' 개념과 이에 준거를 둔 '시장의 실패' 개념은 우리 인간이 사는 세상에 적용될 수 없는 것들이다. 오늘날 경제 문제를 둘러싸고 벌어지는 많은 사회적 갈등, 특히 사업자들이 다른 사업자들을 이기기 위해 벌이는 행동과 이를 억제하려는 제반 정부 규제 간의 충돌과 갈등은 '과정'과 '상태'가 구별되지 않은 개념적 오류에 그 뿌리가 있다. 반드시 수정되어야 할 부분이다. (2010. 7. 26)

미국 금융개혁법은 회사 지배구조를 개선시키는가?

▌ **신석훈**(한국경제연구원 선임연구원)

 2010년 7월 21일, 글로벌 금융위기 이후 논의되어 왔던 미국 금융 규제 개혁법이 발효되었다. 대공황 이래 가장 강력하고 포괄적인 금융규제개혁 내용을 담고 있다. 이 법은 금융위기의 원인을 야기했다고 비판받던 금융회사와 금융산업을 규제하며 연방차원에서 감독을 강화하기 위한 것이다. 그러나 여기서 그치지 않고 있다. 모든 상장회사의 회사지배구조 실패에 근본적인 원인이 있다고 보며 금융 산업 외의 일반 상장회사에 적용되는 회사지배구조 개혁 조항들도 다수 포함하고 있다. 주주들이 이사선임, 이사회 구조, 임원보수 등과 관련된 사안에서 앞으로 더 큰 목소리를 낼 수 있도록 하는 조항들이 대부분이다.

 금융개혁법에 포함되어 있는 회사지배구조 개혁 조항들이 금융시스템 개혁 조항들에 비해 상대적으로 주목을 덜 받고 있는 듯하다. 그러나 회사지배구조 개혁 조항들은 이사(경영진)와 주주 간의 권한분배라는 가장 중요한 회사지배구조 쟁점과 관련되어 있다. 주주민주주의 (shareholder democracy)라는 주제에는 회사지배구조의 가장 어렵고 민감한 논쟁거리가 숨어 있다. 따라서 미국 회사지배구조에 많은 논의와 큰 변화가 나타날 것으로 예상된다.

주주민주주의와 위임장 접근(proxy access)

금융개혁법상 회사지배구조 개혁 조항들의 입법 배경은 상장회사 경영진이 회사의 주인인 주주이익을 희생시키며 자신들의 사적 이익을 추구해 온 것이 이번 금융위기의 주요 원인 중 하나라는 시각이다. 이를 치유하기 위해 경영진에 대한 소수 주주들의 통제를 강화하여 주주들에 대한 경영진의 책임의식을 보다 강화해야 한다는 주주민주주의 논리가 깔려 있다.

이번 회사지배구조 개혁 조항 중 가장 논란이 많았던 것은 예전부터 주주민주주의의 상징적 제도로 여겨져 왔던 위임장 접근(proxy access)에 관한 것이다. 상장회사에서 수많은 주주들이 주주총회에 참석하여 의결을 할 것이라고 기대하기는 어렵다. 일반적으로 경영진이나 일부 주주들이 총회 참석에 소극적인 대다수의 주주들로부터 위임장(proxy)을 받아 대신 의결권을 행사한다. 다만 주주들에게 위임장 권유를 할 때 주주들이 충분한 정보에 기초해 위임여부를 판단할 수 있도록 위임장 설명서(proxy statement)를 제공하도록 하고 있다. 그러나 이것을 작성하여 수많은 주주들에게 발송하는 데는 상당한 비용이 소요된다. 경영진이 위임장 권유를 할 경우에는 회사업무의 일환으로 보아 회사비용으로 처리할 수 있다. 그러나 일부 주주들이 다른 주주들을 상대로 위임장 권유를 할 경우에는 자신들의 비용으로 해야 한다. 그만큼 소수 주주들이 위임장을 통해 자신들의 의견을 주주총회에 상정할 수 있는 기회가 적을 수밖에 없다. 만일 경영진이 발송하는 위임장 설명서에 소수 주주들이 제안하고자 하는 내용을 포함시킬 수 있다면 회사비용으로 위임장 권유를 한 것과 동일한 효과를 얻을 수 있을 것이다. 특히 이사후보 추천과 선임에 관련된 내용을 회사비용으로 발행되는 위임장 설명서에 포함시킬 수 있도록 할 경우 소수 주주들이 이사회 구조와 경영에 상당한 영향을 미칠 수 있게 된다. 이번 개혁법에서 이것이 가능하도록 한 것이다.

그러나 입법 전부터 반론 또한 만만치 않았다. 이사들은 자신을 추천해 준 소수 주주들의 이익을 위해 다른 주주나 회사 전체의 이익을 희생시킬 수 있다는 것이다. 또한 잦은 이사선임 경쟁으로 이사들이 장기적 관점에서의 투자보다는 단기적 주가에만 집착할 우려가 있다는 것이다. 이사들이 소수 주주들의 눈치를 보며 주주총회가 정치판이 될 수 있다는 것이다. 위임장 접근을 포함한 이번 개혁법상의 주주민주주의 강화조치들은 금융위기에 대한 대응방안으로 나온 것이므로 이러한 조항들에 대한 평가는 결국 금융위기의 원인규명에 달려있다. 물론 금융위기에 대한 원인은 다양하겠지만 여기서는 주로 회사지배구조, 즉 이사(경영진)와 주주의 권한분배라는 관점에서 살펴보도록 한다.

글로벌 금융위기의 원인과 회사지배구조

금융위기의 근본적 원인은 모든 국민들이 주택을 소유할 수 있도록 하기 위해 대출 기준을 완화하며 갚을 능력이 없는 사람들에게까지도 주택담보대출을 해준 미국 정부정책에 있다. 그리고 금융기관의 경영자들이 이러한 고위험의 주택담보대출 채권을 다양한 형태로 증권화하여 일반 투자자들에게 판매한 것이 또 하나의 원인이다. 이러한 증권은 애초에 갚을 능력이 부족했던 사람들에 대한 채권에 기반을 둔 고위험 증권이어서 일반 투자자들은 이를 구입하려 하지 않았다. 그러나 정부 보증회사의 보증과 신용평가사들의 높은 신용등급 부여로 이러한 고위험성은 버블 속에 가려 투자자들의 눈에서 잠시 사라져 버렸다. 그러나 주택담보대출을 받은 채무자들이 주택대출금을 연체하고 주택가격이 하락하기 시작하자 버블 속에서 저위험의 금융상품으로 둔갑해 있던 고위험의 금융상품들이 버블이 꺼짐과 동시에 실체를 드러내며 금융위기가 발생하기 시작한 것이다. 그리고 금융회사의 경영진들은 탐욕의 표상으로 지목되어 비판받기 시작하였다. 이러한 비판은 금융위기와 직접적으로 관련이 없는 모든 상장회사들의 경영진에게까지 확산되기 시작하였다. 주주권한 강화를 통해 경영자들의 탐욕을 막고자 금융개혁법상 다양한 회사지배구조 개혁조치들이 마련되었다. 과연 금융위기는 금융회사의 경영진, 일반 상장회사의 경영진이 주주들의 이익을 무시하며 사적 이익을 추구한 결과인가? 그래서 주주민주주의를 강화하는 것이 금융위기 이후 회사지배구조 개혁방향이 되어야 하는가?

그러나 금융위기 발생 직전인 2007년까지 위기의 주범으로 지적되던 은행들의 주식은 다른 S&P 500기업들보다 더 높은 이익을 내고 있었다. 또한 위기 직전 3년 동안 S&P 500기업들은 주주들의 단기 주가 상승요구 압력에 부응하기 위해 사내유보금으로 제품생산을 위한 투자보다 자기 주식을 사들이는 데 더 많은 돈을 사용했다. 이러한 사실들을 보면 경영진이 주주 이익을 무시했기 때문에, 또는 주주들이 경영진을 통제할 수 없었기 때문에 금융위기가 확산된 것이 아니라는 것을 말해 준다.

문제는 여기서의 주주 이익이 회사의 장기적 발전을 저해할 수 있는 단기이익이라는 데 있다. 자신들이 투자한 주택담보대출 관련 증권에 내재되어 있던 장기적 위험요소들을 신중히 고려하지 않고 단기적 주가상승으로부터 오는 금융적 보상에 주로 관심을 가졌던 전문 경영인들의 단기 실적주의(Short-Termism) 추구와 이에 열광한 주주들이 문제였던 것이다. 그런데도 회사지배구조 개혁법에서는 소수 주주들의 권한을 오히려 강화시키고 있어 사태를 더 악화시킬 것이라는 우려가 제기되고 있다. 결국 이번 회사지배구조 개혁법은 금융위기의 발생 원인에 대한 올바른 진단에 기초한 것이라고 보기 어렵다. 민주당 성향의 의원들이 의회와 증권거래위원회(SEC)의 다수를 차지하게 된 정치적 상황과 금융위기라는 경제적 상황이 맞물리며 지난 10년 동안 소수 주주 권한 강화를 통한 주주민주주의 실현을 주장해 온 주주행동주의자들의 시도가 개혁법에 반영된 것에 불과하다는 지적이 나오고 있는 것도 이러한 이유 때문이다.

글로벌 금융위기 이후 회사지배구조 개혁방향

글로벌 금융위기 이후 회사지배구조 개혁방향은 단기 실적주의(Short-Termism)를 극복하고 모든 주주들과 회사의 장기 발전을 도모할 수 있는 제도적 기반을 조성하는 것이 되어야 한다. 단기 주가에 집착할 수밖에 없는 전문경영인과 달리 장기적 안목을 가질 수 있는 오너경영 체제, 단기적 시세차익을 노리는 투자자들보다 장기적 주식소유자들에게 더 많은 의결권을 부여하는 차등의결권, 시세 차익만을 노리는 가치파괴적인 경영권 위협에 대항하기 위한 포이즌필 등이 금융위기 이후 단기 실적주의 극복을 위한 대안들로 주목받고 있다.

그러나 지금까지 우리는 전문경영인 체제, 1주1의결권, 회사지배권 시장 등을 가장 이상적인 제도들로 보며, 이와 상반되는 오너경영체제, 차등의결권, 포이즌필 등을 비정상적·비민주적·반시장적 제도들로만 봐 왔다. 그래서 기업집단체제의 오너경영은 공정거래법과 각종 금융관련법에서 규제를 받고 있고, 차등의결권은 현행 상법상 1주1의결권 원칙 때문에 사용될 수 없으며, 포이즌필은 오랜 논쟁 끝에 상당히 제한된 조건하에서만 사용할 수 있도록 상법 개정안이 마련되어 있지만 이마저도 국회 통과가 불투명하다.

글로벌 금융위기가 회사지배구조 정책에 주는 교훈은 분명하다. 모든 회사들에 적합한 하나의 이상적인 회사지배구조는 없다(one size does not fit all). 따라서 글로벌 금융위기 이후 회사지배구조 개혁은 장기적 관점에서 경영판단을 할 수 있는 제도적 틀을 마련해 주고, 이러한 틀을 구체적으로 어떻게 활용할 것인가는 개별 회사들의 선택에 맡기는 자유주의적 개입주의(libertarian paternalism)에 기초해야 할 것이다. (2010. 7. 28)

중소기업 정책과 경쟁정책

▌ **최승재**(경북대 법학전문대학원 교수, 변호사)

최근 여러 정부 부처에서 중소기업에 대한 징책들을 내놓고 있다. 경쟁정책이라는 관점에서 중소기업 정책은 어떤 의미를 가질까. 중소기업 정책은 시장과 분리되어 오로지 보호라는 관점에서, 중소기업에 얼마나 많은 재정지원을 해야 할 것인가 하는 기존의 패러다임에만 머물러 있을 것인가. 이와 관련하여 중소기업 정책과 경쟁정책과의 관계를 살펴보는 것은 의미가 있다고 본다.

경쟁법의 목적과 중소기업의 보호

1890년 미국의 셔먼법 제정과정에서 입법자들은 중소기업의 보호(protection of small and medium sized company)가 경쟁법의 주요 목적 중의 하나가 될 수 있는가에 대한 논쟁을 벌였다고 한다. 당시의 경제학은 오늘날 우리가 경쟁법을 바라보는 것과 같은 계량 중심의 후생경제학(welfare economics)이 주류인 상황이 아니었으므로 논의의 모습은 상당히 규범적이고 철학적인 논의였다. 당시에도 중소기업의 보호와 같은 목적을 추구하는 것은 경쟁법의 목적을 불분명하게 하는(blurring) 것으로 타당하지 않다는 비판이 있었고 지금도 이와 관련된 논의가 종결되지 않았다.

미국의 입법자들은 지금으로부터 100년 전에 경쟁정책이 중소기업의 육성에 중요한 역할을 할 수 있다는 점에 대해서 고민을 하였고 양자가 관련성을 가질 수 있음을 인식하였다. 경쟁정책의 목적과 관련된 논쟁은 상당부분 중소기업 정책의 방향에서도 중요한 시사점을 준다.

IT산업에서의 경쟁과 파괴적 혁신

시장경쟁의 관점에서 중소기업은 어떤 의미가 있을까 하는 것은 IT산업을 보면 쉽게 알 수 있다. IT산업은 기술발전의 속도가 빠르다는 것은 경쟁의 기초가 우리의 생애 내에서 바뀌는 모습을 볼 수 있어 경쟁법의 초파리(?)와 같다. 초파리가 생명공학 연구에서 많이 사용되는 이유가 초파리는 모두 8개의 염색체만을 가지고 있고[15] 수명 주기가 2주 정도에 불과하여 쉽게 결과를 알 수 있기 때문이다.

IT산업에서는 회사 차원에서 볼 때 마이크로소프트와 같은 우리 생애 내에 창업되어 성장하고 성숙기에 접어든 회사들을 볼 수 있으며, 애플과 같이 극적으로 재기하는 회사도 있다. 한편 기술차원에서 보면 컴퓨터는 1990년대에 XT와 같이 하드디스크 드라이브가 없는 컴퓨터에서 시작하여 오늘날의 컴퓨터와 같이 놀라운 기술혁신을 이루었다. 2000년대 초반까지만 해도 상용화가 쉽지 않다고 했던 LCD텔레비전 기술이 이제는 보편화되었다.

IT 기술혁신의 많은 경우는 도전자에 의한 경우가 많았다. 애플의 경우를 들어보자. 아이팟 이전의 애플은 지금의 애플이 아니었다. 그들은 셔플(Shuffle)이라는 플레잉데크(playing deck)가 임의로 재생을 하는 당시로서는 기술자들이 이해할 수 없는 제품을 시장에 내놓았다. 기술자들의 관점에서 뮤직 플레이어는 사용자가 원하는 음악을 높은 음질로 내놓는, 그러면서도 저가로 공급하는 것이 기술경쟁의 방향이었다. 결국 셔플은 기술적인 우수성이 아니라 아이디어의 독창성으로 성공하였다. 경영학자들이 분석하는 아이튠스(i-tunnes)와의 결합을 통한 혁신적인 비즈니스 모델 등 여러 가지 성공 요인이 있지만, 이러한 성공 요인들의 바탕은 애플이 기존 시장에 도전하는 입장에 있었다는 점으로 정리될 수 있다고 본다.

MP3 열풍을 주도한 아이리버는 MP3 플레이어라는 시장을 만들어내면서 기존의 CD 중심의 음반시장을 붕괴시킨 파괴적 혁신(disruptive innovation)을 주도한 회사이다. 대기업이란 누군가. 동태적인 시장점유율은 사실 실제로 존재하지 않는 미래에 대한 예측에 불과한 것이며, 대기업이라는 자산이건 시장점유율이건 현재를 기준으로 한 것이다. 그렇다면 대기업은 현재의 경쟁상황에 가장 잘 적응한 기업들이라고 할 수 있다. 이런 대기업들에게 기술혁신을 통한 기존 시장 파괴는 자기부정을 요구하는 것이 된다. 물론 대기업들도 끊임없이 자기부정을 요구당하지만 내부적인 핵심시장(core market)의 이동은 쉽지 않다. 이는 대기업의 기술이 부족하다는 의미가 아니다. 우수한 인력을 보유하고 있고 놀라운 기술을 보유하고 있는 MSR(Microsoft Research)의 경우를 봐도 평면 터치형 장치인 서피스(Surface)나 가상화(Virtualization)에 대한 기술들이 시장에서 최근 얼마나 상용화하고 있는가를 보면 스스로에 대한 답을 할 수 있을 것이다. 기존 조직의 내부에서는 새로운 조직이 성장하기 어렵다. 더구나 기존 시장을 버리고 새로운 시장으로 이동해야 하는 것은 모험인 동시에 기존 조직에 근무하는 인력에게는 실직을 의미할 수도 있다. 기존 인력을 재교육하여 새로운 역할을 부여하는 것이 얼마나 어려운지에 대해서 많은 이야기가 필요하지는 않다.

중소기업과 파괴적 혁신

시장에서의 파괴적 혁신을 주도할 세력은 결국 중소기업들이다. 물론 마이크로소프트와 같은 회사들이 더 이상 혁신을 안 하고 있다는 것은 아니다. 윈도우 끼워 팔기 소송에서 윈도우가 제품의 혁신이 늦어지고 있는데 그 이유는 시장지배적 사업자가 된 마이크로소프트가 더 이상 기술혁신을 수행하여야 할 경제적인 유인(incentive)이 없어졌기 때문이라는 주장이 있었다. 그러나 이 주장은 사실 복합적인 기술개발의 속성을 왜곡한 면이 있다. 소프트웨어의 경우만 그런 것은 아니지만, 앞서 초파리의 경우처럼 이러한 문제를 잘 보여줄 수 있으므로 윈도우나 익스플로러의 예를 들어 보기로 한다. 윈도우나 익스플로러와 같은 제품들은 시간이 지나면서 모든 소비자들이 한꺼번에 새로운 버전을 채택하지 않는다. 마이크로소프트가 '윈도우7'을 출시해도 시장에서는 여전히 '윈도우XP' 사용자가 많다. 그러면 제조사는 호환성을 확보하기 위해서 점차 복잡한 소스코드(source code)를 가진 소프트웨어를 만들게 된다. 이렇게 되면 기술개발을 위한 자원의 소요는 선형적(linear)으로 증가하는 것이 아니라 기하급수적으로 증가하게 된다. 따라서 동일한 자원을 투여하면 당연히 기술개발의 속도는 저하된다.

이와 달리 같은 소프트웨어 회사라도 신생기업들은 이러한 문제에서 자유롭다. 그들은 새로운 그림을 깨끗한 백지에서 그릴 수 있다. 바로 파괴적 혁신을 주도할 수 있다는 것이다. 그런데 문제는 파괴적 혁신은 IT산업의 경우 끊임없이 마치 화산이 폭발하는 것과 같이 이루어지지만 이를 지속시키는 동력을 제공하지 않으면 쉽게 소멸한다는 것이다. 우리 사회에도 파괴적 혁신을 수행한 중소기업들이 있지만 크게 성장하지 못하고 있다.

이를 이해하기 위해서는 파괴적 혁신의 속성을 이해할 필요가 있다.

기존의 시장을 뒤흔든 혁신은 초기에 폭발적인 수익성을 가지기 어렵다. 어떤 제품이건 시장침투(market penetration) 속도에 따라 다르지만 시장에서 일정 수준 이상 수요가 폭발하는 변곡점(point of inflection)을 넘어서기 위해서는 시간이 필요하다. 이후 시장이 개화되고 나면 시장이 제조가격 경쟁으로 진행하게 된다. 이때 정작 시장을 개척한 혁신자들은 시장에서 축출될 가능성이 높다. 왜냐하면 속성상 도전자들이 많은 금전적인 자원을 가지고 있을 가능성이 대체로 적기 때문이다. 그렇다면 그들의 혁신성에 대한 사회적인 보상(social reward)이 이루어지는 시스템을 제공해야만 시장에서의 혁신이 지속적으로 이루어진다.

이 사회적 보상체제가 바로 지적 재산권 제도이다. 이런 점에서 최근 정부에서 논의하는 '지적재산기본법(안)'은 이런 중소기업 정책과 기술혁신 정책, 그리고 경쟁정책의 접점을 동시에 고려할 수 있도록 해야 한다. 지적재산기본법(안)과 관련된 논의에서 한국의 미래 생존 터전이 되는 중소기업과 관련된 이와 같은 논의가 담기길 기대한다.

(2010. 8. 27)

휴대전화 보조금은 소비자에게 해가 되는가?

▋ **김영용**(한국경제연구원 원장)

    이동통신 회사들은 신규 고객이 가입할 때나 기존 고객이 휴대전화기를 바꿀 때 보조금을 지급하곤 한다. 또 통신 서비스 이용을 계약하는 조건에 따라 보조 금액이 달라지고 그에 따라 같은 휴대전화의 가격도 다양한 것을 볼 수 있다. 왜 그럴까? 이런 가격 책정 행위가 소비자에게는 득이 될까, 아니면 손해가 될까?

    이동통신 회사들이 통신 서비스를 제공하기 위해서는 먼저 기지국을 세워야 한다. 깊은 산속까지 기지국을 촘촘히 세우면 통신 영역의 범위가 넓어져 고객들의 욕구를 더 잘 충족시켜 줄 수 있다. 또 여타 통신회사와는 다른 서비스를 제공한다는 점을 광고하는 등, 이동통신 회사들이 서비스를 제공하기 위해 지불하는 비용은 많다. 그런데 이런 비용은 모두 일단 투입하고 나면 통신 서비스를 이용하는 고객 수에 상관없는 고정비용이다. 고객 수가 늘어나면 더 많은 인력을 고용해야 하므로 인건비 등의 가변비용(可變費用)도 증가하지만 통신회사의 가장 큰 비용은 바로 이런 종류의 고정비용이다. 논의를 간단하게 하기 위해 서비스를 생산하는 데 소요되는 총비용은 바로 이 고정비용으로만 구성된다고 하자. 즉 고객이 증가하는 데 따라 추가적으로 소요되는 비용, 즉 한계비용은 영(零)이다.

휴대전화 보조금은 바로 이 고정비용과 관계가 깊다. 통신회사는 휴대전화를 제조 회사에서 사들여 회사가 제공하는 통신 서비스와 연계해서 판매한다. 그리고 회사의 수입과 이윤은 고객을 많이 확보할수록 증가하며, 휴대전화 구입 시 보조금을 지급함으로써 더 많은 고객을 확보할 수 있다. 따라서 휴대전화 보조금은 통신회사의 이윤극대화 전략에서 비롯된 것이다. 예를 들어 어떤 고객이 이용할 것으로 예상되는 서비스의 월간 요금이 8만 원이라고 하면 회사는 이 고객을 확보함으로써 연간 96만 원의 수입을 올릴 수 있다. 휴대전화를 50만 원에 구입하여 고객에게 20만 원에 제공한다면 보조금은 30만 원이 된다. 따라서 96만 원에서 30만 원의 보조금을 제외한 66만 원을 연간 이윤으로 얻을 수 있다. 회사마다 고객의 통신 서비스 이용량에 따라 월간 요금체계와 보조금을 달리 책정하는 것은 고정비용과 당해 고객을 확보함으로써 얻을 수 있는 수입을 비교한 계산에서 나온 결과이다.[16] 그리고 소비자는 여러 가지 보조금과 요금체계 중에서 자신에게 가장 적합한 서비스를 구입하여 이용함으로써 만족도를 높인다.

이제 통신회사들 간의 과당경쟁(?) 등을 이유로 보조금 지급을 금지하면 누가 이익을 보고, 누가 손해를 보게 될까? 고객들이 구매하는 휴대전화 가격은 당연히 높아져 통신회사 고객 수는 줄어들 것이다. 그러나 이동통신 서비스를 이용해야 하는, 즉 휴대전화 가격과 통신 서비스 가격에 민감하지 않은 고객(가격 비탄력적 고객)은 예전보다 더 높은 가격에 휴대전화를 구입하여 거의 비슷한 양의 통신 서비스를 이용할 것이므로 더 많은 비용을 지불하게 된다. 또 휴대전화 가격이 높아져 이를 구입하기 어려운 잠재적 고객은 통신 서비스로부터 배제된다. 결국 모든 소비자가 손해를 보게 된다. 한편 통신회사 역시 고정비용은 불변인데 반해 고객 수 감소로 수입이 감소하여 이윤이 감소한다. 휴대전화 판매와 통신 서비스 판매를 연계하지 못하게 하는 경우도 보조금 지급을 금지하는 경우와 마찬가지로 휴대전화 가격이 높아져 소비자와 통신회사 모두 손해를 본다. 요즈음 같이 거의 모든 사람들이 이동통신 서비스를 이용하는 세상에서 보조금 지급을 금지하면 휴대전화 구입 가격이 높아지고 서비스 이용량에는 별다른 변화가 없을 것으로 예상되는 소비자의 손해가 더 클 것이다.

인프라 설치 등에 소요되는 초기 고정비용이 총비용의 큰 부분을 차지하는 서비스의 경우에도 유사한 가격책정 전략이 사용되고 있다. 대표적인 것이 인터넷 서비스다. 서비스를 새로 구매하거나 변경할 경우 현금을 얹어주고 더 좋은 서비스를 제공하겠다는 문자 메시지나 광고가 바로 그런 것이다.

경쟁은 거래 상대방에게 다른 경쟁자보다 더 매력적인 기회를 제공함으로써 자신의 처지를 개선하려는 행위다. 그리고 상업 세계에서 경제주체들이 경쟁하는 방법은 관료나 경제학자들이 다 알지 못할 정도로 실로 다양하다. 경쟁의 일환으로 나타나는 행위를 부족한 지식으로 규제하는 제반 정책에 대해 회의해 봐야 하는 이유다. 공급자가 제공하는 재화와 서비스에 대한 소비자의 수요가 있고, 그것이 오랫동안 지속되고 있다면 그런 현상을 규제할 이유는 대부분 없어진다.

(2010. 9. 30)

과장된 영리의료법인의 부작용

▌**강성원**(한국경제연구원 연구위원)

영리의료법인 도입이 표류하고 있다. 영리의료법인 도입은 의료산업 선진화를 목적으로 지난 2005년 이래 심층적으로 논의되기 시작했고, 대통령 인수위원회도 규제완화 대상으로 고려하였다.[17] 그러나 2010년 현재 도입이 불투명한 상황이다. 이는 영리의료법인 도입의 부작용이 지나치게 강조되어 있어, 장점에 대한 관심이 자리 잡기 어렵기 때문이다. 영리의료법인이 도입되면 의료비가 상승하고, 진료의 질이 떨어지며, 의료기관의 지역적 편재가 심화된다는 우려는 쉽게 접할 수 있는 반면, 영리의료법인의 장점에 대한 주장은 접하기 어렵다. 그러나 영리의료법인 도입의 부작용에 대한 실증적인 근거는 취약하며, 설령 부작용이 발생한다고 해도 적절한 정책적 보완을 통해서 충분히 완화할 수 있다. 따라서 생산적인 영리의료법인 논의를 위해서는 보다 균형 잡힌 논의가 필요하다.

영리의료법인 도입에 반대하는 논리는 다음과 같다. 영리법인은 투자자가 순수익에 대한 배타적인 소유권을 갖는다는 점에서 비영리법인과 구분된다. 따라서 비영리법인은 서비스 제공 자체를 목적으로 하고, 영리법인은 서비스 제공을 통한 순수익 획득을 목적으로 한다.

이러한 영리법인이 의료기관이 된다면 순수익을 확대하기 위해서 가격을 높일 수 있는 비보험 진료에 집중하고, 비용을 절감하기 위해서 진료의 질을 낮추고, 수요자가 많은 대도시를 중심으로 영업할 유인이 강하다. 따라서 고가인 비보험 진료의 비중이 증대하여 의료비 지출이 증가하고, 진료의 질은 하락하고, 의료기관의 지역적 편재가 강화될 우려가 있다. 그런데 이 세 가지 우려는 과연 현실적인가?

첫째, 영리의료법인이 도입되더라도 의료비 지출에 미치는 영향은 제한적이다. 우선 비영리의료법인에는 다양한 세제혜택이 제공되기 때문에 영리의료법인이 지배적인 형태의 의료기관이 되기는 어렵다. 비영리의료법인은 법인세의 50%를 면제받을 수 있으며,[18] 의료서비스 목적으로 취득한 부동산에 대해서는 각종 지방세[19]가 면제된다. 실제로 영리의료법인의 역사가 오래된 미국의 경우에도 비영리의료법인에 제공되는 각종 세제혜택으로 인해서 영리병원은 전체 병원의 19.6%(2008년)에 지나지 않으며, 의료 인력의 9.9%만을 고용하고 있다.[20] 그리고 한국의 경우 건강보험 진료가 개인 의료비 지출의 61.3%[21]에 달할 정도로 건강보험 진료의 시장점유율이 높다. 따라서 영리의료법인이라도 비보험 진료에 집중해서는 영리 추구 자체가 어렵다.

둘째, 영리의료법인은 비영리의료법인과 환자유치를 위한 경쟁을 수행해야 하기 때문에 진료의 질을 낮추는 데 한계가 있다. 미국의 경우에도 같은 지역 내에서는 영리의료법인과 비영리의료법인은 환자의 사망률 및 회복 수준이 유사하다.[22] 특히 한국은 전술한 바와 같이 건강보험 진료의 비중이 높은데, 건강보험 진료수가는 건강보험정책심의위원회에서 결정되므로 가격경쟁이 불가능하다. 따라서 진료의 질을 높여야만 환자 유치가 가능한 상황이다. 이런 상황에서는 비용 절감을 위해 질을 저하시킬 유인이 약화된다.

셋째, 의료기관의 지역적 편재 문제는 영리의료법인 진입을 억제한다고 해결될 문제가 아니다. 의료서비스는 의료기관에서만 소비가 가능하며, 따라서 입지 선택은 수익에 결정적인 영향을 미친다. 실제로 미국의 경우 영리병원이 비영리병원에 비해 인구 밀집지역을 선호하는 경향이 있음을 확인하는 실증적인 증거들이 꾸준히 발견되고 있다.[23] 그런데 한국의 경우에는 의료서비스의 공급을 개인사업자[24]인 의원[25]이 주도하고 있어서, 이미 지역적인 편재가 심각하다. 2009년 현재 병·의원의 95.2%를 의원이 차지하고 있을 정도로 의원의 역할은 절대적이다. 그런데 도(道) 소재 병·의원은 인구 10만 명당 98.7개로 특별·광역시 소재 인구 10만 명당 병·의원 132.5개의 74.5%인 반면, 도 소재 의원은 인구 10만 명당 92.9개로 특별·광역시 소재 인구 10만 명당 의원 127.2개의 73.1%에 그쳐 지역별 편재를 심화시키고 있다. 따라서 의원에 대한 의존도를 낮추지 않고는 지역적 편재 해소가 어렵다.

그리고 영리의료법인 도입의 부작용은 소비자의 선택을 강화하고, 공공 의료기관을 확충하면 최소화할 수 있다. 소비자들이 진료가격 및 진료의 질에 대해서 적절히 평가할 수 있다면, 비보험 진료의 가격이 지나치게 높거나 진료의 질이 지나치게 낮은 의료기관은 소비자 선택에 의해서 퇴출될 것이다. 따라서 의료기관의 진료 가격 및 진료 성과를 비교할 수 있는 정보를 소비자들에게 상시 전달하는 '국가 의료정보망'을 운영하면, 소비자 선택을 강화하여 의료비 급증 및 진료의 질 저하에 대처할 수 있다. 현재 건강보험심사평가원에서는 홈페이지[26]를 통해서 병원급 이상 의료기관에 대한 정보를 제공하고 있으므로 이를 확대·개편하면 도움이 될 것이다. 또한 의료기관의 지역적 편재는 공공의료기관을 확충하여 해소할 수 있다. 미국의 경우에도 병원의 22.1%는 지방자치단체가 설립한 공공병원으로서 소득이 낮은 지역의 의료서비스 공급에 공헌하고 있다. 반면 한국의 경우 대표적 공공의료기관인 보건소는 전체 의료기관[27]의 5.9%에 지나지 않는 상황이다.

이렇게 영리의료기관의 부작용에 대한 우려는 현실적인 근거가 약하고, 적절한 보완책을 통해서 대응이 가능하다. 반면, 영리의료기관이 의료산업의 경쟁력 제고에 공헌할 수 있는 이익은 현실적이다. 영리의료기관은 자본 조달에 유리하므로 최소 효율 규모(minium efficiency scale)를 달성할 수 있다. 따라서 인력 및 장비 면에서 규모의 경제를 실현하여 비용을 절감할 수 있고, 경영 분야의 전문인력을 고용하여 소비자들의 선호에 보다 적극적으로 대응할 수 있다. 그러므로 영리의료법인이 도입되면 개인사업자에 주로 의존하는 현재의 의료서비스 공급을 보다 생산성이 높은 방향으로 재편할 수 있다.

이상에서 살펴본 바와 같이 영리의료법인 도입은 실보다는 득이 많다. 영리의료법인의 부작용으로 흔히 언급되는 의료비 급증, 진료의 질 저하, 의료기관의 지역적 편재 심화는 실증적인 근거가 빈약하며, 의료기관 정보 전달 인프라를 확충하고 공공의료기관 공급을 확대하면 대응이 가능하다. 반면 영리의료법인이 도입되면 최소 효율 규모를 달성하기 용이해져서 비용을 절감하고 서비스 품질을 제고할 수 있다. 따라서 영리의료법인은 도입하되, 부작용에 대한 대응책을 병행하는 실용적 접근이 필요하다. (2010. 11. 12)

종교학교 논란으로 바라본
사립학교의 자율성

▌유진성(한국경제연구원 부연구위원)

지난 4월 22일, 대법원은 마침내 5년여 간 계속된 강의석 씨의 학내 종교의 자유와 관련된 소송에 마침표를 찍었다. 소위 '강의석 사건'이라고도 불리는 이 소송에서 대법원은 원고 승소 판결을 내린 것이다.

2004년 고등학생 신분으로 학내 종교의 자유를 요구하다 학교로부터 퇴학을 당한 강의석 씨는 종교의 자유를 침해받았다는 이유로 2004년 대광고등학교와 서울시 교육청을 상대로 손해배상소송을 제기했었다.[28] 대법원이 강 씨의 손을 들어주긴 했지만 지난 5년간 많은 논란이 있었다. 판결 결과만 보더라도 1심에서는 학생의 종교 자유가 학교를 설립한 종교단체가 갖는 건학이념 실행의 자유보다 우위에 있는 상위 기본권이라고 판단하여 원고 승소 판결을 내렸으나, 2심에서는 종교학교라는 특성을 고려할 때 학교 측이 학생의 학습권과 종교의 자유를 과도하게 침해하였다고 볼 수 없다고 판단하여 원고 패소 판결을 내렸고, 3심에서 다시 대법원이 원고 승소 판결을 내렸다.

'강의석 사건' 논란의 근원은 비록 관점의 차이는 있다고 하더라도 사립학교의 (불완전한) 자율성과 학생의 종교 자유권 사이의 모순에 있다고 할 수 있다. 헌법 제20조 1항, 교육기본법 제6조 2항에 따르면 모든 국민은 종교의 자유를 가지며, 국가와 지방자치단체가 설립한 학교에서는 특정한 종교를 위한 종교 교육을 하여서는 안 된다고 기술하고 있다. 한편, 교육기본법 제25조에서는 국가와 지방자치단체는 사립학교를 지원·육성하여야 하며, 사립학교의 다양하고 특성 있는 설립목적이 존중되도록 하여야 한다고 명시하고 있다. 다시 말하면 학생(국민)은 종교의 자유를 가지지만, 사립학교의 경우 종교 선전의 자유를 건학이념에 포함시킨다면 설립목적이 존중되어야 하며, 교육기본법 제6조 2항은 국공립학교에서의 특정 종교 교육에 대한 금지이므로 사립학교는 이에 해당하지 않는다고 해석할 여지가 있는 것이다. 따라서 학생의 종교 자유권과 사립학교의 자율성이 충돌할 가능성이 내재되어 있다.[29] 그러나 보다 엄밀히 말하면 이는 학생의 종교 자유권과 사립학교의 불완전한 자율성으로 인하여 충돌할 가능성이 내재되어 있는 것이다. 사립학교가 완전한 자율권을 소유하고 있다면 사실 이러한 충돌이 발생할 가능성은 희박하다.

현재 사립학교의 학생 선발권이 제한되어 있는 우리나라의 교육제도에서는 언제든지 '강의석 사건'과 같은 갈등이 재발할 수 있다. 사립학교는 본래의 건학이념을 가지고 설립목적에 따라 학생들을 선발하여 자율적인 교육과정을 통해 운영될 때 존립 의의를 가지게 된다. 그러나 사립학교의 학생선발 자율권이 제한되어 있는 현 교육제도에서 사립학교가 원래의 취지를 살리기는 쉽지 않다. 종교학교 논란은 현 교육제도에서 발생할 수 있는 사립학교 운영의 문제점을 보여주는 일례라고 할 수 있다.

갈등의 해결방법은 간단하다. 사립학교에게 완전한 자율권을 보장하는 것이다. 사립학교는 학생을 모집할 때 건학이념과 교육과정을 명시하고, 학생들은 스스로의 선택에 의해서 학교를 선택하고, 학교는 그중에서 원래의 설립 취지에 맞는 학생들을 선발하면 되는 것이다. 그렇다면 앞에서 종교학교 논란이 발생할 여지도 없어진다. 그러나 현 교육제도에서는 학교가 학생을 선발할 수 없고, 추첨이나 거주지에 따라 학생을 배정받게 되므로 문제가 발생하는 것이다.

종교학교 논란은 사립학교의 자율성을 다시 한 번 생각해 보게 하는 기회가 된다고 할 수 있다. 혹자는 사립학교가 정부의 보조금을 받기 때문에 정부의 관리와 규제를 받아야 한다고 주장하기도 하지만, 역으로 생각하여 정부가 사립학교에 대한 등록금 규제를 폐지하고 사립학교가 학생·학부모와의 협의하에 등록금을 자율적으로 결정할 수 있도록 한다면 정부의 보조금이 아예 필요하지 않을 것이다. 뿐만 아니라 정부가 공급해야 할 공교육 서비스의 일부를 사립학교에서 상당부분 담당한다고 본다면[30], 사립학교에 대한 국가의 재정지원은 당연한 것이고 이를 이유로 사립학교의 자율권을 제한하는 것에도 무리가 있다.

올해 개교한 자율형 사립고의 경우 재정운영은 오로지 법인 전입금과 교육 수혜자로부터의 수입(등록금, 수익자부담 교육비 등)으로만 이루어진다. 정부로부터 받는 재정지원금은 전혀 없다. 그럼에도 불구하고 학교의 학생선발권 제한과 정부로부터의 규제는 계속 유지된다는 것은 논란의 여지가 있다.

사립학교의 자율성을 논하기 위해서는 평준화제도에 관한 논의를 피해가기 어렵다. 평준화제도가 사립학교의 자율성 유무를 결정하는 것은 아니지만 평준화제도는 사립학교의 학생 선발권이라는 가장 기본적 자율권에 대한 규제를 내포하고 있기 때문이다. 1974년에 도입된 평준화제도는 현 경제사회 환경에 비추어 볼 때 적합성이 떨어지는 제도이다. 현 글로벌 환경에서 우리가 지향해야 할 교육방향은 과거의 획일화된 교육의 양적 확대에 있는 것이 아니라, 자율성과 다양성을 기반으로 한 교육의 질적 개선에 있다. 이를 위해서는 학생의 선택권과 학교의 선발권이 보장되어야 하고 결과적으로 평준화제도에 대한 재고가 요구된다. 국공립학교 단위에서는 아직 평준화 정책에 대한 재고가 어렵다면 사립학교부터라도 평준화 정책을 풀어나갈 필요가 있다. 그리고 사립학교 설립취지에 맞게 자율권을 확대하고 정부규제를 풀어 경쟁을 통한 학교 교육의 질 향상을 도모하여 공교육 정상화를 이끌어내야 할 것이다.

현재 정부에서는 학교의 다양성을 확대한다는 취지에서 다양한 종류의 학교 형태를 제시하고 있다. 과학고등학교, 외국어고등학교, 자율형 사립고, 자율형 공립고, 기숙형 공립고교, 마이스터고교, 사교육 없는 학교, 과학중점 학교, 학력향상중점 학교, 교과교실제 학교 등 학생과 학부모도 혼란스러울 정도로 너무 많은 형태의 학교들이 범람하고 있다. 이럴 바에야 정부는 사립학교에 대한 규제를 풀고, 사립학교가 자율적으로 사회적·경제적 여건과 학생·학부모의 요구에 맞는 다양한 교과과정을 운영하여 특성화된 학교 교육을 제공하도록 하는 것이 낫다. 학생들은 스스로 원하는 학교를 선택해 진학하면 된다.

물론 혹자는 이로 인한 사교육비 증가를 염려할 수도 있겠다. 하지만 현재 사교육 시장은 거의 포화상태에 이르러 더 이상 큰 폭으로 증가하기도 힘들 뿐만 아니라,[31] 사교육비 절감은 공교육 정상화를 통해 사교육 수요를 줄여야만 가능한 문제로서 여타의 단기적이고 근시안적인 정책으로는 해결할 수 없는 문제이다. 따라서 장기적인 관점에서 시간은 걸리더라도 자율과 다양성을 기반으로 하는 공교육 정상화에 중점을 두는 것이 사교육비 절감 차원에서도 올바른 방향이라 할 것이다.

요컨대 공교육 정상화와 장기적인 교육정책의 관점에서 보더라도 사립학교의 자율성은 보장될 필요가 있다. 비단 독자적 건학이념과 교육철학을 가진 종교학교뿐만 아니라 일반 사립학교의 경우에도 보편적인 교육이념 내에서 자율성을 보장하여, 교육 수요자의 요구에 맞는 다양하고 특성화된 교육과정 운영으로 교육의 수월성을 추구하는 것이 사립학교의 설립취지에 맞을 뿐만 아니라 현 정부의 교육정책과도 일맥상통하는 것이라 하겠다. (2010. 11. 16)

'통큰치킨'의 정치경제학

▌ **오정일**(경북대 행정학부 교수)

롯데마트가 판매를 시작했던 '통큰치킨'의 가격이 마리당 5,000원인 이유는 한 가지, 유통구조의 단순화이다. '가금산업발전협회'가 제공한 비용 자료를 보면 1만 원의 가격 차이는 대부분 유통비용의 차이에서 온다. 저렴한 가격으로 소비자에게 제품을 공급하는 것은 기업의 의무이다. 유통구조 단순화를 통한 가격인하는 그 자체로 선(善)이다. 그동안 책과 음반 가격은 온라인 거래에 의해 큰 폭으로 하락하였고 20만 원대 넷북(net book)이 출시되었으나 별다른 논란이 없다. 1만 5,000원짜리 피자도 큰 문제없이 팔리고 있다.

그렇다면 '통큰치킨'은 왜 문제가 되었는가? 치킨가격이 하락하면 안 되는 이유는 무엇인가? 정치권의 주장을 종합하면 이유는 하나이다. 치킨은 영세업자가 판매하기 때문에 높은 가격을 보장해야 한다는 것이다. 이러한 논리는 단순한 만큼 엉성하다. 영세업자를 보호하는 과정에서 가난한 소비자가 피해를 입기 때문이다. 유통구조가 단순화되면 기존 유통업자의 이윤이 사라지면서 제품의 가격이 하락한다. 유통업자의 이윤이 소비자의 이득으로 전이되는 것이다. 영세업자와 가난한 소비자의 후생이 상충한다. 크게 보면 유통구조 합리화는 '제로섬게임'이다.

영세업자에 비해 가난한 소비자가 차별되어서는 안 된다. 그것은 수평적 형평성에 어긋나며 따라서 공정하지 않다. 정진석 청와대 정무수석은 영세업자가 3만 명이라고 했다. 그러나 1만 원이 없어서 치킨을 못 먹는 사람은 수십만 명이다. 롯데마트가 하루에 5,000마리를 팔았다고 해서 가난한 소비자가 5,000명인 것은 아니다. 팔지 않아서 못 먹었을 뿐이다. 아무리 느슨한 기준을 적용하더라도 3만 명의 후생이 수십만 명의 후생보다 크다고는 할 수 없다. '통큰치킨'은 출시 7일 만에 판매가 중지되었다. 야당은 상생, 공정, 영세업자, 서민, 골목상권 등과 같은 정치적 수사를 사용해서 롯데마트를 공격하였고 여당도 동조하였다. 흥미로운 것은 공정거래위원회의 입장이다. 공정위는 '통큰치킨'이 공정거래법에 저촉되지 않으며 업계 내 경쟁이 촉진될 것이라고 하였다. 공정위는 오히려 기존 치킨업계의 담합을 조사하고 있다.

여당은 '통큰치킨'을 비난하고, 공정위는 용인하는 현 상황은 정부의 고민을 그대로 드러낸다. 마리당 5,000원을 허용하면 영세업자가 몰락한다. 하지만 1만 5,000원을 인정하면 가난한 소비자들이 불만을 가지게 된다. 아마도 정부는 '통큰치킨'의 판매 중지와 기존 치킨업계의 가격인하를 원하고 있을 것이다. 여론, 정치권 그리고 공정위를 통해 '통큰치킨'이 사라지고 기존 치킨 가격이 1만 원으로 하락하면 이는 바람직한 결과인가? 그렇지 않다. '마트(mart) 치킨'과 '프랜차이즈(franchise) 치킨'이 공존하는 것이 사회적으로 최적이기 때문이다. '마트 치킨'은 배달되지 않기 때문에 시간 비용이 발생하지만 치킨가격 자체는 저렴하다. 반면, '프랜차이즈 치킨'은 소비자에게 배달되는 만큼 가격이 비싸다. 양자의 가격 차이는 소비자의 이동비용 즉, 시간의 기회비용과 일치한다. 소비자는 '지불해야 하는 돈(willingness to pay)'과 '지불해야 하는 시간(willingness to wait)' 사이에서 선택을 한다. 고소득자는 비싼 가격을 지불하고 '프랜차이즈 치킨'을, 저소득자는 싼 가격에 '마트 치킨'을 구입하는 것이 최적(最適)이다.

대통령 선거와 국회의원 선거가 2년 앞으로 다가왔다. 앞으로 '통큰 치킨'과 유사한 논쟁이 빈번하게 발생할 것이다. '통큰치킨' 논쟁은 '무상급식-부자감세-법인세 논쟁'의 연속선 위에 있다. 사회 · 경제적 문제의 정치화가 심화되면서 정치논리가 경제논리를 압도할 것이다. 정치인들의 대중영합적인 발언이나 정책도 쏟아져 나올 것이다. 이러한 상황에서 합리적이며 공리주의적인 입장을 견지(堅持)하는 것은 더 어려워질 것이다. (2010. 12. 17)

등록금 상한제는 해를 끼치는 제도이다

▌**안재욱**(경희대 대학원장, 경제학)

'지옥으로 가는 길은 선의로 포장되어 있다'는 외국 속담이 있다. 정부의 규제는 좋은 의도에서 나온다. 그러나 그 결과는 전혀 딴판이다.

프랑스 혁명을 주도했던 로베스피에르(Maximilien François Marie Isidore de Robespierre, 1758~1794년)는 생필품 가격이 올라 시민들의 불만이 높아지자 우유 가격을 올리는 상인은 단두대에 보내겠다고 엄포를 놓았다. 우유 가격이 급락했다. 우유 가격을 통제하는 정책이 성공을 거두는 듯했다. 그러나 우유 가격이 떨어지자 농민들이 젖소 사육을 포기하였다. 우유 공급량이 줄어 우유 가격이 뛰기 시작했다. 결국 로베스피에르의 의도와는 달리 우유는 시민이 아닌 귀족들만 마실 수 있는 식품이 되었다. 시민들의 불만이 더욱 커졌음은 물론이다.

이러한 일은 프랑스 혁명이 일어나기 훨씬 이전에도 발생했다. 284년부터 305년까지 로마 황제였던 디오클레티아누스(Gaius A. Valerius Diocletianus)는 시민들의 생계를 돕기 위해 곡물 가격이 오르지 못하도록 통제하였다. 곡물 가격 하락으로 인해 시장에서 곡물의 출하가 줄어 심각한 식량부족 현상이 나타났다. 높은 가격을 지불하며 곡물을 구입하려고 해도 곡물을 구하기 어려웠다. 굶어 죽는 사람들이 생겨났으며 식량을 구하려는 사람들 간에 피를 부르는 싸움이 빈번하게 일어났다.

식품만이 아니다. 가난한 세입자들을 위해 임대료를 통제했을 때 그 결과는 소수의 세입자를 제외하고는 대부분의 사람들에게 정반대의 결과를 초래했다. 주택 공급이 감소하여 실제로 지불해야 하는 임대료가 엄청나게 올랐다. 임대료가 높아 쉽게 이사도 다닐 수 없게 되었다. 또한 주택이 관리되지 않아 도시가 황폐화되었다. 이런 현상은 임대료 통제를 실시했던 곳에서는 어디서든지 나타났다.

최근 대학 등록금 상한제의 법제화를 두고 찬반 논쟁이 한창이다. 등록금 인상률을 물가인상률의 1.5배가 넘지 않도록 제한했다. "학생들의 등록금 부담을 줄여주기 위해서는 반드시 실시해야 하는 조치"라며 학생과 많은 지식인들이 적극 찬성하였다. 가격을 통제하면 의도와는 달리 더 큰 대가를 치르는 결과를 초래했던 수많은 역사적 경험도 뒷전으로 하고 '선의와 공익을 위한다'는 명분으로 이러한 일들이 반복되고 있다는 사실이 놀랍다.

대학 등록금을 억제하면 지금 대학에 다니는 학생들에게는 도움이 될 것이다. 그러나 장기적으로는 대학생들이 피해를 볼 것이다. 가장 큰 피해자는 가난한 대학생이 될 것이다. 대학 등록금 억제로 대학 등록금 수입이 줄면 가난한 학생으로 가는 장학금이 줄기 때문이다. 뿐만 아니라 재원이 부족하게 되면 대학의 발전과 양질의 교육에 대한 투자가 줄게 된다. 우수한 교수를 확보하기 어렵게 될 것이고, 교육과 연구에 대한 투입이 줄 것이다. 그렇게 되면 장기적으로 대학 교육의 질이 떨어질 것이다. 결국 그 피해는 대학생들에게 돌아간다.

한편 국내 대학 교육의 질적 저하로 인해 양질의 교육을 원하는 사람들은 외국 유학의 길을 찾게 된다. 결국 대학 교육을 위한 실질적인 부담은 더 늘어나게 된다. 부유한 대학생들만이 늘어난 부담을 감당할 수 있게 된다. 국내 대학을 다니는 사람들은 글로벌 경쟁에서 뒤지게 된다.

석사와 박사 과정의 공부를 원하는 많은 대학 졸업생들이 여전히 해외로 유학을 떠나고 있는 사실을 우리는 반성해야 한다. 물론 외국의 대학에 가서 선진의 학문을 연구하고 배우는 것은 바람직하지만, 우리나라 대학의 역사도 이제 60년 이상이 되었다. 그렇다면 이제 우리 대학들도 우수 인력을 자체 생산할 수 있어야 한다. 이러한 점에서 대학 발전에 중요한 재원의 원천인 등록금을 억제하는 것은 결코 바람직한 방향이 아니다.

등록금 상한제를 주창하는 사람들은 대학의 운영을 등록금에 의존하지 말고 재단 전입금을 늘리면 되지 않느냐고 반문할 것이다. 물론 우리나라 대학의 인건비에 대한 등록금 의존도가 외국에 비해 높은 것이 사실이다. 미국의 사립대학의 경우 등록금 의존율이 30%인 반면, 우리나라 유명 사립대학은 60% 정도다. 물론 90%가 넘는 사립대학도 있다. 우리나라 대학의 등록금 의존율이 높은 이유는 그럴 수밖에 없는 구조를 갖고 있기 때문이다.

우리나라 사립대학들은 등록금 이외에 대학 운영비를 조달할 수 있는 원천이 거의 없다. 일부 기부금이 동문들을 통해 들어올 뿐이다. 거액의 기부금을 내는 독지가가 많지도 않을 뿐만 아니라 기여금 입학제도 허용되지 않고 있다. 게다가 수많은 규제로 인하여 수익사업을 통한 재원 마련도 어렵게 되어 있다.

등록금 상한제를 주창하는 사람들은 외국에 비해 우리나라 대학의 등록금이 너무 높다고 한다. 그러나 외국 대학과의 등록금 비교는 큰 의미가 없다. 왜냐하면 조건과 환경이 각기 다르기 때문이다.

서울 주요 사립대의 연간 등록금은 문과의 경우 700만 원대다. 이과 계열은 이보다 150만 원 정도 더 많고, 의학 계열은 1천만 원이 넘는다. 미국의 경우 평균 등록금이 주립대학의 경우 주민 6,500달러, 타 주 거주자와 외국인 1만 8,000달러이며, 사립대학은 2만 5,000달러 정도이다. 미국의 1인당 국민소득이 4만 7,000달러 정도 된다. 따라서 미국의 경우 사립대학 등록금이 1인당 국민소득의 53% 정도 차지한다. 우리나라 1인당 국민소득은 2만 달러이다. 우리나라 사립대학 등록금을 달러로 환산하면 평균 7,800달러 정도다. 1인당 국민소득의 40% 정도가 된다.

국민소득 대비로 보면 우리나라 사립대학 등록금이 미국의 경우보다 오히려 낮은 편이다. 물론 미국의 경우 주립대학 학생의 40%, 사립대학 80% 정도가 장학금, 학생대출 등의 지원을 받기 때문에 그 부담이 다를 수 있다. 뿐만 아니라 교육의 질도 나라마다 다를 수 있다. 바로 이렇게 서로 처한 상황이 다르기 때문에 외국 대학과 비교하여 등록금이 높다든가 낮다든가 하는 것은 큰 의미가 없는 것이다.

우리나라 대학의 등록금 수준은 입장에 따라 높다고 할 수도 있고 낮다고도 할 수 있다. 사실 어떤 재화든 그것을 구입하려고 하는 사람은 누구나 될 수 있으면 적게 지불하려고 한다. 그리고 그것을 제공하는 측은 될 수 있으면 많이 받으려고 한다. 이 문제를 해결하는 것이 경쟁이다.

문제 삼아야 할 것은 대학 교육을 받는 대학생의 입장에서만 생각하여 등록금이 높다고 규정하고 대학 등록금을 규제할 것이 아니라 대학 간의 경쟁이 제대로 되고 있느냐 하는 것이다. 경쟁이 있으면 대학들은 될 수 있으면 낮은 등록금으로 질 좋은 교육을 제공하려고 할 것이다. 그러나 우리나라 대학 교육에는 이러한 경쟁구조가 없다. 정부가 대학 설립 운영, 수익자산 운용, 학사 운영 등에 대해 전반적으로 규제하고 있어 교육·연구·재정의 측면에서 부실한 대학들이 존속하고 있는 것이 더 큰 문제다. 경쟁이 존재한다면 가능한 한 학생들의 부담을 적게 하면서 좋은 학생들을 유치하여 좋은 교육서비스를 제공하기 위해 온갖 노력을 통해 많은 재원을 확보하려고 할 것이다. 그리하여 단지 등록금으로만 대학을 운영하려고 하는 대학은 존재하기 어려울 것이다.

가난한 대학생을 위한다면 대학으로 하여금 등록금을 자율적으로 정하도록 하고 기여금 입학제를 전향적으로 도입하는 것이 바람직하다. 그렇게 만들어진 재원으로 가난한 학생들에게 장학금을 지급하도록 하는 것이 등록금을 억제하는 것보다 훨씬 나은 방법이다. 그리고 우리나라 대학의 발전과 양질의 교육을 위해서는 대학 등록금을 제한할 것이 아니라 대학에 가해지고 있는 규제를 풀어 자생력을 기르는 것이 무엇보다 중요하다. 그것이 우리나라 대학 교육의 경쟁력을 높이는 길이다. 등록금 상한제는 장기적으로 우리나라 대학 교육에 커다란 해를 끼치는 법이다. (2010. 2. 24)

1) 김진국, 「'통큰치킨' 판매중단과 소비자 혁명의 기운」, 자유기업원 CFE Viewpoint No.203, 2010. 12. 20.

2) 윤희숙 · 고영선, 「의료서비스 산업 선진화를 위한 제도개선 과제」, 한국개발연구원 연구보고서, 2009.

3) 각자의 후생(효용)은 교육, 의료 등에 쓰인 마지막 1원의 가치가 같을 때 극대화되지만, 의료부문에서 다른 사람이 대신 지불해 주면 후생(효용)을 극대화하는 수준보다 의료소비가 많아지기 때문이다.

4) 의료비 급증의 근본적 원인은 고가 장비를 쓰는 진료(예를 들어 MRI 검사) 때문이 아니라 이를 가능하게 하는 제3자 지불에 따른 수요의 급증에 있다. 이에 대해서는 Murry Rothbard, "Government Medical 'Insurance'" in Making Economic Sense, Mises Institute 참고.

5) 최병호 · 이근정, 「미국 의료개혁의 정치경제학」, 보건경제정책학회 2010 경제학공동학술대회 발표자료

6) 한국의 경우 2007년에 1인당 의료비는 1,318달러, 평균 수명은 78.5세이다.

7) 의료 분야에서 수익 추구를 죄악시할 이유는 없다. 생명의 유지에 필수적인 식품도 가격 기능과 이윤 동기에 의해 공급될 경우에 식량배급제에 의해 공급될 때보다 더 잘 공급되고 있으며, 정신적 건강에 필수적인 문화상품인 서적도 이윤 동기에 의해 잘 공급되고 있다. 이와 관련해 김이석, 「경제계산논쟁, 발견과정으로서의 경쟁에 비춰본 의료정책」, 한국하이에크소사이어티 편, 「이제는 자유를 말할 때」, 율곡출판사, 2001, 참고

8) 보아즈(강위석 외 역), 「자유주의로의 초대」, 북코리아, 2009, p.355 참고

9) 1965년 환자들은 병원비용의 17%, 1997년에는 5% 정도를 본인이 부담한다고 한다. 자세한 내용은 보아즈, 「자유주의로의 초대」, 북코리아, 2009, pp.356-357 참고

10) 이에 대응하여 미국 정부는 의료서비스의 가격과 유형 및 수량을 규제하여 의료비 상승을 통제하였다. 그러나 보편적 의료 수혜권을 인정한 상태에서 이런 비용통제는 응급실 폐쇄와 환자 덤핑이라는 문제를 야기하였다. 이에 관해서는 엡스타인, 「공공의료제도의 치명적 위험」, 그리고 GAO, Trauma Care: Lifesaving System Threatened by Unreimbursed Costs and Other Factors, 1991. May. GAO/HRD-91-57 참조

11) 완전경쟁 개념을 만들어낸 쿠르노(Cournot)의 질문은 "경쟁이 모두 끝난 뒤의 상태는 어떤 모습일까"라는 데 있었다. 이후 제본스(Jevons)와 에지워드(Edgeworth) 등에 의해 경쟁과 시장구조가 결합되었으며, 클라크(Clark)와 나이트(Knight) 등에 의해 더욱 정치화(精緻化)되었다.

12) Hayek F. A., "The Meaning of Competition", in Individualism and Economic Order, Chapter V, Chicago and London: University of Chicago Press, 1948.

13) Kirzner, Israel M., "Competition and Monopoly", in Competition and Entrepreneurship, Chicago and London: University of Chicago Press, 1973.

14) 재산권은 희소한 자원의 효율적 이용을 위해 태동하며 더욱 그러한 방향으로 진화한다. 이와 관련하여 다음을 참조. Demsetz, Harold, "Toward a Theory of Property Rights", American Economic Review, May 1967, pp.347-359.

15) 이중 3쌍이 상염색체이고, 1쌍이 성염색체이다. 반면 사람은 모두 23쌍 46개의 염색체를 가지고 있다.

16) 이 부분 다음 문헌을 참조. Frank, Robert, H., Why does a mobile phone sell for only $39.99, while a spare battery for that same phone sells for $59.99?, The Economic Naturalist: In Search of Explanations for Everyday Enigmas, pp.34-35. 「이코노믹 씽킹」, 안진환 옮김, 웅진지식하우스, 2007, pp.67-68

17) 제17대 대통령직인수위원회, 〈성공, 그리고 나눔: 이명박 정부의 국정철학과 핵심정책과제〉, 1994.

18) 부동산 취득, 의료기기 및 의료 정보 시스템 투자에 사용한 비용은 고유목적사업준비금으로 분류하여 법인세 과세 대상에서 제외된다. (법인세법 29조의 1; 법인세법 시행령 56조의 6; 동법 시행규칙 29조의 2)

19) 의료서비스 제공을 목적으로 취득한 부동산에 대해서는 취득세와 등록세(일부), 같은 목적으로 보유한 부동산에 대해서는 재산세 · 도시계획세 · 공동시설세가 면제된다. (지방세법 287조의 2)

20) 비영리의료법인에서 영리의료법인으로 의료 인력이 급격하게 유출될 것이라는 우려도 존재하나 미국의 경우를 보면 그 근거가 희박함을 알 수 있다. 특히 영리병원에 근무하는 의사(치과의 포함)는 모든 병원 근무 의사의 2.2%에 지나지 않는다.(American Hospital Association, AHA Hospital Statistics: 2010 Edition, 2010)

21) 개인 의료비 지출 중 사회보장기금 부담과 법정 본인 부담의 합(보건복지부 · 연세대 의료복지연구소,

『2008년 국민의료비 및 국민보건계정』, 2010.)

22) Sloan, F.A., and D.H. Taylor, "Does ownership affect the cost of Medicare?", in: A.J. Rettenmaier and T.R. Saving, (eds.) Medicare Reform: Issues and Answers, University of Chicago Press Chicago, 1999.

23) Norton, Edward C. and Douglas O. Staiger., "How Hospital Ownership Affects Access to Care for the Uninsured", The Rand Journal of Economics 25(1), 1994. pp.171-185.

24) 개인사업자는 영리를 추구하는 것으로 간주되며, 의료법인과는 달리 개인소득세 세제혜택은 받지 않는다.

25) 병상 30개 미만인 의료기관을 의미한다.

26) www.hira.or.kr

27) 약국을 제외한 요양기관을 의미

28) 서울 대광고등학교는 각종 행사를 종교의식으로 진행하고, 정기적으로 종교의례와 종교교육을 실시하며, 학생회 간부는 교회를 다니는 자로 자격을 규정하는 등 학교설립의 건학이념에 따라 종파활동을 수행하였다. 이에 2004년 6월 당시 학생회장이던 3학년 강의석 군이 수요일 전체예배 참석을 거부하겠다는 의사를 교내 방송을 통하여 밝힘으로 이른바 '강의석 사건'이 시작되었다. 허진민,「강의석 군 공익소송 전개과정과 이후 과제」, 정교분리, 종교차별과 인권- 2007 종교자유정책연구원 심포지엄 중 발제4 참조.

29) 김재웅(2006),「한국에서의 종교교육 자유의 현실과 과제」, 기독교학교교육연구소 주최 심포지엄, 2006. 6. 16.

30) 강경근(2006),「사학운영의 자율성과 공공성」,『한국교육학회 2006년 춘계학술대회 자료집』.초중등교 사립학교 비율은 2009년 기준으로 초등학교 1.29%, 중학교 20.93%, 고등학교 42.29%를 기록하였다.

31) 통계청 자료에 따르면 중학교(고등학교, 전문계고 포함)의 사교육 참여 비율은 2007년 74.6%(55.0%), 2008년 72.5%(53.4%), 2009년 74.3%(53.8%)를 각각 기록했으며, 2005년도 가격으로 환산한 총 사교육비 규모는 2007년 19조 800억 원, 2008년 19조 500억 원, 2009년 19조 1,500억 원을 기록한 것으로 나타났다. GDP 대비 총 사교육비 비율은 2007년 2.05%, 2008년 2.04%, 2009년 2.03%를 기록하였다.

Chapter **3**

위기에 강한 경제,
부강한 나라

위기에 강한 나라와 약한 나라

▌ **안순권**(한국경제연구원 연구위원)

글로벌 경제위기 이후 독일과 일본의 행보가 주목을 받고 있다. 전세계 동시불황이라는 같은 외부충격을 받았으나 독일은 비교적 선전하고 있는 반면 일본은 고전을 면치 못하고 있기 때문이다.

1990년대 '유럽의 병자'로 불리던 독일은 요즘 '유럽의 성장엔진'으로 호평을 받고 있다. 영국의 이코노미스트지(The Economist)는 지난 3월 '유럽의 엔진'이라는 특집기사로 독일경제를 해부하면서 '독일의 기적(German miracle)'이라는 단어를 썼다. 지난해 독일은 경제성장률 마이너스 5.0%로 큰 타격을 받았으나 실업률은 8.1%로 2008년의 7.8%에 비해 0.3%포인트 오르는데 그쳤다. 독일의 지난해 실업률 증가폭은 미국 · 영국 · 일본의 급등세와 비교하면 '고용기적'이라는 평가를 받을 만하다. 독일은 또 지난해 수출 1위 자리를 중국에게 내어주었지만 속내를 보면 기계류 · 화학 등 고부가가치 제품이 많은 독일이 실리를 챙겼다는 분석이다.

반면 일본은 침체의 늪에서 벗어나지 못하고 있다. 일본은 다른 선진국에 비해 금융부문의 손실이 적고 수출비중이 낮음에도 불구하고 글로벌 위기의 타격을 선진국 중 가장 심하게 받았다. 대부분의 선진국들이 경기가 회복되어 부분적인 긴축을 염두에 두고 있지만 일본 정부는 부양책의 손을 놓지 못하고 있다. 일본경제가 좀처럼 디플레이션의 늪에서 빠져나오지 못하는 데다 올 여름 참의원 선거가 있어 표심을 의식해야 하기 때문이다. 게다가 일본항공(JAL)의 파산신청, 도요타 리콜 사태 등에서 보듯 일본의 주력 기업들이 한꺼번에 추락하고 있는 점도 큰 부담이다. GDP대비 국가부채가 100%를 넘어 세계 최대 부채국가가 된 최악의 재정상황도 일본 경제의 앞날을 어둡게 하고 있다.

2차 대전 패전국으로 성장신화의 대명사였던 독일과 일본은 1990년대 들어 엄청난 시련에 식면했다. 일본은 1990년대 초 버블이 붕괴하여 장기불황에 접어들었고 독일은 같은 시기에 통일의 후유증과 사회적 시장경제의 폐해로 장기침체에 빠졌다. 모두 '잃어버린 10년'의 고통을 겪었던 독일과 일본 경제가 요즘 대조적 모습을 보이고 있는 배경은 무엇일까?

개혁은 하려면 제때에 제대로 해야

두 나라 경제의 현주소를 갈라놓은 주요인들을 우리 경제에 주는 시사점을 중심으로 분석해 본다. 첫째, 개혁은 하려면 제때에 제대로 해야 한다는 점이다. 독일 경제는 수출비중이 높아 글로벌 경기침체로 인해 초기에 큰 타격을 받았으나 강한 복원력을 보였다. 잃어버린 10년을 겪은 뒤 2002년 이후 시행된 구조개혁으로 경제의 기초체력이 강화되었기 때문이다.

반면 일본은 2001년에 집권한 고이즈미 총리가 개혁의 칼을 휘둘렀으나 그 이후 아베·후쿠다·아소 정권에서 개혁이 후퇴되다가 미국발 금융위기의 소용돌이에 휘말리고 말았다. 과거의 성공모델을 고집하면서 새로운 전략을 구상하여 신속하게 결단을 내리지 못하는 구조가 일본 경제계에 만연해 있다.

시장 중시형 개혁과 재정 건전성 실현의 중요성

둘째, 시장 중시형 개혁과 재정 건전성 실현의 중요성이다. 이번 위기 때 독일은 우리나라의 '일자리 나누기'와 같은 방식인 '조업단축급여'를 실시, 일자리를 유지하는 '성장 없는 고용'을 이룩했다[1]. 조업단축급여는 노동시간을 줄이면서 회사가 고용을 계속하는 경우 정부가 줄어든 임금을 보전해 주는 제도이다. 기업과 정부가 부담을 떠안을 여유가 있어야 시행될 수 있는데 지난 2003년 이후 노동시장 및 복지개혁으로 기업의 인건비와 정부의 재정 부담을 크게 줄여놓은 덕분에 시행이 가능했다. 2002년 독일의 슈뢰더 정부는 개혁 프로그램인 '아젠다 2010'에 의해 고용보호를 완화하고 실업급여 수급 기간을 줄이는 등 과도한 복지비용을 조정했다. 2004년부터는 기업은 고용을 보장하는 대신 노조는 임금인상을 억제하고 근로시간을 연장하는 내용의 노사합의가 확산되어 인건비가 크게 줄어들었다.

물론 실질임금의 감소로 내수가 살아나지 않고 그로 인해 수출 의존도가 높아져 독일의 무역흑자가 늘어나 역내 무역불균형이 심화된 문제점이 있다. 게다가 조업단축제도가 비상조치에 불과하며 오래 지속되면 구조조정을 저해하는 부작용이 있다. 그러나 위기 이전의 과감한 구조개혁이 독일경제의 기초체력을 강화시켜 글로벌 위기의 파고를 좀 더 쉽게 넘어가게 한 점을 부인할 수 없다.

일본도 위기 이전에 구조개혁을 하지 않은 것이 아니다. 1990년대 버블붕괴 이후 기업·노동·금융·공공부문의 경제 전반에 걸친 구조개혁으로 성장잠재력 강화에 상당한 성과를 거두었다. 그러나 작은 정부의 실현에는 실패했다. 정부의 방만한 재정지출로 재정적자가 눈덩이처럼 늘어나 급기야 올해 GDP 대비 국가부채비율이 100%를 넘어 세계 최대 부채국이 될 전망이다. 과도한 국가부채는 저출산·고령화와 맞물려 일본 경제의 성장잠재력을 약화시키는 무거운 짐이 되고 있다.

결국 재정부문의 개혁의 성공 여부가 독일과 일본의 행보를 크게 갈라놓았다고 볼 수 있다. 작은 정부의 실현노력이 어느 정도 성과를 거두었느냐가 이번 위기의 대응능력에 큰 영향을 미친 것이다. 이는 과거 영국의 대처총리의 공공부문 개혁성공이 적어도 이번 위기 전까지 영국 경제의 회복세의 견인차 역할을 한 것과도 맥을 같이 한다. 다만 독일과 일본이 여전히 규제가 많아 금융 및 서비스 산업이 상대적으로 취약한 것은 타산지석으로 삼아야 한다.

역내 무역자유화 및 경제통합의 중요성

셋째, 역내 무역자유화 및 경제통합의 중요성이다. 유럽 경제 통합과 통화단일화로 유럽 내 독일 경제의 위상은 더욱 견고해졌다. 독일 전체 수출의 약 50%는 유로지역 국가를 대상으로 한 것인데 역내 다른 회원국들이 독일제품의 높은 경쟁력에 대응하기 위해 더 이상 자국 통화의 평가절하를 할 수 없기 때문이다. 유로지역 내에서 환율은 통일되어 있으므로 품질경쟁력이 높은 독일에게 날개를 달아준 셈이다. 결국 산업경쟁력이 취약한 포르투갈·그리스·스페인 등이 경상수지 누적에다 재정적자 확대까지 겹쳐 유로화는 위기를 맞고 있으나 역내 경제통합체제가 유지되는 한 독일 경제의 역내 시장 지배력은 유지될 수 있을 것이다.

반면 역내 경제입지에 관한 한 일본은 독일에 비해 불리한 입장이다. 중국에게 세계경제 2위국 자리를 내어준 일본은 동아시아 경제의 주도권 경쟁에서도 중국에게 밀리고 있다. 일본 경제가 수출에서 그나마 회복세를 보이고 있는 것은 중국 경제의 회복세에 힘입은 바 크다. 일본은 역내 경제통합의 막대한 이익을 계산하여 동아시아경제공동체 혹은 한중일 자유무역협정(FTA) 체결을 추진하려 하고 있다. 그러나 자국 시장개방에 소극적인 갈라파고스(고립) 신드롬에서 벗어나지 않는 한 일본의 역내 외교 경제적 입지는 더 어려워질 것이다.

글로벌 시장 개척 전략의 중요성

넷째, 글로벌 시장 개척 전략의 중요성이다. 최근 일본 와세다대 후카가와 유키코(深川由起子) 교수는 "일본 기업들이 자국 내수시장이 충분히 크다고 생각하고 안주하는 바람에 국제 경쟁에서 실패하거나 뒤처졌다"고 평가했다. 일본은 또 해외시장을 공략하더라도 첨단기술 분야의 선진국 내 최고급 시장을 겨냥하고 있어 신흥국 시장의 공략에 약점을 드러내고 있다. 반면 세계 2위 수출 대국인 독일은 선진국은 물론 중국·인도·브라질 등 신흥시장으로 수출시장을 다변화하는데 일본보다 앞서 있다. 이는 이번 글로벌 위기국면에서 수출이 타격받는 정도에서 차이를 낳았다. 선진국 고급시장에 주력한 일본은 미국·유럽 등의 경기침체로 큰 타격을 입은 반면 신흥시장 점유율에서 앞선 독일은 타격을 덜 받았다.

우리나라가 이번 글로벌 위기국면에서 위기에 강한 나라로 호평을 받고 있는 것은 반가운 일이다. 주요국 중 가장 빠른 회복세를 보인데다 우리 주력 기업들의 높은 경쟁력, 상대적으로 나은 재정여건 등이 그 배경에 있다. 최근 국제신용평가회사인 무디스는 우리나라의 국가신용등급을 외환위기 이전 수준으로 상향조정했다. 이번 글로벌 위기를 거치면서 국가신용등급이 올라간 국가는 거의 없다. 이번 위기로 우리 경제의 건실성이 국제적으로 공인받은 셈이다. 외환위기가 계기가 된 경제개혁은 한국경제를 오히려 더 강하게 했다. G20 정상회담과 핵 정상회담을 잇달아 유치한 것도 우리 경제의 높아진 위상과 관련이 있다고 할 것이다.

그러나 우리 경제의 갈 길은 멀다. 위기탈출에는 강한 면모를 보였지만 위기 초기 단계에서는 제2 외환위기의 벼랑 끝에 내몰린 뼈아픈 기억이 남아 있다. 객관적으로 볼 때 우리 경제가 위기에 강하다고 말하기는 어렵다. 독일과 일본의 대조적 행보는 우리가 이번 금융 위기에 선전했다고 결코 안주해서는 안 된다는 것을 보여준다. 정부의 대규모 재정지출과 환율효과에 힘입은 빠른 회복세에 취해 기업과 공공부문의 구조조정을 소홀히 해서는 안 된다. 남유럽 재정위기에서 보듯 글로벌 금융 불안이 반복적으로 나타날 가능성이 높다. 경제가 좀 나아졌을 때 대외충격에 취약한 경제체질을 개선하여 앞으로 올 수 있는 위기에 대한 대응능력을 높여야 한다.

독일처럼 노동시장을 개혁하고 기업의 투자여건을 개선하여 일자리를 더 많이 만들어야 한다. 한·EU FTA에 이어 한·미 FTA와 한·중·일 FTA도 보다 적극 추진하여 우리 경제의 울타리를 더욱 강화할 필요가 있다. 후카가와 교수가 "한국 기업은 김연아처럼 글로벌 모델을 잘 확립했다"고 호평했으나 현재의 수준에 만족해서는 안 된다. 모든 경제부문에 글로벌 기준을 적용하여 우리 경제를 한 단계 더 업그레이드시켜야 할 것이다. 독일과 일본보다 더 과감하게 각종 규제를 완화하고 서비스 시장을 활성화함으로써 내수 시장을 확대하는 노력도 시급하다. 위기에 강한 독일과 위기에 약한 일본이 주는 교훈을 타산지석으로 삼아 경제 선진화와 국격 높이기에 매진해야 한다. (2010. 4. 2)

참고문헌

안순권, 『유럽 복지모델 발전과 개혁의 시사점』, 한국경제연구원, 2006. 12.

안순권, 『일본 민주당 정권의 구조개혁 추진 및 시사점』, 한국경제연구원 KERI Zoom-In, 2009. 11.

안순권 · 김필헌, 『독일경제의 회복 현황과 시사점』, 한국경제연구원 정책연구, 2007. 9.

일본의 경험에서 배우는 교훈

■ **공병호**(공병호경영연구소 소장)

"지방 공항에 가면 해외노선이 하루에 한 편밖에 없다. 그래도 출입국 관리나 세관, 경비 직원이 각각 배치되어 있다. 그 한 편이 오는 때 말고 다른 시간에 이 사람들은 과연 무엇을 할까?"

이런 의문을 제기한 사람은 일본의 논객 오마에 겐이치(大前研一) 박사다. 그의 저서 『부의 위기』(2006)는 일본 사회가 당면하고 있는 현실을 적나라하게 드러내고 있다. 그는 정말 시행할 마음만 있다면 정보통신기술을 충분히 활용하여 아웃소싱으로 정부 비용을 현재보다 10분의 1로 줄일 수 있다고 주장한다.

2004년을 기준으로 하더라도 일본 정부의 부채규모는 1,034조 엔, 세수는 44조 엔, 반면에 세출은 82조 엔이나 되었다. 천문학적인 빚을 진 상태에서 수입의 2배가량을 지출하는 곳이 일본 정부이다. 하지만 이후에도 지출을 줄이기 위한 그 어떤 조치도 취해지지 않았다. 결국 국채를 발행해서 부족분을 조달하는 방식을 고수해 왔기 때문에 국가 채무는 눈덩어리처럼 커질 수밖에 없는 구조이다. 더욱 놀라운 것은 정부 지출 가운데 약 40%가 인건비로 나간다는 점이다. 이런 불합리한 구조에도 불구하고 일본은 지출을 줄이기 위한 개혁다운 개혁이 거의 없었다. 정치인들은 집권하면 무엇인가를 하는 시늉을 하다가 물러나는 일을 반복해 왔다. 그렇게 20여 년이 흘렀다.

이런 사례를 소개하는 이유는 현재 일본이 당하고 있는 위기의 본질에 대한 심층적인 분석이 필요하다고 생각하기 때문이다. 도요타 리콜과 JAL 파산으로 대표되는 최근의 일본 위기는 언론들이 피상적으로 다루는 개별회사의 문제에서만 그 원인을 찾을 수 없다고 본다. 그것은 일본 사회 자체가 구조적으로 갖고 있는 문제라는 생각이 들기 때문이다.

일본의 문제는 거대 정부의 문제와 밀접히 연결되어 있을 것으로 추정한다. 다시 말하면 50년대부터 80년대에 이르기까지 고도 성장기를 만끽하는 동안 일본 특유의 관료 및 유관단체들이 급속히 성장하였을 것이다. 일단 한 번 만들어진 공공부문은 특별한 상황이 발생하지 않는 한 스스로의 논리에 따라 자기 증식을 계속하게 된다.

관료조직의 급팽창은 단순히 인건비 부담의 문제에만 그치지 않는다. 자리를 차지하고 있는 사람은 무엇인가 일을 해야 한다. 이런 일들 가운데 상당부분이 선의에서부터 비롯되는 간섭들일 것이다. 일본 교세라의 창업자인 이나모리 가즈오(稻盛和夫) 회장이 한 인터뷰에서 일본 휴대전화 기업들이 선발주자였음에도 불구하고 한국에 뒤지게 된 결정적인 요인으로 두 가지를 들었다. 하나는 일본 기업들이 내수에 지나치게 치중한 전략을 사용한 점, 그리고 다른 하나는 지나치게 정부가 휴대전화 산업에 간섭한 점이다.

한편 지난 4일 '서비스 산업 선진화와 한국경제'라는 주제로 기획재정부가 주최한 국제포럼에서 일본 히토쓰바시(一橋)대학 경제학과의 후카오 교지(深尾京司) 교수는 일본의 경우 건설·수송·의료 서비스 업종에서는 지난 15년 동안 규제완화가 거의 이루어지지 않았다고 말했다.

탄탄한 국제경쟁력을 가진 제조업에 비해서 일본 국내 경제의 80%를 차지하는 서비스 산업은 상대적으로 생산성 향상 면에서 거의 성장이 없었다는 사실을 지적했다. 결국 경쟁촉진을 통한 생산성 향상을 방해하는 요인은 규제와 직간접으로 연결된 관료조직과 유관단체들의 역할이 결정적이었을 것으로 본다.

후카오 교수가 지적하는 또 하나의 흥미로운 사실은 일본의 대기업에서조차 제대로 된 구조조정이 불가능하다는 점이다. 노동시장에 이미 진출해 있는 사람들을 과도하게 보호하는 노동법 때문에 대기업들조차 가능한 임시직으로 채우려는 경향을 갖고 있다고 한다. 뿐만 아니라 대기업에서 인력적체가 발생하게 되면 자회사에 전출 형식으로 처리하기 때문에 과잉인력을 바깥으로 배출하기보다는 기업 내에서 유지하는 방식을 취하게 되었다고 한다. 그는 현재 일본 기업들 가운데 일부 기업들의 품질 문제도 이런 현상과 밀접히 연결되어 있음을 언급한다.

간접부문이 필요 이상으로 커진 체제가 되어버린 것이다. 그렇다면 이런 현상이 비단 일본에만 국한되는 일인가. 그렇지 않다는 점에 우리의 고민이 있다. 글로벌 금융위기 이후 한국에서도 정부 재정지출, 국가 부채, 공기업 부채 등 공공 섹터의 비대화 추세가 본격적으로 나타나고 있다. 그나마 이제까지 간간이 들려오던 "작은 정부를 통한 경제 활성화"는 어디에서도 찾을 수 없게 되었다. 단임제하에서 좌파 정권이 등장하든, 우파 정권이 등장하든 간에 자신들의 입지나 위상을 높이기 위해 필요 이상의 정부 지출을 늘리는 경향이 강해지게 되었다. 오늘의 일본 문제가 내일의 한국 문제가 되지 말라는 법은 없다.

따라서 우리는 일본의 고민을 '강 건너 불'처럼 받아들이지 않도록 해야 한다. 일본 문제의 본질이 무엇인지를 좀 더 심층적으로 분석해서 우리가 배울 수 있는 교훈을 충분히 얻어야 한다. 그리고 날로 거대 정부를 향해 가고 있는 한국 사회에도 경종을 울려야 한다. 이와 더불어 거대정부 문제에 대한 해결책을 제시할 수 있어야 한다. (2010. 2. 11)

재정 건전성 논의의 본질

▐ **최 광**(한국외국어대 경제학부 교수)

    국내외적으로 재정 건전성의 문세가 제기되고 있다. 금융위기에 이어 일부 국가에서는 재정위기로 국민경제 전반이 위협받고 있다. 재정위기의 배후에는 재정적자의 지속과 그로 인한 국가채무의 누적이 자리 잡고 있다. 재정 건전성을 회복·유지하기 위해서는 재정적자와 국가채무의 수량적 크기보다는 재정 운영의 본질과 실체를 제대로 이해해야 한다.

    재정적자의 발생과 국가채무의 증대는 정부 세입과 세출의 상호작용의 결과로 나타난다. 세출과 세입의 상호작용의 결과로서 재정수지가 적자 또는 흑자로 나타나기에 세입과 세출의 내용이 타당하면 재정수지 그 자체는 크게 문제되지 않는다. 문제의 핵심은 재정의 적자 여부가 아니고 세입과 세출의 규모와 그 구성 내용에 있다.

    논의의 핵심을 정확히 전달하기 위해 매우 간결한 사례로 비유·검토해 보자. 예를 들어 빌 게이츠(Bill Gates) 회장이 의상을 구입하고자 하는데 자신이 매우 바쁘므로 대리인을 고용하고 그에게 모든 것을 일임했다고 가정하자. 게이츠를 위해 대리인은 두 가지 과제에 직면하는데, 첫째는 얼마만큼의 의상을 구입하고 각 의상 종류별로 얼마를 지출할 것인가 하는 과제이고, 다른 하나는 그 구입비용을 어떻게 충당할 것인가이다.

편의상 두 번째의 비용충당 문제부터 다뤄보자. 대리인이 의상 구입비로 금년도에 500만 원을 책정했다고 가정하자. 500만 원을 충당하기 위해 대리인이 선택할 수 있는 방법은 첫째는 게이츠의 은행계좌로부터 500만 원을 인출하여 현금으로 지불하는 방법이고, 둘째는 게이츠의 신용카드로 외상 구입한 후 1년 뒤에 결제하는 방법이다. 여기서 매우 중요한 사항은 이 두 가지 자금충당 방법 중 대리인이 어느 방법을 택하더라도 게이츠의 경제적 상황에는 전혀 변화가 없으므로 재원충당 방법 자체는 전혀 문제가 되지 않는다는 점이다.

대리인이 게이츠로부터 1,000만 원의 예금통장을 건네받았으며 시중 이자율이 10%라고 가정하자. 만약 의상을 구입하지 않는다면 게이츠의 은행 잔고는 1년 후 1,100만 원이 될 것이다. 첫 번째 현금구매의 경우 대리인이 오늘 500만 원을 인출하므로 은행잔고는 500만 원으로 감소하고, 1년 후의 이자 50만 원을 포함하면 게이츠의 최종 잔고는 550만 원이 된다. 두 번째 방법인 신용카드로 외상 구매한 후 1년 뒤에 대금을 지급하는 경우, 1년 뒤 게이츠의 은행잔고는 1,100만 원이 되고, 여기서 신용카드 청구액 550만 원이 인출될 것이므로, 게이츠의 최종 은행잔고는 550만 원이 된다. 첫 번째 방법에서는 50만 원의 이자를 잃어버렸지만 두 번째 방법에서는 50만 원을 벌었으나 번 후에 그 이자를 신용카드 회사에 준 것이다.

이상의 간단한 사례는 게이츠의 대리인이 의상 구입자금을 어떻게 충당하든 빌 게이츠의 은행잔고는 똑같다는 것을 보여준다. 지금까지의 예에서 게이츠를 국민, 대리인을 정부로 바꾸면 결국 정부의 세출을 세금으로 충당하든 국공채라는 부채, 즉 적자재정으로 충당하든 아무런 차이가 없음을 보여준다. 물론 현실은 앞의 간단한 사례보다 더 복잡하다. 게이츠가 얼마나 오래 사느냐? 자식에게 유산을 남기느냐? 남길 경우 얼마나 남기느냐? 새로운 수입이 생기느냐? 가족이 늘어나느냐? 등에 따라, 또 의상 구매 대금결제의 두 가지 방법 중 어느 방법을 쓰느냐에 따라 특정 시점에서 빌 게이츠의 은행잔고의 규모가 다를 수 있다.

게이츠의 대리인이 내리는 두 가지 결정 중에서 지금까지 논의한 재원충당 방법에 관한 두 번째 문제보다는 게이츠를 위해 대리인이 의상의 구입에 얼마만큼 지출을 하고 어떠한 의상을 구입하느냐 하는 첫 번째 문제가 더 중요하다.

게이츠는 자신의 의상구입에 얼마나 지출했으면 하는 판단이 분명히 있다. 대리인이 결정한 의상구입비 500만 원이 게이츠의 관점에서 보았을 때 많을 수도 있고 적을 수도 있다. 잦은 강연을 대비하여 게이츠가 800만 원을 쓸 용의가 있는데 대리인이 500만 원밖에 지출하지 않을 수 있고 근검절약하는 게이츠가 300만 원만 지출했으면 하는데 대리인이 800만 원을 지출할 수 있다. 국가에 꼭 필요한 국민이 원하는 세출의 적정 규모가 있는데 현실에서 관료와 정치인은 국민을 위한다는 온갖 명목으로 세출을 확대시켜 왔다. 본인(국민)이 원하지 않는 불필요한 의상을 대리인(정부)이 무조건 사다 안기는 셈이다.

같은 500만 원을 의상 구입에 지출한 경우에도 내의·정장·캐주얼이라는 서로 다른 용도의 의상을 두고, 그리고 각 용도에서 의상의 질과 색깔을 두고 대리인의 결정이 게이츠의 마음에 전혀 들지 않을 가능성이 매우 높다. 게이츠는 정장과 캐주얼의 비율을 7대 3으로 하고 싶은데 대리인은 3대 7로 구입하면 어떻게 되는가? 게이츠는 정장의 색깔을 회색으로 하고 싶은데 대리인이 검정색으로 구입하면 어떻게 되는가?

게이츠와 대리인 관련 예시에서는 재정적자 규모 자체와 그 조달방법은 걱정할 필요가 없다. 중요한 것은 세출 규모와 그 내역이라는 점이다. 세출이 새로운 부가가치를 많이 창출하고 국민복지에 크게 기여한다면 적자재정이라도 문제가 되지 않으며, 세입이 넘쳐 재정이 흑자를 유지하더라도 불필요하고 생산성이 낮은 부문에 정부 지출이 이루어지면 문제가 된다. 국민의 세금이 바탕이 되어 세출 활동이 이루어지는 경우 그 세출이 생산성 있는 사업에 투입되고 개별사업이 낭비 없이 추진되는 것이 중요하다.

현실에서의 보다 근본적인 문제는 재정적자의 발생과 국가채무의 누적이 아니고 정부 지출의 내용이 낭비적이고 생산성이 낮은 데 있다. 특히 최근의 국가채무의 급증에서 우려되는 것은 불요불급한 지출에 충당하기 위해 국공채가 발행되는 점이다. 경제위기 극복, 실업 구제와 일자리 창출, 친서민 대책 등을 빌미로 국민의 혈세가 낭비되고 있다.

재정적자를 축소하고 재정 건전성을 회복하기 위해 무엇을 어떻게 해야 하는가? 재정적자는 세출에서 세입을 차감한 수치이므로 재정적자를 줄이기 위해서는 세출을 줄이거나 세입을 늘리는 것이 필요하다. 계산상으로는 두 방법 모두 같은 결과를 가져온다. 그러나 재정적자의 축소 또는 균형예산의 달성을 위해서는 세출 감소나 세출 증가의 억제가 최선의 정책이다. 세출 감소가 아닌 세입 증대를 통해 균형재정을 달성해야 한다는 주장도 있으나 균형재정의 달성에 성공한 나라들의 경험에서 볼 때 세입 증대보다 세출 감소가 재정적자 해소의 최선의 방법인 것으로 밝혀지고 있다.

혹자들은 다른 나라에 비해 한국의 재정이 건전하다고 한다. 그러면서 재정이 건전하기에 좀 헤프게 써도 괜찮은 것 아니냐고 한다. 이러한 주장은 모순이고 잘못된 것이다. 모범적으로 건전하면 그것을 지키는 것이 바람직하지, 왜 건전한 것을 무너뜨리려 하는가? 실효성을 극대화하는 집행계획이 뒤따라야 한다고 주장하는 사람이나 정부가 언제 예산 낭비 방지나 실효성 극대화를 위한 구체적 제안을 제시한 적이 있는가?

방만한 재정이 국가 경쟁력을 약화시키고 해이하게 만든다는 사실을 국민도 전문가도 인식하고 있지 못하다. 공공부문의 헤픈 쓰임새는 민간부문의 과소비를 유도하고 공공부문에서의 조그마한 빈틈은 사회 전체 기강의 해이를 가속화시킨다. 작은 규모의 예산을 가진 나라가 자원관리를 효율적으로 했으며 작은 정부는 국가의 생산성을 저하시킨 경우가 없으나, 국가 예산이 방대하고 민간부문에 원칙 없이 개입하는 나라는 언제나 난관에 봉착한다는 것이 역사의 교훈이다. 지금은 세출의 규모를 대대적으로 축소하고 세출의 내역을 전반적으로 다시 조정해야 할 시점이다. (2010. 3. 15)

학교 무상급식이라는 정치적 함정

▌**최승노**(자유기업원 대외협력실장)

남의 돈으로 공짜 점심을 사겠다며 선심을 쓰는 것은 세상 이치에 어긋날 뿐 아니라 보통 사람은 생각조차 할 수 없는 어림도 없는 일이다. 그야말로 뺨 맞을 일이다. 그런 상식이 정치 현실에서는 쉽게 무시된다. 요즘 일부 정치인들이 모든 학생들에게 공짜 점심을 먹이자며 생색도 내고 인기를 얻고 있다. 하지만 세상에 공짜 점심이 어디 있겠는가?

정치인이야 내 것인 양 선심을 쓰며 인심 좋게 과시할 수 있지만 보이지 않게 비용을 내야 하는 국민의 부담은 커질 수밖에 없다. "세금이야 남들이 부담할 테고, 당신은 그저 공짜 점심을 즐기면 된다"는 식으로 사람들을 현혹하고 있지만 사실은 국민이 낸 세금을 일부 사람들이 돌려받을 뿐이다. 이쪽 주머니에서 나간 돈이 다른 쪽 주머니로 들어가는 것이다. 물론 그것이 끝이 아니다. 국민 개개인이 직접 선택하고 쓰는 돈이라면 절약하고 아껴서 소중하게 사용되겠지만, 정치인과 정부가 개입하게 되면 결국 낭비와 비효율로 국민의 부담은 늘어나게 된다.

무상급식은 의무교육과 무관

교육과학기술부에 따르면 2009년에 초중고 학생 745만 명이 단체급식을 제공받았으며, 그 가운데 13.0%인 97만 명이 무료급식 대상이라고 한다. 기초생활수급자를 포함해 어려운 환경에 처한 학생들을 대상으로 하는 무료급식이 이미 97만 명을 대상으로 시행되고 있는 것이다. 만약 의무교육 대상 초중 학생 548만 명을 대상으로 무상급식을 실시한다면 최소 1조 9,662억 원의 예산이 매년 소요되며, 고교생까지 포함하면 적어도 2조 8,509억 원이 소요될 것으로 추정되고 있다.

무상급식을 모든 학생에게 확대하여 실시하는 것은 합리적이지 않다. 정부가 세금으로 모든 학생에게 공짜 점심을 제공해야 할 이유가 없다. 정치적으로 그럴듯하게 포장하지만 공짜 점심이라는 본질이 변하는 것은 아니다. 생활이 어려운 것도 아니고 심지어 넉넉하고 부유한 가정의 학생에게까지 급식비를 지원하는 것은 어떤 명분으로든 정당화되기 어렵다.

무상 의무교육이 법으로 정해져 있다고 해서 급식도 교육의 한 부분으로 생각해 무상으로 하자는 정치적 해석도 궁색하기는 마찬가지다. 그렇다면 학용품과 교복·체육복·신발도 무상으로 제공하자는 말인가?

정치선동에 불과한 무상급식

이번 무상급식 논쟁은 좌파성향의 시민단체와 전교조가 주장해 오던 무상급식 주장을 야당이 선거 이슈로 채택하면서 가열되었다. 선거를 위해 무상급식을 이용하고 있는 셈이다. 그 비용을 지출하기 위해 세금을 얼마나 더 거두어야 하는지, 그 부작용이 얼마나 될 것인지에 대해서는 언급하지 않는다. 정치인들의 몰염치가 심각한 수준이다.

정치 지도자로서 국민에게 진실을 토로하고 올바른 길로 설득하는 참다운 정치인을 찾아보기가 어렵다는 점은 안타까운 현실이다. 무상급식이 옳지 못한 일임을 알면서도 정치인들은 대중영합적인 태도를 보이고 있다. 정부와 여당은 선거를 의식한 탓인지 분명한 입장을 표명하지 않고 있다. 심지어 2007년 노무현 정부 때에 9.5%였던 무상급식 지원이 2009년에는 13%로 늘었고, 2012년에는 26.4%까지 늘릴 계획이라면서 점진적 확대추세를 강조하기도 한다. 이런 와중에 편향적인 언론은 논의의 초점을 점진적 확대 아니면 전면 실시냐로 몰아가고 있다.

무상급식을 주장하는 이들은 국민 절반 이상이 찬성한다고 주장한다. 하지만 보통 사람들은 공짜라면 일단 받고 보자는 식이다. 누가 공짜를 싫어하겠는가? 그런 단순한 것을 여론조사라고 발표하면서 정책의 지지도가 높다고 자신들을 합리화하고 있다. 만약 그 세금은 당신이 부담하고, 소비는 당신을 대신해서 정부가 행사하고 있다는 사실이 알려지면 국민들로부터 외면당할 것은 뻔하다.

획일적 평등주의에 빠진 무상급식

무상급식을 지지하는 일부 언론은 점심을 못 먹는 아이들이 있다며 국민여론을 호도하고 있다. 만약 점심을 굶는 아이가 있다면 그 원인을 밝히고 필요하다면 무료급식의 대상으로 포함하자고 주장해야 옳다. 점심을 못 먹는 아이가 있다는 것이 무상급식의 필요성을 설명하는 것은 아니기 때문이다. 그들의 선정적인 보도는 몇몇 사례를 들어 모두를 자신들이 원하는 사회주의 세상으로 엮어 넣자는 계산에서 비롯된 잘못된 일이다. 그야말로 사회주의 세력의 전형적인 모습이다.

급식비를 지원받는 학생들이 차별을 느끼지 않게 모두가 지원을 받아야 한다는 말도 황당하다. 급식비 지원은 국민의 세금을 통해 사회가 배려한 일이다. 더구나 학부모와 학교는 이를 긴밀하게 협조하여 처리하고 있다. 이러한 현실적인 지원을 차별이라고 몰아가면서, 혹시 있을지 모르는 감정적인 문제를 줄인다면서 모든 학생을 지원의 대상으로 삼자는 주장은 그야말로 어불성설이다.

　우리 교육현장에 이러한 획일적인 평등주의 요구가 횡행하는 것은 사실 이상한 일도 아니다. 이미 교육현장이 정부 주도의 통제시스템에 포획되어 있기 때문이다.

획일적인 직영배급 방식에서 벗어나야

　이번 무상급식 파동은 지난 위탁급식 파동에 이어 다시 한 번 학교급식을 낙후시킬 우려가 크다. 정치권이 위탁급식을 금지하고 학교급식을 직영제로 강제 전환한 것은 우리 정치수준이 얼마나 형편없는지를 여실히 보여주었다. 획일적인 직영급식제도에 무상급식까지 더해진다면 학교급식은 정부 의존형의 강제적인 배급체제로 전락하게 된다. 이러한 구시대적인 획일적 방식으로 몰아가는 것은 시대적 변화에 역행하는 일이다. (2010. 3. 19)

가계부채의 증가, 무엇이 문제인가?

▌**설 윤**(한국경제연구원 연구위원)

2008년 후반부터 시작된 경제침체가 서서히 회복되고 있다. 이러한 경기 회복세와는 달리 한편에서는 지속적으로 증가하고 있는 가계부채에 대한 우려의 목소리가 높아지고 있다.[2] 가계신용 동향에 따르면 2009년 4/4분기 말 가계부채는 733조 7,000억 원으로 전분기 말 대비 20조 9,000억 원 증가하였으며 전년 동기대비 6.6% 증가하였다. 총 가계부채 중에서 가계대출은 약 94%인 692조 원이고, 신용카드 매출로 대표되는 판매신용 잔액은 41조 7,000억 원에 달하고 있다. 가계대출은 전분기의 14조 1,000억 원에서 16조 2,000억 원으로 증가폭이 확대되고 있는 상황이다.

예금은행과 비은행 예금취급기관(상호저축은행, 신용협동기구, 신탁·우체국예금)의 대출 잔액은 550조 7,000억 원이며 이중 주택담보대출은 59.7%인 328조 8,000억 원이다. 또한 예금은행의 가계대출 신규 취급액 중 주택관련 대출비중은 2007년 41.4%에서 2009년 48.9%로 꾸준히 증가하고 있는 반면, 소비 및 기타 용도는 58.6%에서 51.1%로 감소하고 있다. 이처럼 최근 가계부채의 증가는 주택담보대출을 중심으로 이루어졌음을 알 수 있다.

지난해 경제침체 속에서 가계부채가 증가하고 있는 가장 큰 원인은 금융기관 대출여력이 늘어나고 자금 수요자의 주택대출 수요도 이어지고 있기 때문이다. 국제금융위기로 발생된 경기침체를 방어하기 위한 정부의 저금리 정책이 가계대출 증가의 또 다른 원인이다.[3]

가계부채 증가에 대한 우려

한 가지 특이한 사실은 국제금융위기 이후 미국을 비롯한 주요 선진국의 가계부채는 감소하고 있는 것에 반해 우리나라의 가계부채 규모는 지속적으로 증가하고 있다는 점이다. 2008년 위기 직후 주요 선진국은 가계부채의 조정과정을 거치고 있는 반면, 우리나라는 주택담보대출을 중심으로 가계부채가 급증하고 있다.

더욱 우려되는 것은 가계의 채무부담능력을 나타내는 가계부채/가처분소득 배율이 지속적으로 증가하고 있는 사실이다. <표1>에서 보듯이 우리나라의 가계부채/가처분소득 비율은 2004년에 1.17을 기록한 이래 꾸준히 상승하여 2008년에는 1.43에 이르고 있다. 이는 우리나라의 채무상환능력이 감소하고 있음을 의미한다. 이 수치는 미국의 가계부채/가처분소득 배율 1.29와 비교해도 높은 수치이다. 2008년에 미국과 영국의 비율은 2007년에 비해 감소하여 우리나라와는 대조를 이루고 있다.

국제금융위기 여파로 인한 단기적 가계부채의 증가는 불가피한 현상으로 저소득층의 유동성 제약을 완화시켜 소비를 증가시키는 내수부양의 효과로 나타난다고 할 수 있다. 하지만 장기적으로 가계부채의 지속적 증가는 경제의 성장잠재력 악화와 금융기관의 잠재적 부실화 등의 역효과 가능성을 증대시킨다. 가계의 원리금 상환부담 가중이 가계의 저축률 하락을 가져오고 저축률 하락이 소비 및 투자재원의

<표 1> 가계 채무상환능력 추이

년도	미국	영국	한국
2003	1.16	1.33	1.21
2004	1.22	1.48	1.17
2005	1.29	1.51	1.24
2006	1.33	1.62	1.31
2007	1.36	1.72	1.39
2008	1.29	1.69	1.43

주: 채무부담능력=가계부채/가처분소득
자료: 한국은행, 『금융안정보고서』, 2009.

감소로 이어져 궁극적으로 우리나라 경제의 성장잠재력을 약화시킬 수 있는 것이다. 또한 가계부채가 증가된 상황에서 향후 금리상승 혹은 주택가격 조정으로 인해 금융기관의 건전성이 악화되어 금융기관의 부실화를 초래할 수 있다.

가계부채 증가에 대한 대책

우리나라 가계부채의 증가 규모와 속도를 주요국과 비교해 볼 때 우리나라의 가계부채가 얼마나 심각한지 깊이 인식해야 할 것이다. 특히 주요국과는 반대로 우리나라의 가계부채는 오히려 증가하고 있다는 점을 인식해야 한다. 가계부채 증가에 대한 근본적인 대책은 일자리 안정 및 창출을 통한 가계소득의 증대에 있다. 소득이 안정적으로 유지되거나 증가한다면 가계의 부실화는 문제가 될 수 없다.

또 자산의 부동산 비중이 높아 유동성 위기에 취약한 단점을 극복하기 위하여 선진국에 비해 낮은 우리나라 가계의 금융자산 비중을 높이도록 유도하는 것을 들 수 있다.[4] 높은 가계금융자산의 비중은 경제위기 혹은 경제침체 시 부동산 자산의 하락으로 인해 발생할 수 있는 가계대출의 부실화 혹은 유동성 위기를 방어할 수 있는 가계 부실화의 완충 역할을 수행할 수 있을 것이다. (2010. 4. 9)

공기업 채무, 이대로 좋은가?

▌유동운(부경대 경제학부 교수)

최근 유럽 각국 정부가 재정위기로 국가경쟁력을 상실하고 있다는 소식이 전해진다. 특히 'PIIGS' 국가인 포르투갈(77.4%), 이탈리아(114.6%), 아일랜드(65.8%), 그리스(112.6%), 스페인(54.3%)의 국가채무에 대해 우려를 많이 하고 있다. 우리나라도 공기업들의 채무를 포함하여 국가채무에 따른 재정 건전성 문제가 대두되고 있다. 조세연구원의 보고서에 따르면 2050년이 되면 우리나라의 국가채무 규모가 국민총생산, GDP 대비 116%로 EU 국가와 비슷한 수준에 도달할 것이라고 전망했다.

공기업의 채무, 우려할 만한 수준

공적금융기관의 채무까지 합친 우리나라의 '공적부채'는 700조 원으로 GDP의 70%에 달해 국민 1인당 1,500만 원의 빚을 지고 있는 것으로 조사되었다. 공기업을 제외한 우리나라 국가부채가 올해 407조 2,000억 원으로 GDP의 36%에 달하며 공기업의 부채까지 합치면 훨씬 커서 안심할 수준이 아니라는 의견이 많다. 지난 10년 동안 국가채무는 4배 가까운 수준으로 늘었고 GDP 대비 국가채무비율은 두 배로 높아졌다. 국가채무의 통계에도 잡히지 않으면서 국가부채에 못지않을 정도로 비대해진 공기업의 채무까지 감안한다면 재정 건전성이 심히 우려된다.

재정 건전성, 시장이 배분하는 건전한 채무

정부부채가 많다고 해서 꼭 문제가 되는 것은 아니다. 민간기업의 채무처럼 상환가능성의 여부에 따라 건전성을 판단해야 할 것이다. 따라서 상환가능성이 희박할 정도로 부채가 커지면 정부부채는 우려의 대상이 될 수밖에 없다. 중국의 경우 중국의 높은 경제성장률만을 보자면 중국정부나 금융기관의 부채는 별문제가 아닐 것처럼 보이지만, 상환가능성을 대출기준으로 삼는 시장을 기준으로 본다면 시장을 바탕으로 하여 자본을 할당하지 않고 생겨난 부채이기 때문에 중국 정부의 부채는 건전한 부채가 아니라고 평가된다. 중국에서 사업적 가치와는 전혀 관련 없이 혈연이나 지연 그리고 정치적 관계에 의해 이루어지는 대출은 결과적으로 상당 부분 회수가 어려운 '부실채무'가 될 수밖에 없다. 전문가들은 중국 GDP의 4분의 1 내지 3분의 1이 부실채무일 것이라고 추정한다. 일본의 경우도 인위적으로 형성된 저금리로 경제성 없는 기업에 시장기준에서 벗어난 인맥과 관계에 의해 자금이 흘러 다닌 탓에 수많은 악성부채가 만들어졌다고 한다. 일본의 지방정부는 경제성과는 무관한 사업을 정부의 보조와 차입자금으로 경쟁적으로 추진한 결과 빚더미에 앉아 있는 실정이다. 경기가 후퇴하자 뼈를 깎는 자구노력으로 부실기업을 퇴출하지 않고 구제수단을 동원해 고통을 연기한 결과 회복은커녕 고질병을 얻게 되었다.

최근 우리나라 정부는 정치권의 요구에 따라 포퓰리즘 정책을 시행하는 과정에서 국가채무가 증가하고 있고, 지방정부는 과시성 건물을 신축하거나 지방 공기업의 신설 내지 이벤트성 사업을 추진하며 재정적자를 더욱 악화시키고 있다. 이미 선심성 정책에 길들여진 백성들의 요구로 계속 늘어날 수밖에 없는 중앙정부의 부채나 재정 자립도를 상실한 지방정부의 부채를 두고 상환될 수 있는 건전한 채무라고 인정하기가 어렵다. 더구나 선거로 인해 포퓰리즘 정책이 만연되는 바람에 재정적자는 회복될 기미가 보이지 않고 있다. 오는 6월 치러질 지방선거에서 도움을 준 사람들을 챙겨주어야 하는 공인들의 부담으로 말미암아 포퓰리즘의 덫에 빠진 공기업의 개혁은 점점 뒤처질 수밖에 없다.

가의(賈誼)의 논적저소(論積貯疏)

기원전 178년 한(漢)나라 가의(賈誼, BC 200~168년)가 개국공신인 상장군의 호사스런 모친 장례를 비난하는 상소를 올리자 한 문제(漢文帝, 전한의 제5대 황제로 재위 기간 기원전 180~157년)는 조정회의에서 개국공신들의 사치풍조를 힐난한다. "무훈을 세웠으니 후한 상을 내리는 것은 마땅하나 재물을 뿌리며 부를 과시하듯 서로 겨룬다면 백성들이 뭐라고 욕하겠는가"라며 언성을 높인다. 가의는 사치풍조를 없애기 위해 단기적으론 사치를 금하는 청렴단속율령을 제정하는 일뿐만 아니라 동시에 나이가 많아 퇴관한 원로관료들을 장안에서 자기의 봉토로 돌려보내도록 건의한다. 젊었을 때 한나라를 세우는 데 공로를 세워 조정에서 상과 봉록 및 노복을 받았지만 시간이 지나면서 놀고 마시고 허례허식에 빠져 부를 누리기만 하는데 그것이 소수라면 별문제가 없지만 하나의 풍조를 이룬다면 농사를 망치는 메뚜기 떼와 다를 바가 없다고 건의한다.

이런 소식이 전해지자 개국공신들은 겨우 석 달 만에 박사에서 중대부로 승진한 가의에게 불만을 쏟아냈다. 그 이후 가의가 지어올린 '논적저소(論積貯疏)'를 읽은 한 문제는 중앙과 지방의 대소 신료들을 모아

놓고 "천하에 놀고먹는 자가 너무 많아 나라가 병들고 있다면서 지금 근검절약하지 않고 계속 누리기만 한다면 한나라의 기반이 흔들릴 것"이라고 경고한다. 그러나 가의의 뛰어난 재능과 파격적인 승진이 주발(周勃), 장상여(張相如) 등 중신들의 시기와 질투로 모함을 받는다. 결국 한 문제로부터 소원해진 가의는 개혁을 이루어 보지도 못하고 33세의 젊은 나이로 생을 마감하였다고 사기(史記)는 전한다.

가의의 개혁의지는 좋았지만 기존 세력의 벽을 넘지 못하고 결국 실패했다. 우리나라가 공기업 개혁을 추진하는 과정에서 이 역사적 사례가 주는 교훈을 되새겨야 할 것이다. 향후 재정위기에 한몫 차지할 공기업의 개혁을 다시 한 번 촉구한다. 일자리 부족이 사회문제로 대두하자 공기업들이 스스로 나서 청장년층의 일자리를 제공하는 숨통 역할을 자처하니 개혁이 주춤거리는 호기를 맞기까지 하였다. 그러나 엄밀히 말해 자본주의 시장경제에서 일자리는 청장년들이 스스로 찾아 나서야 하는 대상이다. 정부가 일자리를 찾아 청장년들에게 내어주는 일은 사회주의로 나아가는 길과 다를 바가 없다. 2200년 전에 논적저소를 통해 절약을 강조하였던 가의의 지적을 선심성·과시성·연명성 사업에 열중하는 공기업이 한번 되새겨 볼 필요는 없을까? (2010. 4. 15)

은행세 도입 논란과 우리의 선택

▌**이태규**(한국경제연구원 연구위원)

지난 4월 말 워싱턴에서 열린 G20 재무장관 회의에서 가장 논쟁적이었던 주제는 은행세(bank levy)였다. 당시 회의에서는 미국의 주도하에 영국·프랑스 등은 은행세 도입에 적극적이었으나 캐나다·호주 등은 반대하였으며 여타 선진국과 개도국 간에도 입장차가 분명하였던 것으로 알려져 있다. 결국 관련 논의는 6월에 열리는 부산 회의에서 다시 재개될 전망이다.

은행세 논의의 동향

4월 G20 재무장관 회의를 위해 준비된 보고서에 따르면 IMF는 두 가지 형태의 은행세를 제안하고 있다. 금융안정분담금(Financial Stability Contribution; FSC)과 금융활동세(Financial Activities Tax; FAT)가 그것인데 금융안정분담금은 금융기관의 자산 또는 부채에 부과되며 금융활동세는 금융회사의 이익 및 보수(compensation)에 부과된다. 이 두 가지 중 선호되는 안은 금융안정분담금이며 만약 도입된다면 은행의 비예금성부채에 부과하는 방식이 채택될 가능성이 크다. 실제 은행세 도입을 발표한 몇몇 국가에서도 금융안정분담금 같은 형태의 은행세를 추진하고 있는 것으로 알려져 있다.[5]

국제적으로 금융기관에 대한 규제 및 감독이 강화되는 추세임에도 불구하고 은행세 도입에 대한 합의가 쉽지 않은 것은 그만큼 이 제도가 문제가 많다는 것을 의미한다. 우선 은행세가 국제적으로 동일하게 도입될 필요가 있는 제도인지에 대한 평가가 필요하다. 알려진 대로 은행세 도입의 중요한 동기 중의 하나는 미국·영국 등 금융위기의 진원지 국가들이 위기 수습과정에서 투입된 구제금융 비용을 금융기관이 부담하도록 함으로써 재정적자 확대를 방지하고자 하는 것이다. 따라서 이들 국가들에 비해 상대적으로 금융부문을 건전하게 유지해온 국가들이 굳이 은행세를 도입해야 할 필요성은 없다. 설사 한 국가에서 구제금융 비용 충당을 위한 재원이 필요하다 하더라도 이를 반드시 은행세를 통하여 조달할 필요도 없다. 각 나라마다 그 실정에 맞는 방식을 동원하면 될 일이지 '은행세'라는 수단을 국제기준으로 만들어 강제하는 것은 설득력이 떨어진다.

은행세의 문제점들

한편 금융기관의 부채에 과세를 함으로써 과도한 부채증가를 억제하여 향후 금융위기를 미연에 방지할 수 있다는 측면에서 은행세가 국제적 건전성 규제의 하나로 필요하다는 주장을 할 수 있다. 하지만 국제기준으로서 금융기관의 건전성 규제는 이미 BIS의 자기자본규제를 통하여 정형화되어 있으며 더구나 이번 글로벌 금융위기를 계기로 관련 규제는 대폭 개선될 예정이다.[6]

특히 과도한 레버리지를 막기 위해 현행 BIS 자기자본규제의 보완책으로 전체 익스포저(exposure)에 대한 자본비율인 레버리지 비율(leverage ratio)이 새롭게 도입될 전망이다.[7]

결국 과도한 부채를 억제하기 위한 새로운 국제적 규제가 도입되는 와중에 이와 유사한 목적을 가진 세금이 부과된다면 이는 중복·과잉 규제라는 비판을 면치 못할 것이다. 따라서 건전성 측면에서 은행세가 추구하는 목적은 현재 논의 중인 BIS의 규제를 통해 달성하는 것이 바람직하며 재정적 측면에서의 은행세의 목적은 개별 국가의 사정에 맞는 방식으로 달성하면 될 것이다.

은행세의 또 다른 문제점은 금융소비자에게 쉽게 전가될 수 있다는 사실이다. 기본적으로 세금은 납부자가 모두 부담하지 않으며 일부는 전가된다. 게다가 우리나라와 같이 은행 산업이 과점시장에 가까워 충분한 경쟁이 이루어지지 않는 경우 세금은 소비자에게 쉽게 전가될 수 있다. 은행세로 인해 부채조달 비용이 증가할 것이며 이는 소비자의 자금조달 비용, 즉 대출금리 증가로 귀결될 것이다. 또한 대출금리 증가는 은행의 대출구조에 변화를 가져다 줄 수 있다. 금리 상승은 한계기업의 채무불이행 가능성을 더 높이게 되므로 은행은 기업대출을 줄이고 보다 안전한 가계대출을 증가시킬 수 있다.

한편 은행세를 통하여 외화차입을 줄일 수 있으므로 급격한 자본 유출입의 문제를 해소할 수 있다는 분석도 있다. 하지만 은행세가 생각만큼 효과가 있을지는 의문이다. 우선 국내에서 지속적인 외화수요가 존재하는 한 외화차입에 따른 비용은 쉽게 소비자에게 전가가 가능하므로 은행세를 통하여 목적한 바를 달성하기가 쉽지 않을 것이다. 외화차입의 경우 중요한 것은 그 규모보다는 만기구조이다. 단기 외화차입을 위주로 한 자본유입은 금융시스템을 위기에 매우 취약하게 만든다. 이 같은 만기구조를 개선하는데 은행세는 큰 도움이 되지 않는다. 결국 외화차입으로 인한 문제점을 완화하기 위해서는 외화유동성 규제를 강화하는 것이 보다 효과적일 것이다.

또 하나 우려되는 것은 은행세를 통해 기금을 조성할 수 있으므로 금융위기 시 구제금융이 남발될 가능성이 있다는 것이다. 금융기관이 부실해지면 주주 및 채권자는 그 부실에 상응하는 손실을 분담하여야 한다. 이번 글로벌 금융위기 수습과정에서 많이 지적되었던 문제점 중의 하나가 이 같은 시장원리에 의한 부실정리가 철저히 이루어지지 못하였고 구제금융을 통해 금융기관의 도덕적 해이를 부추겼다는 것이다. 은행세를 통해 기금이 조성될 경우 이를 부담한 금융기관의 입장에서는 부실에 대한 비용을 이미 지불하였다는 인식을 할 가능성이 있어 리스크 관리에 소홀해질 수 있으며 정부 입장에서는 금융위기 시 고통스러운 구조조정의 과정을 거치기보다는 이 기금을 활용하여 정치적으로 보다 안전한 선택을 할 동기가 커진다. 결국 이는 금융기관의 과다한 리스크 추구와 이의 해결을 위한 구제금융의 남발이라는 악순환을 더욱 공고화할 수 있다.

은행세 도입에 신중을 기해야

이 같은 여러 문제점들을 고려해 볼 때 우리나라에서 은행세가 필요한 지에 대해서는 상당한 의문이 든다. 금융규제가 궁극적으로 금융건전성 제고를 목적으로 하는 것이라는 점을 상기한다면 기존의 건전성 규제에 대한 개선, 또는 현재 국제적으로 논의 중인 건전성 규제 개선 방안 등을 통해 부족한 점을 보완해 나가는 것이 정도(正道)라고 판단된다. G20 의장국 입장에서 미국·영국 등의 선진국과 정책공조도 중요한 일이겠지만 이에 얽매여 우리 금융 산업에 도움이 되지 않는 정책에 동조할 필요는 없다. 오히려 의장국의 지위를 활용하여 우리나라의 이해를 관철하고 금융위기 이후 관행적으로 찾아오는 과잉규제 및 큰 정부에 대한 유혹에서 벗어나는 것이 올바른 선택이라 하겠다. (2010. 5. 25)

그리스 재정위기와 정부의 분식회계

■ **옥동석**(인천대 경제학과 교수)

영국의 주간지 이코노미스트(The Economist)는 그리스 재정위기의 교훈을 세 가지로 정리하였다.[8]

첫째는 경제운용에 관한 것이고, 둘째는 선거를 의식하여 위기해결을 미적거리는 정치인들의 행태를 지적하는 것이며, 셋째는 경제위기의 높은 전염성을 경고하는 것이었다. 이들 중에서 많은 전문가들이 충분히 알지 못했던, 다시 말해 이전과 다른 새로운 현상을 접하며 얻게 된 교훈은 바로 그 첫 번째에 있다.

그리스의 재정위기는 단일 통화권의 한계를 보여줌과 동시에 수출경쟁력, 가계저축 그리고 건전한 재정통계의 중요성을 엄중하게 경고하고 있다. 한 국가가 단일 통화의 매력, 즉 복잡한 환율체제를 벗어나 단일 경제권을 형성하고 기축통화로서의 이득을 누리기 위해서는 자국의 통화정책을 포기해야 하는 심각한 비용을 치러야 한다.[9]

또 국민경제의 안정과 성장을 지지하는 가장 근본적 기반은 민간부문으로서, 민간기업의 경쟁력과 가계의 건실성이 전제되지 않는다면 정부의 역할과 기능은 아무런 의미가 없다. 마지막으로 분식회계는 기업뿐만 아니라 정부 내에서도 매우 광범위하고 심각하게 발생할 수 있다는 것이다.

정부의 분식회계(Creative Accounting, Window Dressing Settlement)는 그리스의 재정위기가 있기 전만 해도 국제사회에서 별다른 현안으로 부각되지 않았다. 사실 그리스 정부의 분식회계는 어제 오늘의 일도 아니고 또 어쩌다 발생한 단 한 차례의 사건도 아니었다. 유럽통계청(Eurostat)은 2004년부터 여러 차례 그리고 엄중하게 재정지표와 재정통계의 문제점을 지적해 왔는데, 그리스 정부와 국제사회는 이의 심각성을 제대로 인지하지 못했을 뿐이다. 2010년 1월 유럽통계청은 경제금융이사회(Economic and Financial Council)의 요청에 따라 그리스 정부의 분식회계 실상을 낱낱이 공개하는 보고서를 발표했는데, 이는 금융 시장에 상당한 충격을 주었다.[10]

보고서는 통계방법과 기술적 문제('통계적 취약성', statistical weaknesses)와 함께 통계관련 기관들의 부적절한 거버넌스('제도적 실패', institutional failures)를 지적하고 있다. 우선 '제도적 실패'로는 재정통계 관련 기관들 사이에 협조가 부족하고 명확한 책임인식이 없으며, 담당자들에 대한 직무책임과 권한이 모호하고 제반 지침과 기준이 문서화되지 않았다는 것이다. 그리고 '통계적 취약성'은 모두 14가지 항목으로 정리하였는데, 이들을 구체적으로 살펴보는 것은 우리나라의 현상을 진단하는데 도움이 될 것이다.

① 세입 세출과 국고금 잔고와의 관계가 명확하지 않아 특정 항목이 국고금 잔고에 계상되었는지 여부가 불분명하다. ② 군사비, 보증지출 등이 이루어지는 국고계정(예산외 계정)의 세입 세출이 불투명하다. ③ 폐지된 '예산외 계정'에서의 수입이 적절하게 처리되지 않았다. ④ 스왑거래를 회계검사원은 잘못 보고하였다. ⑤ 발생이자를 회계검사원은 잘못 보고하였다. ⑥ 정부보증에 대한 회계규칙을 회계검사원은

준수하지 않았다. ⑦ 정부의 공기업에 대한 지원이 경상이전, 자본이전, 출자 등인지 적정하게 구분되지 않고 있다. ⑧ 사회보장부문의 수지가 설문조사를 통해 추정되고 있다. ⑨ 지방정부에 대한 수지가 설문조사를 통해 늦게 수집되고 있다. ⑩ 군사장비에 대한 지출이 기밀로 간주되어 적정하게 계상되지 않는다. ⑪ 과세액에 일정비율의 계수를 적용하여 조세수입을 추정하고 있다. ⑫ 385개의 '예산외자금(extra-budgetary funds)'에 대한 회계처리가 분명하지 않다. ⑬ 정부 외에서 수령한 EU출연금을 정부수입으로 계상하고 정부지출로 계상하지 않는다. ⑭ 병원들에서 상당한 규모의 지출이 계상되지 않는다.

이들 14가지 분식회계 사례들은 대략 세 가지 부류로 구분할 수 있다. 세입 세출 거래들을 적정하게 계상하지 못하는 '세입 세출 계상의 문제', 거래의 경제적 성격을 제대로 구분하지 못하는 '거래 분류의 문제', 그리고 재정활동을 전반적으로 파악하지 못하는 '재정범위의 문제'로 구분할 수 있다. ④, ⑦, ⑬은 '거래 분류의 문제'를 ⑫, ⑭는 '재정범위의 문제'를 그리고 그 나머지는 '세입 세출 계상의 문제'로 볼 수 있다.

그리스 정부의 분식회계 실상을 감안할 때 우리나라에 대해서는 어떤 평가를 할 수 있을까? 우선 우리나라에서는 세입 세출이 정확하게 계상되지 않고 누락되는, '세입 세출 계상의 문제'를 상상조차 하기 어렵다. 특히 1999년 이래로 정부회계의 복식부기와 발생주의 정책이 추진되며 일반회계, 특별회계, 기금 전체의 예산과 결산이 하나의 통합 전산시스템으로 묶여 있기 때문이다. 재정통계의 이러한 기계적 정확성은 우스갯소리로 두 분의 상고 출신 대통령이 복식부기·발생주의의 중요성을 누구보다도 먼저 이해할 수 있었기 때문이라고 한다.

그러나 '거래 분류의 문제'와 '재정범위의 문제'는 우리나라도 예외가 아니다. 공공기관에 대한 정부지원을 경상이전, 자본이전, 출자 등으로 적정하게 구분하지 못하고, 부담금 수입과 행정 독점적 수입을 조세로 인정하지 않는 등 '거래 분류의 문제'가 있기 때문이다. 또한 금융위기를 극복하는 과정에서 재정적자 비율이 그다지 높지 않았던 이유, 정부의 많은 간섭에도 불구하고 재정규모와 재정부채 비율이 매우 낮은 이유는 모두 '재정범위의 문제'가 있기 때문이다. 우리나라의 중요한 재정지표들은 금융성 기금과 공공기관들의 재정활동이 배제된 채 작성되기 때문이다.[11]

더구나 이와 같은 '통계적 취약성'과는 별도로 재정통계 작성의 거버넌스, '제도적 실패'의 문제도 반드시 짚어 보아야 할 것이다. 기업인들뿐만 아니라 정치인·관료들도 분식회계의 강력한 유혹에 직면한다는 사실을 심각하게 인지해야 한다. 그리스에는 '유럽통계청'이라는 기관이 있었지만 우리에게는 오직 내부의 건전한 견제만을 기대할 수 있을 뿐이다. 정치적으로 독립된 지위를 가지며 재정통계의 국제기준 준수 여부를 감시·감독하는 기능이 우리 사회 어딘가에 반드시 있어야 할 것이다. (2010. 6. 9)

독일 주식공매도 금지조치가 주는 교훈

▍ **송정석**(중앙대 상경학부 교수)

독일은 지난 5월 18일 증시에 상장된 모든 기업의 주식과 일부 유로존 국채의 신용디폴트스와프(CDS), 그리고 유로화 파생금융상품에 대한 공매도를 금지하는 규제조치를 발표하였다. 올해 초 다시 불거진 그리스 재정위기에 이은 유럽 경제 불안 속에 나온 이번 조치는 세계 금융시장에 적잖은 파장을 일으켰다. 게다가 이번 조치는 EU 경제의 견인차 역할을 담당하는 독일의 금융시장 규제라는 점에서 EU뿐만 아니라 세계 금융시장에 여러 가지 의미를 내포한다고 생각한다. 주식 공매도란 기본적으로 현금이 아닌 주식을 빌려서 이를 매도하여 얻은 현금으로 다시 주식을 사서 되갚는 거래이다. 따라서 주가하락이 예상될 때 그 차액을 목적으로 하는 투자자들이 많이 이용하는 거래형태 중 하나이다.

동전의 양면과 같은 금융시장 규제

금융위기 이후 수많은 시장 참여자, 특히 정책담당자와 학자들은 제2의 금융위기 재발 방지를 위해 새로운 규제와 감독 시스템을 제안했다. 노벨경제학상 수상자인 시카고대학의 루카스 교수는 작년 한국의 어느 대학을 방문하여 한 강연에서 최근 국제금융시장의 상황하에서는 새로운 감독 및 규제 시스템이 필요하다고 언급했다. 시장경제와 자유방임 철학의 심장부인 시카고대학의 교수로서, 특히 정부의 인위적 거시경제정책 실효성 여부에 대한 수많은 연구를 한 루카스 교수 역시 엄청난 금융위기의 재발 방지를 위해 가장 우선할 수 있는 대안으로 감독 및 규제를 꼽은 것이다. 루카스 교수 같은 학자들뿐만 아니라 주요국의 금융시장 관련 정책담당자, 그리고 금융업 종사자들도 입을 모아 그동안 방치되었던 위험천만한 금융투자 행위에 대한 규제가 필요하다고 주장하였다.

이처럼 금융시장 규제에 대한 필요성은 원론적인 공감대를 형성한 데 비해 현실적 합의에 대해서는 아직 이견이 많다. 독일이 이번 공매도 금지 규제 조치를 발표한 직후 블룸버그는 독일 공매도 금지조치의 실효성에 회의적인 익명의 미국 관리 입장을 인용하였다.[12]

가이트너 미국 재무장관도 이미 2008년 말 리먼 브러더스 파산 당시 공매도 금지조치는 효율적이지 못하며 오히려 투자자들에게 불안감을 줄 수 있다는 입장을 피력했다.[13]

실제로 독일 공매도 금지조치 발표 다음 날인 5월 19일 미국 다우존스지수는 장중 186포인트 하락했다. 결국 금융리스크 축소를 위해 거래를 위축시키는 규제가 도리어 시장에 뭔가 문제가 있다는 불안감을 조성한 것이다. 많은 사람들이 금융시장 리스크 방지책으로 너무 쉽게 규제를 떠올리지만 결코 쉽지 않은 것이 현실이다. 특히 금융업이 경제의 큰 비중을 차지하는 미국 입장에서는 더욱 그러하다. 따라서 이번 독일의 일방적인 공매도 금지조치에 대해 미국은 사전 교감이 없었던 것에 다소 심기가 불편할 가능성이 없지 않다. 한편 미국과는 다소 입장이 다르지만 EU 회원국들조차 이번 독일의 주식시장 공매도 조치에 대해 주변국들은 실효성에 대해 회의적이었는데, 그 이유 중 하나는 유럽 내 국채와 CDS 거래는 대부분 영국에서 이뤄지고 있기 때문이다. 실제로 영국의 BCG 파트너스의 데이비드 뷰익 파트너는 "영국과 프랑스, 미국에서 공매도가 이루어지고 있기 때문에 독일의 무차입 공매도 금지조치는 어떤 목적도 달성하지 못할 것"이라고 논평했다.[14]

아직도 요원한 실질적 EU 경제통합

결국 영국 등 다른 EU 국가들은 독일의 이번 공매도 금지조치는 그리스 재정위기 해결을 위해 독일이 제시한 7,500억 유로 구제금융 등에 대한 자국 내 불만세력을 의식한 메르켈 총리의 정치적 제스처에 불과하다는 입장을 보이고 있다. 그러나 필자는 이번 독일 공매도 금지조치가 단순한 정치적 제스처 이상의 의미를 지닌다고 본다. 그 이유는 바로 유로화로 연결된 소위 유로존 경제가 상당히 흔들리고 있다는 점이다. 앞서 언급한 대로 영국 등 다른 국가들과의 공조 없이 독일의 공매도 금지조치는 효력이 크지 않다. 하지만 최근 일련의 유로존 경제의 위기상황을 고려해 볼 때 독일은 EU 경제 리스크로부터 조금이라도 자국을 보호하려는 의도에서 공매도 금지조치를 실행한 측면이 있다고 본다. 유럽중앙은행은 「2010년 금융안정 보고서」를 통해 유로존 내 은행들이 앞으로 1년 6개월 간 1,950억 유로(약 291조 원)의 부실채권을 처리해야 하며, 당장 연말까지 처리해야 할 부실채권 규모는 900억 유로에 이른다고 발표했다. 베버 유럽중앙은행 집행이사는 현재의 유로존 국가 은행들의 부실채권 문제에 대해 큰 우려를 나타냈다.[15]

영국은 이번 독일의 공매도 금지조치가 실질적으로 유로존 국가들의 CDS 거래의 대부분을 맡고 있는 자국과 협의가 없으니 이는 실효성이 없는 정치적 공세라는 입장이나 유로존 국가들의 은행 부실화 가능성을 고려할 때 이번 공매도 금지조치는 독일이 실제로 불안감을 느끼는 데 따른 것이라고 본다. 역사적으로 유럽 통합에서 언제나 소극적이었으며 유로화도 사용하지 않는 영국에 비해 유로존에 깊숙이 발을 담근 독일은 그리스 재정위기, 유로권 은행들 부실화가 결코 '강 건너 불'일 수만은 없는 것이다. 따라서 최소한 자국 금융시장 보호 차원에서라도 이번 공매도 금지조치를 단행했을 것이다. 특히 신용디폴트스와프(CDS)의 경우 거래규모가 많고 적음을 떠나 지난 금융위기에 불을 댕긴 거래위험이 큰 금융자산이다. 따라서 이를 포함한 공매도 금지조치를 단행한 독일의 입장은 이해가 된다.

독일 공매도 금지가 주는 두 가지 교훈

결국 이번 독일의 공매도 금지조치는 다음과 같은 두 가지 메시지를 준다. 첫째, 미국이나 영국이 생각하는 것처럼 공매도 금지와 같은 금융시장 규제 조치는 독일의 독자적 행보만으로 실효성을 발휘하기 어렵다. 그리고 발휘한다고 해도 그것이 당장의 리스크는 줄여준다고 해도 장기적으로 어떠한 부작용을 가져올지 쉽게 판단하기 어렵다.

둘째, 그럼에도 불구하고 현재의 유로존 은행들의 부실화 우려와 그리스 재정 위기 등의 상황에서 독일은 실효성을 떠나 조금이라도 금융 리스크를 줄이기 위해 이번 공매도 금지와 같은 조치를 취할 수밖에 없었을 것이다. 또한 이와 유사한 조치는 앞으로도 반복될 수 있다고 본다. 어떤 지역에서 한 가지 통화를 사용하는 것이 최선의 선택일 때 우리는 그러한 지역을 최적통화지역이라고 한다.[16]

과연 오늘날 유로존은 최적통화지역의 전제조건인 상품 시장과 생산요소 시장의 완전한 통합, 그리고 최소한의 인플레이션 격차 등을 충족시키고 있을까? 또한 하버드대 케네스 로고프(Kenneth Rogoff) 교수의 말대로 아직도 우리는 단일통화가 많은 문제를 해결해 준다고 착각하는 것은 아닐까 하는 의구심을 갖게 된다. 아마 이번 공매도 금지조치를 단행한 독일은 그러한 의문들에 대해 어느 정도 '불편한 정답'을 찾아가고 있다는 생각이 든다. (2010. 6. 14)

주채무계열 재무구조개선
약정제도는 폐지되어야

▎**최두열**(한국기술교육대 산업경영학부 교수)

　현대그룹과 현대그룹의 주채권은행인 외환은행 간에 재무구조개선 약정을 둘러싼 갈등이 파국으로 치닫고 있다. 재무구조개선 약정 체결을 요구하는 외환은행에 현대그룹은 재무평가가 잘못된 것이라는 주장을 하면서 약정 체결을 거부하고 있다. 이에 대해 외환은행은 재무개선 약정을 맺지 않은 현대그룹에 대해 다른 채권은행과 공동으로 신규 대출을 중단키로 결정했다.

　'재무구조개선 약정'이란 부실 징후가 있는 대기업군(주채무 계열)에 대해서 채권을 많이 가지고 있는 은행(주채권 은행)이 선제적으로 구조조정을 행하기 위한 협정을 말한다. 금감원은 대기업군 중 금융권 전체 신용공여 잔액의 0.1%를 넘는 대기업군을 주채무 계열로 선정하고 있다. 2009년 말 현재 41개 기업집단이 지정되었다. 주채무 계열에 대해서는 주채권 은행이 지정되는데, 이때 재무구조개선 약정이란 주채권 은행이 담당 주채무 계열인 대기업군에 대하여 재무구조를 점검하여 부실 우려가 있는 경우 일종의 양해각서인 '재무구조개선 약정'을 체결하는 제도이다.

　재무구조개선 약정을 맺게 되면 대기업군은 자산을 매각하고 자본을 확충하여 강도 높은 구조조정을 해야 한다. 그리고 실천하지 못했을 경우 채권은행은 만기도래 여신 회수뿐만 아니라 여신 만기가 도래되지 않았다고 하더라도 여신을 회수할 수 있어 최악의 경우 채권단이 자금지원을 끊어 그룹이 해체될 수도 있다.

이처럼 대기업군 별로 여신을 관리하는 제도는 편중여신을 방지하기 위하여 외환위기 이전부터 있던 제도이다. 그러나 현재와 같은 주채무 계열 제도는 외환위기 이후에 대기업군별 여신관리 기능 외에 '재무구조개선 약정'을 덧붙여 실질적으로는 과거 10년간 감독당국이 은행을 이용한 대기업군에 대한 구조조정 수단으로 사용하고 있다.

외환위기 이후 10년간 사회적 상황이 많이 변화하였음에도 불구하고 이 제도의 기본 틀은 변함없이 그대로 유지되고 있다. 기업은 약정 체결대상이라는 말이 나올 때부터 자금조달에 악영향을 입어 경영상 막대한 피해를 볼 수 있다. 평가단계에서부터 비밀도 사실상 지켜지지 않고 있다. 선정기준이 과연 객관성을 가진 타당한 것인지 신용평가 결과가 적당한지에 대해 기업이 이의를 제기할 수 있는 방법도 없다. 이러한 제도가 과연 필요한 것인지에 대해 근본적으로 따져 볼 필요가 있다.

첫째, 대기업 그룹 단위로 구조조정을 하는 방식이 현재 경제 상황에 부합하는가를 살펴보기로 하자. 외환위기 발생 시까지 우리나라의 '재벌'로 불리던 대기업 그룹 기업들은 독립된 경영주체라기보다는 하나의 기업 실체라고 간주할 수 있는 여러 가지 측면이 있었다. 즉 여러 가지 합법·비합법적 방법에 의하여 우량 계열사의 자금이 비우량 계열사로 흘러가는 통로가 열려 있었고, 계열사 간에는 상호지급보증에 의하여 자금을 조달하는 것이 관행화되어 있었던 것이다. 따라서 현재 금융감독 규정에서 주채무 계열로 취급하는 대기업군을 도산 위험을 공유하는 하나의 실체라고 간주하는 규제방식이 그 근거를 가질 수 있었다.

이러한 계열사에 의한 자금지원 방식은 외환위기 과정에서 대기업군 그룹들의 연쇄부도를 발생시켰던 주된 원인으로 지목되어 외환위기 이후 전면적으로 금지되었다. 대표적인 예로 외환위기 이후 계열사 간 상호지급보증이 금지되었다. 이제는 재무 건전성이 좋은 기업이라고 하더라도 계열사에 대한 채무보증 능력을 행사할 수 없게 되어 있다. 또한 과거에는 당연시 되던 계열사 간의 내부거래도 금지된다. 이에 따라 과거 계열사 간 자본·재무·거래상 연계가 축소·단절되었으며 계열사별 독립·책임경영체제가 강화되고 있다. 따라서 하나의 계열기업군에 속해 있다고 하더라도 도산위험을 공유하는 하나의 실체로 볼 수 없으며 하나의 기업집단으로 묶어서 관리해야 할 근거도 사라졌다.

그러므로 재무구조개선 약정은 시대의 흐름을 거스르고 있다. 재무구조개선 약정을 체결한다는 것은 대기업군 소속 개별회사의 입장에서 보면 자금조달 비용 면에서 연대책임을 지게 하는 것이다. 아무리 개별 기업의 현금 흐름에 문제가 없더라도 그룹 전체가 주채권 은행에 의해 재무구조개선 약정 대상이 됨에 따라 계열사들은 자금조달 비용 면에서 부정적인 영향을 연대적으로 받게 된다. 이는 계열사들의 자금조달 금리를 전반적으로 인상시키는 역할을 하게 되고 재무구조개선을 목적으로 하는 재무구조개선 약정이 오히려 재무구조를 악화시키는 요인으로 작용한다.

일례로 그룹 재무구조 악화 결과로 2009년에 재무구조개선 약정을 체결한 한진그룹이 있다. 소속 계열사 대한항공의 경우 약정체결로 도움이 된 것은 하나도 없고 신용등급 하락으로 금융비용만 올라갔다고 하는 항변은 여기에 해당된다.

둘째, 재무구조개선 약정제도가 대기업군 소속기업들을 하나로 묶어 평가하다 보니 개별기업이 속하는 산업의 특성을 무시하고 평가하는 획일적 평가의 문제점을 가지고 있다. 현재 평가방식은 은행연합회에서 만든 "주채무 계열 재무구조개선 운용준칙"에 의하여 금융계열사를 제외한 대기업군 소속기업들을 자기자본의 경우 계열사 간의 출자 분을 제외하여 합산재무제표를 작성한다. 이 합산재무제표에 의하여 재무비율을 산정하고 재무비율별로 점수를 부여한 뒤 부채비율 구간별로 일정 점수 미만이면 재무구조 약정 대상으로 분류하는 방식을 사용하고 있다. 이러한 단순 합산재무제표 속에서는 개별기업이 속한 산업의 특성은 매몰되어 정확한 평가가 이루어지기 어렵다.

일례로 대한항공이나 현대상선의 경우를 들 수 있다. 대한항공과 같은 항공업종이나 현대상선과 같은 해운업종은 대규모 투자를 필요로 하는 장치산업들로서 부채비율이 높은 특성을 가지고 있다. 이번에 현대상선은 기업구조조정촉진법에 따라 행하여지는 여신 500억 원 이상 기업에 대한 신용평가 중 해운업종 개별기업 평가 시에는 재무구조가 합격수준으로 문제가 되지 않았다. 그러다가 주채무 계열 재무구조평가 시에는 부채가 많은 현대상선의 재무구조로 인하여 현대그룹이 불합격 처리되어 서로 모순되는 결과를 나타내고 있다. 이는 주채무 계열 재무구조 평가가 업종의 특성을 무시하고 획일적으로 진행된다는 것을 보여주는 단적인 사례라고 하겠다.

셋째, 기업의 입장에서 재무구조개선 약정을 보면 기업군 자체의 의사가 배제된 상태에서 선정·집행한다는 근본적인 문제점을 안고 있다. 물론 반론으로서 흔히 양해각서의 체결단계에서 채무자 기업이 서명을 안 하면 되는 것 아니냐고 할 수 있다. 그런데 실제로 재무구조개선 약정 체결대상이라는 것이 결정되면 사실상 대상 기업군으로서는 선택의 여지가 거의 없게 된다. 현대그룹의 경우에는 약정 체결을 거부하자 주채권 은행이 다른 채권은행들과 공동으로 기존 만기 대출 연장 중단을 비롯한 신규여신 중단조치를 취하고 있다. 주채권 은행만이 아니라 채권은행 공동으로 여신을 중단하는 것이 과연 공정거래법상 불공정 집단거래거절 행위에 해당되느냐라는 법리 논쟁을 떠나서 공동여신 중단을 버틸 수 있는 기업군은 거의 없으며 사실상 강제이다.

기업 금융의 경우에는 여러 자금 공여자와 하청업체 대주주 소액주주 등 많은 이해관계자들이 얽혀 있는 가운데 채권은행은 보다 위험이 적은 투자인 여신을 선택한 투자자에 해당된다. 주채권 은행이라고 하여 반드시 최대 채권액을 가진 은행인 것도 아니며 은행이 아니라 제2금융권에서도 최대 채권자가 나타나고 있는 것이 현실이다. 이런 상황에서 당사자인 기업의 의사는 배제한 채 여러 이해관계자 중의 하나인 주채권 은행이 다른 채권은행들과 공동으로 담합을 하여 여신 회수를 무기로 기업에 대한 생사여탈권을 행사하는 것이다. 이는 외견상 구조가 주채권 은행의 일방적인 횡포라고 할 수 있겠다.

넷째, 여신 규모 500억 원 이상의 개별기업의 경우에 대해서는 이처럼 주채권 은행에 의한 일방적인 신용위험 평가와 구조조정은 이미 거의 유사한 절차로 기업구조조정촉진법에 의하여 운영되고 있다는 점이다. 기업구조조정촉진법에 의한 신용위험평가와 운영이 문제점이 없다는 것이 아니다. 재무구조개선 약정제도와 거의 유사한 기준에 의하여 주채권 은행이 개별기업에 대해 상시 신용위험 평가를 하고 있다. 그런데 개별기업이 대기업군에 속한다고 하여 금감위 규정에 의하여 또 다시 중복해서 운영해야 할 필요가 있는가 하는 점이다.

결론적으로 재무구조개선 약정제도가 도입된 이후 시대의 상황이 변하였다. 제도 운영의 기본전제가 되는 대기업군 소속기업들의 도산위험 공유현상이 사라졌다. 그리고 기업 평가에서 객관성과 타당성이 담보되지 않는 제도로서 기업신용위험 상시평가제도와 거의 중복된 절차이다. 또한 당사자인 기업의 의사가 거의 반영되지 않는 채권금융기관의 일방적인 강제적 구조조정 제도로서 국제적으로 유사한 예를 찾아볼 수 없는 제도이다. 이제 이 제도는 폐지되어야 마땅하다. (2010. 7. 14)

은행에 주인을 찾아주어야
관치문제 풀린다

▎**안재욱**(경희대 대학원장, 경제학)

　　KB금융지주회사 회장 인선과 관련하여 '관치' 논란이 일고 있다. 우리금융지주 회장 재직 당시 파생금융상품 투자손실 책임을 물어 황영기 KB금융지주회장을 물러나게 하고 지난해 12월 KB금융의 차기 회장 선출 과정이 진행됐을 때 대통령 또는 대통령 측근과 인연이 있는 사람 2명과 강정원 국민은행장 등 3명만 최종면접 후보가 됐었다. 면접을 앞두고 갑자기 후보 2명이 면접 포기 선언을 했고, 당시 강 행장은 금융당국의 여러 인사들로부터 후보사퇴 압력을 받았다. 그러나 끝까지 물러나지 않고 회장 내정자로 선출됐다.

　　그러자 KB금융지주에 대한 금융당국의 압박이 시작됐다. 2009년 12월 16일부터 23일까지 금융감독원은 평상시와 달리 이례적으로 많은 인원을 투입하여 '사전검사'를 실시했다. 그 과정에서 강 내정자의 운전기사까지 조사를 받았다. 이러한 압박으로 결국 강 행장이 내정자 지위를 포기했다. 이번에 선출된 어윤대 KB금융 회장에 대해서 관치의 의혹이 제기되고 있는 형국이다.

　　KB금융지주는 사기업이다. 정부가 단 하나의 지분도 갖고 있지 않다. 그럼에도 불구하고 정부가 KB금융의 인사를 좌지우지하고 있다.

이렇게 관치가 쉽게 사라지지 않는 이유는 잘못된 제도 때문이다. 우리의 은행법과 금융지주회사법은 은행과 은행지주회사에 지배주주를 허용하지 않고 있다. 은행지주회사에 대한 동일인 주식 소유는 10%로 제한되어 있고(금융지주회사법 제8조), 비금융 주력자는 9% 이상을 보유할 수 없다(금융지주회사법 제8조 2항).[17]

은행의 경우는 동일인의 주식소유 한도가 은행지주회사와 같고, 비금융 주력자는 4% 미만으로 제한되어 있다(은행법 제15조와 15조 2항). 이러한 소유제한은 은행지주회사와 은행의 소유권을 널리 분산시켜 지배주주가 나타나기 어렵게 만들었다. 쉽게 말하면 은행에 실질적인 주인이 없다. 무주공산인 은행에 수많은 규제와 감독권이라는 '칼'을 이용하여 정부가 은행지주회사에 압력을 가한다. 주인이 없는 은행지주회사는 그 압력을 거부하기 어렵다. 뿐만 아니라 주인이 없다 보니 지주회사의 입장에서도 정부의 규제와 감독에 바람막이가 될 수 있는 '힘' 있는 인물을 원한다.

소유주가 없는 은행지주회사에서는 대리인 문제와 관치가 복합적으로 나타난다. 이것은 곧바로 생산성 하락이라는 결과를 낳는다. 주인이 아닌 경영자는 은행의 이익보다는 자신의 이익을 위해 일을 하며, 시장의 변화보다는 자신의 임면에 영향을 미치는 정부나 정치권에 시간과 노력을 더 기울이기 때문이다. 실증연구도 소유주가 분명한 은행이 소유주가 불분명한 은행보다 비용을 적게 들이고 이윤을 더 많이 창출하였음을 보이고 있다.[18] 최근 외부의 압력을 많이 받은 국민은행의 생산성이 최하위로 떨어졌다.[19]

관치를 없애기 위해서는 무엇보다도 은행과 은행지주회사의 소유주를 분명히 해야 한다.[20] 소유주가 분명한 은행금융지주회사는 정부로부터, 혹은 정치적인 압력을 받을 경우 소유주가 분명하지 않은 은행보다 쉽게 거부할 수 있기 때문이다. 관치금융을 해소하기 위해서 은행의 소유제한을 완화하는 것보다 은행의 책임경영과 자율경영 제도가 중요하다는 논리로 은행장 후보추천위원회 제도와 비상임이사 중심의 이사제도를 도입하여 실행해 왔다.[21]

그러나 모두 실패했다. 관치금융이 사라지지 않은 것이다. 정부가 금융에서 '삼성전자'와 '현대자동차' 같은 은행이 나올 수 있도록 금융산업을 육성하겠다는 꿈을 내비추고 있다. 그러나 그러한 꿈은 은행과 은행지주회사의 소유를 제한하고 있는 한 그야말로 실현되기 어려운 '꿈'에 불과하다. 삼성전자와 현대자동차에 주인이 없었다면 결코 오늘날과 같은 세계적인 기업이 될 수 없었다. 소유자가 투자와 개발에 대해 관심을 갖고 혼신을 기울여 노력한 기업가정신의 결과다. 실질적인 소유자가 없이 대리인 문제와 관치가 복합되어 있는 은행에서 그러한 기업가정신을 기대하는 것은 연목구어(緣木求魚)이다. 우리나라 은행산업을 정말로 발전시키고 싶으면 먼저 은행과 은행지주회사에 대한 소유 제한을 풀어 지배주주가 나타나도록 해야 한다.

은행과 은행지주회사의 소유 제한을 풀라고 하면 은행이 재벌의 사금고로 전락한다며 반대가 많다. 물론 그러한 가능성을 배제할 수는 없다. 그러나 은행법의 주식 소유자에 대한 대출한도 규정을 적용하면 사금고 문제는 충분히 해결할 수 있다.[22]

뿐만 아니라 은행이나 은행지주회사의 소유제한을 풀 경우 재벌이나 산업자본만이 보유할 것이라고 주장하는 것은 편협하다. 재벌이나 산업자본만이 있는 것이 아니기 때문이다. 은행지주회사와 은행의 소유를 제한하는 것은 비재벌과 비산업자본의 진입까지 막고 있는 것이다. 정 재벌이나 산업자본의 은행 소유를 우려한다면 그러한 자본들은 제한하고 일반 자본은 허용하여 은행 및 은행지주회사에 지배주주를 나타나게 할 수도 있다.

　주인 없는 은행이 '힘' 있는 정치인과 정부 관료의 '사금고'로 사용되어 온 것이 어제 오늘의 일이 아니다. KB금융지주의 회장선임 과정에서 불거진 관치는 은행이 정치인과 정부 관료의 '사금고'로 사용될 수 있음을 보여주는 좋은 사례다. 은행지주회사의 소유를 계속 제한한다면 우리는 앞으로도 정치인이나 정부 관료가 은행의 경영을 좌지우지하는 스캔들을 계속 심심치 않게 보게 될 것이다. (2010. 7. 27)

참고문헌

금융지주회사법 [시행 2009. 12. 1] [법률 제9788호, 2009. 7. 31, 일부 개정]
http://law.go.kr/LSW/lsInfoP.do?lsiSeq=95747#.
안재욱, 『은행 민영화방안: 은행소유 자유화』, 자유기업원, 2002.
은행법 [시행 2010. 11. 18] [법률 제10303호, 2010. 5. 17, 일부 개정]
http://law.go.kr/LSW/lsInfoP.do?lsiSeq=105158#.
중앙일보, 〈문만 열어놔도 순익 쌓인다던 KB, 생산성 꼴찌로〉, 2010년 7월 13일자.
An, J., S. Bae, and R. Ratti., "Political Influence and the Banking Sector: Evidence from Korea," Oxford Bulletin of Economics and Statistics, 69. 1, 2007.

금융규제, 역사의 교훈은 무엇인가?

▌**김우택**(한림대 명예교수, 경제학)

"너는 그에게 이식을 위하여 돈을 꾸이지 말고 이익을 위하여 식물을 꾸이지 말라."(구약성서, 레위기 25장 37절; 신명기 23장 19~20장)

지난달 미국에서는 새 금융개혁법이 발효되었다. '도드-프랭크 법안(Dodd-Frank Bill)'으로 불리는 이 법은 2007년 서브프라임 모기지 부실에서 시작되어 2008년 리먼 브러더스 사태로 이어진 금융위기의 산물이다. 과거의 금융위기에서 그랬듯이 금융위기 재발방지를 위한 규제들이 만들어진 것이다. 금융위기는 금융규제를 낳고, 또 다른 위기가 오고 새로운 규제가 만들어지는 역사의 패턴을 따르고 있다. 그러면 우리는 역사에서 아무런 교훈도 얻을 수 없는 것인가?

사전이나 교과서는 금융을 "자금을 빌리거나 빌려주는 행위" 혹은 "돈의 융통", 조금 전문적 용어를 사용하여 "신용을 기초로 하여 자금을 대차하는 일" 등으로 정의한다. 이 같은 행위는 일시적인 자금잉여 또는 부족으로 인한 지출 변동을 줄여 소비나 기업경영을 안정시키고, 인적·물적 자본에 대한 투자 기회를 확대하여 경제에 기여한다. 월급이 은행통장으로 직접 입금되고, 대부분의 지출을 신용카드로 결제하고, 또 저축의 투자수익을 높이기 위해 다양한 금융상품의 수익률을 비교하는 현대인들에게 이제 금융은 일상이다.

그런데 금융은 본질상 현재와 미래 간의 거래이기 때문에 금융거래는 믿음을 전제로 성사된다. 그러나 약속 형태의 계약은 이행되지 않을 수도 있는 내재적 위험을 안고 있게 마련이다. 금융거래에 내재되어 있는 이 약속 불이행 위험의 원인을 현대경제학은 정보의 비대칭성에서 찾지만 보다 본질적 원인은 인간의 본성과 금융거래에 대한 사회적 인식에서 찾아야 할 것이다. 자금이 필요하여 급하게 빌릴 때의 마음과 급한 상황이 지나가고 빌린 돈을 갚아야 할 때의 마음이 같지 않은 것이 인지상정이기 때문이다. 게다가 상거래를 업으로 하지 않는 일반인들의 경우 금융거래에 수반되는 이자에 대해 매우 부정적 인식을 갖고 있게 마련이다. 이는 인류 진화의 초기단계에서의 공동체적 삶과 관련하여 형성된 가치관에서 파생된 인식일 것이다.

앞에서 인용한 '금융거래의 가장 중요한 동기인 이자 수취를 금하는 유대인의 계율'도 그 같은 유대공동체의 윤리관을 반영한다. 공동체 구성원들 사이에는 이자를 받지 말라는 것이다. 자본주의를 발전시킨 서구문명의 근간인 기독교에서도 그 윤리관은 그대로 이어져 이자 수취는 바로 고리대였고, 고리대는 죄악이었다. 유럽에서 상업이 발전하여 금융거래가 활발해진 중세 말기 로마 가톨릭교회는 교회법에서 명시적으로 고리대 금지를 선언하였고, 금융업은 유대인의 영역이 되었다. 서구문명의 또 다른 축인 그리스·로마 전통에서는 이자 수취가 양심의 가책을 느껴야 할 행위는 아니었을지라도 아리스토텔레스의 『정치학』에서 화폐의 불모성과 이자 수취에 대한 부정적 언급에서 그리스 지식인 계층의 금융에 대한 인식을 엿볼 수 있다. 그는 화폐는 생산적인 것이 아니며, 따라서 돈을 빌려주고 이자를 취하는 행위는 자연스러운 것이 아니기 때문에 정의롭지도 못하다고 주장했다.

부정적 사회인식하에서의 금융거래는 그만큼 더 위험하다. 계약불이행에 따른 분쟁을 조정해야 할 법관들도 상거래나 금융에 대한 이해가 부족하다는 점에서 종교지도자들이나 철학자들과 다르지 않기 때문에 채무자의 입장을 동정하기 쉽다. 그래서 금융계약이 법의 보호를 받기가 어렵게 된다. 그런 경우 금융거래에는 이자에 위험수당까지 더해질 것이다. 하지만 금융에 대한 사회적 환경이 비우호적이어서 위험이 크다고 금융거래의 필요성이 없어지는 것은 아니다. 금융에 대한 수요는 경제활동이 자급자족적 농업을 넘어 상거래가 활발해지고 시장이 발달하는 것과 비례하여 늘어나게 되어 있다. 이렇게 늘어난 수요를 충족시킬 금융거래가 법의 보호를 받지 못하는 만큼 위험수당을 포함하는 높은 이자뿐 아니라 법을 대신할 보장을 필요로 하게 된다. 돈을 빌려주는 대부자의 입장에서는 담보(전당 혹은 저당)를 요구할 수 있다. 유럽을 호령하던 강력한 군주들도 전쟁 수행을 위해 필요한 자금을 은행에서 빌릴 때는 이러한 조건을 받아들여야만 했다. 군주의 채무상환을 강제할 아무런 수단도 갖지 못한 은행가들에게는 보다 확실한 담보가 필요했다. 농토나 조세징수권 등이 좋은 담보였다. 그러나 담보제도가 일회성이 아닌 반복되는 상인들 간의 금융거래에 대한 해결책은 아니다. 하지만 반복적 거래는 채무이행의 평판을 만들고 이는 신용거래의 근거가 될 수 있다. 상인들 사이에 신용거래의 관행이 만들어지면, 금융거래의 확대는 어떻게 신용할 만한 차입자의 범위를 넓힐 수 있느냐에 달려 있게 된다. 그래서 고안해낸 방법이 보증인, 어음의 이서, 금융 중개인, 그리고 1300년경 발달한 피렌체의 은행업일 것이다.

역사적으로 금융의 발전이 사회의 금융에 대한 비우호적 태도로 발생하는 문제에 대한 대응이었다는 사실은 경제사의 아이러니가 아닐 수 없다. 르네상스기의 금융발전이 교회법의 금융규제의 회피수단으로 또 다른 한편으로는 채권을 보호해 주지 못하는 세속법의 대체물로서의 발전이었던 것이다. 20세기의 금융발전도 크게 다르지 않다. 많은 금융시장과 금융상품이 정부 규제의 의도하지 않은 결과물이었다고 할 수 있다. 산업자본주의의 발전과정에서 중요한 역할을 수행한 금융은 그 부산물로서 금융위기도 만들어냈다. 금융위기 때마다 정부는 위기의 재발을 방지하려는 취지로 여러 가지 새로운 제도와 금융규제를 도입하곤 하였으나 항상 의도했던 결과를 얻었던 것은 아니라는 말이다.

1907년 금융위기는 미국도 중앙은행제도(연방준비제도)를 갖게 만들었으나 당초의 기대와는 달리 또 다시 1930년 대공황을 맞게 되었고, 대공황은 미국 금융제도에 많은 정부규제가 도입되는 계기가 되었다. 글래스-스티갈법(Glass-Steagall Act)으로 더 잘 알려진 1933년 은행법으로 예금보험제도가 도입되었고, 상업은행과 투자은행 간에 장벽이 생겼으며, 은행의 이자지급을 규제하는 조항(Regulation Q)도 포함하고 있었다. Q규제는 요구불(당좌)예금에 이자지급을 금하고, 정기예금과 저축예금에도 연방준비제도이사회가 이자상한을 정할 수 있도록 하는 제도이다. 이 제도의 취지는 지방의 자금이 금융 중심지인 대도시로 역류되는 것을 막아 지방에 투자될 수 있도록 하고, 은행 간의 과당경쟁을 막아 은행의 위험감수 성향은 낮추고 수익성은 높여 건전성을 높이자는 것이었다. 그러나 이자규제는 미국의 저축자들이 대안투자를 찾게 만들었고, 큰손들은 외국으로 눈을 돌리게 되었다. 그렇게 해외에 투자된 달러화가 쌓이면서, 이 달러(Eurodollar)를 자유롭게 거래하는 런던의 금융가에는 유로시장(Euromarket)이 생겨났다. 소액투자자들의 돈은 이자규제를 받지 않는 금융상품인 MMF(money market fund)에 몰리면서 새로운 금융시장을 만들었다.

　규제의 의도하지 않은 결과의 다른 사례는 이번 금융위기에서 관심의 초점이 되었던 파생금융상품의 등장배경이다. 은행의 건전성을 담보하기 위한 자기자본규제(Basel rules)는 은행들로 하여금 최상 등급(AAA)의 증권들에 대한 수요를 증가시켰고, 그 수요를 충족시키기 위해 만들어진 것이 모기지 채권으로 구성된 CDOs(collateralized debt obligations) 등과 같은 파생상품들이다. 금융위기는 정부 규제를 부르고 정부 규제는 규제회피를 위한 새로운 금융기법을 만들어내는 정부와 시장 간의 숨바꼭질이 계속되고 있는 것이다. 투자신탁회사(mutual fund)의 주식 공매도(short sale) 규제가 그런 규제를 받지 않고 하락장에서도 수익을 낼 기회를 갖는 헤지펀드(Hedge fund)의 활성화에 기여한 것도 또 다른 규제의 의도하지 않은 결과의 사례이다. 우리가 물길을 막는다고 물이 낮은 데로 흐르지 않는 것이 아니라 돌아갈 뿐이듯이, 정부가 규제로 돈의 흐름을 막는다고 돈이 필요한 데로, 즉 수익이 높은 곳으로 가지 않는 것은 아니다. 단지 규제를 피해 돌아서 가야 하기 때문에 경제비용을 높일 뿐이다.

　이번의 금융위기도 예외는 아니어서 새로운 규제들이 만들어지고 있다. 정치인들은 더 이상 대마불사는 없을 것이며, 국민의 세금이 부자 은행들을 도와주는 데 쓰이지 않도록 하겠다고 큰소리치고 있다. 오는 11월 서울에서 열릴 G20 정상회의에서도 이 문제가 중요한 의제로 다루어질 것으로 보인다. 그렇지만 역사의 교훈은 규제가 능사가 아닐 뿐만 아니라 의도하지 않은 부작용을 만들어낸다는 것이다. 그 부작용 중 하나가 또 다른 금융위기였음을 역사는 보여준다. (2010. 8. 13)

지방자치단체의 재정운용
책임성을 강화하자

▌ **강성원**(한국경제연구원 연구위원)

 글로벌 금융위기의 여파로 지방자치단체가 발행한 지방채가 2009
년에 무려 33% 증가하면서 지방자치단체의 재정 건전성에 대한 우려
가 심화되고 있다. 최근 지방채의 증가는 금융위기에 대응하기 위한
조치로서 불가피한 면이 있으나 지방자치단체의 재정 건전성은 금융
위기 이전부터 지속적으로 악화되어 왔다. 2006~2010년간 지방자치
단체들은 자체 수입인 세수 및 세외 수입이 연 6.8% 증가하는 상황에
서 재정지출은 연 8.7%씩이나 늘렸으며,[23] 호화청사 건립 등 불요불
급한 사업에 재정을 투입하여 비판의 대상이 되었다. 지방자치단체
재정 건전성이 악화된 원인은 재정의 자율성은 확대된 반면, 그에 준
하는 책임성을 강화하는 조치들이 뒤따라주지 못했기 때문이다. 재정
건전성 회복을 위해서는 지방자치단체의 방만한 재정운용에 대해 책
임지울 수 있는 제도적인 개혁이 필요하다.

 경제학적 관점에서 지방자치단체가 재정을 자율적으로 편성하는 목
적은 지방자치단체들 사이의 경쟁을 통해서 재정운용의 효율성을 제
고하기 위해서이다. 지방자치단체가 자체 재원으로 재정사업을 운영
할 경우에는 재정운영이 방만해지면 삶의 질은 개선되지 않으면서 세

부담만 늘어나므로 지역민들이 다른 지방자치단체로 떠나게 된다. 따라서 지방자치단체는 지역주민 유치를 위해 세 부담은 최소화하면서 재정사업의 효과는 극대화하는 경쟁에 참여하게 된다. 이 경우 지역민들은 재정운용이 효율적인 지방자치단체를 찾아다니는 '발로 하는 투표(vote on the feet)'를 통해서 재정운용이 방만한 지방자치단체의 책임을 추궁한다.

문제는 우리나라의 지방자치단체들은 재정자립도가 취약하다는 점이다. OECD 국가들과 비교해 보면 우리나라의 지방자치단체 지출의 자율성은 더 큰 반면 세수 기반은 취약하여 중앙정부 지원 의존도가 높다.[24]

우리나라 지방자치단체 지출은 총 재정지출의 40.6%를 차지하여 OECD 평균인 33.5%보다 높은 반면에 지방자치단체 세입은 총 세입의 22.4%에 그쳐 OECD 평균인 24.0%보다 오히려 낮다. 이 격차는 중앙정부가 지방자치단체에 지원하는 이전재원으로 보전되는데, 우리나라는 총 세수 대비 이전재원의 비중[25]이 37.7%로 OECD 평균인 23.0%보다 높은 수준이다.

이런 상황에서는 지역민들은 재정사업의 편익은 전유하지만 비용은 부담하지 않게 되므로, 지방자치단체가 재정을 효율적으로 운용하기보다는 재정지출을 일단 확대하고 그 부담은 중앙정부에 전가할 것을 요구하기 마련이다. 따라서 지방자치단체들은 재정운용 효율화 경쟁보다 재정지출 확대 경쟁을 벌이게 되고 결과적으로 지방자치단체의 재정운용이 전반적으로 방만해지게 된다. 지역민들의 이러한 요구를 견제하기 위해서는 지방자치단체가 재정을 지원하는 중앙정부에게 재정운용의 건전성에 대해 책임을 지는 구조가 필요하다. 그런데 우리나라는 중앙정부의 재정지원 중 지방자치단체가 재량적으로 편성할 수 있는 일반보조금(Non-earmarked grant)인 지방교부세의 비중이 50.7%로 OECD 평균 43.6%를 상회[26]하여 중앙정부가 지방자치단체의 재정운용을 견제할 수단이 부족하다. 결국 지방자치단체의 방만한 재정운용에 대해서 지역주민들이 책임을 묻지 않고 있으며 재원을 부담하는 중앙정부도 책임을 물을 수단이 없는 상황이 된 것이다.

따라서 지방자치단체 재정 건전성 회복을 위해서는 책임성의 강화가 필요하다. 이를 위해서는 우선 지방자치단체의 역할은 지역공공재의 공급에 국한하여 재정지출 부담을 축소해야 한다. 그리고 축소된 재정지출 재원은 지방자치단체가 스스로 책임을 질 수 있도록 재정자립도를 강화해야 한다. 부득이하게 중앙정부의 지원을 받을 경우에는 중앙정부가 지방자치단체의 재정지출 효율화를 유도할 수 있도록 중앙정부의 사전·사후적 감독기능을 강화하여야 한다. 구체적으로 네 가지 제도적인 개혁을 제안한다.

첫째, 대규모 재정사업은 원칙적으로 중앙정부가 실행한다. 재정운용의 난맥상을 드러낸 지자체들은 국제행사 유치, 거대 사회간접자본 건설 등 대형 사업을 추진한 경우가 허다하다. 이러한 사업들의 비용은 지방자치단체가 부담하기 어려운 수준이어서 재정 건전성을 악화시키는 중요한 요인이 되고 있다. 이 사업들은 그 편익이 여러 지방자치단체에게 돌아가는 경우가 일반적이므로 이를 종합적으로 평가할 수 있는 중앙정부가 재원의 투입을 결정하는 것이 보다 효율적이다.

둘째, 자체 사업은 자체 재원으로 수행할 수 있도록 지방자치단체의 세수 기반을 강화한다. 이를 위해서 탄력세율제도가 활성화될 수 있도록 보통교부세 산정기준을 개편한다. 탄력세율제도는 16개 지방세목 중 11개에 대하여 지방자치단체가 세율을 조정할 수 있도록 허용하는 제도이다. 우리나라의 경우 탄력세율제도가 적용되는 세목의 세수가 전체 지방 세수에서 차지하는 비중이 83.4%로 OECD 평균인 71.0%보다 높아 지방자치단체가 자율적으로 세수를 확보할 여지가 있다.[27] 그러나 탄력세율제도의 이용은 매우 부진하다.[28]

그 중요한 요인은 탄력세율제도를 활용하여 세수를 확대하면 재정력이 높은 것으로 평가되고, 그 결과 재정력이 낮은 지방자치단체에 더 많이 배분되는 보통교부세가 삭감되기 때문이다.[29]

이 경우 재정력을 평가하는 기준으로 세수 대신에 지역내 총생산과 같은 세원을 나타내는 지표를 사용하면 탄력세율제도를 활용해도 재정력 평가는 유지되고, 보통교부세도 삭감되지 않는다. 따라서 지방자치단체가 세입 확보를 위해서 탄력세율제도를 활용할 유인을 강화할 수 있다.

셋째, 탄력세율제도를 활용해도 재원이 부족하여 부득이하게 중앙정부의 지원을 받을 경우가 발생할 수 있다. 이 경우에는 중앙정부가 지방자치단체 재정운용을 감시·감독할 수 있는 제도적인 장치들이 필요하다. 구체적으로 중앙정부에서 시행하고 있는 '예비타당성 평가'와 '예산사업 자율평가'제도를 지방자치단체에 적용할 필요가 있다. 지방자치단체 재정사업 중 대규모 사업에 대해서는 중앙정부가 사전적 타당성 평가를 시행하고, 그 결과에 따라서 교부금 지원 규모를 조정할 수 있게 한다.[30]

그리고 사업 시행 후에는 성과 평가를 실시하여 성과가 미흡할 경우에는 차기년도 교부금 배정에 반영하게 한다.

마지막으로 장기적으로는 재정자립이 가능한 행정구역으로 개편한다. 지역 간 경제력 격차가 심하여 일부 지방자치단체는 재정자립이 어렵기 때문이다. 2009년 현재 종합소득세 부과인원의 57.2%, 법인세 납부 법인의 56.2%가 수도권에 소재할 정도로 세원의 지역적인 편재가 심하다. 이러한 상황에서 재정자립도를 획기적으로 개선하기 위해서는 경제적 자립 가능성을 기준으로 행정구역을 재편해야 한 다. (2010. 8. 17)

과잉부채 실상을 알리고 경각심 일깨워야

▌ **공병호**(공병호경영연구소 소장)

시난 8월 30일 한나리당의 연찬회장에서 '2011년도 예산안 및 세제 개편'에 대한 윤증현 장관의 강연과 의원들의 질의응답이 있었다. 간단한 현장 스케치를 전하는 언론 소식만으로 그곳에서 구체적으로 어떤 이야기들이 오고 갔는지를 정확하게 확인할 길은 없다. 하지만 윤장관이 질의응답의 말미에 "자원은 한정돼 있는데 교육·국방·외교 등 각 분야별 예산수요는 넘쳐난다"고 고민을 토로하고 있는 점은 당시 분위기를 짐작하게 하고도 남음이 있다.

질의에 나선 강명순 의원은 "복지위 상임위가 열리면 항상 기재부가 예산을 깎아 서민복지를 못한다는 이야기를 듣는다"며 "대통령께서도 서민을 위한 계획을 세웠는데, 취약계층을 위한 복지예산을 늘려 달라"고 촉구한다. 정해걸 의원은 서민에게 쌀을 지급하는 방안과 관련해서 "쌀은 보건복지부와 농림수산식품부가 50대 50으로 부담하면 가능성이 있다고 하는데 기재부에 예산만 올라가면 전혀 안 된다고 한다"면서 "어떤 최고위원들은 기재부가 국회와 청와대 위에 있다고 하던데 맞나"라고 비판하기도 하였다. 의원들의 요구는 각각의 상임위 활동이나 지역민의 이익을 대변한다는 점에서 이해하지 못하는 바는 아니지만 국회의원이란 자리는 상임위와 지역의 이익을 넘어서 국가 전체의 입장을 조망할 수 있어야 하지 않을까라는 의문을 갖게 된다.

한정된 예산 때문에 일일이 요구를 들어줄 수 없고 나라의 곳간을 누군가는 지켜야 하기 때문에 불가피한 면이 있다고 힘겹게 방어하는 장관과 이런 저런 프로젝트에 예산을 배정해 주어야 하지 않느냐고 주장하는 의원들 사이에 갑론을박이 오고 갔을 것이다. 사실 이런 문제는 어제 오늘의 일이 아니다. 늘 표를 얻어야 하는 정치인과 한정된 예산을 배정해야 하는 행정부 사이에는 갈등과 알력이 존재할 수밖에 없다. 하지만 근래에 우리 사회는 점점 정부가 누군가를 위해서 무엇인가를 해야 한다는 것에 대한 요구가 점증하고 있는 실정이다. '친서민 정책'이란 이름으로 막 행진을 시작한 정책들로 인해 앞으로 얼마나 더 정부 부담이 늘어날지 알 수 없는 일이다. 물론 자원이 넉넉하다면 지금 우리가 고민하고 있는 문제는 고민거리가 아닐 수도 있다. 하지만 '희소성'이란 항상 우리가 자원배분의 합리성을 추구해야 할 이유이기도 하다.

내가 걱정하는 것은 시대정신의 변질이다. 금융위기라는 특수성에다 가진 자를 대변하는 정권이란 오해를 불식해야 하는 강박관념에서 시작된 정책들이 거대 정부를 향한 길을 재촉할 가능성을 걱정하게 된다. 그런 정책들이 필연적으로 어떤 결과를 낳게 되는지는 이론적으로나 역사적으로 예측 가능한 일이 아닌가? 단적인 사례로 2003년 서민을 위한 국민임대주택사업이 본격화되기 시작하던 시점에 LH공사의 빚은 불과 20조 원에 지나지 않았다. 세종시, 혁신도시개발사업 등이 더해지면서 그 빚은 2008년 86조 원까지 더해지고 이들 사업에다 2009년 보금자리주택사업까지 합쳐지면서 급기야 올해 120조 원에 육박할 전망이다. 특단의 조치가 취해지지 않고 이런 추세가 계속된다면 2012년에는 176조 원의 부채가 쌓일 것으로 전망된다.

한국의 경제주체들은 일부 대기업을 제외하면 과잉부채 문제로 고민에 고민을 거듭해야 할 상황에 이미 와 있다. 공기업과 국가의 부채가 그렇고 지방정부의 부채도 위험한 수준에 와 있다. 부채 문제는 그들만의 문제가 아니다. 가계부채도 위태위태한 상황이다. 그렇다면 기업은 어떤가? 내부 유보를 한껏 쌓아놓은 상태에서 지나치다고 할 정도로 낮은 부채비율을 유지하고 있는 일부 대기업들을 제외하면 많은 기업들이 부채 문제로부터 자유롭지 않다. 기업들의 면면을 살펴보면 장부에 잡히지 않는 부채 문제를 안고 있는 기업들이 상당수 될 것으로 추정된다. 일례로 중국 특수를 기대하고 중소기업 및 자영업자들 가운데 많은 수가 해외투자를 추진하였을 것으로 판단된다. 이들 가운데 장부에 현재화되지 않는 부실 자산으로 고민하는 기업들이 예상 외로 많을 것이다.

"빚 앞에 장사가 있을 수 없다"는 1997년 외환위기의 교훈은 한 번이면 족하다. 가용자원을 아껴 사용하고 경제주체들의 재무구조를 건실하게 하는 방안을 추진하는데 박차를 가해야 한다. "한국경제가 금융위기 극복의 모범생이다"라는 주변의 찬사가 가진 빛과 그림자를 면밀히 따질 수 있어야 한다. 우쭐거림보다는 우리의 실상에 대해서 더 엄격한 평가가 필요하다. 한마디로 한국의 경제주체 대부분이 과잉부채 문제로부터 자유롭지 않다. 이런 불안한 현실 속에서도 곳곳에서 돈을 더 써야 한다는 주장이 난무하고 있다는 점은 딱하기 짝이 없다.

경제주체들의 부채 문제의 실상을 꾸준히 알리는 노력이 필요한 시점이다. 무지라는 것은 항상 비용이 수반된다는 사실을 우리는 이미 경험한 바 있지 않은가? (2010. 9. 2)

우리나라 법인세율 더 낮춰야

▌**곽태원**(서강대 명예교수)

원래 올해 시행하기로 했던 법인세율의 인하가 내후년으로 연기되었는데, 계획대로 실시될지는 불확실하다. 재정 건전성 확보를 위해 세수를 늘려야 하고 또 정부 여당이 친서민 모드로 돌아서면서 부자감세의 상징격인 법인세율 인하를 고수하는 것이 부담이 될 수 있다는 판단을 할 가능성이 있기 때문이다. 이 시점에서 현재의 우리나라 법인세율이 어떤 위치에 있는지를 살펴보는 것은 의미가 있다고 본다.

먼저 우리나라 법인세율은 OECD 평균보다 많이 낮은 수준이지만 법인세수가 전체 조세수입에서 차지하는 비중은 OECD 평균보다 훨씬 크다는 점이다. 2010년 현재 OECD 30개국의 평균 법인세율은 지방세를 포함해서 26.2%로 24.2%인 우리나라보다 2%포인트 높다. 낮은 순위로 따지면 30개국 중 10위에 든다. 이 정도면 OECD 국가 중에서 우리나라의 위상에 비추어 알맞은 수준이라고 말할 수 있다. 우리보다 법인세율이 낮은 국가들은 체코 등 동유럽권 4개국과 그리스 · 아이슬란드 · 아일랜드 · 터키 그리고 스위스 등 모두 9개국이다. 예정대로 법인세율을 2%포인트 더 낮추면 지방세를 포함한 법인세율은 22%가 되어 24%인 그리스만을 추월하여 낮은 순서로 9위가 된다. 이렇게 보면 예정대로 2%포인트 낮추는 것이 별의미가 없어 보이기도 한다. 그러나 좀 다른 측면을 살펴보기로 하자. 우선 통계적으로 우리가 주목해야 할 부분은 전체 조세 수입에서 법인세 수입이 차지하는 비중이다. 2007년 수치이기 때문에 최근의 세율조정이 반영되지 않았다는 문제가 있기는 하지만 우리나라의 비율은 15.1%로 OECD 평균인 10.8%를 크게 상회하고 있다. GDP에 대비한 비율로 보아도 우리나라는 OECD 평균치 3.9%보다 높은 4.0%로 나타나고 있다. 상대적으로 낮은 우리나라의 조세부담률을 감안하면 이 수치는 상당히 놀라운 것이라고 말할 수 있다.

주지하는 바와 같이 법인세는 초과부담이 특이하게 높은 세목이다. 2007년에 이루어진 우리나라의 한 연구에 의하면 세금을 1원 더 거둘 때 자원배분의 왜곡효과 등으로 사회가 부담하는 추가적인 비용을 의미하는 조세의 한계효율비용은 자본과세의 경우 29.8%인데 비해 노동소득과세는 21.2%이고, 일반소비과세의 경우에는 이 비용이 15.5%에 불과한 것으로 추정된다고 한다.[31]

외국의 경우 이보다 훨씬 더 효율비용을 크게 추정한 연구들도 다수 있다. 더구나 자본의 국제적인 이동성이 초래하는 효율비용은 이러한 종류의 연구에 충분히 반영하는 것이 매우 어려운데 이러한 비용까지 생각한다면 법인세의 비효율은 다른 세목보다 월등하게 높아질 수밖에 없다.

법인세의 초과부담을 생각하면서 앞의 통계수치를 살펴본다면 우리나라 조세체계의 문제가 얼마나 심각한 것인가를 쉽게 짐작할 수 있을 것이다. 조세부담률이 유럽 선진국에 비해서 크게 낮다고 하지만 법인세의 비중이 현저히 높은 조세구조를 가지고 있어서 재정재원조달 비용은 매우 높을 것이라는 점을 알 수 있다.

자본시장이 개방된 경제에서 법인세의 평균세율은 기업의 입지를 결정하는 중요한 변수라는 것이 많은 실증연구에서 밝혀지고 있다.[32]

명목세율은 OECD 평균 수준보다 낮지만 전체 조세에서 법인세수의 비중이 높다는 것은 평균세율로 보면 상당히 높은 수준일 것임을 보여주는 증거라고 할 수 있다. 강성노조와 원칙을 고수하지 못하는 노동정책으로 높은 단위당 노동비용과 생산의 높은 불확실성을 부담으로 안고 있는 상황에서 법인세의 평균세율까지 상대적으로 높다는 것은 다국적기업 유치 경쟁에서 우리의 상황이 매우 불리함을 확실하게 보여주는 것이라고 판단된다.

또 한 가지 간과되고 있는 문제점이 있다. 법인세는 국경조정이 불가능한 세목이다. 우리나라처럼 아직도 제조업 비중이 높고 그것도 대부분 수출시장을 대상으로 하고 있는 경우 국경조정이 불가능한 법인세 비중이 크다는 것은 그만큼 국제경쟁력을 잠식하는 요인으로 작용하고 있다는 이야기가 된다. 이것은 결국 수출 중심의 다국적기업을 유치하는 데 걸림돌이 될 수 있다.

우리나라의 법인세율이 OECD 선진국에 비해 낮기 때문에 경쟁력이 있다고 보는 견해의 또 한 가지 허점은 산업구조를 고려하지 않고 있다는 것이다. 구미 선진국들은 지역적으로 고정된 지대(location-specific rent)를 얻을 수 있는 산업의 비중이 우리보다 현저히 높다. 금융이나 관광 등 서비스업종은 조립가공 중심의 제조업에 비해 상대적으로 이동성이 낮다. 이러한 경우 법인세를 이용해서 기업의 지대를 세수로 흡수하는 것이 가능하지만 이동성이 높은 산업 중심의 경제에서는 법인세로 이러한 목적을 달성하는 것이 어렵다.

고용 문제가 우리의 가장 중요한 현안으로 부각되고 있다. 친서민 정책의 핵심적인 과제는 고용의 확대이다. 고용의 확대를 통해서 빈부

격차 문제도 크게 완화시킬 수 있다. 정부는 기업들이 이익을 내면서도 일자리를 기대만큼 과감하게 늘리지 못한다고 불평한다. 그러나 더 좋은 고용대책은 우리나라가 기업하기 좋은 환경을 제공함으로써 많은 다국적기업들이 우리나라로 옮겨 오도록 유도하는 것이다. 그것이 고용문제와 빈부격차 문제를 동시에 완화시키는 효과적인 전략이다.

마지막으로 현재의 법인세율로 안심할 수 없는 이유를 한 가지 더 생각해 본다. 법인세 명목세율은 다국적기업들의 이익 이전(profit shifting)을 결정하는 유인이 된다. 평균세율이 낮은 곳은 대체로 공제가 너그러운 곳이다. 이러한 곳에 입지를 정하여 기업 활동을 하게 되면 이러한 공세의 혜택을 통해 괴세베이스의 규모를 작게 만들 수 있다. 이 이익을 이전가격 조작 등을 통해 법정세율이 낮은 지역으로 이전시키게 되면 세금부담을 현저히 줄일 수 있다. 이전가격 조작은 규제대상이지만 실제로 그것을 막는 것이 심히 어렵다는 것은 주지의 사실이다. 이러한 관점에서 우리는 선진국뿐 아니라 우리 주변경쟁국들의 명목 법인세율을 주목할 필요가 있다. 홍콩은 법인세율을 2008년에 17.5%에서 16.5%로 더 인하하였고 싱가포르는 2007년에 20%에서 18%로 법인세율을 낮추었다. 대만도 25%였던 세율을 올해부터 17.5%로 파격적으로 인하하였다. 선진국들도 법인세율을 과감하게 인하할 계획들을 추진하고 있다. 캐나다 · 독일 · 프랑스 그리고 미국까지 법인세율의 현저한 인하를 추진하고 있다. 영국도 법인세의 근본적인 개혁을 추진하고 있는데 그 방향은 바로 국제적인 조세경쟁의 압력을 반영하는 것이라고 할 수 있다.

요약컨대 22%(지방소득세 제외)의 법인세율을 재정수입 때문에 고수한다고 하는 전략은 상당히 위험해 보인다. 주변국들의 16~17%대의 세율은 이익이전을 시도할 충분한 유인이 될 수 있기 때문이다. 세금을 더 거두려고 하다가 세원을 송두리째 빼앗기는 우를 범하지 말아야 할 것이다. 게다가 자본의 순유출에 의한 고용 감소와 성장 둔화 그리고 분배의 악화까지 초래할 수 있다. 기업하기 좋은 여건을 만들고 자본을 유치하기 위해서는 법인세를 더 낮추는 것이 바람직하다. (2010. 9. 3)

공정한 사회의 공평한 세금이란?

▌ **현진권**(아주대 경제학과 교수)

    정부는 통치철학으로 '공정한 사회'를 새롭게 내세웠다. 이후 공정한 사회란 무엇인가에 대해 사회적 토론과 비판이 활발하게 전개되었으나 공정한 사회에 대한 공감대는 아직 형성되지 못하였다. 그러나 국민 다수의 감성을 흔들기에는 충분했으므로 정치적으로 대체로 성공적이었다고 평가된다. 주된 이유는 '공정' 혹은 '공평'이란 객관적인 사실을 설명하는 개념이 아니고 주관적인 가치관에 따라 얼마든지 다르게 해석할 수 있는 개념이기 때문이다. 또한 대부분의 사람들이 세상은 공정하지 않다고 주관적으로 생각하고 있기 때문에 정부에서 선도적으로 이 문제를 정치이슈로 들고 나오니 국민들은 감성적으로 시원하게 느끼게 되는 것이다.

    한 일간지의 여론조사에 의하면 우리 국민들의 73%가 "우리 사회가 공정하지 않다"고 생각하고 있다. 공정한 사회란 개인의 가치관에 따라 다른 해석이 가능하므로 세상이 아무리 공정해도 전체 73% 국민이 불공정하다고 느끼는 현실은 바뀌지 않을 것이다. 또한 못사는 사람이 잘사는 사람보다 많으니 우리 경제가 절대적으로 아무리 발전해도 상대적 격차는 어쩔 수 없으므로, 불공정한 사회에 대한 인식은 결코 바뀌지 않을 것이다. 향후 공정한 사회에 대한 논쟁은 구체적인 정책을 통해 계속적으로 전개될 것으로 생각된다. 객관적인 사실에 대한 개념이 아니므로 결코 해답이 없으면서 사회적으로 대립각을 세운 여러 집단들에서 자신들의 가치판단을 근거로 사회는 더 갈등이 깊어갈지도 모른다.

공정한 사회의 큰 통치철학 속에서 세금정책을 살펴보자. 전통적으로 모든 국가는 세금정책에서 '공평한 세금'이란 무엇인가에 대해 많은 고민이 있었다. 그런데 어차피 '공평'이란 개념이 주관적 판단을 근거로 이루어지므로 모든 사람들의 공감대를 가질 수 있는 '공평한 세금'은 존재하지 않는다. 그러나 최선이 아닌 차선으로 만들어낸 공평한 세금이 만족해야 할 두 가지 원칙이 제시되고 있다. 즉 정부로부터 받는 혜택 정도에 따라 세금을 부담하는 '응익원칙(benefit principle)'과 개인의 경제적 능력에 따라 세금을 부담하는 '응능원칙(ability principle)'이다. 이 두 가지 원칙은 서로 보완적이지도 대체적이지도 않다. 단지 이러한 원칙들을 적절히 사용하여 공평한 세금을 디자인하면, 주관적인 개념이라고 그냥 팽개치는 것보다 낫기 때문에 지금도 두 가지 원칙을 사용한다. 그런데 응익원칙에 근거를 둔 세금은 비록 공평을 판단하는 하나의 원칙이지만 이 원칙은 효율성도 만족시킨다. 그래서 가장 이상적인 세금은 응익원칙에 근거한 세금이다. 경제학에서 "이 세상에는 공짜가 없다"는 명제를 그대로 반영하는 원칙이기 때문이다. 그런데 응익원칙은 이론에서는 많이 사용되고 있으나, 실제 현실에는 이를 적용하는 예가 그리 많지 않다. 따라서 공평한 세금에 대해 응능원칙을 근거로 이루어지는 게 보편적인 현실이다. 즉 소득수준이 높은 사람이 세금을 부담하는 비율도 높은 누진세 구조가 공평하다고 일반적으로 인식한다. 또한 부유한 계층에게 적용되는 한계세율이 높으면 높을수록 더 공평하다고 주장하는 사람들이 많다. 그러나 현재 최고 한계소득세율이 35%인데, 이를 60%로 인상하면 더 공평해질지는 잘 모르겠다.

공평에 대한 개념은 주관적인 개념이므로 시대별 국가별로도 서로 다르다. 일례로 공평한 세상을 만들려고 지난 세기 동안 전 세계를 흔들었던 러시아는 2001년에 소득세제를 13% 단일세율로 바꾸었다. 공평한 세상에 대한 열망이 컸던 러시아에서의 공평은 우리의 공평과는 확연히 다르다.

우리가 생각하는 공평에는 다수의 폭력이 존재한다. 앞의 예처럼 소득세의 최고 한계세율을 60%로 인상하는 안에 대헤서는 국민의 다수가 찬성할 것이고 이를 공평하다고 생각하기 쉽다. '공평'과 민주주의 의사결정원칙인 '다수결'과는 완전히 다른 개념이다. 국민 대부분이 찬성한다고 해도 세금정책이 지켜야 하는 기본이념을 토대로 이루어져야 공평한 것이다. 다수의 논리로 소수에 세금을 부과한 대표적인 세금이 종합부동산세이다. 전체 국민의 2%가 부담하므로 민주주의 절차상 아무런 문제도 없고 헌법재판소에서도 기본구조에 대해서는 합헌 판정을 하였다. 그러나 하이에크 사상의 핵심 개념인 자유주의는 다수결 원칙에 의해 정해진 법이라고 해도, 그것이 자유를 보장하는 법이 아니면 법으로 인정하지 않는다. 그가 주장한 자유주의를 위한 정의로운 법이 되기 위해서는 보편성 원칙을 만족해야 하며, 그 중에서 법을 적용하는 대상에 '차별'이 없어야 하는 일반적 조건을 강조하였다. 소수의 부유계층에 한정한 세금부과는 법의 자유주의 원칙에 어긋나는 것이다.

요사이 일부 정당에서는 부유세 신설을 정책안으로 제시하고 있다. 종합부동산세와 같은 논리로 다수의 국민들에게 솔깃한 정책안이 될 수 있고, 종합부동산세처럼 국회에서는 여론에 따라 얼마든지 통과될 가능성도 있다. 공평한 세금이 다수결 원칙에 기대어 국민적 여론으로 형성되면, 우리의 세금은 자유주의 헌법정신을 침해하는 불공평한 세금이 된다. 그런데 불행하게도 우리 헌법은 이를 원천적으로 차단하지 못하고 있다. 헌법에서 세금에 대한 조항은 '조세법률주의'라는 대원칙으로만 존재할 뿐이다. 세금은 법률에 의해서만 이루어진다는 것이고, 국회가 포퓰리즘에 따라 소수의 자유를 침해하는 불공평한 세금을 제정하는 데에는 보호 장치가 전혀 없다. 미국의 수정헌법 제8조에는 이러한 문제를 사전적으로 보호하는 조항이 있다. 즉, 세금은 특정대상에 대해 선별적이어서는 안 되며 보편적(uniform)이어야 한다는 것이다. 우리도 공평한 세금을 가지기 위해서 헌법에 "세금은 보편적이어야 한다"고 명문화해야 할 것이다. (2010. 10. 14)

4대강 사업, 어떻게 볼 것인가

▌**김정호**(자유기업원 원장)

4대강 실리기 사업에 대한 논란은 이상하다. 썩은 강물을 살리려는 사업인 만큼 환경단체들이 "어서 하자"고 재촉을 했을 법하다. 그런데 이번에는 오히려 환경단체가 반대의 선봉에 나서고 있어서 우리를 혼란스럽게 한다.

먼저, 이 사업이 과연 필요한지에 대해서 생각해 보자. 경제학자들이 경제성장과 환경의 질 사이의 관계를 연구하다가 환경쿠즈네츠 곡선(Environmental Kuznets Curve)이라는 것을 발견해냈다. 경제성장의 초기단계에서는 경제발전이 환경오염을 동반하지만, 소득이 어느 정도 수준을 넘어가면 경제가 발전할수록 환경이 깨끗해진다는 내용이다. 높아진 소득과 환경에 대한 집단적인 수요가 환경 개선 투자로 이어지기 때문이다.

경제발전과 환경은 늘 갈등 관계라는 고정관념 때문에 받아들이기 쉽지 않지만, 사실 우리의 현대사가 가장 좋은 증거다. 본격적 경제발전이 이루어지던 70년대와 80년대, 한국의 환경은 엉망이 되었다. 도시의 공기는 탁하고 강물은 악취를 풍겼다. 그러나 올림픽을 치른 80년대 말부터 조금씩 깨끗해지기 시작해서 지금은 제법 좋은 환경을 유지하고 있다.

대기 질만 해도 그렇다. 80년대에 비해서 요즈음 서울의 대기는 아주 맑아졌다. 연탄이나 벙커C유 대신 가스로 난방을 하기 때문이다. 버스의 연료가 경유에서 천연가스로 교체되고, 구청마다 청소차를 들여와서 자주 거리를 쓸고 물을 뿌리는 것도 공기를 깨끗하게 만드는 데에 큰 역할을 하고 있다.

강물도 그렇다. 썩었던 강물들이 하나둘씩 맑은 강으로 다시 태어나고 있다. 울산의 태화강, 서울 송파구의 성내천, 용인의 경안천이 깨끗해져서 수영대회가 열리고 아이들이 물놀이를 할 수 있을 정도가 되었다. 이것 역시 강물을 맑게 하기 위한 투자가 늘었기 때문이다. 환경쿠즈네츠 곡선의 가장 좋은 증거는 바로 한국인 셈이다.

그런데 이제 우리에게 남은 커다란 과제가 있다. 바로 큰 강인 한강·낙동강·영산강·금강을 깨끗하게 만드는 일이다. 울산의 태화강, 대전의 갑천, 전주의 전주천처럼 지방정부가 관리하고 있는 지천들은 깨끗해졌거나 또는 그렇게 되어가고 있는 중이다. 그러나 넓은 지역에 걸쳐 흐르는 4대강은 지방자치단체의 해결 범위를 넘어서다 보니 아직도 더러운 상태를 면하지 못하고 있다. 언제 하는 것이 좋은지, 또 한다면 한꺼번에 해야 하는지, 하나를 먼저 해보고 다른 강에 대해서도 결정해야 하는지에 대한 논란의 여지는 있겠지만 이 강들을 깨끗하게 해야 한다는 필요성에 이의를 제기하는 사람은 아마 없을 것이다.

그런데 4대강 사업은 꼭 정부가 해야 할까. 결론부터 말하자면 그렇다. 지방 공항이나 고속도로 사업 같은 것은 민간자본이 할 수 있는 일이다. 사용료를 받을 수 있기 때문이다. 반면 강물을 정화하는 일은 그렇지가 않다. 깨끗해진 강물의 수혜자들로부터 제대로 사용료를 받기가 쉽지 않기 때문이다. 만약 강물 정화사업이 운하사업과 더불어 이루어졌더라면 오히려 민간자본으로 할 수 있는 가능성이 컸다. 민간 사업자가 운하 사용료로 사업비를 충당할 수도 있기 때문이다. 지금과 같은 수질 개선 사업만으로는 수익을 내기가 어렵고, 그래서 시장이 해결하기도 어렵다. 4대강 사업은 정부가 해야 하고 또 여러 자치단체에 걸쳐 있기 때문에 중앙정부가 할 필요성이 크다.

그런데도 이 사업에 대해서 치열한 반대들이 이어져 왔다. 가장 심각한 반대는 4대강 살리기 사업이 위장된 운하사업이라는 것이다. 강바닥 준설과 보 설치를 통해서 수심을 깊게 만들려는 것이 그 증거라는 것이다. 그들은 보와 준설이 수질을 악화시킬 것이라고 한다. 그러나 정부 측에서는 운하계획은 없고 수심을 깊게 하는 것은 기온 유지 및 수중 생태계를 풍부하게 할 목적이라고 반론을 한다.

필자 같은 비전문가의 입장에서는 어느 쪽의 말이 맞는지 잘 알 수는 없지만, 그래도 간접적으로 판단할 근거는 있다. 바로 4대강 주변 지역주민들의 태도이다. 강의 수질이 어떻게 되는가에 따라 가장 직접적 영향을 받을 사람들이니 판단이 가장 객관적이고 정확할 것이다.

강을 끼고 있는 기초자치단체의 장들이 이 사업에 찬성한다는 사실은 대부분의 주민들 태도 역시 그러리라는 것을 시사한다. 영산강을 낀 전남의 박준영 지사가 진작부터 이 사업에 찬성한 것, 충북의 이시종 지사가 반대공약을 뒤집고 찬성으로 돌아선 것 등도 주민이 좋아하기 때문이라고 봐야 한다. 지사가 반대 입장인 경상남도도 강에 접한 기초자치단체의 장들은 모두 사업에 찬성이다. 결국 대다수 주민들은 사업을 원하는 반면 도지사들은 정치적 입장에 따라 반대하기도 하는 형국인 셈이다. 강 유역 주민들의 의사에 반해서 도지사가 반대 입장을 고수할 수 있는 이유는 사업과 직접적인 관계가 없는 다른 지역 주민들의 상당수가 4대강 사업에 반대를 하고 있기 때문이다.

　다음의 그림은 리얼미터라는 기관이 발표한 4대강 사업 여론조사 결과이다. 사업이 진척되어 감에 따라 반대가 줄어들고 있기는 하지만 여전히 반대자들의 비율이 높다. 흥미로운 것은 찬성과 반대자들의 특성이 확연히 차이가 난다는 사실이다. 한나라당 지지자의 70%가 이 사업에 찬성인 반면 민주당 지지자의 70%가량은 반대라고 응답을 했다. 이명박 대통령이 좋은 사람은 찬성을 하고, 싫은 사람은 이 사업에도 반대를 한다는 말과도 다를 바 없다. 그런 여론을 기초로 해서 사업 여부를 판단하는 것은 곤란하지 않을까.

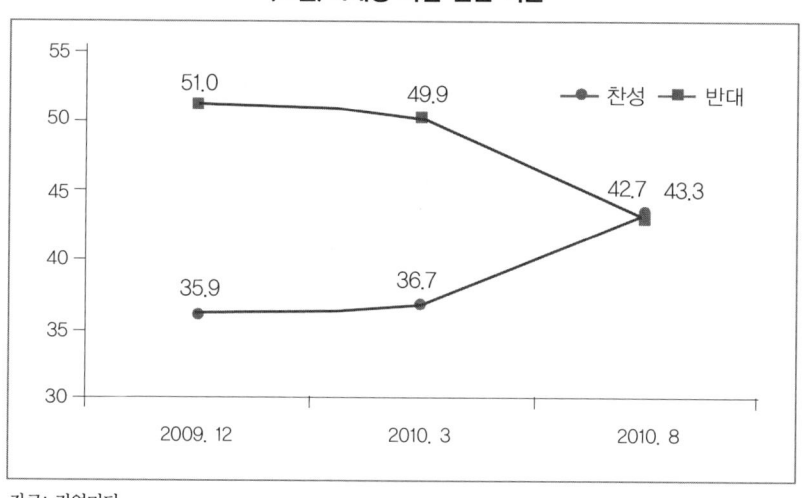

〈그림〉 4대강 사업 찬반 여론

자료: 리얼미터

　민주주의는 여론에 따르는 제도다. 하지만 여론도 여론 나름이다. 내 집 안방에서 내가 무엇을 할 것인지를 여론으로 결정할 수는 없다. 여론을 들어야 한다면 내 식구들의 것을 들어야 할 것이다. 다른 집 사람들이 내 집 안방에 침대를 들여놓지 말라고 한다고 내가 그 여론을 따라야 할 이유는 없다. 4대강 사업의 경우도 마찬가지다. 예산의 문제를 제외한다면 이 사업에서 가장 무겁게 받아들여야 할 의견은 지역 주민들의 것이다. 단순히 국민의 몇 %가 반대하는가를 따지는 것은 잘못된 민주주의다.

다수 주민들의 찬성 의사가 확인된 상황에서 정부가 해야 할 일은 최대한 신속하게 사업을 끝내는 것이다. 그래야 공사과정에서의 부가적인 오염을 막을 수 있다. 그와 더불어 필요한 것은 이 사업에 관해 알리는 일이다. 이 정부는 국민에게 알리고 설득하는 일을 너무 소홀히 하고 있다. 나 자신 이 글을 쓰고 있으면서도 이 사업에 대해서 잘 알지 못한다. 정보를 얻을 곳도 별로 없다. 논란이 되고 있는 보는 왜 만드는 것인지, 언제 어디에서 언제까지 공사가 이루어지며, 그동안 어느 정도의 불편을 감수해야 하는지, 공사가 끝나고 나면 어떤 모습이 되는지 등에 대하여 국민들이 쉽게 알 수 있도록 자료를 만들고 적극적으로 배포하려는 노력이 필요하다.

2012년에 대부분의 사업이 완공이라 하니 이미 상당히 공사가 진척되었을 것이다. 사업이 성공해서 큰 강들이 멋진 모습으로 다시 탄생하고, 또 지역 주민들과 국민들 역시 그 결과에 만족하는 날을 그려 본다. (2010. 11. 4)

복지재정은 시장경제의 수용 정도에 따라야

▌옥동석(인천대 경제학과 교수)

　사람들은 자신의 욕구를 충족하고자 대가를 치르며 자발적으로 시장에서 거래하지만, 자발적 거래에 의해서도 충족되지 않는 욕구는 정부의 강제력으로 해소하길 원하며 세금을 납부한다. 시장에서는 대가를 치르는 사람과 그렇지 않은 사람을 필연적으로 차별한다. 반면 정부는 강제성을 동원하여 적어도 표면적으로는 무차별적으로 세금을 부과하고 무차별적으로 욕구를 충족시켜 준다. 이러한 무차별성 때문에 정부는 시장보다 더 공정하고 더 인간적인 모습으로 투영될 수 있다.

　1940년대 많은 신생 독립국들은 정부의 이런 모습 때문에 시장보다 정부를 더 신뢰하고 존중하였다. 그러나 신생 대한민국은 정부의 무차별성 이면(裏面)에 있는 강제성을 직시하며 자율적 시장기능을 존중하는 경제체제를 선택하였다. 이러한 선택을 가능하게 한 우리 국민들의 집합적 선택에 우리 모두는 자부심을 갖고 있다. 그런데 민주화로 정부의 의사결정에 점점 더 많은 사람들이 참여하면서 사람들은 정부에 더 많은 요구를 하기 시작하였다. 심지어 시장으로 해결할 수 있는 것까지 정부에 요구하고 있다. 자신이 직접 대가를 치르는 것보다 다른 사람들의 조세를 활용하는 것이 더 즐거운 일이기 때문이다.

특히 가난하고, 병들고, 장애가 있거나, 늙은 사람들을 돕고 젊은이의 재능을 장려하는 일은 더 없이 공정하고 인간적인 일이기 때문에 정부가 이런 일을 많이 해야 한다는 요구가 증가하고 있다. 이와 같은 복지사업을 개인과 가계가 자율적으로 해소하는 것이 어렵기 때문에 정부의 강제 개입은 불가피한 것으로 생각된다. 그렇다면 국민생활에서 조세로 해결해야 할 부분과 자발적인 대가로 해결해야 할 부분을 어떻게 구분할 것인가? 이는 신생 대한민국이 환갑을 넘어 직면한 가장 어렵고도 시급한 선택의 문제가 되었다.

경제학자, 특히 재정학자들은 이 문제에 대해 정답을 바로 제시할 수는 없지만 적어도 해결을 위한 접근 방법을 제안할 수는 있다. 문제를 세 가지 단계로 구분한 후 각 단계의 중요한 결정변수들을 설명하는 것이다. 첫 번째 단계는 국민경제 내에서 정부지출의 규모를 선택하는 일이고, 두 번째 단계는 선택된 지출규모 내에서 복지재정 규모를 판단하는 일이며, 마지막 세 번째 단계는 결정된 복지재정 내에서 세부 사업을 설계하는 일이다. 세 번째 단계는 다양한 대안의 복지모형을 설계하여 국민적 논의와 선택에 맡기는 일이기 때문에 사회복지 전문가들의 역할이 더 중요하다. 반면 첫 번째와 두 번째 단계에서는 재정학자가 조언할 수 있는 부분이 많다.

첫 번째 문제에서, 우리나라가 정부지출 규모를 선택할 때 감안해야 할 변수들은 무엇인가? 가장 중요한 변수는 국민경제의 지속가능성(sustainability)이다. 우리나라가 외부적 충격과 위협에도 불구하고 한민족으로서 문화적 자긍심을 갖고 국가적 정체성을 유지할 수 있도록 국민경제가 안정 지속되는 것이다. 이러한 지속가능성을 위해 경제적 측면에서 가장 위협적인 요인은 거시경제의 불안정인데, 우리나라는 불가피하게 소규모 개방경제로서 거시경제의 안정성(환율, 이자율, 물가안정 및 금융안정)을 위해 많은 비용을 치러야 한다. 또한 우리나라는 세계경제의 주변부가 아니라 중심부에 위치하는 선진국으로서 그 지위를 확고히 하고, 기회가 왔을 때 남북한을 안정적으로 통일할 수 있는 역량을 구비하고 있어야 한다.

이처럼 소규모 개방경제로서의 처지와 장기적 국가 과제들을 감안한다면, 우리나라는 성장을 지속하고 장래를 대비하기 위해 정부지출 규모를 늘리지 않도록 유의해야 한다. 정부의 규모가 늘어난다는 것은 곧 강제적이고 획일적인 선택이 늘어나고 민간의 자율성과 창의성의 유인이 하락하는 것을 의미한다. 이처럼 국민경제의 지속가능성을 감안할 때 우리나라는 GDP 대비 정부지출, 그리고 정부부채 비율을 OECD 선진국의 평균치를 일정 정도 하회하도록 하는 것이 바람직하다. 더구나 국제적 협조가 필요한 사안에서 우리가 중간자적 입장에서 조정기능을 발휘하기 위해서는 더욱 그러할 것이다.

두 번째 문제에서, 정부지출 규모 내에서 복지사업의 규모를 선택할 때 감안해야 할 변수들은 무엇인가? 그것은 복지정책의 궁극적 목표를 규정하는 일과 연관된다. 정부가 강제력을 동원하면서까지 국민들의 생활수준을 보장하는 이유는 무엇인가? 다른 사람을 돕는 일에도 한계가 있기 때문에 복지재정의 정책목표를 명확하게 해야 한다. 여기에는 크게 두 가지 시각이 있다. 하나는 소득분배 형평성을 개선하여 사회 양극화를 해소하는 것이고, 또 다른 하나는 집합적 위험분담체제(collective mechanism for sharing risks)를 구축하는 것이다. 전자는 소득 불평등에 따른 위화감을 해소하는 데 주력하는데 반해, 후자는 빈자의 생활수준을 개선하고 재기를 위한 의욕을 고취하는 데 주력하는 것이다.

이들의 선택에서 가치판단의 문제가 완전히 배제되는 것은 아니지만 복지정책의 목표를 집합적 위험분담체제로 설정하는 것이 보다 논리적이고 설득력이 있다. 누구나 다 가난하고, 병들고, 장애가 생기고, 늙어갈 수 있기 때문에 복지정책이 필요하다. 위험을 예상할 때 자발적으로 보험에 가입하는 것처럼, 이러한 위험분담의 체제는 시혜적인 것이 아니라 우리가 이미 합의한 내용이 될 수 있다. 사회주의적 복지국가로만 알려져 있는 스웨덴, 노르웨이, 핀란드, 덴마크 등 북유럽 국가들도 복지정책을 집합적 위험분담체제로 간주하기 때문에, 이들은 자유경쟁과 개방을 강화하는 수단으로 복지정책을 채택하고 있는 것이다.[33]

복지정책을 집합적 위험분담체제로 정의한다면 복지정책 이외의 경제정책에서는 시장기능을 더욱 가속화해야 한다. 공공행정, 국방, 공공질서 및 안전, 경제사업, 주택 및 지역개발, 문화 등 국가재정의 제반 영역에서 나타났던 사회복지적 정책요소를 추출하여 복지재정의 큰 틀로 대체해야 한다. 예컨대 지하철 무임승차의 암묵적 정부지원금을 노인의 보편적 복지사업으로 전환하여 시장기능과 복지재정을 모두 강화할 수 있어야 한다. 물론 복지사업을 위해 추가로 세금을 조성할 수도 있겠지만, 이러한 세금 납부에는 반드시 사회적 존경심이 수반되어야 할 것이다. 결국 복지재정의 규모는 시장경제를 수용하는 정도에 따라 크게 다를 수밖에 없다. (2010. 11. 24)

감세는 진정 나쁜 것인가?

▌김상겸(단국대 경제학과 교수)

언제부터인가 감세는 부자들만 이롭게 해주는, 그래서 정의롭지 못한 정책으로 인식되는 경향이 강해지는 것 같다. 소위 '부자감세'론이 그것이다. 단어 자체에서 대강의 의미는 파악할 수 있으되, 논문이나 교과서에서 사용되는 학술용어는 아니니 필경 특정한 의도가 개입되어 만들어진 말일 것이다.

요즘 들어 조세관련 이슈가 제기될 때마다 기다렸다는 듯이 부자감세 논란인데, 이번에는 아예 감세를 추진하고 있는 집권당에서도 합세하는 것으로 보인다. 최근의 부자감세 논의는 당초 2012년 시행할 것으로 예정했던 소득세와 법인세의 최고한계세율 인하 계획을 두고 벌어졌다. 계획을 폐지해야 한다는 측(감세 반대 측)의 주장은 최고세율을 적용받는 대상이 고소득층이나 대기업일 것이므로 세율인하를 하게 되면 부자들만 이로워지는 '부자감세'가 된다는 것이다. 그렇다면 우리 정부는 부자들을 이롭게 하기 위해 감세정책을 추진하는 것일까? 아니 보다 근본적으로, 감세정책은 진정 부자들만 좋아지게 하는 정의롭지 못한 정책일까?

경제학 이론상 감세정책의 목표는 납세자의 세부담을 덜어주는 데 있는 것이 아니라 경제의 자생적 활력을 높여 더 큰 경제성장을 도모하는 데 있다. 내야 할 세금을 감해 주면 가계와 기업의 소비와 투자여력이 증가하게 되며, 실제로 소비와 투자가 집행되는 과정에서 더 큰 국민소득을 달성할 수 있는 것이다. 물론 경제 활력을 진작시키기 위한 재정수단이 감세정책에만 한정되는 것은 아니며, 감세에 대별되는 개념으로 확장적 재정지출 정책도 있다. 확장적 재정정책이란 가계와 기업 대신 정부가 직접 나서서 소비도 늘리고 투자도 해서 국민소득을 높이자는 것이다. 그런데 정부는 생산을 하는 경제주체가 아니므로, 재정지출을 늘리기 위해 쓰는 돈은 대개 민간에서 세금 등으로 거둬들이는 것이다. 따라서 확장적 재정지출 정책이란 민간이 쓸 돈을 정부가 가져다가 대신 쓰는 것으로 이해할 수 있다. 결국 두 정책의 차이는 출처가 같은 돈을 민간의 손에 쥐어줄 것인가, 아니면 정부에 쥐어줄 것인가에 있는 것이다.

그렇다면 어느 정책이 더 좋은가? 두 정책은 모두 장단점이 있으며 어느 한쪽이 단정적으로 좋다는 결론을 내리기는 어렵지만, 일반적으로 효율성 면에서는 감세정책이 더 우수한 것으로 평가된다. 민간지출이 더 효율적인지는 어떻게 알 수 있는가? 논의의 편의를 위해 현실적인 예를 들어보자. 기대하지 않았던 돈이 생겼다면 우리는 어떤 방식으로 돈을 쓰는가? 당사자의 상황에 따라 용도는 다를 수 있겠지만, 합리적인 사람들은 대개 비슷한 방법, 즉 가장 요긴한 곳에 우선적으로 지출하는 방식을 선택하는 것이다. 배가 고픈 사람은 먹을 것에 쓸 것이고, 아픈 사람은 치료받는 곳에 쓸 것이며, 자녀 교육이 중요하다고 생각하는 사람이라면 교육비로 쓸 것이다. 같은 돈을 쓰더라도 가장 요긴한(경제학 용어로는 '한계효용이 가장 큰') 곳에 우선적으로 지출하는 방식인 것이다. 민간이 효율적이라는 의미는 바로 여기에서 찾을 수 있다. 효율성이란 눈에 쉽게 띄는 것이 아니기 때문에, 언뜻 추상적이고 어려운 개념으로 생각되지만 지출로 인해 발생하는 효용이 가장 높아지도록 하는 것이 효율적인 지출인 것이다.

반면 정부가 지출하는 경우는 어떠한가? 정부지출은 치안, 국방, 복지 등 사회적으로 꼭 필요한 곳을 중심으로 투입되지만, 잘 살펴보면 딱히 우선순위가 높지 않은 일에도 돈을 쓰는 경우가 있다. 소위 낭비성 지출, 선심성 지출 등이 바로 그것이다. 우리 주위의 보도블록은 멀쩡해 보이는 데도 척척 잘도 바뀐다. 지방자치단체들의 호화청사는 이런저런 명분으로 지금도 어딘가에 또 건설되고 있을 것이다. 꼭 필요하지 않은 곳에 정부의 돈이 투입되는 사례는 이것만이 아닐 것이다. 이용객이 없어 놀리고 있다는 지역 공항들, 해마다 몇 천억 원씩 물어줘야 한다는 민자 도로의 영업 손실액, 얼마인지 쉽게 파악도 안 되는 공기업의 적자 등 이 모두가 효율적 재정지출과는 거리가 먼 것들이다. 물론 민간이라고 무조건 효율적이고, 정부는 무조건 비효율이라 단정할 수는 없다. 하지만 정부가 아무리 엄격히 관리한다고 해도 돈 주인이 직접 틀어쥐고 집행하는 경우보다는 덜 엄중하게 집행될 가능성이 높다. 많은 경제학자들이 효율성 측면에서 감세정책이 더 좋다고 하는 이유도 바로 여기에 있는 것이다.

앞서 언급한 바와 같이 감세정책의 본질은 내고 있는 세금을 줄여주어서 경제 활성화를 꾀하는 정책이다. 따라서 세금을 전혀 내지 않거나 적게 내는 사람들에 비해서는 세금을 많이 내던 사람들의 혜택이 상대적으로 더 큰 것이 사실이다. 그런데 이는 누군가의 좋지 않은 의도에 의한 것이 아니라, 정책의 본질상 자연스럽게 나타나는 현상이다. 감세정책이 온전히 효과를 보기까지는 시간이 걸리는 것이며, 그 과정에서 세부담 경감 현상이 차등적으로 나타나는 것은 불가피한 것이다. 그런데 이러한 과정까지 온통 부자감세라는 선정적 용어로 비난, 매도하기 시작하면 감세정책은 좀처럼 시행되기 어렵다. 편향된 의도로 인한 반대 때문에 우리나라 경제 활력 제고에 대단히 효과적인 정책수단 하나를 잃어버리지는 않을까 우려된다. (2010. 12. 3)

장외 파생상품 중앙청산소 도입 서둘러야

▍임병화(한국경제연구원 선임연구원)

G20 정상회의에서 장외 파생상품 시장 CCP 설립 합의

미국에서 부동산 가격이 오를 것이라는 잘못된 기대감으로 시작된 대형 은행들의 무분별한 신용 파생상품 거래는 2008년 글로벌 금융위기를 가져왔다. 이는 신용위험을 비롯한 여러 위험을 줄이는 데 용이한 파생상품 자체의 순기능을 오히려 역이용하여 투자수단으로 사용한 대형 은행들의 도덕적 해이가 근본적인 원인이라 할 수 있다. 이에 따라 안전하고 투명한 파생상품 거래의 필요성이 제기되었고 2009년 9월 G20 피츠버그 정상회의에서 장외 파생상품에 대한 국제적 규제를 강화하기로 합의하였다. 합의안의 주요 내용은 늦어도 2012년 말까지 표준화된 모든 장외 파생상품 거래는 거래소나 전자거래 플랫폼에서 이루어져야 하며, 중앙청산소(Central Counter Party; CCP)를 통해 청산되어야 한다는 것이다. 또한 표준화되지 않은 파생상품을 포함한 모든 장외 파생상품 거래는 거래정보 저장소에 보고되어야 하며 CCP에서 청산되지 않은 상품은 높은 수준의 자본요구 규정을 적용받아야 한다는 것이다.

CCP란 거래소에서 거래되는 금융상품에 대해 제공되는 중앙청산결제 시스템 또는 기관을 일컫는 말인데, 이를 장외 파생상품 시장까지 확대하게 되면 장외에서 체결된 파생상품 거래를 CCP가 넘겨받아 중앙청산결제 서비스를 제공하게 된다. 따라서 장외 시장의 CCP는 장외 거래로부터 오는 거래 상대방의 신용을 정확하게 파악할 수 없는 신용위험과 효율적인 체계나 시스템 부재로부터 오는 거래 운영위험을 줄이고 더 나아가 거래자격 제한, 포지션과 증거금 관리 등의 관리자 역할을 하게 된다.

G20 정상회의와 같은 국제적인 논의에 앞서 이미 일부 해외 거래소들은 건전한 장외 파생상품의 거래를 위해 준비하고 있었다. 미국 시카고 상업거래소(CME)와 뉴욕 상업거래소(NYMEX)는 금리·에너지·금속 등과 관련된 파생상품 거래에 대한 청산 및 결제 서비스를 제공하고 있으며, 유럽과 아시아 지역 거래소들은 신용 파생상품을 중심으로 한 청산업무를 2009년부터 시행하고 있다.[34]

하지만 우리나라의 경우 중앙 청산소를 2012년까지 도입한다는 결정에도 불구하고 여전히 구체적인 도입방법이나 설립 기관조차 결정하지 못하고 있는 실정이다. 사실 2010년 2월 금융위원회가 장외 파생상품 청산소 태스크포스(TF)를 구성하여 사업주체 선정 작업을 벌이긴 했지만 8월로 예상되었던 금융위의 사업자 선정발표는 한국거래소와 예탁결제원, 두 기관의 힘겨루기로 인해 늦어지고 있는 상황이다. 더욱이 11월 19일에는 금융투자협회에서 장외 파생상품 인프라 도입 공청회가 열렸지만 2012년까지 도입해야 하는 상황에서 많이 늦은 감이 있다.

세계 시장의 1%도 안 되는 우리나라 장외 파생상품 시장

우리나라 CCP 도입의 지연은 국내 장외 파생상품 시장 규모가 세계 시장에 비해 상대적으로 그 규모가 작고 시장의 중요성에 대한 인식이 부족한 탓이 크다. 우리나라의 장내 파생상품 시장은 세계 거래량의 16%를 차지할 정도로 세계 최대 규모인데 비해 장외 파생상품 시장은 2009년 상반기 기준으로 세계 시장의 약 0.7%로 매우 미미하다. 이마저도 세계적으로 장외 파생상품의 거래가 증가추세인 것에 반해 우리나라의 세계 시장점유율은 2008년의 0.9%에서 비율(0.7%)과 총액(4조 4,920억 달러) 면에서 감소하였다.[35]

구체적인 파생상품들의 거래 규모를 살펴보면 세계 시장의 통화관련 상품 거래비율은 8.1%이지만 우리나라는 이 비율이 전체 장외 파생상품 시장의 40.1%를 차지한다. 한편 신용관련 상품은 세계 시장 비율이 6.0%인 것에 비해 우리는 0.2% 미만으로 심각한 거래 불균형을 보이고 있다. 하지만 눈여겨 볼 점은 다른 장외 파생상품과는 다르게 신용관련 상품은 2007년부터 꾸준히 증가하고 있다는 것이다. 이는 신용 파생상품의 순기능을 생각해 보았을 때 긍정적인 신호라 할 수 있다.

이렇듯 상대적으로 규모가 작은 우리나라의 장외 파생상품 시장을 세계적 수준으로 끌어올리기 위해서는 CCP 도입이 절실하다. CCP 도입은 장외 파생상품에 대한 인식을 확산하고 열악한 거래환경을 개선하여 시장 규모를 키움으로써 '규모의 경제'를 달성할 수 있는 계기를 마련하기 때문이다. CCP 도입이 필요한 이유는 또 있다. 현재 금감원은 장외 파생상품 거래에 대해 일반 투자자의 거래제한이나 위험액 한도 등을 강력하게 규제함으로써 어느 정도 위험관리를 하고 있지만 KIKO 사건과 같이 기업 운영에 결정적인 영향을 주는 위험 사각지대가 존재하고 있어, 오히려 강력한 규제는 장외 파생상품에 대한 부정적인 인식을 심어주게 되었다. 따라서 CCP 도입과 같은 장외 파생상품 거래의 인프라 구축은 효율적이고 투명한 시장이 되기 위해 반드시 필요하다.

경제적 이익을 가져올 우리나라의 CCP 도입

장외 파생상품 시장의 환경 개선에 핵심적인 역할을 하게 될 CCP 도입은 금융시장을 비롯하여 은행업, 기업경영에도 직·간접적으로 영향을 주어 다음과 같은 긍정적인 효과들을 기대할 수 있다.

첫째, 장외 파생상품의 신용리스크 감소에 의한 거래 활성화를 들 수 있다. CCP 도입과 함께 이루어져야 하는 것이 표준화 상품의 선정인데, 현재로서는 IRS(금리스왑)와 CDS(신용스왑)가 유력한 상품들이다. 뉴욕 상업거래소는 에너지·금속 관련 파생상품 등이 표준화된 상품으로 거래되고 있다. 즉, 기업 경영에 용이한 상품들과 같이 기업의 니즈가 높은 상품들의 표준화 상품 선정이 유력하다. 다시 말해, 기업 경영에 중요한 영향을 미치는 이자율 변동위험이나 부도 위험, 국제 원유나 금속의 가격 급등 위험 등의 경영 리스크 헤지를 목적으로 하는 상품들처럼 기업의 니즈가 높은 상품들의 표준화 상품 선정이 유력하다. 따라서 정보공개를 바탕으로 하는 투명한 시장의 도입은 기업과 은행 및 증권사 모두에게 신용리스크를 감소시켜 금융상품의 수요와 공급을 함께 늘려주게 된다. 중앙 청산소에서 파생상품의 거래가 활성화되면 유동성이 풍부해지고 이를 바탕으로 선진국 수준의 장외 파생상품 시장을 만들 수 있을 것으로 기대된다.

둘째, 은행은 CDS와 같은 신용관련 파생상품 거래를 통하여 중소기업의 부도위험을 거래 상대방에게 전가할 수 있으므로 중소기업 대출을 늘리게 된다. CCP 도입으로 정보가 투명하게 공급되면 각 기업의 신용가치는 시장에서 결정되게 된다. 이는 은행들의 무분별한 대출 및 상품 판매 등과 같은 모럴해저드 발생 리스크를 감소시켜서 신용 파생상품의 순기능 역할을 도와준다. 즉, 투기의 목적이 아닌 기업의 부도 위험을 헤지(hedge)하기 위한 거래가 증가하게 된다. 이 같은 정보

제공 기능은 경쟁력 있는 중소기업에 대한 대출 증대로 나타나서 중소기업 금융의 효율성과 경쟁력을 높이는 계기가 될 것이다.

셋째, CCP 도입은 금융시스템을 선진화하는 데에 밑거름이 될 것이다. 2007년부터 영국 런던 시가 발표하는 세계 금융시스템 순위를 보면 우리나라는 글로벌 금융위기 이후 꾸준한 증가세를 보여 2010년 3월 발표에서는 28위를 차지하고 있다.[36]

우리나라가 동아시아 금융허브로 도약하기 위해서는 세계적인 금융센터가 반드시 필요한데 CCP 도입은 장외 파생상품을 비롯한 금융시장의 인프라 개선에 도움이 되는 것은 물론, 시장 접근성을 높이고 사업 환경 개선에 도움을 주어 세계적인 금융센터로의 도약에 큰 역할을 할 것이다. 게다가 전문적인 금융 인력이 필요하게 되어 전문 인력을 양성할 인센티브가 나타나므로 우수한 인적 자원 확보에도 도움을 줄 것이다.

넷째, CCP 도입은 장외 파생상품들의 순기능을 활용하는 기업들의 경영 리스크를 줄여준다. 장외 파생상품은 금리·환율·에너지·자원·신용 등의 위험을 헤지(hedge)하는 데에 그 목적이 있다. 기업들이 이러한 위험으로부터 자유로울 수 있다면 외부 영향에 흔들리지 않는 경영을 통해 기업 성장에 전력을 다하는 데 큰 도움을 준다. 게다가 다양한 장외 파생상품의 니즈는 새로운 금융상품 개발의 인센티브가 되어 현재 상품개발 능력이 부족한 우리나라 증권사들로 하여금 상품개발을 통한 이익 창출이라는 새로운 수익모델을 제시함으로써 세계 수준의 금융회사로 발전하는 데에 크게 기여할 수 있다. 다시 말해 은행 및 증권사들로 하여금 금융상품의 개발능력을 향상시키고 새로이 개발된 상품은 국내 판매뿐만 아니라 해외에까지 수출하여 새로운 수익을 가져옴으로써 국내 금융회사 발전에 기여하게 된다.

다섯째, CCP 도입은 첨단기업의 성장에 이바지한다. 기본적으로 금융 중개기관은 정보의 획득 및 가공비용을 줄이고 그에 따라 자원을 효율적으로 배분하는 역할을 한다. 또한 파생상품 시장은 시장 특성상, 다양한 시장 참가자들의 위험을 더욱 효과적으로 분산시킬 수 있는 특징이 있다. 따라서 파생상품 시장의 중개 역할을 하는 CCP의 도입은 시장의 효율적인 자원배분과 위험분산을 가져와 다소 위험이 존재하더라도 높은 기대수익을 가진 첨단산업으로 자금이 이동할 인센티브를 준다. 이는 실증분석[37]에서도 알 수 있듯이 첨단산업 발달에 중요한 역할을 할 것이다.

더 이상 늦춰지면 곤란한 CCP 설립기관 결정

지금까지 살펴본 바와 같이 건강한 장외 파생상품 시장은 반드시 필요한 시장이다. 건강한 시장 발전을 위해서는 높은 신용의 거래자들에 의한 양질의 장외 파생상품 거래가 이루어져야 하는데, 현재 우리나라는 거래 당사자 간의 심각한 정보 비대칭 문제로 인한 시장실패를 가져왔다. 예를 들어 신용관련 파생상품 시장의 경우 높은 신용을 소유한 거래자가 자신의 신용가치보다 낮은 가격으로 평가된 상품은 거래하지 않을 것이다. 따라서 신용이 높은 거래자는 시장에서 사라지는 레몬시장(market for lemon)[38]이 되는 것이다. 이러한 시장 실패를 방지하기 위한 CCP 설립은 거래자들의 신용가치를 투명한 시장에 맡겨 공정한 평가를 유도하여 시장 활성화에 이바지할 것이다. 더욱이 2012년까지 설립해야 하는 현 상황에서 더 이상 사업자 선정이 미뤄져서는 안 된다. 표준화 상품 선정, 거래정보 저장소 및 전자거래 플랫폼 구축, CCP 설립에 따른 자본시장법률 개정 등 더욱 중요한 문제들이 산적해 있기 때문이다. 게다가 지금도 뒤처져 있는 세계 금융시장의 주도권을 찾아오고 국내 금융회사의 역차별 방지나 규제 차익으로 인한 거래이탈 방지를 위해서라도 거래소와 예탁결제원이 서로 협력하여 국가적 차원의 CCP 설립 방안을 하루빨리 마련해야 한다.

(2010. 12. 10)

고용보험료 인상의 치명적 자만

▌ 김영신(한국경제연구원 부연구위원)

　　최근 정부는 고용보험료 인상에 대한 논의를 본격화하고 있다. 지난 몇 해 동안 고용보험의 적자가 급증했기 때문이다. 현재의 고용보험 당기수지가 적자추세라면 2013년에 기금이 거의 고갈될 것으로 추산하고 있다. 따라서 고용보험 적립배율을 고용보험법[39]에서 요구하는 수준으로 맞추기 위해서는 현재 수준보다 70% 정도 인상해야 한다는 논의도 포함되고 있다. 이러한 인상안에 대해 고용보험료를 납부하는 주체인 임금근로자와 기업은 쉽게 동의하지 않을 것이다. 그렇다면 적자의 원인은 무엇이고, 고용보험의 구조적 문제는 없는지, 보험료 인상은 불가피한지, 장기적 재정안정화를 위해 필요한 것은 무엇인지를 합리적 선택의 관점[40]에서 살펴보고자 한다.

　　최근 고용보험기금의 재정은 급격히 악화되고 있다. 1995년 고용보험이 출범한 이후 지난 1996년부터 2010년간 고용보험 실업급여계정[41]의 연평균 수입 증가율은 14.0%인데 비해 지출의 연평균 증가율은 49.7%로 나타났다. 특히 2007년부터 실업급여계정 당기수지에 적자가 발생해서 올해까지 4년간의 누적 적자액이 2조 9,275억 원으로 추산된다. 이 같은 추세가 바뀌지 않는다면 2006년 기준 약 5조 5,000억 원의 누적적립금이 2010년에 약 2조 6,000억 원으로 감소했다가 2013년에 고갈될 것으로 전망하고 있다.

그렇다면 실업급여계정의 적자가 발생한 이유는 무엇인가? 첫째, 고용보험의 적용범위 확대 및 단기 실업자 수 증가에 따른 것이다. 1995년 고용보험 출범 이후 점차 적용대상 사업장이 확대되어 1998년 10월에는 1인 이상 사업장으로까지 확대되었다. 2006년도에는 시간제 근로자와 일용근로자를 포함하는 비정규직 근로자에게도 적용범위를 넓혔다. 게다가 최근 금융위기로 인해 비자발적 실업자 수가 증가하였다. 실업급여[42] 수급자 수는 1997년 약 4만 4,000명에서 2009년 약 130만 명으로 증가했다. 구직급여 지출금액도 같은 기간 약 761억 원에서 약 3조 6,000억 원으로 크게 증가했다. 둘째, 또 다른 적자의 원인으로 2001년부터 고용보험 실업계정에서 산전후휴가급여[43]와 육아휴직급여[44]를 포함하는 모성보호급여사업의 부담을 들 수 있다.[45]

최근 모성보호급여 관련 지출은 급속하게 증가하였다. 2002년 모성보호급여사업 지출은 257억 원이었는데 2010년에는 약 3,300억 원으로 시행된 지 10년도 안 되어 13배 정도 증가한 셈이다. 셋째, 실업급여 혜택의 폭이 전반적으로 확대되었다. 구직급여의 경우 1995년 피보험 단위기간이 12개월에서 2000년 6개월로 단축되었고, 같은 기간 소정급여일수도 60~120일에서 90~240일로 늘어났으며, 급여일액의 하한액도 최저 임금의 50%에서 90%로 증가했다. 여기에 육아휴직급여 지원 수준도 2003년 월 30만 원에서, 2004년 월 40만 원, 2008년 월 50만 원으로 증가했고, 내년도 운용계획안에는 휴직 전월 통상임금의 40%(하한 50만 원, 상한 100만 원) 수준으로 증가할 예정이다.

문제는 경기변동과 제도 변화의 추세가 이와 같은 고용보험기금(실업계정)의 재정을 더욱 압박한다는 것이다. 경기변동에 따른 노동시장의 비자발적 실업이 빈번하다. 특히 글로벌 외생적 충격이 국내 기업환경에 그대로 영향을 미치기 때문에 국내 기업의 인력수급도 이전보다 더욱 신축적으로 변동될 수밖에 없다. 따라서 기업들의 구조조정 등을 통해서 비자발적 실업발생에 따른 실업급여 수급자 수는 앞으로도 쉽게 감소할 것 같지 않다.

고용보험 실업계정을 압박하는 제도 변화도 이어질 가능성이 높다. 실업계정의 주지출원인 구직급여일액의 상한액은 1995년 3만 원에서 2001년 3만 5,000원으로, 2006년 4만 원으로 상승했다. 이러한 구직급여일액의 증가는 임금과 물가상승을 고려한다면 자연스런 현상이다. 오히려 실업급여의 임금대체율[46]은 조금씩 감소하는 추세에 있기 때문이다. 이와 더불어 산전후휴가급여와 육아휴직급여는 지속적인 증가추세이다. 이는 실업급여 계정의 지출을 큰 폭으로 증가시키는 요인으로 작용한다. 저출산을 걱정해서 여성근로인력의 출산을 장려한다는 국가적 취지로 볼 때 우리 사회로서는 매우 필요한 정책이다. 그러나 고용보험의 실업계정에서 여성의 출산과 육아에 대한 지원이 포함된다는 것은 수익자부담 원칙의 관점에서 다시 생각해 볼 문제이다. 고용보험료를 납부하는 임금근로자 모두 이러한 급여를 받을 가능성이 있는 것은 아니기 때문이다.[47]

'보험'은 조세와는 다르다. 보험은 동일한 미래의 예상할 수 있는 일(출산 또는 육아)에 대해서 보험가입자가 미리 금전을 갹출해서 공동으로 기금을 마련하여 재산적 급여를 받는 구조이기 때문이다.

최근 고용보험기금의 재정추이와 정부의 동향으로 본다면 보험료 인상은 시간문제인 것 같다. 그런데 보험료 인상에 앞서 점검해 보아야 할 사항이 있다. 첫째, 보험료 인상에 따른 기금 축적에는 한계가 있다는 것을 간과해서는 안 된다. 고용보험법 제14조(보험료율의 결정)는 대통령령으로 고용보험료율은 보험수지의 동향과 경제상황 등을 고려하려 임금 총액 대비 1,000분의 30의 범위에서 결정해야 한다. 고용보험기금의 적자가 지속된다고 하여 단순히 고용보험료만을 올리려는 쉬운 선택을 해서는 안 된다. 둘째, 고용보험금의 부정수급 사례[48]가 지속적으로 증가하고 있기 때문에 고용보험 운용과 관리를 철저히 할 필요가 있다. 또한 여유기금의 운영이 전문적으로 이루어지고 있는지, 관리운영비에 누수가 없는지 꼼꼼히 점검할 필요가 있다. 왜냐하면 고용보험기금은 주인이 없기 때문에 자칫 눈먼 돈으로 여길 가능성이 있기 때문이다. 셋째, 구조적인 한계가 있는 모성보호급여를 고용보험에서 계속 부담할 것인지에 대해 고민해 보아야 할 시점이다. 급증하는 모성보호급여가 고용보험 재정 안정성에 압박을 줄 것으로 예상되기 때문이다. 오히려 모성보호급여를 독자적으로 운용하는 것이 효율성이나 형평성 측면에서 바람직하다.

따라서 이번 보험료 인상에 대해서 경제적 환경변화의 외부적 요인 탓이라고 당연시하는 치명적 자만에 빠지지 말고 제도 내부적 요인을 개선하는 노력이 선행되어야 한다. 고용보험요율 인상은 노사정 3자로 구성된 고용보험위원회에서 심의·의결한다. 고용보험위원회는 노사정 공동의 집합적 목적을 추구해야 하기 때문에 실제 고용보험료를 납부하는 임금근로자와 기업의 동의가 있어야만 고용보험 인상에 대한 정당성이 인정될 것이다. 즉, 고용보험료 인상은 개인 가입자의 합리적 선택이 반영되어야 하는 공동의 집합적 선택이라는 것을 간과해서는 안 된다. (2010. 12. 15)

'호화청사'의 숨겨진 문제점

▌ 신중섭(강원대 윤리교육과 교수)

며칠 전 한 유력 일간지가 "대통령이 질책하고… 국민이 분노해도 '한다면 하는' 호화청사"라는 머리기사로 지방자치단체의 호화청사를 비난하면서 지방자치단체는 대통령 지시도 안 통하는 '그들만의 왕국'이라고 꼬집었다.[49]

이 신문이 보수신문이라고 하지만 지금이 어느 시대인데 대통령의 말이 통하지 않는다고 지방자치단체를 나무라는지 모르겠다. 대한민국이 민주화된 지 수십 년이 지났고, 지방자치는 '풀뿌리 표상'이라고 하지 않았던가. 지방자체 단체가 호화청사를 짓든 아방궁을 짓든 대통령이 나설 일이 아니다. 해당 자치 단체의 '주민'도 아닌 '국민'이 분노할 일은 더욱 아니다. 지자체의 청사 건설은 지자체와 해당 주민의 소관이지, 대통령이나 전체 국민의 소관이 아니다. 대통령은 지방자치단체를 초등학생처럼 취급하지 말아야 한다.

그런데도 대통령은 또 지자체 청사에 대해 간섭을 했다. 2월 3일 녹색성장위원회를 주재하면서 '호화청사'가 '에너지 낭비 청사'라는 이유로 거듭 질타했다. 최근 100층짜리 청사를 건립하겠다고 기염을 토했던 경기도 안양시는 청사 신축사업계획이 확정되면 최우선으로 에너지 부분을 고려하겠다는 입장을 밝혔다.

그런데 대통령의 질책은 흥미롭다. 일반 시민들과 달리 '호화청사'라고 질책을 한 것이 아니라 "정부가 기후변화 전략을 짜고 있는 와중에도 일부 지방자치단체에서 에너지를 최고로 낭비하는 빌딩을 지었다"고 질책했다. 이렇게 질책하면서도 "일부 지자체가 호화스러운 건물을 짓는 것 자체를 반대하는 것은 아니다"라고 토를 달았다.[50]

'호화스러운 청사' 자체는 문제가 아니라는 것이다. "미래를 위해 좋은 건물은 에너지를 절감하는 건물"이라는 좋은 건물에 대한 대통령의 정의에 따라 건축 중이거나 설계 구상 중인 전국 18개 지방자치단체 청사들은 '좋은 건물'이 되기 위해 추가 예산이 더 필요하게 되었다.

지방자치단체의 청사를 '호화청사'라고 비난할 일은 아니다. '호화로움'에 대한 절대 기준이 있는 것도 아니다. "사치스럽고 화려한 데가 있다"는 의미를 지닌 '호화롭다'는 상대적인 말이다. 같은 물건이라도 자신의 분수에 넘치는 물건이면 호화로운 물건이고 분에 넘치지 않으면 그렇지 않을 수도 있다. 라면을 먹을 수 있는 경제 능력밖에 없는 사람이 외상으로 먹는 자장면은 호화로운 음식일 수 있다. 설사 지방자치단체의 청사가 호화롭게 보인다 할지라도 재정이 넉넉한 단체라면 문제될 것이 없다.

'호화청사'로 국민적 지탄을 받았던 성남시 청사는 총사업비가 3,222억 원이 들어갔다. 성남시의 재정 상황에 대한 정확한 정보가 없으니 이 청사가 '호화청사'에 해당하는지 아닌지는 알 수 없다. 주민들의 동의를 얻어 주민들이 낸 세금으로 좋은 청사를 건설하는 것을 나무랄 일은 아니다. 자기가 사는 지역이 좋은 청사를 갖고 있으면 편안하게 업무를 볼 수도 있고, 그 지역에 사는 자긍심을 가질 수도 있다.

그런데 모든 지방자치단체가 여유가 있어 '호화청사'를 짓는 것은 아닌 모양이다. 100층 규모의 복합 건물로 시청사를 신축하겠다는 계획을 발표해서 논란이 된 안양시의 이필운 시장은 "2017년까지 6만 763m²인 현 청사 부지를 복합 개발해 100층 이상의 초고층 건물(가칭 Sky Tower)을 짓고 행정청사, 비즈니스센터, 컨벤션센터, 호텔, 시민문화 공간으로 활용할 계획"이라고 밝혔다. 이런 계획에 대해 '선거용' 또는 '예산낭비'라는 비난에 대해 "에너지 효율이 떨어지는 현 청사를 저탄소 녹색 건물로 리모델링하려면 450억 원이 소요되는 상황에서 민간자본을 유치해 청사를 새로 짓는 것은 큰 문제가 되지 않는다"고 해명했다. 건물이 완공되면 상시 근무자 외에도 5만여 명의 유동인구가 새로 생겨나 준공 첫 해에는 1,900억 원, 이후에는 매년 370억 원의 재정 수입이 예상된다고 한다.[51]

총 2조 2,349억 원이 필요한 100층 청사를 위해 시는 토지를 제공하고 민간자본으로 사업비를 충당할 예정이기 때문에 절대 '예산 낭비'가 아니라는 것이다. 이필운 안양 시장은 한 언론사와 인터뷰에서 "안양시의 재정이 심각한 상태에 빠져 있으므로 돌파구를 마련하기 위한 '100층짜리 건물'의 신축은 '호화청사'가 아니라 연 370억 원의 세수를 안양시민에게 돌려주는 일"이라고 했다. 심각한 재정문제를 해결하기 위해 100층짜리 건물을 건설한다는 것이다. "이 건물에서 시청사는 연면적 8%에 지나지 않기 때문에 이 건물을 시청으로 규정하면 안 된다"고도 했다.[52]

뿐만 아니라 공유재산을 효율적이고 고부가가치를 창출하는 방향으로 운용하라는 정부의 방침에 가장 충실한 결정이며, 세수를 창출하는 효율적인 수익공간으로 바꾸는 발상의 전환이라고 항변했다. 손바닥만 한 안양시를 살리기 위해 고육지책(苦肉之策)으로 선택했다는 것이다. 안양시 경제를 더욱 악화시킬 재앙적 사업이라는 지적은 이런 기염 앞에 무색해질 수밖에 없다. 연 370억 원의 세수를 시민들에게 돌려줄 수 있다면 그는 비즈니스 마인드를 가진 시장으로 존경받아 마땅할 것이다.

지방자치단체의 '호화청사' 또는 '에너지 낭비 청사'라는 비판에 가려 부각되지 않고 있는 것은 지방재정의 악화이다. '4대강', '세종시'가 정치적 쟁점에 휩싸여 그 사업들이 국가 재정에 얼마나 타격을 주고 있는가가 부각되고 있지 않듯이, '호화'와 '에너지'에 가려 지방재정 악화에 대한 지적은 보이지 않는다.

정치적 쟁점이 된 사업뿐만 아니라 대부분의 사람이 '착한 정책'이라고 칭송해 정치적 쟁점의 반영에 오르지도 못한 '보금자리주택'과 '학자금대출'에도 수십조 원의 예산이 소요될 전망이다. 이에 따라 국가 부채가 급속도로 늘고 있다. 2002년 133조 원이던 국가 채무가 2008년 말엔 308조 원으로 증가하였다.[53]

중앙정부만의 문제가 아니다. 지방자치단체의 재정은 중앙정부보다 더 열악하다. 대부분의 지방자치단체는 중앙정부의 보조금에 의존하고 있으며, 전국 광역자치단체 발행 지방채 채무액은 2010년에 8조 9,000억 원에 육박할 것이라고 한다. 2008년 2조 310억 원에서 급증하고 있는 것이다. 반면에 지방교부금은 줄어들고 지방세 징수액도 감소하여 재정은 더욱 더 나빠질 것으로 예상된다. 정부와 지방자치단체만 부채에 허덕이는 것이 아니다. 참여정부 초기인 2003년 448조 원이던 가계부채가 2009년 6월 말에는 698조 원으로 폭증했다.[54]

중앙정부든 지방정부든 정부가 커지면 국가 부채는 늘어나고 경제 성장은 침체된다. 한 번 커진 정부가 축소되는 것은 사실상 불가능하다. 미국에서 시작된 금융위기도 사실상 가계부채에서 시작되었고, 국가부채로 증폭된 측면이 없지 않다. 미국의 지방채는 제2 금융위기의 불씨로 우려되기도 하였다.

지금 우리 정부나 지방자치단체는 미국발 금융위기에서 얻은 교훈을 실천에 옮기지 못하고 있다. 빚을 내어 거대 사업을 벌임으로써 부채를 더 키우는 꼴이다. 국민의 세금으로 살아가는 정부와 지방자치단체는 국민과 주민에 대해 부채 의식이 없다. 1824년 토머스 제퍼슨의 말처럼 "우리는 정부기구를 필요 이상으로 너무 많이 보유하고 있으며, 근면한 사람들의 노동 위에서 살아가는 기생충들도 너무 많이 기르고 있다."[55]

더 늦기 전에 정부든 개인이든 자기 책임의 원칙과 경제적 자립의 정신으로 돌아가야 한다. 재정 건전성은 가계든, 지자체든, 국가든 할 것 없이 일차적으로 고려해야 할 중요한 덕목이다. (2010. 2. 5)

제설작업의 편익과 비용

▌**김영용**(한국경제연구원 원장)

미국에서 눈이 가장 많이 오는 알래스카 주는 눈 치우는 기술이 매우 뛰어난 것으로 알려져 있다. 그래서 눈이 많이 오는 다른 주에서 알래스카 주로 눈 치우기 학습을 가는 사례도 많다. 얼마 전 제설작업에 관해서는 러시아가 으뜸이라는 보도가 있었다. 모스크바에 눈이 75㎝나 내렸는데 쌓일 틈도 없이 신속하게 제설작업이 이뤄졌다는 것이다. 아울러 '황금팔'이라는 특수 장비가 소개되었다.

새해 초 서울에는 100여 년 만의 기록적인 폭설로 25㎝ 넘게 눈이 내렸다. 눈을 빨리 치우지 못한 서울시는 거의 마비상태였고, 이로 인해 당국에 비난이 쏟아졌다. 그렇다면 이번 폭설에 적절하게 대응하지 못한 서울시는 과연 비난받아야 마땅한가? 또 앞으로 폭설 상황에 어떻게 대비하는 것이 효과적일까?

폭설을 효과적으로 치우기 위해서는 다양하고 많은 양의 제설장비와 이를 관리·운영할 인력을 보유하고 있어야 한다. 그런데 이런 장비와 인력을 보유하는 제설부서의 유지비용은 만만치 않을 것이다. 따라서 서울시가 당면한 문제는 평소에 어느 정도의 제설장비를 유지하고 작업자를 고용하느냐는 것인데, 이는 제설부서의 유지에 따른

비용과 눈을 치움으로써 얻는 편익을 형량해서 결정될 것이다.[56]

서울에는 눈이 그다지 자주 내리지는 않는다. 더구나 폭설은 흔치 않다. 이번에도 100여 년 만이라고 하지 않는가. 따라서 서울시가 폭설에 대비해서 대규모의 제설부서를 유지하는 것은 비용 측면에서 효율적이지 못하다. 그러나 폭설 시 제설작업을 빨리 하지 못하면 도로가 마비되고, 교통사고가 발생하고, 또 생산 활동도 원활하지 못하여 큰 손실이 발생할 것이다. 제설작업이 잘 이뤄지면 이런 손실이 발생하지 않을 것이므로, 이것이 곧 제설부서 유지의 편익이다.

정리하면 서울시가 폭설에도 효과적으로 대처하기 위한 비용은 장비와 인력 등을 포함하여 제설부서를 유지하는 비용이다. 반면에 편익은 눈이 내릴 확률에 그로 인해 발생할 손실(제설작업이 효과적으로 이뤄졌을 때 없앨 수 있는 손실)을 곱한 기댓값이 될 것이다. 이 기댓값이 비용보다 더 크다면 대규모 제설부서를 유지하는 것이 바람직하지만, 그렇지 않다면 비용 대 편익 측면에서 그런 제설부서를 유지하는 것이 바람직하지 않다. 실제로 서울에 폭설이 내리지 않는 것은 아니지만 확률이 낮아 기댓값이 낮으므로 대규모 제설부서를 유지할 필요는 없다.

그렇다면 이번과 같은 폭설을 효과적으로 치울 수 있는 능력이 되지 않을 경우에는 어떻게 하는 것이 바람직할까? 서울시의 일부 또는 전체를 닫아버리는 방법을 고려할 수 있다. 휴무에 들어가는 것이다. 이 경우 당연히 생산 등 손실이 발생할 것이다. 그러나 그 손실이 폭설에 대비해 제설부서를 유지하는 비용보다 작다면 도시의 일부나 전체를 닫아 버리는 것이 효율적일 것이다.

다른 방법으로는 서울시가 제설장비와 인력을 보유한 기업에 의뢰하여 제설작업을 하도록 하는 것이다. 그러나 이 또한 우리 경제에서 누군가 그러한 장비와 인력을 보유하고 있어야 함을 의미한다. 즉 서울시가 아닌 그 기업이 제설부서 유지의 비용을 치른다는 점만 다를 뿐, 우리 사회가 치러야 하는 전체 비용에는 변화가 없다. 물론 이런 장비와 인력을 보유하여 영업하는 기업도 생기지 않을 것이다. 서울시로부터 받을 수 있는 금액이 유지비용보다 많지 않을 것이기 때문이다.

알래스카 주나 모스크바 시에는 눈이 자주 오고 양도 많다. 이 지역들이 대규모의 제설부서를 유지하는 이유는 그 편익이 비용보다 크기 때문이다. 그런 지역의 제설 솜씨가 서울시의 제설 솜씨보다 한결 나은 것은 당연한 일이다. 그러므로 이번 폭설을 빨리 잘 치우지 못했다고 무턱대고 서울시를 비난할 일이 아니다. 서울시가 통상적인 강설량을 기준으로 제설부서를 유지하고 있는 것은 효율적이라고 할 수 있다. (2010. 1. 13)

1) 조선일보, "복지축소, 잡셰어링 덕에… 독일 '성장없는 고용' 기적", 2010. 3. 24 기사 참조

2) 가계부채(가계신용잔액)는 자금순환 동향의 개인부문의 금융부채로 정의되며 가계대출과 판매신용의 합

3) 한국은행은 2008년 10월부터 2009년 2월까지 몇 차례에 걸쳐 기준금리를 5.25%에서 2.0%까지 인하함.

4) 자산운용협회의 「주요국 가계자산의 펀드 투자 현황 및 비교(2008)」에 따르면 우리나라 가계자산 중 금융자산이 차지하는 비중은 23.3%(2006년)로 미국(66.8%, 2007년), 일본(61.0%, 2006년)에 비해 크게 낮음.

5) 올해 1월 미국 오바마 대통령이 자산규모 500억 달러 이상인 은행의 비예금성 부채에 대해 0.15%의 은행세(일명 Obama Tax)를 부과해 연간 100억 달러 이상의 기금을 확보하겠다고 선언하였다. 또한 독일 정부는 지난 3월 말 은행의 규모 및 위험 익스포저에 연계하여 은행세를 징수해 안정펀드(Stabilization Fund)를 조성하는 계획을 발표하였다.

6) Basel Committee on Banking Supervision, Strengthening the resilience of the banking sector, Consultative Document, BIS, December 2009

7) BIS는 자본의 정의를 기본자본(core capital: 보통주와 잉여금)을 중심으로 재구성하여 자본의 질(quality of capital)을 대폭 개선할 예정이다. 이는 앞으로 자기자본비율을 산출할 때 보완자본을 최대한 배제한다는 의미이다. 레버리지 비율는 자본에 대한 부채(익스포저)의 비율이며 기본 자본으로 자본의 정의를 한정한다면 부채에 대한 자본비용(cost of capital)이 상당히 높아져 부채 증가를 억제할 수 있다.

8) "Acropolis now", The Economist, May 1st 2010.

9) 이에 대한 자세한 내용은 5월 13일자 김이석 박사의 KERI 칼럼 "6·2 지방선거와 그리스발 남유럽 재정위기"를 참조.

10) European Commission, "Report on Greek Government Deficit and Debt Statistics", January 2010.

11) 금융성 기금으로는 기술신용보증기금, 농림수산업자신용보증기금, 신용보증기금, 예금보험기금채권상환기금, 주택금융신용보증기금, 수출보험기금, 산업기반신용보증기금, 부실채권정리기금, 구조조정기금, 농어가 목돈마련저축장려기금, 국가장학기금, 외국환평형기금 등이 있다.

12) 파이낸셜 타임즈 5월 24일자 기사 인용

13) 문화일보 5월 26일자 기사 인용

14) 아시아경제 5월 20일자 기사 인용

15) 중앙일보 6월 2일자 기사 인용

16) 노벨경제학 수상자 먼델의 최적통화지역 정의 참조

17) 금융지주회사 중에 은행을 소유한 지주회사를 은행지주회사라 한다.

18) An, Bae, and Ratti(2007)는 1987년부터 1997년까지 국내 은행의 성과를 분석한 결과 소유주가 분명한 은행들이 소유주가 분명하지 않은 은행들보다 더 많은 이윤을 창출하였음을 보였다.

19) 중앙일보(2010. 7. 13) 보도 참조.

20) KB금융지주의 최대 지주는 ING Bank N.V.이며, 지분율은 2009년 12월 31일 기준 5.02%이다.

21) 이러한 주장은 은행소유가 분산되어 있음에도 불구하고 은행의 책임경영이 잘 이뤄지고 있다는 외국의 사례를 바탕으로 하고 있다. 그러나 은행의 개인소유를 법적으로 엄격하게 제한하고 있는 국가는 캐나다를 제외하고는 거의 없다. 기업의 은행 소유에 대해 엄격한 국가는 이탈리아, 미국, 스페인, 스웨덴, 룩셈부르크다. 외국에서 소유가 분산되어 있음에도 불구하고 책임경영이 이뤄진 경우는 민간경제주체들이 자율적으로 선택한 결과이지 규제가 아니다. 뿐만 아니라 은행의 책임경영을 가장 확실하게 하는 방법은 은행의 소유주를 분명하게 하는 것임을 인식할 필요가 있다. 안재욱(2002) 참조.

22) 동일한 개인·법인에 대하여 당해 은행의 자기자본의 100분의 25를 초과하는 신용공여를 할 수 없고(은행법 제35조), 은행의 전체 대주주에게 할 수 있는 신용공여는 그 은행 자기자본의 100분의 25의 범위에서 대통령령으로 정하는 비율에 해당하는 금액을 초과할 수 없다(은행법 제35조 2항).

23) 당초예산, 순계 기준 (재정고 홈페이지 www.lofin.mopas.go.kr)

24) 사회보장기금을 제외한 총 세수를 의미. 2005년 기준(심혜정, 「지방정부 재정자주권의 국제비교와 정책적

시사점」, 경제현안분석 제35호, 국회예산정책처, 2008.)

25) 2006년 기준 (심혜정, 「지방정부 재정자주권의 국제비교와 정책적 시사점」, 경제현안분석 제35호, 국회예 산정책처, 2008.)

26) 2004년 기준(심혜정, 「지방정부 재정자주권의 국제비교와 정책적 시사점」, 경제현안분석 제35호, 국회예 산정책처, 2008.)

27) 2002년 기준 (심혜정, 「지방정부 재정자주권의 국제비교와 정책적 시사점」, 경제현안분석 제35호, 국회예 산정책처, 2008.) 수도권 지방자치단체에서 재산세 세율을 인하한 경우를 제외하고는 탄력세율제도 활용 은 미약하다.(이영환·황진영·신영임, 「지방소득세·지방소비세 도입과 향후과제」, 경제현안분석 제43 호, 국회예산정책처, 2009. 11.)

28) 구체적으로 보통교부세는 기준재정수요액과 기준재정수입액의 격차를 기준으로 산정된다. 현 제도하에서 기준재정수입액은 과거 세수를 기준으로 산정되므로 세수가 증대하면 일반교부금이 감소한다. 세수 증대 에 따른 교부세 손실은 세수 증대의 73.5%에 달하는 것으로 추정된다(2008년 기준; 안종석, 「지방교부세 배분방식 개편에 관한 연구」, 한국조세연구원, 2009. 11.).

29) 현 보통교부세 산정공식은 지출 삭감 혹은 세수 증대를 통해 건전성을 제고한 지방자치단체에 가산점을 부 여하여 재정건전성 강화에 대한 인센티브를 부여하고는 있으나, 그 효과가 미약하여 세수 증대 시 보통교 부세 삭감 효과가 압도적으로 나타난다.

30) 현재 소요사업비가 500억 원 이상인 신규 투·융자 사업에 대해서는 지방자치단체장이 전문기관에 타당성 평가를 의뢰하게 되어 있으나 (지방재정법 시행령 제41조의 2) 이는 중앙정부의 예비타당성평가 대상(총사 업비 500억 원 이상, 정부지원 300억 원 이상; 국가재정법 시행령 제 13조의 1)과 같은 규모이다. 지방자치 단체 재정 규모가 중앙정부보다 작은 만큼 전문기관 평가대상의 범위를 확대하는 것을 고려할 필요가 있다.

31) 김승래·김우철, 「우리나라 조세제도의 효율비용 추정」, 한국조세연구원, 2007.

32) Auerbach, Alan J., Michael P. Devereux, and Helen Simpson, "Taxing Corporate Income", in Mirrlees, James et. al. (eds), Dimensions of Tax Design, Oxford University Press, 2010, pp.837–913.

33) 북유럽 모형의 이와 같은 특성에 대한 설명은, Torben M. Andersen 교수 외 5인이 저술한 The Nordic Model; Embracing globalization and sharing risks를 참조할 수 있다.

34) 한국거래소, '장외 파생상품 CCP서비스 도입 방향」, 「KRX market」, 2009. 10, p.29.

35) 금융위원회, 보도자료 「장외 파생상품 인프라 도입 관련 추진계획」, 보도자료, 2010. 2. 10.

36) The City of London (2010. 3.), Global Financial Centers 7. 모두 5개 항목(인력, 사업 환경, 시장 접근성, 인프라, 일반 경쟁력)을 비교 분석하여 순위가 결정되는데 2010년 3월 현재 런던과 뉴욕이 세계 1위, 2위 를 차지하고 있는 가운데 3위, 4위가 홍콩, 싱가포르로서 이미 아시아의 주요 금융센터로 자리 잡고 있다.

37) 이병기, 「금융발전이 기업성장에 미치는 영향분석」, 한국경제연구원, 2009.

38) Akerlof, G., "The Market for 'Lemons' : Quality Uncertainty and the Market Mechanism", Quarterly Journal of Economics 84(3), 1970, pp.488–500.

39) 고용보험법 제84조 제2항에 따르면 실업급여계정 당해 연도 지출액 대비 누적적립금 적정배율은 1.5배인 데, 2010년에는 0.7배로 하락할 것으로 예상된다.

40) 개인적 합리성을 고려한 사회의 합리적 선택을 의미한다.

41) 김성은·이진우의 '고용보험 재정기준선 전망과 과제−실업급여계정을 중심으로'에 따르면 고용보험기금 은 크게 실업계정과 고용안정·직업능력개발계정으로 분리되어 운용되고 있다. 실업계정의 보험료율은 2003년부터 임금총액의 0.9%(근로자 0.45%, 사용자 0.45%)가 적용되고 있고, 고용안정·직업능력개발계 정의 보험료는 2006년부터 상시근로자 기준 사업장 규모에 따라 사용자가 전액부담(0.25~0.85%)하고 있 다.

42) 실업급여는 구직급여와 조기재취업 수당으로 구분하는데, 일반적으로 실업급여라고 할 때는 구직급여를 지칭한다. 구직급여는 이직 전 18개월 동안의 피보험기간이 180일 이상인 근로자가 해고·권고사직·계 약만료 등의 비자발적 사유로 실직했을 경우 적극적인 재취업 노력을 전제로 생계지원 및 재취업을 촉진하 기 위하여 지급되는 것임.

43) 임신 중인 여성에게 산전후를 통하여 계속해서 90일의 보호휴가를 주고 근로의무를 면제하고 임금상실 없 이 휴식을 보장받도록 하는 제도.

44) 남녀 고용평등법 제19조에 기초하여 근로자가 만 6세 이하의 초등학교 취학 전 자녀(입양한 자녀를 포함)

를 양육하기 위하여 신청하는 휴직으로 30일 이상 부여받고 소정의 수급요건을 충족하는 경우 매월 50만 원씩 지급받는 제도임.

45) 고용보험기금과 노동부 일반회계에서 분담하는 형태이다.

46) 실직 전 받은 임금총액을 실업급여 수급액으로 나눈 것이다.

47) 실제로 남성 임금근로자뿐만 아니라 여성 임금근로자도 출산과 육아에 관한 휴직을 원하는 대로 하기 어려운 것이 현실이다. 즉 산전후휴가급여와 육아휴직급여의 사각지대가 존재한다.

48) 조선일보 2010년 11월 8일자 기고 「1000만 고용보험 3년 뒤엔 빈털터리」(조하현 연세대 교수)에서 2009년 한 해 동안 부정 수급으로 인한 잘못된 지출은 약 100억 원에 이른다고 한다.

49) 조선일보, 2010년 2월 3일자 1면

50) 조선일보, 「李대통령 '일부 지자체 호화빌딩, 시대 인식 부족'」, 2010년 2월 4일자 1·8면

51) 조선일보, 「안양시 100층 청사 추진 논란」, 2010년 1월 29일자, 2면

52) 중부일보, 「이필운 안양시장 '100층 호화청사' 논란 반박」, 2010년 2월 2일자

53) Views&News, 「이한구, '盧 비난했더니 MB정권 더 엉망'」, 2009년 10월 22일과 조선일보, 2009년 6월 16일자, B3면

54) 김동욱, 『최근 외국 지방자치단체의 재정위기 극복 사례』, 한국지방재정공제회, 지방재정과 지방세 통권 제20호, 2009. 8, p73 참조

55) 데이비드 보아즈, 『자유주의로의 초대』, 강위석 외 옮김, 북코리아, 2009, p43.

56) 비용과 편익은 모두 기대 비용과 기대 편익을 의미한다.

Chapter **4**

노동정책,
발상의 전환이 필요하다

개정 노조법, 어찌해야 하나?

▋ **권혁철**(자유기업원 법경제실장)

복수노조 및 노조전임자 임금지급 금지 문제를 다룬 노조법(노동조합
및 노동관계조정법) 개정안이 2010년 1월 1일 국회를 통과했다. 복수노조는
1년 6개월 유예하고 노조전임자 임금지급 금지는 오는 7월부터 적용
한다는 것이 주요 내용으로 되어 있다. 하지만 이 법은 그동안 수차례
의 논의를 거치면서 뭐가 뭔지 모를 정도로 누더기가 된 법안으로 앞
으로 많은 문제점을 노정시킬 것이라는 우려를 낳고 있다.

우선 개정되기 전의 노조법에 따르면 지난 13년간이나 유예되어 왔
던 복수노조 허용과 노조전임자 임금지급 금지가 2010년 1월 1일부터
시행되도록 되어 있었다. 법 제정 시 이러저러한 이유로 시행을 유예
하는 경우는 있지만, 세 차례에 걸쳐 총 13년 동안이나 유예된 경우는
매우 드문 일이다. 더 이상의 유예는 할 수 없는 상황이라는 것은 많은
사람들이 공감하는 부분이고, 그렇다면 지난 정부 혹은 이번 정부 출
범과 더불어 초기에 보완책을 서둘러 마련했어야 했다. 하지만 중대
한 사안에 대해 책임을 지지는 않고 눈치 보이는 문제에 대해서는 상
대방에게 전가하기 좋아하는 정치권은 차일피일 시간만 보냈다. 이들
의 책임을 묻지 않을 수 없다.

보완해야 할 것들은 너무나 자명하다. 우선 복수노조 허용과 관련하여 복수노조의 등장으로 인해 이중 삼중의 교섭을 할 수밖에 없는 상황이 도래할 수 있고, 이는 기업과 사회 전체에 엄청난 혼란과 비용을 가중시킬 수 있는 위험요소이다. 이 위험요소를 어떻게 제거 내지 최소화할 수 있을 것인지 대책을 강구해야 한다. 그 해법이 곧 창구단일화다. 창구단일화를 어떻게 이룰 것인지는 부차적인 문제이다. 비례대표로 할 수도 있고 과반수를 차지하는 노조가 대표할 수도 있다. 이 문제는 노조들 사이의 자율적 협상에 맡겨도 된다. 창구단일화와 함께 꼭 짚어야 할 중요한 것은 창구단일화가 되지 않았을 경우 어떻게 할 것인가를 명문화하는 일이다. 창구단일화가 되지 않을 경우 사측이 교섭을 거부할 권한이 있고 일정 기간 내에 창구단일화가 이루어지지 않을 경우 사측이 교섭대상 노조를 지명할 수 있는 권한 등을 사측에 부여하면 된다. 이로써 복수노조와 사측의 힘의 균형이 이루어질 수 있다.

노조전임자 임금지급 금지와 관련해서는 특별히 보완할 내용이 없다. 그런데 일부 정치권과 노조에서는 대기업 노조와는 달리 중소기업의 노조들이 재정이 빈약하여 전임자 임금을 지급할 여력이 없기 때문에 이들에게는 앞으로도 사측이 임금을 지급해야 한다는 주장이 힘을 얻고 있다. 하지만 이는 무언가 모순된 주장이다. 대기업이 노조전임자에게 임금을 지급하는 것은 물론 문제지만 노조전임자 임금지급으로 인해 큰 부담을 갖게 되는 것은 대기업보다는 중소기업이 더하다. 그렇다면 정작 시급하게 금지해야 할 것은 중소기업에서의 노조전임자 임금지급 문제다. 그런데 대기업의 노조전임자 임금지급은 금지하자고 하면서도 중소기업에게는 노조전임자 임금을 지급해야 한다는 엉뚱한 소리들이 나왔다.

중소기업 노조의 재정문제와 관련해 결론부터 이야기하자면 이는 노조들이 자율적으로 협의하고 결정할 일이다. 즉 재정이 풍부한 대기업 노조들이 재정이 빈약한 중소기업 노조에게 지원을 함으로써 자신들이 강조하는 '단결'된 모습을 보이는 것이 좋다.

그렇게 눈치만 보면서 시간만 보내던 정부와 정치권은 막바지에 몰리면서 지난 12월 4일 어렵사리 소위 노사정 합의에 도달했다. 어렵게 합의를 이뤘음에도 불구하고 12·4 노사정 합의가 갖고 있었던 큰 문제점은 노조전임자가 노사 공동의 이해관계와 관련된 활동을 하는 시간을 근로시간으로 인정하여 회사가 임금을 지급하는 근로시간 면제(time-off)제도를 도입한다는 것이었다. 즉 노조가 회사로부터 노조전임자의 임금을 받아낼 수 있는 합법적인 근거를 마련해 주고 있다는 점이 가장 큰 문제점으로 지적되었다. 또한 앞으로 어떤 활동이 또 어느 정도의 시간까지가 이 타임오프 제도의 적용대상이 될 것인지를 놓고 노사가 현장에서 첨예하게 대립될 불씨를 남겨 놓았다.

12·4 노사정 합의안을 기초로 했다는 한나라당의 개정안은 사실은 노사정 합의안보다도 더 이상한 방향으로 나갔다. 한나라당은 한 술 더 떠서 자신들의 노조법 개정안에 '노사 공동의 문제'는 물론 '통상적인 노조관리업무'를 근로시간 면제제도의 적용대상으로 은근슬쩍 집어넣었다. 이렇게 되면 노조전임자 임금을 회사가 지급하는 현 상황과 다를 것이 전혀 없다. 노조전임자 임금지급 금지규정 자체를 유명무실화시키는 내용의 문구를 삽입한 한나라당은 크게 반성해야 한다. 뒤에서 보겠지만 이 문구는 변형된 형태로 개정된 노조법에 그대로 남게 된다.

한나라당의 개정안은 물론 12·4 합의안도 받아들이지 않던 추미애 환경노동위 위원장은 뒤늦게 6자 회담을 제안하고 절충을 시도한 후

자신의 소속 정당인 민주당으로부터 '배신자' 소리를 들어가면서 자신의 노조법 개정안을 한나라당을 통해 통과되도록 했다. 추 위원장의 소신과 결단은 높이 평가할 만하다. 하지만 통과된 개정안의 내용은 여전히 문제가 많다.

개정된 노조법에는 한나라당이 근로시간 면제제도의 적용대상으로 슬쩍 집어넣었던 '통상적 노조관리 업무'가 '건전한 노사관계 발전을 위한 노동조합의 유지 및 관리업무'로 문구만 바뀌었을 뿐 사실상 그대로 유지되어 있다. 이로써 노조전임자 임금지급 금지조항이 유명무실해진 것은 물론, 앞으로 이 문제를 둘러싸고 노사가 격한 소용돌이에 휘말릴 가능성이 매우 커졌다. 노동부에 '근로시간 면제 심의위원회'를 설치하여 3년마다 근로시간 면제의 적정성 여부를 결정한다고 하지만 여기서 과연 원칙에 따른 결정이 나올지 의문이다. 다분히 정치적 계산에 따라 상한선이 지속적으로 확대되는 이상한 결정이 나올 가능성이 크다.

복수노조의 경우에도 현재 조직된 산별노조는 향후 2년 6개월간 창구단일화 대상에서 제외토록 되어 있다. 이들에게만 이런 특혜를 줄 이유가 전혀 없을 뿐더러 이렇게 함으로써 회사는 이중 삼중의 교섭을 해야 하는 상황에 처하게 되었다.

결국 개정된 노조법은 가장 우려하던 부분이었던 노조전임자 임금지급 금지 문제와 복수노조 허용에 따른 혼란과 비용 상승 배제의 문제를 전혀 해결하지 못했다. 오히려 복수노조의 허용 시기를 기존 안보다 1년을 앞당겨 기업들이 대비할 수 있는 기간을 줄여 버렸고, 기존 산별노조에는 특혜를 주었으며, 근로시간 면제제도의 적용범위를 확대하고 모호하게 만들어 노사 간 커다란 갈등의 여지를 남겨놓았다. 아무 것도 해결하지 못하고 시간에 쫓겨 얼버무린 채 '후속조치' 라는 쪽으로 넘겨버린 셈이다.

"이렇게 고칠 것이었으면 왜 개정한다고 그 난리를 쳤느냐"는 불만의 목소리가 높을 수밖에 없다. 앞으로 세부방안과 후속조치에 비상한 관심을 갖고 지켜볼 일이다. 하지만 애초에 잘못 들어선 길이라면 처음으로 돌아가는 것이 보다 현명한 판단이다. 정부와 정치권은 "모두를 만족시키는 법을 만들기는 어렵다"고 불평하지만 그럴수록 원칙에 충실해야 한다. 노사관계 선진화라는 큰 흐름에 역행하는 우를 범해서는 안 된다. (2010. 1. 11)

노동법 개정 이후의 노사관계 전망과 과제

▌김태기(단국대 경제학과 교수)

노동조합 및 노동관계조정법(이하 노동법) 개정으로 노동운동과 노사관계가 어떻게 바뀔지 '기대 반, 불안 반'으로 지켜보는 사람들이 많은 듯하다. 교섭창구 단일화를 전제로 복수노조가 허용되고 노조 전임자에 대한 사용자의 임금 지급이 금지되지만 근로시간면제(time off) 제도가 도입되는 등 노사가 따라야 할 게임의 규칙이 바뀌기 때문이다. 더군다나 법을 어렵게 개정해도 시행에 들어가면 취지와 달리 엉뚱하게 운용되는 문제점을 경험해 왔기 때문인지도 모른다.

개정 노동법에 대해 보수진영 일각에서는 누더기가 됐다고 주장하는 반면, 진보진영 일각에서는 개악됐다고 비판한다. 노동법 개정에 대한 노사정합의와 여야 협의가 미진한 점은 있다. 그러나 우리나라 노동운동과 노사관계의 현실 그리고 의회민주주의의 수준을 감안하면 노동법은 이상과 현실, 규범과 실천이라는 양면을 감안하면서 '복수노조시대'와 '노조자립시대'라는 새로운 질서를 확립하는 계기를 만들었다고 평가할 수 있다.

노동법 문제를 둘러싼 게임은 법 개정이라는 1라운드를 끝내고 법의 정착이라는 2라운드에 돌입했다. 노동법 개정의 효과는 2라운드가 어떻게 진행되느냐에 크게 좌우될 것이다. 1라운드에서 '복수노조·노조 자립시대 구축'이라는 명분이 강하게 작용했다면, 2라운드에서는 노조의 조직과 전임자 임금 등 이해관계 문제가 핵심 이슈가 될 것이다.

내년 7월부터 한 사업장에 복수의 노조 설립이 가능하지만 복수의 노조는 사용자와 단체교섭을 할 때 교섭창구를 단일화해야 한다. 노조가 자율적으로 단체교섭에 임할 대표노조를 정하되 안 되면 과반수 노조가 교섭권을 행사하게 된다. 올 7월부터는 노조전임자의 임금지급이 금지되지만 사용자와의 협의·교섭, 고충처리, 산업안전 활동 등 건전한 노사관계 발전을 위한 노조관리 업무에 대해서는 근로시간이 면제되고, 면제의 범위·대상은 근로시간면제 심의위원회가 결정한다.

전임자 임금 문제는 '발등의 불'이기 때문에 올 상반기에는 이 문제를 둘러싼 노사정의 긴장관계가 커질 것이다. 경영계는 근로시간면제 범위와 전임자 수를 줄이려고 하는 반면, 노동계는 이를 최대한 늘리면서 동시에 재정자립을 위한 사용자와 정부와의 협조를 요구할 것으로 보인다. 전임자 임금문제를 둘러싼 노사의 긴장은 상급 레벨보다 개별 사업장 차원에서 더 클 수 있다. 건전한 노사관계 발전을 위한 노조관리업무에 대해 전임자 임금지급이 가능하기 때문에 노동조합은 편법적인 방법으로 노조 전임자를 인정하도록 요구하거나 노조의 재정자립을 위한 사용자의 지원을 요구할 가능성이 있다.

전임자 임금 문제로 노조 운영에 대한 조합원과 사용자의 목소리가 커지겠지만, 노조와 사용자, 노조와 조합원의 관계에 근본적인 변화를 가져오는 변수는 복수노조 허용이 될 것이다. 지금까지는 노조의 입장이 조합원의 뜻과 달라도 노조를 새로 만들 수 없었지만 앞으로 근로자들은 자신의 권익을 충실하게 대변하는 노조를 만들거나 선택할 수 있다. 반면, 노조는 대표노조가 되기 위해 조합원 확충에 매달릴 수밖에 없게 된다. 이렇게 된다면 정치이념 투쟁에 치우친 노조는 조합원들의 외면을 받게 될 것이다.

우리나라의 노동 지형을 보건대 복수노조 허용으로 노조가 새로 만들어지는 사업장은 그렇게 많지 않을 것으로 예상된다. 그러나 직원의 숫자가 많고 직원들이 하는 업무의 성격이 상이하며 기존의 노동조합으로부터 혜택을 받지 못하고 있는 사업장 그리고 기존의 노동조합이 정치이념 등에 따라 계파가 나뉘어 있는 사업장에서는 복수노조가 만들어질 가능성이 클 것으로 보인다.

복수노조 허용과 노조 자립의 성공 여부는 올 상반기 노사관계 상황을 보면 판단할 수 있을 것 같다. 노동법의 성공적인 정착 여부는 초기 단계에 결정된다. 노사정 당사자들이 어떤 자세와 각오로 임하느냐가 매우 중요하다.

복수노조 허용은 노동기본권이기 때문에 존중되어야 하지만 한 사업장에 여러 개의 노조가 있는 것은 노사 모두에게 도움이 되지 못한다. 노동운동과 노사관계 발전 측면에서 보면 '1사 1노조' 원칙이 바람직하다. 이를 위해서는 노사협력, 특히 사용자측의 노력이 중요하다. 사용자측은 기업의 구성원들이 '1사 1노조' 원칙에 공감하도록 힘써야 할 것이다.

노조가 자립하려면 무엇보다 재정을 자립하겠다는 의지가 중요하다. 노조가 사용자에게 권익향상을 당당하게 요구하려면 사용자로부터 자립해야 할 것이다. 따라서 노조는 조직 운영의 거품을 없애기 위해 자구노력을 기울이고 동시에 범노동계는 턱없이 낮은 조합비를 현실화하기 위한 노력을 기울여야 할 것이다.

노동조합법이 교섭창구 단일화, 전임자 임금지급 금지의 예외 문제에 초점을 두다 보니 노사는 물론 복수노조, 그리고 노조·조합원 간의 갈등을 예방·해결할 방안 마련에는 소홀한 면이 있다. 그러나 '복수노조시대'와 '노조자립시대'가 됨에 따라 예전에는 없었던 새로운 갈등이 많아질 것으로 보인다. 따라서 정부는 노동법이 제대로 시행될 수 있도록 만전을 기하면서 기존의 노동 갈등해결 시스템을 보완·개선해야 할 것이다. (2010. 1. 20)

'고용전략회의', 발상의 전환이 필요하다

▌ 조동근(명지대 경제학과 교수)

실질적 실업자 400만 명 시대

현재의 고용상황은 비상이라 해도 과언이 아니다. 지난 17일 통계청 발표에 따르면 우리나라의 '실질적'인 실업자는 400만 명에 이른다. 공식 실업자 82만 명에 더 넓은 의미의 실업자를 포함하는 수치이다. 실질적으로 실업자나 다름없는 주당 18시간 미만의 불완전 취업자 96만 3,000명 취업준비자 59만 1,000명 특별한 이유 없이 그냥 쉬는 사람 147만 5,000명 그리고 구직 단념자 16만 2,000명 등을 합한 것이다.

지난 15일 이명박 대통령과 재계 대표 간에 '투자와 고용확대를 위한 간담회'가 열렸다. 간담회는 하루 전에 일정이 잡힌 것으로서 이처럼 급박하게 회동이 이루어진 것은 올해 경제운용에서 투자확대와 고용창출이 갖는 '상징성'이 그만큼 크기 때문이다. 이명박 대통령은 기업에 투자와 고용 확대를 주문했고, 재계는 사상 최대 규모의 투자와 고용계획 발표로 화답(和答)했다. 발표 자료에 의하면 30대 그룹의 올해 투자액은 작년보다 16.3% 늘어난 87조 150억 원, 신규 고용은 작년보다 8.7% 증가한 7만 9,000명에 이른다.

그동안 역대 정부의 고용정책은 형식적이었다. 30대 재벌로부터 일정규모의 투자 약속을 받아내는 것으로 고용문제 해결에 갈음하려 했기 때문이다. 재계 입장에서도 굳이 정부와 대립각을 세울 이유는 없었다. 투자 약속은 일종의 계획으로 그 자체가 '구속력'을 갖지는 않기 때문이다. 물론 정부의 일자리 창출 요청은 결코 '쉽지 않은 주문'이다. 하지만 이 같은 주문 역시 구속력을 갖는 것은 아니다. 따라서 그동안 고용정책은 사실상 별다른 효과를 거두지는 못했다. 정부는 재정지출을 통해 필요한 만큼의 사회적 내지 공공 일자리를 마련하는 것을 그 소임으로 여겼다. 경제안정화 정책의 외연에 공공부문의 고용정책이 자리를 잡았다.

이 같은 정책관행에 비춰볼 때, 이명박 대통령이 15일 재계와의 간담회에서 밝힌 '국가고용전략회의'는 시의적절한 것으로 평가된다. 세계적으로 확산된 금융위기의 후폭풍이 실물부문에 미친 여진이 완전히 가라앉지 않은 상황에서 '일자리 부족'은 전 세계의 화두이다. 우리나라는 OECD 국가 중에서 경기회복이 매우 빠른 편이지만 회복세가 아직 고용 확대로 연결되지는 못한 상태이다. 따라서 고용문제에 대한 새로운 정책적 접근이 요구된다.

그러나 고용전략회의의 '유효성'은 '시의성'과는 별개이다. 고용전략회의가 실질적인 효과를 거두려면 새로운 시각과 보다 큰 틀에서 정책 각론이 유기적으로 통합되어야 한다. 고용전략회의가 과거의 다양한 고용대책과 대비되기 위해서는 '발상의 전환'이 요구된다. 즉 상황 변화를 살피고 문제의 본질을 꿰뚫어 보지 않으면 '보여주기 식의 대책회의'에 그칠 개연성이 크다.

고용문제는 구조조정과 동전의 앞뒷면 관계

고용문제와 관련된 중요한 상황 변화는 투자와 고용 간의 관계가 과거와 같이 "안정적이고 선순환(善循環)적이지 못하다"는 것이다. 즉 투자가 충분한 고용을 유발하지 못한다는 것이다. 이는 '고용유발계수'의 저하로 나타나고 있다. 한국은행 자료에 따르면 2000년에 우리나라 전체 산업에서 10억 원을 생산하는데 10.9명이 소요됐던 것이 2007년에는 8.2명으로 줄어든 것으로 나타난다. 제조업만 보면 같은 기간 동안 고용은 4.4명에서 3명으로 더욱 줄어든다. 이 같은 고용유발계수의 저하는 '고용 없는 성장'으로 해석되었고, "실업문제는 구조적일 수밖에 없다"는 변명 아닌 변명과 더불어 정책당국의 '피난처' 역할을 했다.

고용유발계수 저하는 자연스런 추세이다. 생산이 고도화되면서 그만큼 사람을 덜 필요로 하기 때문이다. 고용유발계수 감소를 뒤집어보면 노동생산성 증가를 의미한다. 최근의 임금 상승은 상당부분 높아진 노동의 생산성을 반영한 것이다. 경제발전의 궁극적인 목표는 "높은 임금을 지불할 수 있는 능력"을 배양하는 것이다. 따라서 노동유발계수 감소는 '재앙'이 아닌 '축복'이다. 결국 고용문제의 본질은 사람이 덜 필요해진 만큼 이들을 새롭게 필요로 하는 취업기회를 충분히 창출하지 못한 것에 있다. 따라서 고용문제는 구조조정의 문제와 '동전의 앞뒷면'의 관계를 이룬다. 이때 구조조정은 사람을 해고시키는 것이 아니라 경제자원을 새로운 산업으로 유연하게 이동시키는 것을 의미한다. 이 같은 관점에서 고용문제에 체계적으로 접근하기 위해서는 최근 일정기간 동안 새로 만들어진 일자리와 없어진 일자리에 대한 실태조사가 시행되어야 한다. 그러나 지금까지는 이러한 연구가 이루어지지 않은 것으로 보인다.

'고용전략회의'의 역할은 노동시장 혁신의 유인을 보호하고 신산업이 창출될 수 있도록 규제완화 등 제도적 장치를 마련하는 것이다. 노사문화 선진화도 "기업하기 좋은 환경 구축"을 통한 일자리 창출로 접근해야 한다. 이명박 정부의 '비즈니스 프렌들리' 정책은 사실은 '일자리 프렌들리' 정책인 것이다. 그럼에도 이 같은 논리가 정치권에 제대로 전달되지 않아 '대기업 중심'의 경제운영으로 오해된 것이다.

세제지원의 고용에 대한 효과 분석

고용전략회의는 고용 확대를 위해 보다 '정밀한' 정책지원을 설계할 필요가 있다. 이와 관련해 송희영의 칼럼은 시사하는 바가 크다.[1]

내용을 요약하자면 "조선·해운업으로 고속 성장한 STX그룹 임직원은 대략 4만 7,000명이다. 이중 중국인이 2만 7,000명, 유럽인이 1만 6,000명, 나머지 4,000명 안팎이 한국인이다. 한국인에게 제공한 일자리는 9%에 못 미친다. STX가 그간 해오던 방식으로 그룹을 키워간다면 외국인에게 9개 일자리를 줄 때마다 한국인에게는 고작 1개의 일자리 선물이 배달될 것"이다. 한국 정부는 누구를 위해 세금감면 혜택을 제공하고 금융 편의를 봐줘야 하느냐 하는 문제제기이다. 경청해야 할 부분이다.

정부는 오랫동안 투자촉진을 위해 '임시투자세액 공제제도'를 운영해 왔다. 신규 투자금액의 10%를 세금에서 깎아준 것은 사실 고용촉진을 위한 것이다. 그러나 글로벌 기업의 경우 투자액의 상당부분을 해외에서 집행하기 때문에 투자촉진이 국내 고용으로 연결되지 않는다. 정부가 세금을 깎아주면 누군가 더 세금을 내야 한다. 따라서 조세감면은 '조세지출'의 일환으로 엄연히 '비용'을 유발한다. 정부의 유인제공은 고용창출에 연계되어야 한다. 즉 '고용친화적' 유인 제공으로 전환되어야 한다.

국내에서의 일자리 창출을 위해 글로벌 기업의 해외진출을 억압해서는 안 된다. 만약 그렇게 한다면 '교각살우(矯角殺牛)'의 우를 범하는 것이다. 해외진출이 이루어지면 기획 수립, 재원 조달 및 마케팅을 위한 일자리가 창출된다. 이들 일자리는 가장 고급스러운 일자리가 아닐 수 없다. 글로벌 아웃소싱(外注)을 위한 해외 진출 여부를 궁극적으로 결정하는 주체는 기업이다. 이때 이들 글로벌 기업의 해외투자에 세액공제 형태로 유인을 굳이 제공해야 할 필요는 없다고 판단된다. '정밀한' 정책지원의 의미는 세액공제가 고용에 미치는 효과와 그 경로가 정확하게 파악되어야 한다는 것이다. 즉 지원의 크기가 중요한 것이 아니라 정책효과의 전달체계를 분명하게 추적할 필요가 있다는 것이다. 그리고 일자리 창출을 위해 보다 중요한 것은 국내에서 조업하는 것이 유리하도록 제도 및 경영환경을 만드는 것이다. '고용전략 회의'는 우리나라가 기업하기 좋은 환경의 국가인지 면밀히 살펴보는 계기가 되어야 할 것이다.

'취업조건부 학자금 대출제도' 영향 평가

우리나라의 고용시장은 '구인난'과 '구직난'이 동시에 존재하는 이중구조를 갖고 있다. 문제의 뿌리는 일자리에 대한 '눈높이'가 너무 높다는 데 있다. 이는 높은 대학 진학률에서 비롯된다. 우리나라는 한 해 60만 명 정도가 고등학교를 졸업하는데 그중 53만 명 정도가 대학에 진학한다. 우리나라의 대학 진학률은 86% 정도로 OECD 국가 중에서 '단연' 으뜸이다. 그리고 대졸자들이 선호하는 직장은 주로 화이트칼라의 소위 '고급 일자리'이다. 그러나 우리의 고용구조는 이러한 욕구를 충족시키기 어렵게 되어 있다.

최근 한 자료에 따르면 10대 그룹의 '고용 인원'은 2005년 43만 9,776명에서 2008년 44만 1,739명으로 거의 제자리다.[2]

대졸자에게 허용되는 신규 일자리는 이중 '일부'에 지나지 않는다. 대학생의 눈높이와 좋은 일자리 간의 괴리는 구조적일 수밖에 없다. 눈높이를 낮추라면 모욕적인 언사로 비춰지기 십상이다. 옳고 그름을 떠나 현실이 그렇다. 왜 그런가? 경쟁을 억압한 '평준화 교육'의 역작용이다. 사회 조기진출에 대한 탐색이 사실상 차단되었기 때문이다. 모든 청소년은 대학 문턱까지 모두 일렬로 세워져 있다.

대학 진학률이 80%를 훌쩍 뛰어넘는 상황에서 "취업조건부 학자금 대출제도"는 사태를 악화시킬 뿐이다. 취업조건부 학자금 상환은 도덕적 해이를 조장하고 정부에게는 큰 재정 부담을 안길 것이 명약관화하다. 자신의 진로를 '조기'에 탐색할 수 있도록 사회적 분위기를 갖추고 이를 설득하는 것이 구인난과 구직난의 고용시장의 이중구조를 혁파하는 길이다. 노동의 공급조건이 노동시장의 이중구조를 완화하는 데 적합한지 여부를 살피는 '고용전략회의'가 되어야 한다.

일자리는 개인에게는 생활 수단인 동시에 자아를 실현하는 통로이다. 국민경제적 차원에서 일자리는 소득의 '샘'이며, 소득 순환의 출발지이다. 고용 창출은 결코 쉬운 문제가 아니다. 고용위기는 기업의 투자를 독려해서 풀릴 일이 아니다. 사회적 일자리 창출과 '일자리 나누기' 등의 미봉책으로 접근할 사안은 더욱 아니다. 그리고 노동유발계수 감소를 '피난처'로 삼아서는 안 된다. 고용위기를 극복하기 위해서는 정도(正道)를 가야 한다. 혁신을 북돋고 신(新)산업을 일구어 내는 정책적 노력이 필요하다. 결국 기업하기 좋은 환경 구축과 경제의 유연성을 어떻게 높일 것인가 하는 것이 관건이다.

고용비상 상황에서의 '고용전략회의'는 시의적절하다. 하지만 '발상의 전환'을 꾀하지 못하면 과거의 유사한 그런 저런 '고용대책'과 차별화될 수 없다. '고용전략회의'가 민·관·정(民·官·政)이 머리를 맞대고 지혜를 모아 고용문제를 해결하는 데 국가적 역량을 결집하는 통로가 될 때, 비로소 '전략'의 의미가 부각될 것이다. 그렇지 않으면 '전략이 부재한 전략회의'라는 비난을 면치 못할 것이다. (2010. 1. 22)

노동시장 유연화가 저출산의 해법이다

▌**박성준**(한국경제연구원 선임연구위원)

　우리나라는 1970년에 합계출산율이 4.53명으로 OECD 국가 중 최고 수준이었으나 불과 30여 년 사이에 초고속의 출산율 하락을 보여 2008년 현재 1.19명으로 세계 최저 수준이다. 이러한 출산율 하락은 노동공급의 감소와 내수부진을 유발하여 경제성장률을 저하시킬 뿐 아니라 고령자 부양을 위한 젊은 세대의 부담을 가중시켜 세대 간 갈등을 야기하는 등 경제·사회적인 부작용을 유발하게 된다.

　이러한 문제의 심각성을 인식한 참여정부는 지난 2006년 6월 '새로마지 플랜 2010'을 마련하여 2020년까지 출산율을 OECD 국가들의 평균 수준인 1.6명을 목표로 정하고, 이를 위해 세 차례에 걸친 종합대책을 세운 바 있다. 이명박 정부도 '미래기획위원회'를 두고 '자녀 양육부담 경감' '일과 가정의 양립기반 확대' 및 '한국인 늘리기' 등 3대 분야에 걸친 대책을 내놓고 이를 토대로 제2차 저출산 기본계획(2011~2015)을 수립하였다.

　현 정부의 저출산 대책의 특징의 하나는 과거 참여정부의 대책인 출산 장려 정책에 머무르지 않고 '한국인 늘리기'라는 정책을 추가했다는 점이다. 그러나 한국인 늘리기는 인구증가에 효과를 볼지는 몰라도 저출산의 근본 대책이 될 수는 없다. 저출산의 가장 기본적인 대책은 출산율을 높이는 것이라고 볼 수밖에 없고 따라서 현 정부도 출산장려 정책인 '자녀 양육부담 경감' '일과 가정의 양립기반 확대'에 '한국인 늘리기'보다 우선순위를 두고 있으며 이를 위해 다양한 대책을 쏟아낼 듯하다.

그러나 이러한 대책을 내놓기에 앞서 우리보다 일찍 저출산을 경험한 바 있는 OECD 국가들의 출산율 제고방안을 살펴보자. OECD 국가들은 〈그림1〉에서 보는 바와 같이 대체로 1985년을 기점으로 이후 여성의 경제활동 참여가 높음에도 불구하고 출산율이 높아지고 있다. 특히 영미계 국가와 북유럽 국가들의 출산율이 상대적으로 높다. 이들 국가들의 여성의 노동시장 참여율이 다른 OECD 국가들보다 오히려 높아 일반적인 인식과는 달리 여성의 노동시장 참여율과 출산율 간에 양(+)의 상관관계가 나타나고 있다. 이러한 결과가 시사하는 바는 곧 여성의 노동시장 참여율을 제고시키면서 출산율도 높일 수 있다는

〈그림 1〉 연도별 여성 경제활동 참가율과 출산율의 상관관계

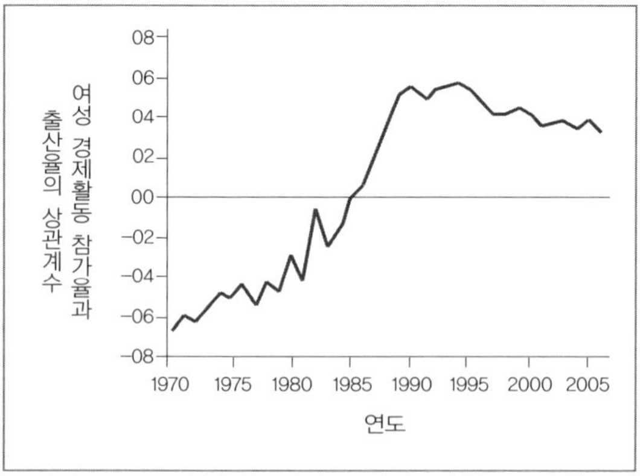

자료 : OECD

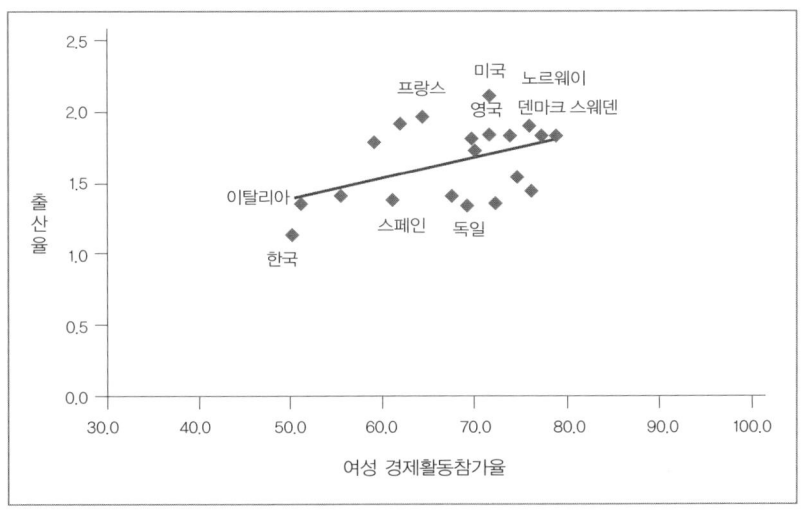

〈그림 2〉 여성 경제활동 참가율과 출산율(%)

주: 출산율은 2006년 기준, 경제활동 참가율은 2007년 기준임. 2개 OECD 국가를 대상으로 계산함, 두 변수
  간 상관계수는 0.4725임.
자료: OECD

것을 의미한다.

　여성의 노동시장 참여율이 높은 이들 국가들의 노동시장의 특징은
무엇인가? 이미 알다시피 영미계는 노동시장이 매우 유연하다. 또 출
산율 제고를 위한 특별한 정책도 없다. 따라서 여성의 출산에 대한 특
혜가 거의 없기 때문에 기업의 입장에서 여성의 고용을 기피할 이유가
없고 결국 여성은 출산 및 육아 이후에도 쉽게 재취업이 된다.

　또 북유럽 국가들은 (상대적으로 안정적인) 정부부문의 고용증대를 통해
여성의 노동시장 참여 및 출산율을 높이고 있다. 그러나 북유럽의 정
책은 정부부문의 비대화로 정부 재정에 압박을 가하는 부작용을 초래
하고 있다.

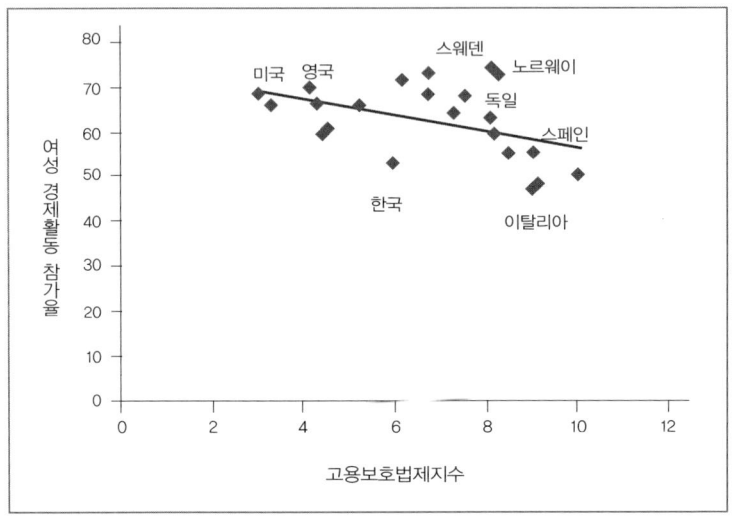

〈그림 3〉 고용보호법제 지수와 여성 경제활동 참가율

주: 고용보호법제 지수는 1998년, 2003년, 2005년, 2007년 4년 치 평균값이며, 두 변수 간 상관계수는
 -0.4362임.
자료: OECD

결론적으로 영미계와 북유럽 국가들은 여성의 노동시장 참여와 출
산율 제고라는 두 마리 토끼를 잡고 있지만 그 방식은 매우 상이함을
알 수 있다. 우리의 경우 북유럽 국가들과 같이 재정 부담을 주면서까
지 정부부문을 늘려 출산율을 제고하는 방식은 공공부문의 선진화와
배치된다. 따라서 영미계와 같이 노동시장의 유연화를 위한 제도로
개선하는 방안이 보다 바람직하다고 볼 수 있다. (2010. 1. 27)

새로운 고용정책 패러다임을 바란다

▌ 조준모(성균관대 경제학과 교수)

2008년 하반기부터 파국적으로 진행된 세계 금융시장의 위기는 향후 일자리 창출 전망을 더욱 어렵게 하고 있다. 금융과 대기업 부문은 빠른 속도로 회복하고 있지만 내수와 중소기업 부문은 여전히 빙하기에 있다.

2010년 들어서도 고용문제는 여전히 경제회복의 발목을 잡고 있다. 정부는 대통령 주재 하에 국가고용전략회의를 열기로 하고 향후 1년간 매달 각 부처들의 장차관들을 모아 고용문제를 직접 챙기기 시작했다. 1월 21일 개최된 국가고용전략회의 1차 회의결과를 살펴보면 여태까지 집적된 거의 모든 고용정책 메뉴들이 망라되었고, 내달부터는 고용정책들을 점차 구체화할 것으로 보인다.

그러나 기본적으로 한국 고용부진의 원인을 찾기 위해서는 경제의 본질에 대한 이해와 발상법을 달리해야 한다. 그렇지 않으면 백약이 무효일 수 있다. 미봉책만 나열한다면 이번에도 해당 부처와 관리들의 무의미한 실적만 나열될 뿐 시간이 지남에 따라 고용개선은 흐지부지 되어버릴 것이다. 이렇게 어려울수록 차분히 문제의 본질을 파악하고 대응해 나가야 한다.

필자는 과거식의 고용정책 메뉴로는 현재의 고용위기 극복은 어렵다는 문제의식하에 국가고용전략회의체에 보다 근본적인 고민과 처방이 필요하다는 것을 제언하고자 한다.

한마디로 현재의 고용위기는 노동수요의 부족이다. 수요 촉진형 고용정책이 강조되어야 한다. 경제학자들은 고용을 노동시장의 공급, 수요 그리고 인프라의 세 측면에서 살펴본다. 공급측면에서는 경제활동참가율 제고, 특히 여성 경제활동참가율 제고 등과 같은 측면이 강조되고 이를 위해 보육, 육아 시설 확충과 같은 정책 메뉴가 거론된다. 노동시장 인프라 부분은 노동시장에 미스매칭(mismatching)을 최소화하기 위해 공공 혹은 민간의 고용 알선 서비스(employment service)의 확충, 효율화, 훈련체계의 내실화 등이 거론될 수 있다. 그러나 공급과 인프라 중심의 고용정책은 고용창출의 필요조건은 되어도 충분조건이 될 수 없다. 노동수요가 없는데 노동공급을 늘리면 실업만 늘고 수급 매칭을 위해 고용서비스를 확대해도 '마른 수건 짜내기'만 되어 버린다. 고용서비스, 훈련도 중요하지만 이보다 더 중요한 것은 노동수요 부족에 대한 근본적인 처방이 수립되어야 한다. 필자는 국가고용전략회의체에서 지난 1월과 같이 전 부처에서 과거의 고용정책을 끌어올려 TFT를 구성하여 해결하는 백화점식 방식을 지양하고 고용문제의 근원을 해결하려는 노동수요 촉진이라는 핵심정책을 선택, 이에 집중하여 효과를 극대화해야 한다고 생각한다.

먼저 고용정책의 패러다임을 분명히 해야 한다. 재정관련 정부부처에서는 일자리가 부족하니 건설 혹은 도소매 숙박업과 같이 고용유발계수가 높은 산업의 고용창출을 제고해야 한다고 주장하고, 산업관련 부처에서는 산업 고도화와 생산성 제고가 시급하다고 주장한다. 그러나 고용유발계수의 역수가 생산성임을 감안하면 서로 반대 주장을 하고 있는 셈이다. 아무리 중요한 고용정책이라 할지라도 국가경제발전과 산업 고도화의 대명제의 하부 주제로 수행되어야 한다. 그간 고용 창출 여력이 높음에도 불구하고 각종 규제, 성장 모델 부재로 말미암아 미처 고용창출 여력이 발휘되지 않은 분야를 발굴하여 적극적인 지원을 해야 한다. 이는 산업 고도화와 지속가능한 일자리 창출을 동시에 추구하는 방안이기도 하다.

둘째, 서비스 산업의 시장화(marketization)를 촉진시켜야 한다. 특히 보건, 교육, 기업서비스, 녹색산업 등 지식·환경서비스 영역에서 고용 창출 여력은 매우 높다고 판단된다. 현재 이들 산업의 고용유발계수는 선진국에 대비하여 매우 낮은 수준에 머물러 있다. 서비스 경쟁력 강화의 요체가 서비스 산업의 시장화와 맞물려 있는 것이다. 이는 거시적으로 내수 소비를 활성화하고 외국으로 갈 서비스 수요를 국내에서 충족하여 국내 일자리 활성화에 기여할 것이다. 서비스 산업을 시장화하기 위해서는 현재와 같은 단선적인 한국의 서비스 산업의 직업 생태계가 보다 다양하고 풍부하게 선진화되어야 한다. 또한 새로운 일자리 창출을 위한 자격, 서비스 시장 활성화를 위한 지원 인프라를 구축해야 한다. 고용서비스와 훈련 상담도 민간업체에 과감히 아웃소싱하여 공무원 수를 늘리지 않으면서도 양질의 훈련지원 및 고용서비스를 공급할 수 있다.

셋째, 제조업의 서비스화와 같이 산업·업종 간 융복합화가 서둘러 추진되어야 한다. 최근 항공기 정비수리업(MRO: Maintenance, Repair and Overhaul)과 조선 수리업 등은 제품 제조에만 급급했던 시절에는 주목하지 못했던 신사업이다. 대양을 누비는 배들의 절반이 한국산이라면 이들의 애프터서비스 차원에서 수리정비 서비스만 제공하여도 많은 고용창출이 이루어질 것이다. 물론 이를 위해서는 정부의 조선 산업

단지 조성 등 인프라 구축이 병행되어야 할 것이다. 또한 경기도가 도내 대학병원과 협력하여 추진하는 외국인 대상 의료사업도 관광문화산업과의 산업 간 융복합화 사례이다. 사업-업종-기술-산업단위 융복합화 인프라와 다양한 모델을 확산하여 단위 사이의 벽을 허물고 경제의 융·복합 응용력을 키워 그간 주목받지 못한 일자리 사각지대에서 새로운 일자리 창출이 이루어져야 한다.

넷째, 경쟁력 있는 사회적 기업의 육성은 현재 일자리 문제의 중요한 해결책이 될 수 있다. 그러나 현재의 사회적 기업은 고용하기 위해 빵을 파는 본연의 목적보다는 정부나 지지체의 재정적 지원을 받기 위해서 사람을 고용하고 빵을 파는 척하는 경우들이 많다. 경영, 인사, 노무, 세무, 회계, 인력 양성, 인프라 구축, 또한 교육·워크숍 지원 및 경영컨설팅이나 제품의 홍보, 마케팅, 영업전략, 품질관리, 경영전략, 판로개척 지원 등을 통해 시장에서 경쟁력 있고 수익을 창출할 수 있는 사회적 기업을 육성해야 한다. 이를 위해 정부 조달체계도 사회적 기업을 지원하는 방식으로 전환되어야 한다. 현재 상당수의 사회적 기업들은 취약계층이 일시적으로 거쳐 가는 '인간 정거장' 역할을 하며, 그 운영비용을 국가가 지불하는 모습이다. 현재의 고용위기 해결사로 거듭나고 경쟁력 있는 상품과 서비스를 생산하는 사회적 기업 생태계로 거듭나기 위해서는 지원체계의 대수술이 불가피하다.

마지막으로 노사관계 주체들이 한국의 일자리 부족문제를 해결하기 위해 보다 적극적이고 가시적인 노력이 필요하다. 먼저 대기업도 한국 사회의 고용문제 해결에 보다 적극적으로 임해야 한다. 과거에는 '수출 왕' 대기업이 국민의 지지를 받았지만 이제는 고용을 많이 하는 대기업들이 국민의 존경과 지지를 받고 사회적 책임(CSR: Corporate Social Responsibility)을 다하는 시대가 온 것이다. 대기업 노동조합들도 고용위기 탈출을 위해 작업장 혁신과 같은 생산성 제고를 위한 적극적 제안자로 거듭나야 한다. 강자로서의 자신들의 이익은 조금도 포기하지 않으면서 하청업체 근로자들의 이익을 위한 연대투쟁과 같이 정치적인 립 서비스를 하는 일부 노동조합들에 대한 국민들의 매서운 비판은 멈추지 않을 것임을 분명히 알아야 한다. (2010. 2. 8)

이제 '일자리 창출'은 기업에 맡겨라

▎**박동운**(단국대 명예교수, 경제학)

드디어 기업이 '일자리 창출'을 위해 팔을 걷어붙이고 나섰다. 전경련이 지난 3월 11일 '300만 고용창출위원회' 출범식을 갖고 향후 8년간 300만 개 신규 일자리 창출을 목표로 제시한 것이다. 지난 4월 9일 관련 실무위원 간담회를 가졌고 5월쯤에는 보다 구체적인 내용을 제시할 계획이다. 이를 계기로 정부는 이제 일자리 창출을 기업에 맡기고 패러다임을 '세금으로 만드는 일자리'에서 '세금을 만드는 일자리'로 바꿀 것을 제안한다.

'세금으로 만드는 일자리 창출'은 노무현 정부의 발상이었다. 노무현 정부는 고용사정이 악화되는 상황에서 출범했다. 다행히 노무현 정부는 종합적인 실업대책을 실시한 결과 대량실업 사태는 발생하지 않았다. 그러나 '고용 증가 없는 성장'이 우려되었다. 이에 따라 노무현 정부는 2004년부터 '일자리 창출'을 최우선 노동정책 과제로 내세웠다. 그래서 등장한 것이 소위 '사회적 일자리 창출'이었다. '사회적 일자리 창출'이란 교육·의료·보육·환경 등 사회서비스를 제공하는 일자리로 이는 정부지원이 끊기면 아예 없어지고 마는 일자리다. '사회적 일자리 창출'이 효과가 없다는 것을 곧 깨닫게 된 노무현 정부는 2007년에는 '사회적 기업 육성법'을 제정하여 '사회적 기업 육성을 통한 일자리 창출' 정책을 도입했다.

사회적 기업 육성법에 따르면 기업이 일정 자격요건을 갖춰 노동부의 사회적 기업 인증을 받고 취약계층을 고용하면 정부가 인건비와 사회 보험료를 지원하고 공공기관 우선구매, 법인세 및 소득세 감면 혜택 등을 준다. 이명박 정부는 이 법을 그대로 받아들여 시행해 오고 있다. 2010년의 경우 정부는 사회적 기업에 월 86만 원의 인건비를 지원하고 있다. 노무현 정부는 사회적 기업을 2012년까지 1,000개 육성할 목표를 세웠다. 그런데 이명박 정부와 서울시는 이를 2012년까지 각각 1,000개씩, 모두 2,000개 육성하겠다는 계획을 세웠다.

'사회적 기업 육성을 통한 일자리 창출'은 세금만 먹는 하마다. 동아일보는 최근 노동부 의뢰로 실시된 한 사회적 기업 실태조사 결과를 바탕으로 정부와 서울시가 추진하는 사회적 기업을 놓고 "2,000개 만들겠다는 사회적 기업 … 홀로서기 '머나먼 길'"이라고 평가했다.[3]

문제의 핵심은 "정부의 인건비 지원으로 간신히 현상만 유지하고 있는 기업이 많아 5년 한도의 정부 지원이 끊기면 대대적인 해고 사태가 우려된다"는 것이다. 그 내용을 자세히 살펴보면 조사대상 218개 사회적 기업 가운데 대부분의 기업들은 영업적자 상태이고, 어떤 분야의 기업은 50%가 넘는 재정을 정부 지원에 의존하고 있고, 2007년 사회적 기업의 평균 고용규모는 45.2명이었으나 지속적인 영세화로 2009년에는 19.5명으로 줄었고, 직원 수가 20명 이하인 사업장이 50%이고 100명 이상인 기업 비율은 3%에 불과하며 비정규직 위주로 운영되고 있다는 점 등이다. 2010년 3월 현재 인증기업 수는 290개이고 올해 정부 지원 예산액은 1,500억 원이다. 이 같은 사회적 기업의 실태를 놓고 "부실이 심화될 수 있다"고 지적한 것이다.

'일자리 창출'과 관련하여 이명박 정부도 세금만 먹는 하마를 키우고 있다. 이명박 정부가 역점을 두고 추진해 온 '희망근로'를 보자. 희망근로는 2009년 4월 말부터 참가신청을 받고, 6월 1일부터 본격 시행에 들어갔다. 희망근로 참가 자격은 소득이 최저생계비 기준 120% 이하이고, 재산은 대도시 기준 1억 3,500만 원 이하다. 또 기초생활보장 대상자와 실업급여 수급자는 제외된다. 급여는 일당 · 주급 · 월급 등의 형태로 월 82만 5,000원(일당 3만 3,000원, 주 5일 근무)인데, 현금 50%와 재래시장과 동네 슈퍼에서 사용할 수 있는 소비쿠폰 50%가 지급된다. 정부는 2010년에도 희망근로 사업을 실시하기로 하고 지난 1월 희망근로 10만 명(2009년에는 25만 명)을 모집했다. 놀랍게도 신청자는 4배가 훨씬 넘은 42만 2,000명이나 되었다. 그런데 희망근로는 민간부문의 일자리를 감소시켜 민간부문의 임금상승을 유발한다는 지적까지 받았다.

이제는 일자리 창출의 새로운 패러다임을 모색해야 할 때다. 그것은 '세금으로 만드는 일자리 창출'이 아니라 '세금을 만드는 일자리 창출'이다. 그 대안은 무엇인가? 일자리 창출을 기업에 맡기는 것이다. 먼저 삼성전자가 답을 주었다. 삼성전자는 지난 2월 18일 경기도와 맺은 양해각서 체결을 통해 2013년 수원에 연구소를 준공해 연구 인력 1만 명을 추가로 채용하겠다는 계획을 발표한 것이다. 노무현 정부 때까지만 해도 정부가 대기업의 수도권 건물 신축을 철저하게 규제했지만 이명박 정부가 이 같은 규제를 완화하자 정부는 돈 한 푼 들이지 않고 '지속적이고, 질 좋고, 세금을 만드는 일자리'를 창출하게 된 것이다. 이는 일자리란 정부 아닌 기업이 만든다는 것을 명쾌하게 보여주는 사례이다.

일자리 창출과 관련하여 OECD가 회원국에 권장한 (1) 재정 · 물가 안정을 통해 노동시장 여건을 개선하는 거시경제 정책 추진 (2) 지나친 실업보상 축소와 근로소득세 축소 (3) 지나친 고용보호 완화 (4) 임금 유연성 제고 (5) 근로시간 유연성 제고 (6) 숙련과 능력 향상시키는 교육과 훈련 실시 (7) 공공고용 서비스, 노동시장훈련, 청년대책, 고용보조 등과 관련된 적극적 노동시장 정책 실시 (8) 경쟁 강화 (9) 혁신과 기술 개발 (10) 기업의 경제활동 여건 개선 등의 '10대 일자리 전략'을 보면 기업의 역할이 크다는 것을 알 수 있다.[4]

정부는 포퓰리즘에서 벗어나 '일자리 창출'은 기업에 맡겨야 한다. 기업들이 이미 '일자리 창출' 기치를 높이 들었지 않은가! 전경련이 지난 3월 출범한 '300만 고용창출위원회'는 조석래 전경련 회장을 위원장으로 하고, 20대 그룹 CEO급 위원 21명과 자문위원 14명으로 구성되었다. 조 회장은 "300만 개 일자리를 만들면 선진국 수준인 72% 수준을 달성할 수 있을 것"이라고 말했다. 정운찬 국무총리도 출범식에 참석해 "전경련에 속한 600대 기업들이 가급적 상반기에 투자를 집중해 성장을 견인하는 데 주도적인 역할을 해주길 바란다"고 말했다. 회장단은 이에 화답해 올해 600대 기업이 계획하고 있는 총 103조 원의 투자를 가급적 상반기에 앞당겨 집행하기로 했다고 밝혔다.[5]

정부는 일자리 창출과 관련하여 기업투자를 유인할 수 있는 인프라를 서둘러 마련해야 한다. 그것은 곧 기업 활동을 옥죄는 온갖 규제를 완화 또는 철폐하고 특히 노동시장의 유연성을 높이는 것이다. 한국 노동시장이 얼마나 경직되어 왔는가는 '노동시장 규제' 관련 경제자유가 잘 보여준다. '노동시장 규제' 관련 경제자유는 김대중 정부 때인 2000년에 123개국 중 58위였는데 지속적으로 악화되어 노무현 정부 때인 2003년에는 127개국 중 81위, 2006년에는 141개국 중 107위, 2007년에는 141개국 중 113위를 나타냈다. 한국 노동시장은 김대중 정부와 노무현 정부를 거치는 동안 친노 정책의 결과로 경직에 경직을 거듭하였다. 노동시장이 이처럼 열악한 상태에서 기업 활동이 제대로 이루어질 수 있겠는가? 이제 이명박 정부는 노무현 정부가 설계한 '사회적 기업 육성을 통한 일자리 창출'을 팽개치고 대신 대선공약에서 내세운 '기업프렌들리 정책'을 살려 일자리 창출을 기업에 맡길 것을 제안한다. (2010. 4. 28)

근로문화가 경쟁력이다

▌**김태기**(단국대 경제학과 교수)

　스티브 잡스가 신개념 스마트폰을 만들어내면서 우리나라의 휴대폰 강국 지위가 일거에 흔들리고 있다. 스티브 잡스는 기존의 스마트폰이 사용자(user)의 니즈를 스마트하게 받아들이지 못하는 것을 보고 스마트폰을 개발하게 되었다고 한다. 애플의 폐쇄적 운용체계를 고집하다가 마이크로소프트에 완패를 당한 바 있던 스티브 잡스가 관점을 확 바꾸어 소비자들이 참여할 수 있는 개방체계를 구축한 것은 패배의 교훈에서 나왔다고 볼 수 있을 것이다. 사물의 모습은 각자 다르게 볼 수 있지만 관점을 바꾸어야 할 때 그렇게 하지 못하면 낙오된다는 평범한 진리를 확인할 수 있다.

　우리나라의 근로문화도 관점의 변화가 매우 중요한 시점에 와 있다. '근로문화'를 '사람들이 일하는 스타일'이라고 한다면 노동에 관련된 경제사회 여건의 변화는 새로운 근로문화를 요구한다. 우리나라의 글로벌 기업이라고 하더라도 근로문화는 전혀 글로벌하지 못한 것이 현실이다. 제품의 고객이 전 세계로 확대되고 국외에서 생산도 많아졌으며 기업에서 일하는 근로자들의 해외 견문도 늘었지만 근로문화는 별로 변화하지 않았다. 노사관계 불안 때문인지 근로문화의 문제도 노사대립의 관점에서 벗어나지 못하고 있다. 우리나라 기업이 새로운 관점에서 근로문화를 위한 상생의 개선방안을 찾지 못한다면 글로벌 기업으로서 한계에 봉착하게 될 것이다.

밤늦게까지 일하는 근로자들의 성실함이 우리나라의 근로문화를 대변한다면 업무시간 중에 몰입하고 여가생활을 즐기는 모습이 선진국의 근로문화라고 할 수 있다. 성실함이 우리나라가 짧은 시간에 빈곤에서 탈출하게 하였지만 이것만으로는 선진국 문턱을 넘기 어렵다는 점은 지난 10여 년의 경험을 통해서 알 수 있다. 투쟁적인 노동운동과 노동조합과의 갈등 때문에 현장의 근로자들이 가지고 있는 인적 자원의 가치를 키우고 활용하는 과제에 내해서 소홀하였다. 그러나 지금처럼 시간 투입은 많이 하지만 성과는 적은 고비용저효율 근로문화를 바꾸지 않고는 기업의 경쟁력은 물론 근로자들의 행복지수를 선진국 수준으로 높이는 데 한계에 부딪힐 수밖에 없다.

근로문화를 바꾸는 문제는 노사정이 마음먹고 합심하지 못하면 해결하기 어렵다. 근로시간이나 생산성 문제는 경영자와 근로자들의 의식과 직결되고 가정생활에도 크게 영향을 미치기 때문이다. 더욱이 지난 10여 년간 근로시간 단축 문제는 노동계에는 임금소득 보전의 문제가 된 반면에, 경영계에는 인건비 증가의 문제가 되면서 노사 상생의 관점에서 해법을 찾는 것이 쉽지 않은 해묵은 논쟁거리가 되어버렸다. 새로운 근무형태를 개발하는 문제에 대해서도 노동계는 고용불안의 유발로 보는 반면, 경영계는 노동시장의 규제를 늘리는 문제로 보면서 말만 무성한 이슈가 되었다.

이러한 식의 근로시간이나 근무형태를 둘러싼 논쟁이 진행되는 동안 고용사정은 악화되고 소중한 인적 자원을 제대로 활용하지 못해 경제사회 발전의 잠재력은 저하되어 왔다. 다행스럽게도 얼마 전 노사정은 근로시간·임금제도개선위원회에서 근로시간을 향후 10년 이내에 선진국 수준으로 단축하고, 일자리를 만드는 데 도움이 되는 새로운 근무형태를 개발하며, 생산성을 높이고 고용을 안정시키는 데 기여하는 임금제도의 개선에 합의하였다. 이번 합의는 근로문화 선진화의 전환점이 될 수 있을 것으로 보이는데, 여기에는 노사정이 시간을 소중히 여기고 인적 자원을 적극적으로 개발·활용하여 급격히 진행되는 경제사회구조 변화를 수용해야 한다는 자각과 이에 따른 관점의 변화가 깔려 있다고 할 수 있다.

서비스업의 비중이 압도적으로 커지면서 사무나 영업, 연구개발 등에 종사하는 사람들이 많아지고 있는데 비해 기존의 근로시간 제도는 제조업과 생산직의 근로형태에 초점을 두고 있다. 이러다 보니 업무의 특성에 맞는 새로운 근무관행을 만들기 어려웠고 이것은 서비스업과 화이트칼라 직무의 생산성을 떨어뜨리는 요인으로 작용하고 있다. 뿐만 아니라 장시간 근무관행은 가사 부담이 큰 여성에게 노동시장 참여를 어렵게 만드는 요인으로 작용하여 왔고, 고령화된 노동력에게는 신체부담으로 작용해 일을 하고 싶어도 하지 못하게 만드는 부작용을 일으키는 등 국가 차원의 노동력을 효과적으로 활용하기 어렵게 만들고 있다.

노사정 합의가 선언에 그치지 않고 실천에 옮겨지도록 하기 위해서는 노사정 모두 발상을 전환하고 일상의 직장생활부터 작은 변화를 일으킬 필요가 있다. 노동계는 새로운 근무관행을 정규직과 비정규직으로 나누는 이분법적 사고방식으로 접근하기보다는 근로자들의 인적 속성에 맞게 근무여건을 조정함으로써 일할 수 있는 기회를 확대한다는 점을 중시할 필요가 있다. 또한 근로시간 단축 문제에 대해서도 생산직 근로자들은 근무시간에 따라 결정되지만 화이트칼라 근로자들은 고정급을 받기 때문에 근로시간의 단축이 급여의 감소로 이어진다고 할 수 없다는 점도 유념할 필요가 있다. 노동운동이 근로자들의 행복지수를 높이는 것을 목표로 삼고 근로자들이 휴일 휴가를 취지대로 사용하면서 가족들과 보내는 시간을 늘려 노동력의 충전을 도와주는 역할을 할 필요가 있다.

경영계 또한 기업의 경쟁력에 대한 관점을 바꿀 필요가 있다. 직원들이 직장에서 보내는 시간 등 투입하는 노동력의 양보다 업무에 실제로 투입하는 인적 자원의 질적 가치가 경쟁력을 좌우한다는 점을 중시할 필요가 있다. 먼저 결제단계의 축소, 부서 간의 협조 등 업무혁신을 통해서 불필요한 일거리를 줄이고 농시에 상사 눈치 보기 등의 이유로 타성적으로 야근하거나 휴가를 반납하는 관행을 개선해 직장에서 보내는 시간과 업무에 투입하는 시간이 일치하도록 사무실의 분위기를 바꾸는 노력을 기울일 필요가 있다. 기업의 경영혁신이 시간의 낭비요인을 줄이고 근로자들의 창의성과 생산성을 높이는 데 주안점을 두게 된다면 기업의 경쟁력과 근로자의 삶의 질이 동시에 향상되는 상생의 노사문화도 저절로 자리 잡게 된다는 점에 유념할 필요가 있다.

정부도 새로운 근로문화 형성을 국정의 최우선 과제로 삼아야 할 것이다. 금년 11월의 G20 정상회의를 근로문화를 선진화시키는 계기로 삼을 필요가 있다. 인적 자원을 효과적으로 활용하고 근로시간의 양보다는 질적 가치를 더 중시해야 선진국이 될 수 있다는 점을 분명히 해야 할 것이다. 뿐만 아니라 국가적 재앙이 되는 저출산 문제가 노동시장의 문제와 깊이 관련되어 있다는 점, 그리고 저출산 문제에 따른 노동력 부족 문제를 극복하기 위해서는 여성이나 고령자 등 지금까지 활용도가 낮았던 계층의 고용기회를 확대해야 한다는 것, 그러기 위해서는 가정과 직장생활의 양립을 가능하게 만드는 근무형태를 활성화하는 것이 핵심이라는 점에 눈을 돌려야 할 것이다. 정부는 이러한 관점에서 근로문화 선진화 정책을 총력적으로 추진해야 할 것이다. 노사가 사업의 특성과 근로자들의 인적 속성에 맞는 다양한 근무형태를 도입할 수 있도록 직무 중심의 채용 및 급여 관행 확립 등을 지원해야 할 것이다. 또한 근로문화 선진화와 관련된 근로시간 및 고용 관련 통계를 대폭 보강해 과학적인 정책을 만들고 지속적으로 추진할 수 있는 지표를 개발해 나가야 할 것이다. (2010. 6. 23)

최저 임금제는 250만 명을 보호할 수 없다

▌**변양규**(한국경제연구원 연구위원)

　　지난 6월 4일 개정된 최저 임금법 제6조(최저 임금법의 효력) 5항에 의하면 「여객자동차운수사업법」에 따른 일반택시 운송 사업에서 운전업무에 종사하는 근로자의 최저 임금에 산입되는 임금의 범위는 생산고에 따른 임금을 제외한 대통령령으로 정하는 임금으로 한다고 되어 있다. 쉽게 말해 택시기사의 수입에서 사납금을 빼고 남는 초과운송 수입금을 최저 임금 산정에 포함시키지 않는다는 내용이다. 따라서 택시기사들의 사납금을 바탕으로 제공되는 월 기본급이 최저 임금에 미치지 못할 경우 택시회사는 이를 보전해야 한다. 정부는 이러한 「최저 임금법」 개정을 통해 택시기사들의 임금 중에서 고정급의 비중이 상승하여 생활이 다소 안정될 것으로 보았다.

　　전국택시운송사업조합 자료에 의하면 대부분의 지방 중소도시 택시기사들의 초과운송 수입금을 제외한 요금수입은 월 50만~70만 원 수준이다. 따라서 대부분의 택시회사들이 최저 임금법 적용과 함께 주당 44시간 근로를 기준으로 기사 1인당 작게는 20만 원에서 많게는 40만 원 정도를 매월 추가로 지급해야 하는 상황이 발생하게 되었다. 또한 택시기사들의 실제 근로시간이 주당 44시간 이상인 점을 감안하면 실제 부담은 월 40만 원보다 더 클 것으로 짐작된다. 그 결과 일부 지방 중소도시 택시회사는 택시면허를 반납하고 해고예고 통지서를 발송하는 등 지방 택시업계에 고용불안이 증가하고 있다. 근로자의 기본적인 생활을 보장하려는 최저 임금제가 일부 근로자의 일자리를 위협하는 상황이 발생하고 있는 것이다.

우리나라 헌법 제32조 1항에 "모든 국민은 근로의 권리를 가진다"고 되어 있다. 또한 "국가는 사회적·경제적 방법으로 근로자의 고용증진과 적정임금 보장에 노력하여야 하며, 법률이 정하는 바에 의하여 최저 임금제를 시행하여야 한다"고 되어 있다. 이러한 기본정신에 근거해서 우리나라는 1986년 최저 임금법을 제정하여 1988년부터 시행하고 있다. 따라서 최저 임금법의 기저에는 모든 국민에게 일할 권리를 준다는 정신이 깔려 있는 것이다. 그러므로 최근 최저 임금법의 개정과 더불어 과연 우리나라 최저 임금법이 본연의 기능을 하고 있는지 의심이 갈 수밖에 없다.

최저 임금제는 경제이론상 가격통제의 한 종류이다. 모든 가격통제가 그렇듯이 시장원리에 입각하지 않는 강제적 가격조정은 수요와 공급의 불일치를 낳는다. 최저 임금이 지나치게 상승하면 높은 임금에서 노동수요가 감소하고 그 결과 실업이 발생하게 된다.

1938년 10월 24일 전면적으로 실시된 미국의 최저 임금제를 살펴보자. 당시 미국 섬유산업은 남과 북으로 갈려 있었다. 남부공장은 낮은 생산성에도 불구하고 저임금 때문에 경쟁력을 갖고 있었으며, 북부공장은 높은 임금에도 불구하고 생산성이 높았다. 그러나 최저 임금제의 실시와 함께 낮은 임금으로 경쟁력을 유지하던 미국 남부 섬유산업에는 해고의 바람이 불었다. 확대일로를 걷던 남부 97개 회사의 대부분이 생산규모를 축소했으며 고용 역시 5% 이상 줄었다. 뿐만 아니라 최저 임금제 실시 이전에 최저 임금보다 낮은 임금을 주었던 기업들의 고용은 17%나 감소하는 현상이 발생했다.[6]

더욱 중요한 점은 같은 기간 상대적으로 높은 임금을 주고 있었던 북부 섬유산업에서는 고용이 늘었다는 점이다. 이처럼 최저 임금제에 의해 인위적으로 임금이 통제될 경우 노동에 대한 수요가 축소되며 이런 영향은 상대적으로 생산성이 낮아 낮은 임금을 줄 수밖에 없었던 산업과 여기에서 일하는 근로자들에게 집중된다. 따라서 최저 임금이라는 가격통제의 도입은 결코 모든 산업과 모든 근로자에게 공평하게 작용하는 것이 아니다.

최저 임금의 지나친 상승 역시 모든 근로자들에게 공평하게 작용하는 것은 아니다. 미국은 경제 상황이 좋지 않음에도 불구하고 지난 2007년부터 2년에 걸쳐 최저 임금을 시간당 5.15달러에서 7.25달러로 무려 40% 이상 올리는 내용의 법 개정을 시행하였다. 그러나 경제가 어려운 상황에서 이처럼 비숙련 근로자의 임금을 올리는 최저 임금 인상의 결과는 참담한 것이었다. 청년층 실업률이 15%에서 27%로 급증했던 것이다. 결국 최저 임금의 인상을 통해 비숙련 근로자의 생계를 보장하려는 의도가 정반대의 결과를 가져오고 말았다.

우리나라의 경우도 유사하다. 2000년 시간당 1,600원이었던 최저 임금은 2010년 4,110원으로 10년 사이 157%, 연평균 9.5% 증가했다. 그러나 같은 기간 소비자물가는 33%, 연평균 3.1% 증가하는 데 그쳤고 노조가 있는 중소기업의 월 급여조차도 72%, 연평균 7.9% 증가했을 뿐이다. 그 결과 최저 임금 외 초과근로수당이나 상여급 등을 합치면 최저 임금 적용 근로자는 월평균 약 146만 4,000원을 받게 되었다. 이는 3인 가구 최저 생계비의 1.3배 수준이다. 이처럼 최저 임금이 빠른 속도로 인상되자 기업은 인건비 상승으로 인해 고용을 억제하는 현상이 발생했다. 중소기업중앙회 조사에 의하면 현재처럼 최저 임금이 인상될 경우 조사대상 기업의 71%가 감원이나 신규채용 축소를 하겠다고 밝히고 있는 실정이다.

최저 임금의 빠른 인상은 고용을 유지할 수 있는 근로자에겐 득이 된다. 그러나 불행하게도 상대적으로 열위에 있는 일부 근로자들의 고용불안을 불러올 수밖에 없다. 가장 대표적인 사례가 지난 2007년 아파트 경비원의 생계보장을 위해 최저 임금을 단계적으로 적용한 경우이다. 아파트 경비원에 대해 최저 임금제가 적용되자 무인경비시스템의 도입이 확산되었고 젊은 인력으로 기존 경비원을 대체하는 현상이 발생했다. 결국 최저 임금 인상이 상대적으로 열위에 있는 고령 근로자들의 일자리를 빼앗고 만 것이다.

우리나라 최저 임금제의 가장 심각한 문제점은 다름이 아니라 최저 임금이 지나치게 인상되어 최저 임금의 적용을 받는 근로자가 크게 늘었고 그 결과 가장 보호를 받아야 할 근로자들이 일자리에서 내몰리는 현상이 발생한다는 것이다. 지난 10년간 최저 임금은 복지정책의 일환으로 사용되었다. 그 결과 최저 임금이 크게 인상되었고 10년 전 전체 임금 근로자의 3% 미만이 최저 임금의 적용을 받다가 지금은 16%에 해당하는 250만 명의 근로자가 최저 임금의 적용을 받게 되었다. 최저 임금을 감당할 수 없는 사업장에서는 불법적으로 최저 임금에 미치지 못하는 급여를 지불할 수밖에 없게 되었고 최저 임금 미만을 받는 근로자가 2001년 임금근로자의 4.3%에서 2008년 10.8%로 증가하게 되었다.

최저 임금의 적용을 받는 250만 명의 근로자 중에는 다양한 사람들이 포함되어 있다. 그러나 이런 250만 명의 근로자들의 임금을 한꺼번에 동일한 수준에 고정시키면 상대적으로 능력이 떨어지는 고령자나 청소년, 또는 많은 교육을 받지 못한 근로자들이 일자리에서 내몰리게 된다. 최저 임금이 생산성과 경제여건을 반영하는 시장임금에 비해 높으면 높을수록, 그리고 최저 임금의 적용을 받는 근로자들이 많으면 많을수록 이런 현상은 더욱 심각해진다. 따라서 우리나라처럼 250만 명의 근로자를 한꺼번에 보호하려는 최저 임금제는 결코 소기의 목적을 달성할 수 없다. 이런 이유로 미국은 연방정부 차원에서 가능한 최저 수준에서 법정 최저 임금을 정하고 그 대신 주정부는 주별 상황이 허락할 경우 연방정부 최저 임금보다 다소 높게 상향조정할 수 있게 했다.

이제라도 정부는 최저 임금제의 유연한 적용을 고려해야 한다. 최저 임금제 시행에서 경제상황이나 각 업계의 현실, 그리고 근로자의 능력을 감안해서 지역별·연령별 차등을 두는 것을 심각히 고려해야 한다. 물론 차등적용이 악용되지 않도록 하는 노력도 병행되어야 할 것이다. 또한 최저 임금 적용으로 인한 고용불안을 최소화하기 위해 영세 사업주에게는 세제상의 혜택을 주고 저임금 근로자에겐 사회보험료 경감혜택을 주는 방안도 고려할 수 있다. 최저 임금제는 저임금 근로자의 생계보장을 위한 일종의 복지제도이다. 지나친 최저 임금 인상으로 인해 가장 보호받아야 할 근로자들의 일자리마저 빼앗는 사태가 발생하지 않도록 해야 할 것이다. 이제 '최선의 복지는 고용의 확대'라는 관점에서 최저 임금법의 취지가 손상되지 않는 범위 내에서 법의 유연한 적용을 고려해야 할 시점이다. (2010. 8. 9)

완성차업체 사내하청 근로자관련 대법원 판결의 의미와 과제

▌**박영범**(한성대 경제학과 교수)

대규모 제조공장의 사내하청 근로자 문제가 다시 뜨거운 감자로 떠오르고 있다. 지난 7월 22일 대법원은 현대자동차 울산공장의 사내하청업체에서 일하다 2005년 해고된 근로자에 대해 이들이 비록 사내하청업체 소속이지만 현대자동차의 노무지휘를 받았기 때문에 파견근로자로 보아야 한다는 취지의 판결을 하여 사건을 고등법원으로 돌려보냈다. 구파견법에 따라 이들은 근무기간 2년을 넘긴 시점부터 현대차에 고용된 것으로 해석한 것이다. 대법원의 이번 판결은 우리나라 산업현장에 미치는 파장이 상당하리라 예상된다.

노동계는 상당히 고무되어 있다. 그동안 사내하청 근로자가 원청기업의 근로자라는 주장을 하며 노동위원회에 제소하는 등 투쟁을 해왔으나 고등법원까지 인정을 받지 못하였는데, 근무기간이 2년 넘은 파견근로자는 원청회사의 근로자로 인정받을 수 있는 길이 열렸기 때문이다. 비정규직 노조는 대규모의 종업원 지위 확인 소송과 임금체불 소송을 준비 중이다.

또한 이번 판결을 근거로 완성차업체에 대한 비정규직 노조의 직접

교섭 요구는 더욱 거세질 것으로 전망된다. 그동안 현대차 비정규직 노조의 현대자동차에 대한 직접교섭 요구에 대해 중앙노동위원회는 현대차에 직접교섭을 강제할 수 없다는 판정을 내려왔다.

자동차업계는 상당한 충격을 받았다. 특히 지금까지 노동위원회와 법원은 원청업체의 사용자성을 부정하고 과거 파견법의 직접고용주 간주 규정이 적법한 근로자 파견의 경우에만 적용된다는 취지의 판결을 해왔기 때문에 대법원에서도 같은 판결이 나올 것으로 기대하였다. 이번 판결로 영향을 받는 현대자동차뿐 아니라 대우자동차, 기아자동차 등도 바싹 긴장하고 있다. 유사한 형태로 사내하청 근로자를 활용하는 것이 일반화되어 있는 상황에서 1만여 명으로 추정되는 완성차업체 사내하청 근로자의 처리문제가 당장 발등의 불이다.

조선이나 철강업계에서는 자동차업체와는 달리 같은 라인에서 일하지 않고 업무가 분리되어 문제가 없다는 입장이지만 노동계는 사내하청 근로자들이 '지원'이란 이름하에 원청업체 작업반장의 지시에 따라 일을 하는 경우가 많기 때문에 자동차업체와 유사한 경우라고 주장하고 있다.

정부는 이달 말부터 20~30개 사업장을 선정하여 실태조사를 할 계획이다. 실태조사 결과 하청 형태를 띠고 있으나 실제로는 하청업체로부터 근로자를 파견 받아 사용하는 사업장으로 판단되면 시정조치를 할 방침이다. 노동부는 하청업체 근로자가 2년 이상 근무한 경우에만 원청업체의 근로자로 간주되거나 (2007년 이후에는) 원청업체에 직접고용 의무가 발생하고 이 경우도 구체적인 사안에 따라 원청업체가 사용자성의 인정 여부가 달라진다는 입장이다.

같은 일을 하는 근로자, 더욱이 같은 사업장에서 같은 일을 하는 근로자들 간에 차별은 없어야 한다. 이 같은 측면에서 대법원의 이번 판결은 의미가 있다. 하지만 과연 이번 판결로 라인작업을 하는 제조공장에서 사내하청 근로자의 권익이 어느 정도 신장될 수 있을지는 의문이다. 같은 공정에서 일하는 사내하청 근로자가 완성차업체 근로자의 60% 정도의 급여를 받고 있는 것은 사실이지만 완성차업체가 사내하청 근로자를 활용할 수밖에 없는 우리나라 산업현장의 특수상황이 있기 때문이다. 대공장의 경우 노조가 강력하기 때문에 유연한 고용관리가 거의 불가능하고 고졸 신입 생산직의 연봉 총액이 4,000만 원에 가까운 현실에서는 대공장 노조들은 어느 형태로든 정규직의 고용을 최소화할 수밖에 없다.

완성차업체들은 당장 실태파악을 통하여 2년 이상이 된 하청업체의 근로자들을 생산현장에서 떠나게 하는 조치를 할 것으로 보인다. 대법원 판결로 판결의 소송 당사자인 사내하청 근로자들의 권익은 보호되겠지만 유사한 상황의 많은 사내하청 근로자들은 고용이 불안정해질 것이다. 기간제 근로자를 보호한다는 취지에서 기간제 근로자의 계속고용 기간을 2년으로 제한하면서 많은 기간제 근로자들이 본인의 의사와는 관계없이 직장을 떠나야 했던 상황이 재연된 것처럼 말이다. 또한 완성차업체들은 생산 공정의 변화를 통해 사내하청에 대한 의존도를 줄이는 조치를 취함으로써 결과적으로는 사내하청 근로자들의 고용도 감소시킬 것이다.

대법원의 이번 판결로 강력한 노조에 의해 보호되는 대공장 근로자들의 경직적 고용관행을 개혁해야 할 당위성은 더욱 커졌다. 열린 노동시장이 구축되는 상황에서 법에 의존하는 비정규직 보호는 또 따른 형태의 편법적 고용관행을 가져오고, 비록 일부이지만 오히려 비정규직 근로자의 고용불안을 가져 올 것이다. 완성차공장의 사내하청 근로자와 비교되는 완성차업체의 정규직 근로자의 처우가 과도하다면 과도한 처우에 대비해 차별을 개선하려는 것보다는 과도한 처우를 받고 있는 정규직 근로자의 고용조건을 조정하는 것이 보다 합리적이다. (2010. 8. 11)

저출산, 아동수당이 해법일까?

▌ **김현숙**(숭실대 경제학과 교수)

우리나라 합계 출산율은 2001년 1.30을 기록하여 초저출산 사회로 진입한 이후 약간의 등락은 있었지만 지속적으로 감소하여 2009년 1.15에 이르고 있다. 1970년 4.53, 1980년 2.83과 비교한다면 낮은 출산율 자체도 문제지만 그 진행속도의 빠르기가 더 큰 문제이다. 저출산 문제로 고민하는 일본의 경우도 우리처럼 속도가 빠른 것은 아니었고 대부분의 선진국에서도 한 세기 이상에 걸쳐 천천히 나타난 문제이기 때문에 해법을 찾는 것도 여유가 있었지만 우리는 숨 돌릴 틈도 없다.

일반적으로 한 나라의 소득수준이 높아지면서 출생아 수가 감소하는 것은 경제학적으로도 설명가능한 일이다. 게리 베커(G. Becker)에게 노벨경제학상을 안겨준 연구는 바로 소득이 증가하면서 열등재가 아닌 자녀수가 왜 감소하는지를 설명한 Quantity-Quality(자녀수-자녀의 질적 수준) 가설이다. 소득이 증가하면 자녀수와 자녀의 질적 수준에 대한 투자가 모두 증가하는 경향을 띤다. 그러나 자녀의 질적 수준에 대한 투자가 소득에 더욱 탄력적이어서 소득이 증가하면서 자녀의 질적 수준에 대한 수요가 더 크게 증가하고 이는 대체관계에 있는 자녀수의 기회비용을 증가시켜 자녀수가 감소하게 된다. 따라서 경제성장의 부산물로 자녀수가 감소하는 것은 어느 정도 불가피한 것으로 보인다.

그런데 저출산 현상을 미리 경험한 선진국들은 다양한 정책수단들을 이용하여 저출산 문제를 완화시키고 심지어 출산율 제고에 성공한 국가들도 있다. 대표적인 나라인 프랑스는 2008년 출산율이 2.0에 근접하고 있으며 1995년 1.71의 저점을 지나 지속적으로 증가하고 있다. 우리나라와 여러 가지 사회적 · 문화적 차이가 존재하고 이민자나 혼외 출산에 대한 태도도 다르기 때문에 모든 정책을 벤치마킹할 수 없지만 국민소득이 높더라도 출산율을 유지하는 국가들도 엄연히 존재한다.

왜 출산율 제고정책이 필요할까?

땅덩이는 작고 인구는 많아 여전히 극심한 경쟁 속에 살고 있는 우리가 왜 낮은 출산율을 고민해야 하는지 반문할 수도 있다. 극심한 저출산 현상으로 노동력이 부족하게 되면 노동시장 자체의 내적 조정으로 임금이 상승하고 이로 인해 인구가 유입되거나 출산율이 반등할 것이라고 보는 견해도 있다. 시장을 통한 조정능력을 믿지 못하는 건 아니지만 시장에만 맡기기에는 사실 너무 급하게 멀리 온 게 아닌가 싶다.

출산율의 감소는 결국 인구 고령화와 더불어 생산가능 인구(15~64세)의 비중을 낮춘다. 2000년에 이미 65세 이상 인구가 전체의 7%를 상회하면서 고령화 사회에 진입한 우리나라는 2018년경에 65세 이상 인구가 14%가 될 전망으로 출산율 감소와 함께 빠른 고령화 사회를 경험하고 있다. 생산가능 인구가 감소하고 부양인구 비율이 높아지면 노동력의 감소로 경제성장에 부담을 주게 된다. 또 전체 노동력의 고령화는 생산성에도 부정적인 영향을 미치게 되므로 출산율의 감소는 결국 경제성장을 가로막게 된다. 생산기술의 진보로 이러한 모든 부정적 영향을 상쇄할 만큼 노동생산성이 증가하지 않는 한 출산율 하락이 경제에 부담을 줄 것이라는 점은 분명하다.

아동수당이 해법일까?

정부의 공식적 산아제한정책이 폐지되고 인구자질 향상정책으로 전환한 것은 1996년이다. 이미 출산율이 급격히 떨어지고 있던 시점에 산아제한정책이 지속되고 있었던 점은 일반적으로 정부시책에 시차(time lag)가 있다는 점을 인정한다 해도 다소 안타까운 일이다. 1996년 이후 정부는 출산율을 올리기 위한 여러 가지 대응전략을 내놓았고 2005년에는 저출산고령사회기본법을 제정하였으며 '저출산 5개년 기본계획(새로마지 플랜)' 등을 통해 다양한 정책을 시도하고 있으나 출산율은 여전히 반등의 기미를 보이지 않고 있다. 최근에는 출산율 제고정책의 효율성이나 가시성 측면에서 아동수당을 도입하라는 요구가 정치권을 중심으로 지속적으로 제기되고 있다.

정책의 가시성이나 국민 인지도 차원에서 아동수당이 매력적인 것은 사실이다. 그러나 아동수당은 여러 가지 측면에서 출산율 제고의 효과적인 정책이 되기는 어렵다. 우선 많은 국가들이 아동수당을 이용하고 있지만 이는 출산율 제고정책의 수단이 아니라 아동빈곤을 퇴치하자는 것이 주목적이다. 고티에 앤 해치어스(Gauthier & Hatzius, 1997)의 연구결과에 따르면 1970~1990년 OECD 국가의 아동수당지원이 합계출산율에 미친 영향은 0.07로 막대한 재원에 비해 그 효과가 낮다는 것이 검증되었다. 둘째, 모든 아동에게 보편적인 아동수당을 제공할 경우 자녀출산에 대한 태도나 여건이 서로 다른 가구에게 무차별적인 지원을 제공하는 것으로 출산율 제고정책의 효율성 차원에서는 사실 바람직하지 않다. 셋째, 예산상의 이유로 모든 아동에게 수당을 제공하지 못하고 저소득층이나 취약계층을 중심으로 수당을 제공할 경우 이는 사회복지급여가 확충되는 것으로 정책의 가시성이나 국민 인지도 측면의 장점도 살리기 어렵고 현물급여가 아닌 현금급여로 부모에게는 좋을지 모르지만 아동의 복지에 쓰인다는 보장도 없다. 결국 보기도 좋고 효과도 좋은 정책을 찾는다는 차원에서 제기되고 있는 아동수당은 그다지 좋은 출산율 제고 정책수단은 아니다.

일·가정 양립과 교육문제 해결이 관건

그렇다면 저출산 문제의 해법은 어떻게 찾아야 할까? 결국 서출산 문제의 원인부터 점검하는 데서 정책은 시작될 것이다. 가구 소득의 증가나 여성 임금의 증가, 여성의 경제활동 참가율 증가는 쉽게 열거할 수 있는 저출산 현상의 원인들이다. 이와 더불어 청년층의 고용불안과 이로 인한 결혼지연, 결혼가치관의 변화와 불임의 증가가 또 다른 원인들이다. 나아가 자녀의 교육문제와 사교육비 지출 (베커가 제기한 자녀의 질적 수준에 대한 투자)은 대한민국 모든 가구의 발목을 잡는 문제이다.

여성의 고학력, 임금상승 그리고 경제활동 참가율의 증가는 여성으로 하여금 출산의 기회비용을 증가시킨다. 이제 취업은 필수이고 출산은 선택인 젊은 여성세대가 노동시장에 진입하고 있다. 따라서 획기적인 일·가정 양립정책을 통해 육아와 경제활동 참여가 병행될 수 있도록 도와주는 정책이 절실하다. 산전후 휴가 및 육아 휴직, 맞벌이를 위한 보육정책, 탄력적인 근무환경 조성, 남편의 육아 참여, 직장 내 양성평등 등이 현실화되지 않는다면 여성에게 아이도 낳아 잘 기르고 직장에서도 성공하라는 것은 가혹한 주문일 뿐이다. 또한 영·유아

시기의 육아의 어려움만 극복된다고 해서 아이를 낳는 것도 아니다. 자녀교육과 관련한 금전적·정신적 부담의 근본적 해결 없이 출산율의 회복은 어렵다. 결국 우리 사회의 화두인 교육문제에 대한 해법과 출산율 제고의 해법의 길은 이렇게 연결된다. (2010. 9. 6)

청년실업과 중소기업 구인난 해소방안

▌ **이병욱**(한국경제연구원 경제교육실장)

청년들의 구직난 속에 중소기업은 심각한 구인난을 겪고 있다. 통계청에 따르면 2010년 6월 말 현재 청년(15~29세) 실업률은 8.3%로 전체 실업률 3.5%의 두 배에 달하는 반면, 중소기업의 인력 부족은 10만 개 이상으로 추정되는 등 구인난이 심각한 것으로 알려지고 있다.[7]

인크루트 조사결과에 따르면 2010년 상반기 채용에 나선 중소기업 322개 사 가운데 78.6%의 기업이 계획대로 인력을 채용하지 못하였으며, 채용된 인력 가운데 30% 이상은 채용 후 수개월 사이에 퇴사한 것으로 알려지고 있다.[8]

100만 명 이상의 청년들이 일자리를 찾기 위해 학원을 다니거나 구직을 포기하는 상황에서 중소기업의 구인난이 오랫동안 지속되는 것은 국내 중소기업의 임금수준이 낮고 근로조건이 열악하며, 재무구조가 취약하고 기업경영의 투명성이 결여되는 등 중소기업에 대한 취업자의 신뢰가 낮기 때문이다. 또한 중소기업 기업정보를 쉽게 얻지 못하는 구조적 요인도 한 원인이다. 이와 함께 젊은 층이 3D 일자리를 기피하고 중소기업 취업 시 무능한 결혼 상대자로 인식될 우려가 있기 때문이기도 하다. 특히 일부 결혼정보회사들의 금권지향적인 결혼 후보자 등급 평가는 젊은이들에게는 고시병과 좌절감을 안겨주고 있으며, 일반 국민에게는 특권층에 대한 혐오감을 갖게 하는 등 우리 사회를 병들게 하고 있는데, 여기서도 중소기업 취업자가 큰 차별을 받는 것으로 알려지고 있다.[9]

기성세대는 중소기업에 대한 부정적 이미지와 사회 분위기 때문에 자녀들의 중소기업 취업을 권장하기보다는 아예 취업을 막는 지경에까지 이르고 있다. 많은 대학생들도 중소기업에 취업할 경우 미래 비전이 없고, 취약한 재무구조에 따른 체불임금을 우려하며, 심지어 사귀는 사람과 결혼하지 못할 것을 걱정하여 중소기업 취업 자체를 전혀 생각조차 하지 않는다는 것이다. 이처럼 중소기업에 대한 부정적 이미지와 사회적 풍토를 개선하지 않고서는 중소기업의 구인난과 청년층 실업문제를 해결하기는 쉽지 않아 보인다. 청년 실업문제와 중소기업의 구인난이 지속될 경우 결국 중소기업의 발전이 침체되고 나아가서 산업현장의 세대교체가 지연되며 결혼과 출산율까지 떨어져서 우리 경제의 성장 잠재력이 약화될 것이 우려된다.

이제라도 젊은이들이 벤처기업이나 중소기업에 매력을 느끼게 하기 위한 대책 마련에 나서야 한다. 우선 중소기업은 정부나 정치권에만 의존하지 말고 스스로 매력도를 높이는 노력을 기울여야 한다. 젊은이들은 대학 졸업에 거액을 투자했기 때문에 눈높이를 낮추기가 쉽지 않다. 이들 대졸 취업지망자 입장에서 보면 근무여건이 좋고 장기근속이 보장되는 대기업 취업을 선호하고 직업적 안정성이 떨어지고 임금도 적은 중소기업을 기피하는 것은 어찌 보면 당연한 일이다. 하지만 중소기업은 성장잠재력이 높고 기업가정신을 배울 수 있는 곳이다. 오늘날 대기업의 CEO나 전문경영인들은 중소기업에서 일하며 회사와 함께 성장한 사람들이 많다. 앞으로도 큰 성공을 거둘 사람들은 벤처기업이나 중소기업에서 나올 확률이 높다. 이러한 점을 젊은이들에게 일깨워 주고, 중소기업 입사 지원이나 벤처창업을 적극 지원해 주어야 한다.[10]

또한 대기업은 노동조합 등과 교섭을 통한 임금인상률 결정 시 납품업체나 협력 중소기업의 임금결정에 크게 영향을 주는 점 등을 고려하여 임금인상을 최대한 자제할 필요가 있으며, 중소기업도 생산성 제고를 통해 종업원들의 임금을 높여 주고 근로조건을 개선하려는 노력을 병행하여야 한다. 우리나라 중소기업의 생산성(2008년=100 기준)은 영국의 188.4와 미국의 182.0에 크게 못 미칠 뿐만 아니라 대기업 생산성의 1/3 수준에도 못 미치는 실정이며, 이러한 문제점은 기업 규모가 작을수록 더욱 심각하다.[11]

중소기업의 구인난 해소를 위해서는 근본적으로 중소기업의 생산성 제고를 통해 대기업과의 임금 격차를 줄이는 데 역점을 두어 정책을 추진해야 할 것이다. 일본의 경제단체 연합회의 조사에 따르면 일본 기업의 대졸 초임은 대기업보다 중견기업이나 중소기업들이 더 많은 것으로 알려지고 있다. 반면, 우리나라는 대기업의 초임이 중소기업보다 25% 이상 더 많이 지급하고 있는 것으로 나타나고 있다.[12]

근로조건이 열악하고 직업적 안정성이 떨어지는 중소기업이 대기업에 인력을 빼앗기지 않으려면 대기업과의 임금 격차를 줄이는 데 각고의 노력을 기울여야 한다.

중소기업의 인재 채용 및 관리 시스템도 혁신해야 한다. 중소기업의 채용면접을 경험해 본 많은 대학생들은 중소기업 면접관의 고자세, 취업지망생을 함부로 대하는 태도 등에서 크게 실망하는 것으로 알려지고 있다.

한편, 세계 최고 수준의 대학 진학률(84% 수준)도 중소기업의 인력난을 심화시키는 요인으로 작용하고 있다. 청년 실업자 양성소로 전락해 버린 대학들은 산업계가 바라는 인재는 물론 중소기업이 필요로 하는 우수 기능인력조차 제대로 양성하지 못하고 있는 실정이다. 이제 대학의 구조조정을 지속적으로 촉진하여 대학 졸업생 수를 줄이고, 우수 기능인력을 충분히 양성할 수 있는 환경을 조성해야 한다.

이밖에 물가 및 주택가격 안정화 노력과 함께 우리 사회 발전에 부정적인 영향을 주고 있는 결혼문화나 결혼상담소 등의 사업관행을 바로 잡기 위한 친시장적인 대책 마련이 지속적으로 이루어져야 한다. 예컨대 사법시험 합격자 수를 지속적으로 늘려 소수 이익집단의 지대추구 기회를 대폭 축소하거나 권력을 이용하여 정당치 못한 축재를 한 사람들이 공직사회에서 살아남기 힘들도록 청문회 제도와 같은 평가 시스템을 지속적으로 혁신할 필요가 있다.

국가 미래의 희망인 청년들의 일자리 해결과 중소기업의 구인난 해소 노력은 매우 시급하고 중요한 문제이다. 그렇지만 이를 위한 해결책은 우리 사회의 구조적 문제점을 하나하나 해결하고 시장원리에 따라 근본적인 걸림돌을 제거하는 차분하고 장기적인 발걸음부터 시작해야 할 것이다. (2010. 9. 24)

| 주 |

1) 송희영, 「기업의 이익, 국가의 이익」, 조선일보 송희영 칼럼, 2009. 10. 23.

2) 윤창현, 「고용의 양극화를 깨라」, 한국경제 다산칼럼, 2010. 1. 19.

3) 동아일보, 2010. 3. 12.

4) OECD, The OECD Jobs Strategy: Assessing Performance and Policy. 1999.

5) 조선일보, 2010. 3. 12.

6) Seltzer, "The EEffect of the Fair Labor Standards Act of 1938 on the Southern Seamless Hosiery and Lumber Industries", Journal of Economic History, Vol.57, No.2, 1997, pp.396–415.

7) 중소기업청 통계에 따르면 중소 제조업체의 일자리 부족 현황은 2002년 20만 5,000명에서 2005년 9만 9,000 명, 2009년 5만 명으로 줄어든 것으로 나타나고 있으나 IT, 정보통신 서비스 산업 등을 포함할 경우 중소기업의 부족 인력은 10만 명을 넘는 것으로 추정되고 있다.

8) 최근 취업포털이 중소기업 152곳을 조사한 결과에서도 84%의 기업은 "적시에 직원을 채용하지 못해 인력 부족을 겪는다"고 응답하였다.

9) 일부 결혼정보회사의 결혼 상대 후보자 평가기준에 따르면 일류대학 법대출신 판검사와 고위층 자녀, 재산 1,000억 원대 사업가 자녀들이 상위등급을, 중견기업이나 중소기업 취업자는 아예 평가등급에서 제외되는 것으로 알려지고 있다.

10) 뉴욕타임즈(2010년 3월 5일자)에 따르면 뉴욕의 대학들과 부자들은 학생들의 취업을 위해 긴밀히 협력을 하고 있다고 한다. 일례로 NYC Seed(벤처투자기업)는 대학생들의 유망한 아이디어를 이윤이 날 수 있는 사업으로 만들기 위해 뉴욕대의 폴리테크닉연구소와 긴밀하게 협력하고 있으며, 현재 창업보육센터에는 13개 회사들이 있다고 한다.

11) 지식경제부, 중소기업청의 「중소기업 현장 생산성 향상 대책(2009년 10월)」 참조(종업원 50인 미만 중소기업의 생산성은 대기업의 1/5 수준에 불과하다.)

12) 기업 규모별 한·일 대졸초임 비교(2007년, 월 급여 기준)를 보면 일본의 경우 1,000인 이상 사업장은 161만 2,700원인 반면 300인 이하 중소기업은 초임이 162만 6,600원에 이르는 것으로 조사되었다. 우리나라의 경우 1,000인 이상 대기업은 월 급여가 230만 7,600원인 반면, 300인 이하 중소기업은 184만 8,500원인 것으로 나타났다.(자료: 한국경영자총협회, 「2007년 임금조정 실태조사」, 2007. 11, 日本 經濟團體連合會, 「新規學卒者決定初賃給調査結果」の槪要, 2007. 9.)

Chapter **5**

당당하게
세계 속으로 나아가라

현행 무역조정지원제도(TAA) 현실화되어야

▌ **정인교**(인하대 경제학부 교수 · 국제통상학회 회장)

한·미 FTA 협상이 한창 진행되고 있던 2006년 4월 무역조정지원제도(Trade Adjustment Assistance, TAA)가 도입되었고 1년간의 준비과정을 거쳐 2007년부터 시행되고 있다. TAA법은 FTA 이행으로 인하여 피해를 입었거나 입을 것이 확실한 기업과 근로자 등에 대한 효과적인 지원 대책을 마련하기 위해 제정되었다.

지금까지 6개 기업이 TAA를 신청했고 이중 5개 업체가 TAA 대상으로 지정되었다. 당초 예상을 크게 밑도는 수치이다. 그 이유 중의 하나로 현재 이행 중인 FTA로 인한 수입품 급증에 따른 피해가 별로 발생하지 않았다는 점을 들 수 있다. 그러나 보다 근본적인 이유는 TAA 기준이 6개월간 매출액 혹은 생산액의 25% 감소 규정이 기업 현실에 비춰 지나치게 엄격하여 기업들이 신청하기 어렵다는 점이다. 그동안 두 차례 개정을 거쳐 지원범위와 기준을 완화했지만 여전히 TAA 활용도가 낮고 기업의 관심도 적은 편이다.

오는 4월 한·EU FTA가 공식 서명되고 빠르면 7월부터 발효될 것으로 예상된다. 한·EU FTA는 우리의 첫 거대 선진 경제권과의 FTA가 될 것이고 한·미 FTA에 버금가는 경제효과가 기대되며 특히 다수의 중소기업들이 FTA 혜택을 볼 수 있을 것으로 예상되고 있다. 다만 EU는 독일과 같은 최고 수준의 경쟁력을 구비한 공업국에서부터 최근 가입한 구동구권 국가까지 다양한 27개 국가로 구성되어 있고, 이들 국가로부터 수입되는 물품도 만만치 않을 것으로 예상된다. 전체적으로 보면 우리 경제에 상당한 이익이 될 것으로 기대되지만 지금까지 이행된 FTA와는 달리 우리나라 산업에 따라 구조조정 압력이 커질 수 있다는 점이 우려되고 있다. 현재의 TAA로는 EU와의 FTA 이행으로 발생하는 구조조정 압력에 효과적으로 대응하기 어려울 것으로 예상되므로 한·EU FTA 비준과정에서 TAA를 현실에 맞게 조정해야 할 필요가 있다.

매출액 혹은 생산액이 25% 이상 감소해야 무역조정지원을 받을 수 있다는 규정은 사실상 기업들의 TAA 활용을 가로막는 장벽이 되고 있다. TAA법에 대한 제2차 개정에서 25% 매출감소 기준을 하향조정할 수 있도록 허용했지만, 기준을 완화하면 도덕적 해이가 발생하고 재정 부담이 높아진다는 이유로 아직도 고쳐지지 않고 동일한 기준이 적용되고 있다.

FTA 관련 산업지원의 도덕적 해이 문제는 2004년 이행된 한·칠레 FTA 농업 지원으로 증폭되었다. 한·칠레 FTA의 보완대책으로 국회와 정부는 농업지원특별법을 제정했고, 협정 이행 이후 8년 동안 FTA 피해 여부와 무관하게 연간 2,000억 원 정도의 농업지원 예산을 집행하도록 법제화함으로써 예산낭비라는 지적이 많았다.

우리나라의 TAA는 미국의 제도를 벤치마킹했으나 지원기준 면에서는 확연한 차이를 보이고 있다. 미국의 경우 매출이나 생산이 12개월간 떨어졌는가를 확인하긴 하지만 실제로 무역 피해 여부 혹은 피해 가능성을 중요한 기준으로 적용하고 있으며, 피해 여부는 상무부가 구축한 데이터와 분석방법으로 결정한다. 반면 우리는 매출액 25% 감소 여부를 확인하는 정량적인 기준 충족을 1차적인 요건으로 하고 무역피해 입증책임을 무역조정지원을 신청한 업체에 부과하고 있어 사실상 중소기업의 TAA 신청을 막는 등 제도의 실효성을 떨어뜨리고 있다.

한국은행의 중소기업관련 재무자료 분석에 따르면 매출액이 25% 감소한 기업은 사실상 파산상태에 놓여 무역조정지원 결정을 받더라도 지원이 너무 늦게 될 가능성이 크다. 매출액이 25% 감소한 기업에 대한 TAA는 정책의 실효성이 없는 것으로 보인다. 따라서 지나치게 엄격한 기준의 TAA는 '사후 약방문식 정책'이 되기 십상이고, 기업들을 대상으로 한 조사에서도 현행 25% 기준을 대폭 낮춰야 한다는 의견이 대부분이다.

TAA제도의 실효성을 높이기 위해서는 EU·미국 등 거대경제권과의 FTA가 이행되기 이전에 TAA제도를 현실에 맞게 보완·개선해야만 할 것이다. 먼저 지원기준을 매출액 10~15% 감소로 낮추고, 기준완화에 따른 도덕적 해이를 방지하기 위한 방안도 강구해야 한다. 1962년 TAA제도를 도입했던 미국도 초기에는 매우 엄격한 지정요건하에 TAA를 운영했으나 12년 후인 1974년에 지정요건을 대폭 완화했고, 현재는 무역조정기업 지정요건을 '매출액(또는 생산액)이 5% 이상 감소한 경우'로 규정하고 있다. '5% 이상 감소' 요건을 적용하는 이유는 매출감소 요건을 과도하게 높여 적용할 경우 도산이 임박한 기업에 대한 정책개입의 타당성이 상실될 가능성이 있기 때문이다. 기업의 행정부담을 최소화하는 가운데 신속·용이하고 실효성 있는 지원이 TAA 정책의 요체라고 할 수 있다.

따라서 TAA 지원기준을 완화시키되 이에 따른 도덕적 해이를 방지하기 위한 제반 대책을 수립해야 한다. 먼저 직접적인 무역피해 여부에 대해 확인해야 한다. 매출액은 여러 가지 요소에 의해 영향을 받을 수 있으므로 매출액 감소율이 지원기준에 다소 미달하더라도 무역피해가 확실하면 TAA를 해주도록 할 필요가 있다. 또한 여러 정황으로 볼 때 무역피해가 우려되는 경우 비록 현재의 매출액 감소가 기준보다 낮더라도 TAA를 허용하는 방향으로 제도를 탄력적으로 운용해야 할 것이다.

또 FTA와 무관하게 무역피해가 발생하는 업종은 TAA 대상에서 제외할 필요가 있다. 미국의 경우 외국산 수입품이 이미 국내시장을 잠식한 산업에 속한 기업은 무역피해 여부에 관계없이 TAA 대상에서 제외되고 있다. 예를 들어 수입품이 50% 이상 시장을 점유한 상품관련 기업에 대해서는 무역조정지원을 할 수 없도록 규정하고 있다. 하지만 우리나라 TAA법에는 이러한 규정이 없는데 운영지침에라도 이러한 제한사항을 추가해야 할 필요가 있다.

무역조정지원 시 도덕적 해이를 방지하기 위해서는 금융지원보다는 구조조정 컨설팅 제공에 중점을 둘 필요가 있다. 현재 소요비용의 80%까지 2,400만 원 한도 내에서 지원하고 있으나, 도덕적 해이를 방지하고 기업수요에 맞는 컨설팅 제공을 위해서는 지원한도를 높이되 컨설팅 비용 중 수혜기업의 부담비율을 상향조정할 필요가 있다. 미국의 경우 3만 5,000달러까지는 기업의 부담을 25%로 하되 이 이상의 소요비용에 대해서는 50%를 기업에게 부담시키고 있다. (2010. 2. 23)

독일 통일 20주년과 우리의 각오

■ 배진영(인제대 국제경상학부 교수)

올해 10월 3일은 독일이 통일된 지 20년이 되는 날이다. 1989년 11월 9일 베를린 장벽이 무너지는 날 장벽 위에서, 브란덴부르크(Brandenburg) 광장에서 서로를 껴안고 기뻐하는 동서독 주민들의 모습을 잊을 수가 없다. 독일에서 공부를 마칠 무렵이었던 필자는 딸의 유치원 행사를 마치고 마을사람들과 함께 촛불행진을 하고 있었다. 거리는 조용하고 하늘에는 휘영청 밝은 달이 여인의 눈썹 같은 구름 사이로 얼굴을 내밀고 있었고 미풍은 얼굴을 스치면서 편안함을 안겨 주었다. 조금은 써늘했지만 그다지 춥지 않았던 그 밤을 즐기던 중 누군가의 입에서 베를린 장벽이 무너졌다는 말이 나왔고, 뒷줄에 있던 나에게까지 조용히 전해졌다. 어느 누구도 환호하지 않았고 큰 소리를 내지도 않았다. 서독 주민들은 차분하면서도 상기된 표정으로 그렇게 역사적인 날을 담담하게 받아들이고 있었다.

독일 통일 20주년을 맞아 우리나라에서도 여러 행사를 준비하고 있다. 분단의 아픔이 남아 있는 한 독일통일은 우리에게 언제나 살아 있는 생생한 주제가 아닐 수 없다. 더욱이 최근 북한 내부의 사정이 심상치 않기에 독일 통일 20주년은 우리에게 각별한 의미로 다가온다. 우리에게도 통일의 그날이 다가오고 있다는 느낌을 받기 때문이다.

통일은 결코 단계적으로 전개되지 않는다. 어느 날 갑자기 우리에게 올 것이다. 책상 위에 그려진 대로 통일이 이루어질 수 있다면 누가 무슨 걱정을 하겠는가? 상대가 있는데 말이다. 통일은 한쪽 내부의 고름이 곪아터질 정도가 되어야 하고 그것을 스스로 주민들의 몸으로 보여줄 때 조그마한 사건과 결부되어 일어난다. 1980년대 후반 동독 주민들의 체제에 대한 불만은 최고조였다. 그들의 체제에 대한 마지막 저항은 동독으로부터의 탈출이었다. 베를린 장벽이 붕괴되던 그해 초부터 적지 않은 주민들이 동독 탈출을 시도했으며, 헝가리가 오스트리아와의 국경을 개방하면서 대량 탈주가 시작되었다. 동독 정부의 체제 결속을 위한 어떤 조치도 의미가 없었으며, 동독의 마지막 정권이 보여준 정책들은 우왕좌왕 그 자체였다. 그러던 중 한 순간의 실수라고 하는 동독 주민에 대한 베를린 통행의 완전한 허락이 돌이킬 수 없는 통일의 길로 가게 했다.

지금의 남북한 분위기는 독일이 통일되던 그 당시의 동서독 모습과 흡사하다. 북한 주민들의 체제에 대한 불만은 그 어느 때보다 높다. 어설픈 화폐개혁의 실패는 그렇지 않아도 끼니 걱정을 해야 하는 북한 주민들을 더욱 궁핍으로 내몰았다. 북한 주민들의 의식은 많이 바뀌었음에도 불구하고 체제 결속을 위한 북한 당국의 수법은 예전과 다를 바 없으니 주민들의 불만은 더욱 커지고 있다. 그들은 이미 오래 전부터 죽음을 무릅쓰고 중국을 경유하여 한국으로 넘어오고 있다. 그 수가 2만 명에 이른다. 한국에 들어오지 못하고 중국이나 태국 등지로 떠도는 북한인의 수를 합치면 탈북자 수는 10만 명이 넘는다고 한다. 북한 주민들의 불만과 그들의 탈주, 그리고 북한 당국의 정책 혼선, 이것이 오늘의 북한 모습이다.

그러나 지금의 한반도 통일을 위한 여건은 독일이 통일되던 당시만큼 성숙된 것은 아니다. 동맹국인 소련의 냉담, 주변국의 국경 개방, 동독 내부인 라이프치히에서의 촛불 시위와 같은 사건들이 감지되지 않고 있다. 그렇지만 통일의 기름이 고이기 시작하고 있는 것은 분명하다. 무엇이 여기에 불을 붙이는 점화장치가 될지 긴장된다.

　　최근 열린 어느 국제 세미나에서 "북한의 붕괴가 우리를 향해 넘어지지 않기를 바란다"는 기사가 나왔다. 통일 후 우리가 치러야 할 비용이 어마어마한 액수일 것이기 때문이다. 통일 후 독일 연방정부는 동독지역 재건과 주민들의 생활수준 제고를 위해 그동안 1,300조 원이 넘는 돈을 투입했다. 앞으로도 2019년까지 매년 550억 달러에 이르는 돈이 추가로 지원될 계획이라고 하니 총 지원액이 2,000조 원이 넘을 것이다. 그러니 우리도 걱정하지 않을 수 없다. 그러나 통일의 비용을 우리가 부담하겠다는 각오가 되어 있지 않다면, 온전한 통일을 이룩할 수 있겠는가? 또 다시 외세의 힘에 의존해 한반도가 어정쩡한 상태로 남아 있어야 하겠는가?

　　필자가 통일 지상주의자이기 때문에 이런 주장을 펴는 것이 아니다. 통일은 어느 날 갑자기 우리 앞에 다가올 것이기 때문이다. 우리가 피하고 싶다고 해서 피할 수 있는 일이 아니다. 그렇기 때문에 운명의 그날을 대비해 우리의 마음가짐을 다잡아야 하며 통일의 원칙에 흔들림이 없어야 하고 통일 후의 전략을 면밀히 준비하면서 우리의 국력을 지금보다 월등히 끌어올려야 한다. 무엇보다 통일을 위한다는 명목으로 자유시장경제 질서에 어떤 타협도 있어서는 안 된다. 자유시장경제야말로 우리에게 남북한의 현격한 국력 차이를 가져오게 하였고 그것이 북한 주민의 체제 불만으로 이어지게 했음을 명심해야 한다. 자유시장경제의 원칙이 조금이라도 훼손되는 순간 통일의 꿈은 사라진다. 왜냐하면 자유시장경제는 앞으로도 우리에게 통일의 든든한 반석이 되어 줄 것이기 때문이다. 그것은 한편으로 우리의 경제력을 신장시켜 통일 후의 막대한 재정 부담을 감당하게 해줄 것이고, 다른 한편으로 국력신장을 통해 주변 강대국을 설득시키는 지렛대 역할을 해줄 것이다.

이와 함께 통일 후의 전략을 면밀히 준비해야 한다. 그 전략은 우리가 감당할 수 있는 범위여야 한다. 이를 위해서 무엇보다 필요한 것이 지도자의 강력한 리더십이다. 독일이 동독 주민의 생활수준을 서독의 70%로 끌어올리는 데 20년이 걸렸다. 우리는 그보다 낮은 40~60%를 정책 목표로 세울 수도 있다. 이를 위해 남북한 통행의 일부 제한, 북한 주민 설득 등은 피할 수 없다. 지도자의 정치력 없이는 이 일을 해낼 수 없다. 지도자의 리더십은 무엇보다 통일 비용을 부담할 수밖에 없는 남한 주민을 위해서도 발휘되어야 한다.

마지막으로 우리에게 요구되는 것은 통일을 향한 우리의 차분한 마음가짐이다. 통일이라는 환상에 사로잡혀서도 안 되며, 1인당 부담해야 할 통일비용을 세면서 통일에 대한 막연한 두려움을 가져서도 안 된다. 통일이 온다면, 그것을 피할 수 없는 우리의 운명으로 받아들일 자세가 되어 있어야 한다. 역사적인 그날을 담담하게 받아들이는 서독 주민들의 차분하면서도 상기된 표정이 잊히지 않는다. (2010. 3. 31)

한·중 FTA, 이제부터 시작이다

▌정인교(인하대 경제학부 교수)

지난 4월 30일 상하이 한·중 정상회담에서 두 나라는 양국 간 자유무역협정(FTA) 체결에 속도를 내기로 합의했다. 지난 7년간 연구기관 간 연구 및 산관학 공동연구가 추진되었고, 수차례 중국 측의 요청에도 불구하고 꿈쩍도 하지 않던 한·중 FTA 산관학 공동연구를 조만간에 마무리하고, 양국 간 협상이 금년 말에 시작될 가능성이 있다는 전망까지 나오게 된 것은 이명박 대통령의 워싱턴포스트지 회견이 결정적으로 작용했다.

경제적인 파급영향이 크고, 민감한 분야가 많은 FTA 협상은 주로 국정의 최고 책임자인 대통령의 결단으로 이루어지는 경우가 많다. 한·일 FTA와 한·미 FTA가 대표적인 사례일 것이고, 한·중 FTA도 이 범주에 속한다. 차이가 있다면 일본 및 미국과의 FTA 협상은 상대국과의 관계에 맞춰 협상 추진 여부를 결정했다는 것이고, 한·중 FTA는 한·미 FTA 비준을 우회적으로 압박하기 위한 카드 차원에서 언급되었다는 점이 될 것이다.

그동안 한·중 FTA 추진을 요청해 왔던 중국이 대통령의 워싱턴포스트지와의 회견 이후 그다지 호의적인 반응을 보이지 않은 것도

한·중 FTA가 미국 측을 자극하기 위해 이용되었다고 생각했기 때문이다. 이를 의식했던지 열흘 후 대통령은 국무회의에서 한·중 FTA 검토를 지시했지만, 중국 측을 고려한 '물타기 용'이라는 시각이 여전히 가시지 않고 있다.

국민경제적 차원에서 보면 한·중 FTA 추진의 필요성은 쉽게 수긍이 간다. 미국과 일본보다 더 많은 액수의 수출대상국이 중국이고, 금년 1월 시작된 중국과 대만 간 FTA가 오는 6월 타결될 것으로 예상되어 대응책 마련이 시급하기 때문이다. 또한 고위관계자의 언급과 같이 미국의 한·미 FTA 비준을 유도함에도 일정부분 도움이 될 수 있을 것이다.

그럼에도 불구하고 한·중 FTA를 추진하지 못했던 이유는 이러한 긍정적인 측면만으로 협상 추진을 결정하기에는 부담스러운 점이 적지 않기 때문이다. 먼저 중국과의 FTA 협상 방식이다. 미국과의 FTA 협상은 논리적 근거에 따른 기 싸움이었기에 상대적으로 협상타결이 용이하였다. 하지만 중국과의 협상은 기존 원리가 통하기 어렵다는 것이 일반적인 인식이다. 더구나 경제외적인 요소를 활용하여 우리나라를 압박할 가능성도 높다.

둘째, 농업개방 부담이 생각보다 클 수 있다. 한·미 FTA로 피해를 볼 수 있는 농업품목은 쇠고기와 감귤류에 한정되지만, 중국산 농산물은 고추·마늘·양파·참깨 등 양념류와 축산물, 과실 등 다양할 것이다. 축산물과 과일 수입은 검역(SPS) 규제를 통해 당분간 막을 수 있겠지만 그렇다고 마냥 규제를 유지하기는 어려울 것이다. FTA 협상에서 중국 측은 이 부분을 집중적으로 논의하려 들 것이다. 더구나 대부분의 농가들이 자가소비 및 판매 목적으로 양념류 농사를 짓고 있고, 중국산 농산물 수입을 줄이기 위해 높은 수준의 조정관세를 부과해 왔다는 점은 농업부문의 부담의 크기를 새삼 짐작케 한다.

셋째, 중국 고유의 사회주의적 경제제도와 연계된 비관세장벽을 완화시키기가 어렵다는 점이다. 우리 기업들이 중국 가공특구에 많이 진출한 것은 중국의 저임금 노동자를 활용하려는 목적 외에도 중국 내 다른 지역과는 달리 이러한 비관세장벽을 회피할 수 있기 때문이었다. 우리나라 기업들이 한·중 FTA 협상에 거는 가장 큰 기대사항이 바로 중국식 비관세장벽 완화인데 이를 받아내는 것이 결코 용이하지 않을 것이다.

FTA 협상은 고도의 전략과 심리전의 연속이므로 이러한 우려사항을 중국 측에게 각인시키고 협상 개시 전에 사전양보를 받아내는 데 한·중 FTA에 대한 대통령의 첫 언급이 전략적으로 활용되어야 했다. 이를 뒤집어 말하면 얼마 전까지만 해도 우리나라와의 FTA 추진에 안달이 났던 중국 수뇌부가 한·중 FTA 추진 시 농업문제에 대해 특별 고려를 해주겠다고 언급했지만 이제부터는 한국 측의 필요성에 의해 한·중 FTA 추진을 하게 되었다는 점을 전제로 중국이 농업협상에 임하지 않을까 우려된다.

미국산 쇠고기 사태 후유증에서 벗어나 정부가 적극적인 통상정책을 추진하게 된 것은 다행이지만 상대국과의 신뢰를 축적하면서 협상이 원만하게 진행되도록 하여 결과적으로 국익을 극대화하는 전략적 고려가 필요하다. 특히 한·일 FTA보다 한·중 FTA를 먼저 추진하도록 대통령이 지시함으로써 정책담당자의 정책재량을 위축시켜 결과적으로 한·중 FTA 협상전략 수립에 한계를 지우게 된 것은 아쉽다. 더 나아가 워싱턴포스트지와의 인터뷰 직후 한·미 정상회담에서 미국이 껄끄럽게 생각하는 중국 카드를 끌어들여 자국을 압박하려 했다는 점에 대해 미국 측이 당황해 했다는 후문도 가볍게 볼 사안이 아니다.

돌이켜 생각해 보면 대외적으로는 중국과의 FTA를 착실히 검토하면서 내부적으로는 협상 여부 및 개시 시점을 논의해 왔어야 했고, 중국과의 FTA 협상을 유리하기 이끌어나가기 위해서는 한·일 FTA 및 한·중·일 FTA도 일정수준 진전시켜야 했다. 조용하면서도 진지하게 이들 국가와의 FTA를 검토하는 것이 미국 측의 한·미 FTA 비준을 유도하는 전략이 될 것이다.

　중국과의 FTA 산관학 공동연구가 종료되어도 협상이 바로 시작되는 것은 아니다. 양국 간 실무협의 절차가 이어질 것이고, 이 협의에서 공식협상 개시를 양국 정부에 건의함으로써 협상이 시작될 것이다. 지금부터라도 협상의 큰 틀을 짜고 주요 민감한 사안에 대해 양국의 입장을 사전 조율함으로써 실제 협상이 무리 없이 용이하게 진행되도록 준비해야 할 것이다. (2010. 5. 12)

개방정책 기조는 유지되어야

▌ **권영민**(명지대 국제통상학과 교수)

다소 진정되는 듯 보였던 그리스에서 촉발된 남유럽 재정위기 사태가 스페인 저축은행의 국유화 소식으로 시장불안을 가중시키고 천안함 사건의 발표결과에 따른 여파로 원/달러 환율은 1,200원대를 돌파하고 KOSPI지수는 1,600선이 무너지는 등 한국경제가 또 다시 혼란에 빠져들고 있는 모습이다.

비록 규모 면에서는 훨씬 작고 아직 크게 우려할 수준은 아니지만 한국경제의 움직임은 마치 2008년 9월 이후의 양상을 재현할 수도 있는 것처럼 보이기도 했다. 리먼 브러더스의 파산으로 촉발된 미국의 부동산·금융위기가 전 세계로 확산되면서 한때 2,000선에 접근하던 주가지수가 800선대로 곤두박질쳤고 그해 최저 900원대로 내려갔던 원/달러 환율도 급등하기 시작하여 2009년 3월에는 1,500원을 넘기도 하였다. 이에 따라 국내 기업들은 1997년 외환·금융위기 때보다 더 극심한 자금난에 시달리며 생산과 고용이 위축되어 갔다. 그 결과 2008년 4/4분기의 GDP 성장률은 마이너스 4.5%를 기록하였고 수출과 수입은 연속 2분기에 걸쳐 각각 35.3%와 41.2%씩 감소하는 등 금융위기가 실물부문의 세계적인 불황으로 이어지며 한국경제가 받았던 충격의 강도는 누구보다도 더 극심했었다.

그러나 이와 같은 충격의 여파가 가라앉으면서 한국은 반대로 누구보다도 더 빠른 회복세를 보였었다. 미국·일본·EU 등 선진국들이 아직 마이너스(-) 성장을 벗어나지 못하고 있던 2009년 1/4분기부터 한국의 분기별 성장률은 플러스(+)로 전환되며 그해 2/4분기와 3/4분기에 각각 2.4%와 3.2%의 성장률을 기록하였다. 또 2009년 2/4분기부터는 수출도 회복세로 반전하여 2009년 4/4분기에는 위기 발생 이전인 2008년 3/4분기 수출실적의 90% 수준까지 도달하게 되었다. 이와 같은 실직이 이어지면서 지난 4월 한국은행은 올해의 성장률 전망을 5.2%로 상향조정하여 경기회복에 대한 강한 자신감을 나타냈었다. 세계 3대 신용조사기관의 하나인 무디스도 한국의 국가신용등급을 A1등급으로 상향조정하였으며, 이로써 한국은 1997년 외환·금융위기 이전의 수준으로 복귀하게 되었다.

이와 같이 순항하던 한국경제가 유럽발 시장불안에 또 다시 출렁거리는 모습은 해외 요인에 매우 민감한 한국경제의 구조적 특성을 보여준다. 1997년 외환·금융위기를 겪고 난 이후 한국 정부는 적극적인 시장개방 정책을 추진하였으며 그 결과 글로벌 경제체제로의 편입이 가속화되었다. 이러한 상황에서 대규모의 외부충격에 대한 한국경제의 저항력은 어쩔 수 없이 약화될 수밖에 없었을 것이다. 그러나 해외의존도가 높은 구조를 한국경제의 단점으로만 취급해서는 안 될 것으로 보인다. 왜냐하면 경기회복기에는 이러한 경제구조로 인해 남들보다 더 빠른 회복세를 경험할 수 있기 때문이다. 예를 들어 미국발 금융위기 이후 각국이 펼친 경기부양책 덕분에 일단 경기하락세가 멈추고 미약하나마 회복세가 감지되었을 때 한국경제는 앞서도 언급한 바와 같이 이미 가파른 상승세를 보였었다. 물론 경기변동성이 매우 심한 것은 문제지만 그렇다고 인위적으로 해외부문의 의존도를 줄이고 내수부문의 영향력을 키우려는 정책은 의미가 없을 것이다. 2008년의 세계경제 위기로부터 영향을 받지 않은 국가는 없었으며 약간의 정도 차이가 있었을 뿐 모두가 커다란 충격을 받았다. 즉 세계경제의 통합이 심화되어 있는 상황에서 해외부문의 의존도가 높고 낮은 것은 정도의 차이에 불과한 것이다. 설령 한국의 해외부문 의존도가 낮았을지라도 어차피 대규모의 경기악화는 불가피했을 것이다. 결국 해외 의존도를 낮추었다고 해도 당시와 같은 대규모의 외부의 충격으로부터 자유로울 수는 없었을 것이다. 또 해외 의존도가 낮았다면 경기회복을 위해서는 그만큼 내부의 성장요인들이 더욱 활성화되어야 함을 의미한다. 결국 한국은 높은 해외 의존도 덕분에 경기회복기에 오히려 남들보다 유리한 조건을 갖추고 있는 셈이다.

그런 의미에서 현재와 같은 한국 정부의 개방정책 기조는 계속해서 유지되고 확대되어야 할 것이다. 한국경제가 점차 더 글로벌 경제체제에 통합되는 것은 그 만큼 시장규모가 더 커지는 것을 의미한다. 이는 한국기업에 대해서뿐만 아니라 한국에 진출한 외국기업에게도 마찬가지로 적용된다. 외국기업들이 한국에 투자하는 이유는 한국 시장을 겨냥한 것이기도 하지만 한국에서 생산한 재화를 글로벌 시장에 수출하기 위한 목적도 있을 것이다. 그렇기 때문에 한국은 WTO 다자간 체제 참여나 FTA의 적극 추진과 같은 대외개방을 확대하는 것도 중요하지만 동시에 국내 투자환경을 개선하는 등 대내 개방을 확대하는 정책도 함께 추진할 필요가 있다.

개방을 확대하는 것은 국내의 유한한 자원을 보다 효율적으로 배분하여 경제성장을 촉진하고 일자리를 확대하여 국민의 편익을 위하는 것이다. 고용이 증대되고 후생수준이 향상된다는 것은 그만큼 내수부문이 확대되는 것을 의미한다. 즉 개방 확대정책은 결국 내수부문의 확대도 도모하게 될 것이며 궁극적으로 대외충격으로부터의 내성을 키우는 방편이 될 것이다.

요즈음의 한국경제 움직임은 다시금 해외부문의 악재에 취약한 구조적 특성을 보여주고 있다. 그렇다고 해서 이러한 모습들이 그동안 추진되어 온 개방정책 기조를 누그러뜨리는 빌미로 이용되어서는 안될 것이다. 불황기에 좀 더 공격적인 투자가 향후 시장을 선점할 수 있는 기회가 될 수 있듯이 이럴 때일수록 그동안의 시장개방 정책을 좀 더 적극적으로 추진할 필요가 있다. 그런 의미에서 그동안 추진되어온 한·미 FTA, 한·EU FTA의 공식 발효를 앞당기고 중단된 상태인 DDA 협상의 재개를 위해 더 많은 노력을 기울일 필요가 있다. (2010. 5. 27)

중국에도 당당한 한국 만들기

▌**김정호**(자유기업원 원장)

　중국이 심상치 않다. 지난 2/4분기 중국의 국내총생산은 1조 3,369억 달러로 1조 2,883억 달러인 일본을 넘어섰다. 미국에 이어 세계 2위가 된 것이다. 중국의 이런 자리는 더욱 확고해질 것이 분명하다. 일본의 성장률이 0.4%인데 반해 중국은 계속 10~11%를 넘나들고 있기 때문이다.

　물론 1위인 미국과의 격차는 크다. 2009년 중국의 총생산은 4조 9,000억 달러로 미국의 14조 달러에 비해 3분의 1을 조금 넘는 수준이다. 하지만 중국이 10% 이상의 성장을 지속하고 미국 역시 지금처럼 0~4%의 성장에 머무른다면 30년 내에 중국은 미국을 능가할 것이다. 상하이와 베이징이 뉴욕과 워싱턴을 대신해서 세계의 중심으로 등장하게 될 것이다.

　이와 같은 중국의 굴기(屈起: 떨쳐 일어섬)는 우리에게 기회이자 위기이다. 중국을 기회로 보는 것은 경제적인 이유에서다. 중국은 이미 우리에게 최대의 수출시장이 되었다. 중국 경제가 커지면서 우리나라 제조업체들의 중국에 대한 수출이 꾸준히 늘어왔다. 중국의 많은 소비자들은 우리의 관광 · 엔터테인먼트 · 음식 그리고 농산물에도 관심이 많다. 중국인들은 한국을 찾는 관광객의 큰 비중을 차지하고 있다. 우리가 그들로부터 수입할 수 있는 싸고 질 좋은 제품들도 우리에게는 축복이다. 물가안정의 기반이기 때문이다.

그러나 정치적으로는 오히려 걱정이 앞선다. 중국은 미국이 계속해서 세계 유일의 슈퍼파워로 남는 것을 용납하지 않을 것이다. 천안함 사태 후속 조치로 시행하려던 서해에서의 한·미 합동훈련에 대해서 중국이 보인 강력한 거부감은 그런 속내를 잘 드러낸다. 지난 수십 년간 그와 비슷한 훈련들이 아무 문제없이 이루어졌었는데도 말이다. 군사적 패권다툼 말고도 인민폐의 기축통화화 문제, 글로벌 불균형 (Global Imbalance) 문제 등 중국과 미국이 얼굴 붉힐 일은 많다.

우리는 두 강대국 사이에서 어디를 택해야 할까. 물론 양쪽과 모두 사이좋게 지내는 것이 가장 좋다. 그러나 이란이 강력히 반발함에도 불구하고 미국이 우리에게 이란 제재에 동참하라고 요구하고 있듯이 미국과 중국 가운데 택일을 해야 할 상황이 반드시 온다. 그럴 때 단연코 미국을 택해야 한다고 생각한다. 우리가 지향하고 있는 가치가 자유라면 그리고 지향하는 체제가 자유민주주의와 시장경제라면 말이다.

우리가 자유민주주의와 시장경제를 선택한 것은 미국이 뒤에 있었기 때문이다. 소련과 중국의 지원을 받은 북한은 그들의 체제를 닮아갔다. 앞으로도 그런 사정은 달라지지 않을 것이다. 미국과 친하게 지내면 미국의 체제를 닮을 것이고 중국과 친하게 지내면 중국의 것을 닮을 것이다.

현실이 그런 성향을 말해준다. 중국과 친한 나라들은 대부분 아프리카와 남미의 독재국가들이다. 북한은 말할 것도 없다. 미국은 다른 나라의 독재에 대해서 내정간섭이라 할 정도로 개입을 하지만 중국은 그런 문제를 타국이 개입해서는 안 되는 주권 사항으로 간주한다. 그래야만 중국 자신의 공산당 1당 독재도 정당화할 수 있기 때문일 것이다. 또 그래야 상대국을 자신의 지배하에 두기가 쉽기 때문일 수도 있다.

게다가 티베트나 신장자치구 사태에 잘 나타나 있듯이 중국은 과거의 패권주의적 성향을 버리지 않고 있는 듯하다. 지도부만이 아니라 중국의 인민들부터 그런 사고를 가지고 있음은 2008년 올림픽 당시 올림픽공원에서 있었던 중국 유학생들의 소요사태를 통해서 잘 알 수 있다. 유학생들이 유학을 온 나라에서 그 나라 국민들을 대상으로 시위와 위력을 행사한다는 것은 생각하기 어려운 일이다. 중국인이 한국을 얼마나 가볍게 여겼으면 그런 행동을 했겠는가. 미국인들이라면 그렇게 행동하지 않았을 것이다.

우리가 미국과 친해야 할 이유는 많다. 그러나 실제로 그런 관계를 유지해 나가기가 쉽지는 않을 것이다. 효순이와 미선이의 추모 촛불집회, 광우병 시위 모두 다 미국에 대한 지나친 적대감을 드러냈다. 그 상대가 중국이라면 우리 국민들이 그런 식으로 행동하지 않았을 것이다. 중국의 힘이 강해지면서 반미 세력의 설득력은 더욱 커져가고 있다.

마음만을 기준으로 본다면 우리 국민들은 친중보다는 친미 쪽이 더 많을 것이다. 그렇기 때문에 민주주의가 제대로 작동한다면 우리의 정권은 늘 미국에 우호적이어야만 한다. 그러나 실제의 결과가 그렇게 될지는 장담할 수 없다. 친미세력은 반미세력에 비해 선거에서도 그다지 열의가 없어 보이기 때문이다. 미국에 우호적인 세력이 선거에서라도 꼭 투표권을 행사해야겠다고 마음을 다져 먹어야 하는 이유다.

하지만 중국에 당당한 나라를 만들기 위해 무엇보다도 필요한 것은 우리의 힘을 키우는 일이다. 새삼스럽게 말할 필요도 없이 한국은 세계 최강대국의 틈에 끼어 있다. 미국이 세계 1위이고, 중국은 2위, 일본은 3위인데 우리는 15위이다. 그것으로는 이웃 나라들에게 어깨를 펼 수가 없다. 세계 4위, 즉 독일 정도의 힘은 갖추어야 한다. 그래야 중국도 우리를 무시할 수 없을 것이다.

당장은 요원해 보이지만 충분히 가능한 일이다. 지금은 우리의 제 조업과 건설업이 세계 최고 수준에 올랐지만 20년 전인 1990년에는 누구도 그렇게 상상하지 못했다. 이제 우리에게 남은 과제는 농업과 서비스업과 정부부문을 키워나가는 것이다. 이 분야의 종사자들이 지금부터라도 분발한다면 20년 후쯤에는 충분히 세계 4위의 강대국으로 올라설 수 있다. 그렇게 되어야 비로소 대한민국이 중국에도 당당한 나라로 우뚝 설 수 있을 것이다. (2010. 8. 30)

한·EU FTA 서명의 의의와 과제

■ **송원근**(한국경제연구원 선임연구위원)

한국과 유럽연합(EU)은 양자간 자유무역협정(FTA) 협상을 2007년 5월 시작한 이후 2009년에 타결하였고, 2010년 10월 6일 양측이 협정문에 정식으로 서명하여 발효를 눈앞에 두게 되었다. 정식 서명 이후의 절차는 한국과 EU 개별 회원국들의 비준작업을 거쳐야 한다. 그러나 EU의 경우 개별 회원국들의 비준 이전에 잠정 발효가 가능해 한국에서 비준이 이루어진다는 전제하에 EU 의회의 동의를 거쳐 내년 7월 1일 잠정 발효될 것으로 보인다. 이로써 NAFTA 이후 최대 규모의 경제통합을 이루게 될 자유무역협정이 조만간 실현된다.

한국과 유럽연합의 FTA 협상 타결에서 정식 서명까지 오랜 시간이 걸린 것은 유럽연합이 27개국으로 구성된 국가연합체라는 특성에 기인한다. 협정문을 유럽연합의 22개 언어 등 23개 언어본으로 번역하는 작업과 더불어 27개 회원국의 동의를 얻어내는 과정에도 진통이 있었을 것으로 추측된다. 협정의 발효가 예상보다 6개월 지연된 것도 결정적으로 유럽의 주요 자동차메이커 중 하나인 피아트가 위치한 이탈리아의 강력한 반발에 기인했다고 볼 수 있다. 따라서 한·EU FTA의 체결 및 서명까지의 과정에서는 무역자유화 추진에서 항상 걸림돌이

되고 있는 다양한 이익집단의 개방에 대한 반발과 더불어 국가연합체라는 EU의 특성으로 합의 도출에 어려움이 더해졌다고 할 수 있다.

이렇듯 어려운 과정을 거쳐서 발효를 눈앞에 둔 한·EU FTA의 의의 및 효과에 대해 살펴보자. 먼저 우리나라의 입장에서 한·EU FTA는 단일시장으로는 세계 최대인 EU와 자유무역협정을 통해 하나의 경제권을 이루게 됨을 의미한다. 2009년 기준으로 EU의 GDP는 16조 4,000억 달러로 미국의 14조 3,000억 달러를 능가한다. 또한 EU는 우리에게 두 번째로 큰 교역상대국이며 우리나라에 가장 많은 투자를 하는 국가이다. EU는 미국에 비해 평균관세율이 높고, 특히 우리나라 주요 수출품목들의 관세율이 높아 EU와의 FTA는 세계 최대시장에 대한 시장접근의 획기적인 개선을 가져올 것으로 기대할 수 있다.

한·EU FTA는 자유화 수준이 높은 포괄적인 FTA라고 평가할 수 있다. 한국과 EU 양측은 공산품 및 임산물 전 품목에 대해 관세를 철폐하기로 하는 높은 수준의 시장개방에 합의하였다. 또한 농수산물에 대해서도 EU는 모든 관세를 5년 이내에 철폐하기로 하였고, 우리나라의 경우 쌀은 개방에서 제외하였고 일부 품목에 대해 현행 관세를 유지하기로 한 것을 제외하고는 농수산물에 대한 장기에 걸친 관세철폐에 합의하였다. 이와 같은 높은 수준의 자유화는 한국과 EU 양자 간의 교역 규모를 획기적으로 증대시킬 것으로 예상할 수 있다. 교역의 증대와 더불어 국내 자원배분의 효율성이 증대될 것으로 예상되고 이와 같은 효율성 제고와 더불어 개방에 따른 경쟁의 심화로 생산성이 향상되어 장기적이고 지속적인 성장기반 구축에 기여할 것으로 기대된다. 또한 이와 같은 양자 간 개방의 확대를 통해 좋은 품질의 다양한 제품들을 보다 저렴한 가격으로 소비할 수 있게 됨으로써 소비자들의 후생도 크게 증대될 것으로 기대된다.

한·EU FTA의 또 다른 특징은 상품에 대한 양허뿐만 아니라 서비스, 투자, 지적 재산권, 경쟁 및 무역 원활화까지 자세히 규정한 포괄적 FTA라는 점이다. 특히 서비스 및 투자 부문에 대한 광범위한 개방은 국내 서비스 산업의 선진화, 외국인 투자의 증대 등을 통해 성장 잠재력이 제고되고 좋은 일자리 창출에 기여할 것으로 전망된다. 서비스 부문은 한·미 FTA와 유사한 높은 수준의 개방을 규정하였다. 예를 들면 법률, 회계, 세무 등 전문직 서비스의 단계적 개방 규정, 일정 조건하에서의 신금융서비스의 허용 등은 한·미 FTA와 유사한 수준으로 볼 수 있다. 따라서 FTA를 계기로 높은 경쟁력을 지닌 유럽의 지식기반 서비스의 국내 진출이 활발히 이루어질 것으로 예상되고, 이에 따라 국내 서비스 산업의 생산성이 향상되어 경쟁력 제고에 기여할 것으로 기대된다. 또한 EU 측의 서비스, 투자 부문은 우리보다 훨씬 넓은 수준으로 개방되어 우리 기업들의 EU시장 진출도 확대될 것으로 예상된다.

포괄적 FTA의 특징은 무역뿐만이 아니라 경제 전반에 걸친 양자 간 협력을 촉진시킨다는 점이다. 이는 FTA의 효력 발생과 더불어 제도적 변화가 자연스럽게 나타남을 의미한다. 유럽의 선진적인 경제시스템과의 접촉을 통해 우리나라 제도와 관행의 선진화가 가속화되는 계기가 마련되고, 이에 따라 전반적인 경제시스템이 한 단계 높아지는 효과가 나타나게 될 것으로 예상할 수 있다. 예를 들면 한·EU FTA에 규정된 규제와 제도의 투명성, 지적 재산권의 강화 등은 단기적으로 행정의 편의나 일부 업종에 부담이 될 수 있으나 규제개혁, 그리고 재산권 보호를 촉진한다는 점에서 경제시스템의 선진화에 기여할 것으로 기대할 수 있다.

한·EU FTA의 긍정적인 경제적 파급효과는 거시경제변수에 대한 예상을 통해서도 확인할 수 있다. 한·EU FTA로 인해 실질 GDP가 1.28~3.59% 증가할 것으로 예상되고 교역 및 산업생산의 증대와 더불어 최대 35만 명의 고용 증가가 예상된다.[1]

이와 같은 결과는 한·EU FTA에 따른 경제적 파급효과가 한·미 FTA로 예상되는 경제적 파급효과를 능가할 것임을 보여준다.

한·EU FTA의 또 다른 파급효과는 지연되고 있는 한·미 FTA의 미국에서의 비준에 대한 영향이다. 한·미 FTA의 비준 지연은 미국 민주당과 전미자동차노조 등 미국 내의 반대가 가장 큰 원인이다. 그러나 오바마 정부는 미국의 경기침체를 수출 증대를 통해 극복하려 하고 있고 한·미 FTA는 이런 전략의 주요 정책수단이다. 따라서 오바마 정부는 한·미 FTA 비준을 추진하고 있으나 의회와 이익집단의 반대를 포용하면서 추진하려고 함에 따라 추가협상 논의 등 정치적 걸림돌을 제거하지 못하고 있다. 미국과 EU는 농산물, 서비스 등 많은 분야에서 경쟁적인 관계에 있고, 한국과의 FTA의 발효 순서에 따라 한국 시장 선점의 우위가 주어진다. 한·EU FTA의 발효는 미국의 입장에서 한국 시장의 선점 기회를 EU에게 빼앗기는 것을 의미하며, 이는 오바마 정부의 수출 증대 정책에도 차질을 가져오게 된다. 따라서 한·EU FTA의 정식 서명은 미국 정부의 입장에서 한·미 FTA의 비준을 서두를 충분한 이유가 된다.

한·EU FTA의 이와 같이 전반적으로 매우 긍정적인 효과에도 불구하고 일부 업종에서는 어려움을 겪을 것으로 예상된다. 우리나라가 상대적으로 경쟁력이 떨어지는 농축산업 부문에서는 FTA에 따른 수입의 증대로 전반적인 가격하락에 따른 어려움이 점쳐진다. 그러나 농축산업 부문은 민감성을 반영한 보호조치들로 인하여 FTA에 따른 충격은 상당부분 감소될 것으로 예상되고 대부분의 품목들이 장기에 걸친 관세철폐를 규정하고 있어 장기적인 경쟁력이 문제가 될 것으로 예상된다. 한 · EU FTA로 인해 EU로부터의 수입 증대가 두드러질 것으로 예상되는 돼지고기, 특히 삼겹살의 경우는 국내 생산이 수요에 비해 크게 부족해 이미 많은 양이 수입되고 있으므로 FTA에 따른 효과는 수입선이 바뀌는 무역전환효과로 새로운 수입의 증대가 두드러지지는 않을 것으로 예상된다. 다만 수입가격 인하에 따른 전반적인 가격의 하락이 국내 생산자들의 수익성을 악화시킬 가능성은 높다고 할 수 있다. 그러나 수입관세의 철폐가 10년이라는 장기에 걸쳐 행해지므로 급격한 가격하락에 따른 국내 생산자들의 어려움이 단기적으로 나타날 것으로 예상되지는 않는다는 점을 지적하고 싶다.

농축수산물 외에도 유럽 국가들이 높은 경쟁력을 보유한 정밀기계 등 고급 소재 및 부품, 화장품과 의약품 등의 정밀화학 분야에서도 EU와의 FTA에 따른 수입 증대가 예상된다. 이와 같은 수입 증대는 동일한 분야의 국내 생산에 영향을 줄 것으로 예상되지만 한국과 EU의 보완적인 산업구조로 인한 긍정적 파급효과도 클 것으로 기대된다. 예를 들면 FTA에 따른 EU산 부품, 소재의 가격경쟁력 제고는 한국 시장에서 일본산 제품들과의 경쟁을 심화시켜 결과적으로 한국의 제조업체들에게 비용절감의 기회를 제공한다. 또한 EU로부터의 고기술 제품 수입 증대는 국내 업체들로 하여금 경쟁 심화에 따른 기술개발의 유인을 제공하여 경제 전반의 생산성 증대에도 기여할 수 있을 것으로 전망된다.

FTA와 같은 무역자유화에서 항상 문제가 되는 것은 경쟁력이 떨어져 개방에 따른 조정이 발생하는 부문에 대한 지원 및 보상이다. 이런 부문이나 산업을 일반적으로 피해산업이라고 하지만 이는 정확한 표현이 아니다. 이런 산업은 무역자유화 이전 보호 장벽 아래에서 비효율적인 생산방식이나 경영이 용인되던 부문이라고 할 수 있다. 따라서 무역자유화에 따른 경제 전반의 효율성 제고 과정에서 이런 부문으로부터 자원의 이동이 발생하는 조정(adjustment)은 불가피하다. 이와 같은 무역조정의 과정을 원활히 하기 위해 등장한 것이 무역조정지원(trade adjustment assistance)이다. 우리나라에서 무역조정지원이 제도적으로 확립된 것은 한·칠레 FTA 체결 이후이고 농업과 제조업, 그리고 서비스 부문까지 포괄하고 있다. 여기서 문제는 FTA의 확대에 따라 무역조정지원이 피해에 대한 보상 형식으로 변질되어 구체적인 대책으로는 국민의 세금을 낭비하는 과도한 보상이 되고 있고, 무역자유화의 확대에 따라 지원의 범위와 규모가 확대되고 있다는 점이다. 한·EU FTA의 경우도 피해산업 보완대책이라는 형식으로 대책이 도출될 것이고 한·칠레 FTA와 한·미 FTA의 예에서 보듯이 국회에서의 비준과정에서 정치적인 이유로 과도한 지원 및 보상이 이루어질 가능성도 배제할 수 없다. 무역조정에 대한 지원이 과도하게 이루어지는 경우 이는 국민의 세금을 낭비하게 될 뿐만 아니라 오히려 지원이 이루어지는 부문에 고용된 노동 및 자본을 묶어두는 효과가 나타날 수 있다. 즉 비효율적인 산업에서 효율적인 산업으로의 부문 간 자원의 이동을 제약하여 원활한 무역조정을 통한 경제 효율성의 제고에도 도움이 되지 않을 가능성이 높다. 이 경우 FTA에 따른 무역자유화의 효과도 반감될 수 있다.

한·EU FTA와 같은 무역자유화는 개방 친화적인 제도에 의해 뒷받침되어야 그 효과를 극대화할 수 있다. 요소시장의 유연성이 떨어지면 그만큼 무역자유화에 따른 경제의 효율성 제고 효과도 감소될 수밖에 없다. 따라서 투자에 장애가 되는 각종 규제의 개혁과 더불어 감세 및 세제개혁, 그리고 노동의 부문 간 이동을 제약하는 노동시장의 경직성 극복은 무역자유화의 효과를 극대화하기 위해 필수적이다. 또한 개방 친화적인 사회 분위기도 FTA의 효과를 높이는 데에 큰 역할을 한다. 세계 최대의 단일시장인 EU와의 경제통합, 그리고 효력이 나타나는 우리나라의 FTA 중 최대 규모의 FTA인 한 · EU FTA가 우리 경제를 선진화시키는 결정적인 계기가 되기 위해서는 개방 친화적인 제도의 개혁이 뒷받침되어야 함을 다시 한 번 강조하고자 한다. (2010. 10. 11)

한·미 FTA 조속히 매듭지어야

▌최남석(한국경제연구원 부연구위원)

　티모시 가이드너 미 재무장관 등은 G20 서울 성상회의를 통해서 경제성장률 제고, 국제무역 불균형 해소, 환율 안정, 자유무역 증진을 계획했었다.[2] 그렇지만 경상수지 4%를 기준으로 하는 환율조정안은 독일의 반대로 좌절되었다. 미국의 수출을 2015년까지 두 배로 늘리려는 야심찬 오바마 행정부의 약속은 한·미 FTA 타결 실패로 가능성이 더욱 희박해졌다.[3]

　이러한 G20 정상회의 결과에 대해서 월스트리트 저널은 "오바마 행정부가 서울에서 창피를 당했다"고 강하게 비난했다.[4] 현재 한·미 FTA는 미국이 자동차 관세철폐 기간 연장, 관세환급제 축소, 자동차 세이프가드 발동권 확대를 추가 요구하면서 타결이 지연되고 있다. 이달 말 한국협상단은 한·미 FTA를 조속히 타결하기 위해서 워싱턴을 방문할 예정이다.[5]

　2007년 6월 한·미 양국이 FTA 협정문에 서명한 지 3년이 흘렀다.[6] 이 시점에서 한·미 FTA를 어떻게 매듭지어야 하는가? 첫째, 무역자유화를 더욱 확대함으로써 경쟁력을 키우고 생산성을 향상시켜서 지속적 경제성장의 잠재력을 증진시키는 방향으로 한·미 FTA를 마무리

해야 한다. 자동차산업은 무역자유화 확대로 인한 경쟁 심화와 생산성 향상이 기대되는 분야이다. 한·미 교역에서 우리나라가 자동차산업에 비교우위를 갖는다면 교역을 통하여 자동차의 상대가격이 올라가고 자동차를 생산하는 데 집약적으로 사용되는 요소를 소유한 사람들의 실질소득이 증가하게 된다.[7]

자동차 산업은 자본집약적이므로 자동차 산업에의 투자자들과 종사자들의 실질소득이 상승하게 되고 높은 교역의 이익을 갖게 된다.

현재 협상중인 한·미 FTA 과정에서 오바마 행정부는 정부의 지원을 받고 있는 디트로이트 지역 자동차 산업 종사자들의 이익을 보호해주기 위해서 우리 측에 자동차 관세철폐 기한 연기, 자동차 세이프가드 발동권 확대, 자동차 관세환급 축소 등을 요구하고 있다. 그런데 지난 11월 17일 GM이 기업공개(IPO)에 성공함으로써 미국 정부의 지분을 33.3%로 줄이고 내년에 미국 정부의 구제금융에서 벗어날 가능성이 커졌다.[8]

이 일을 계기로 그동안 자동차 산업을 보호하기 위해 우리 측에 주장해 온 요구사항들에 변화가 일어날 수도 있다. 한·미 FTA에서 자동차부문에 대해 지금보다는 조금 여유를 가질 수 있을 것이기 때문이다. 또한 중간선거 결과 미 하원 원내 구성의 변화로 한·미 FTA 타결에 동력을 얻을 것으로 전망된다. 한·미 양측은 자동차부문에 무역자유화를 증진하기 위해서 오히려 관세철폐 기간을 앞당겨야 할 수도 있다.

둘째, 한·미 FTA 타결을 위해 이해의 균형을 맞추는 방향으로 협의를 추진해서는 안 된다. 미국이 현재 실행 중이거나 협의 중인 20개 FTA에서 배제되어 반사적 피해를 입는 일을 예방하기 위해서 주고받기식으로 타결한다면 한·미 FTA를 통해서 얻을 수 있는 것이 별로 없다.[9]

그와 같은 소극적 태도로 한·미 FTA 타결에 임한다면 오히려 악화가 양화를 구축할 수도 있다. 즉, 큰 비중을 차지하지 않는 산업에 대해서 높은 관세를 유지하려고 논쟁하거나 세이프가드를 더 높이 세우려 하거나 수입에 민감한 부분을 예전보다 더 강하게 보호하려고 노력할 것이기 때문이다.[10]

농축산업의 경우 우리 측은 미국 측에 비해 비교열위에 있기 때문에 이익의 균형 측면에서 보호의 정도를 더욱 늘리려는 성향이 있다. 그러나 우리 측은 이미 수입민감품목에 대해서 대부분 15년에서 20년까지 관세철폐 기간을 확보하였고 농산물 세이프가드도 적용하였다. 우리 측 양허 결과 관세 즉시철폐율은 농축산물 수입 품목수를 기준으로 할 때 37.9%이고, 수입액을 기준으로 할 경우 55.8%이다. 반면에 미국 측의 농축산물 양허협상 결과는 관세 즉시철폐율은 품목수를 기준으로 할 때 58.7%이고, 수입액을 기준으로 할 경우 82%이다.[11]

이런 면에서 볼 때 미국이 농축산물에 대해서 관세를 즉시 철폐하는 정도는 우리나라의 양허안에 비해 품목 수나 수입액 기준으로 비교할 경우 20%포인트 이상 더 많다. 다시 말하면, 우리나라가 미국으로 수출하는 품목에 대해서는 20%포인트 이상 더 많은 품목이나 수출액에서 즉시 관세철폐 혜택을 받는다. 반면 미국으로부터 수입하는 농축산물에 대해서는 관세를 없애는 품목 수나 수입액이 더 작다.

그리고 농축산물 중에서 예외적 취급을 받는 경우(양허 제외, 현행관세 유지, 계절관세 도입, 세번 분리, 농산물 세이프가드, 수입쿼터)도 마찬가지다. 한국이 15년 이상의 관세철폐 유보기간을 확보하고 세이프가드 적용 등 예외적 취급을 받는 농축산물의 품목 수와 수입액 비중은 각각 11.2%와 23.3%이다. 반면에 미국 측은 15년 이상 관세철폐 유보기간을 확보하고 예외적 취급을 받는 품목 수와 수입액 비중은 각각 3.6%와 0%이다.[12]

다시 말하면 농축산물 부분에서 우리가 관세철폐 기간을 더 길게 확보한 품목의 수는 미국보다 7.6%포인트 더 많고, 수입액 비중은 23.3%포인트 더 많도록 농축산물에 대한 관세, 세이프가드, 수입쿼터를 유지한다는 것이다. 이런 면에서 우리 측이 농축산업 수입민감품목 생산자들을 미국 측보다 훨씬 강도 높게 보호한다고 할 수 있다. 미국으로부터의 급격한 수입 확대로 수입민감품목 농축산업 종사자들의 피해를 최소화한다는 측면에서는 우리 측이 미국보다 유리하다고 할 수 있다. 따라서 한 · 미 FTA 타결을 위해 수입에 민감한 농축산물에 대한 보호의 수준을 더 높이는 대가로 자동차 산업에서 미국 측의 관세철폐 기한을 연장해 주는 것은 오히려 우리 측의 손실을 키울 뿐이다. 농축산업에서 보호무역의 정도를 더 이상 높여서는 안 된다는 것이다.

셋째, 우리 측은 미국 측에 한 · 미 FTA가 경제동맹 관계와 더불어 안보문제를 동시에 해결할 수 있다는 점을 강조해야 한다. 우리 측은 지리경제적 입지조건을 고려해야 한다. 콜롬비아 대학 경제학과의 바그와티 교수는 미국의 국제통상 측면에서 한국의 중요성은 '중간 크기 감자' 정도라고 하면서, 한 · 미 FTA에서 정말 중요한 것은 안보문제라고 했다.[13]

한국이 위로는 북한, 왼쪽으로는 중국, 오른쪽으로는 일본과 접해 있다는 것과 미국과 한국은 역사적으로 우방국으로서 연대의식이 있는 동맹국이므로 한국은 미국이 한국을 뒷받침해 주기를 원한다고 했다. 남북한 긴장관계가 하루가 다르게 고조되고 있는 요즈음 한 · 미 FTA는 한 · 미 동맹을 일방적 의존의 비대칭적인 안보동맹 관계에서 상호의존적인 경제동맹 관계로 발전시킬 수 있을 것이다.[14]

한 · 미 FTA는 장기적으로 소비자와 생산자 모두에게 교역의 이익을 가져올 것이다. 소비자는 다양한 종류의 상품을 저렴한 가격에 소비할 수 있게 되고, 생산자는 자본투자 이익을, 근로자는 임금 향상으로 인한 실질소득이 증가하게 된다. 또한 산업구조가 고부가가치 산업으로 발전됨에 따라 국가 간 교역에서 비교우위 품목도 변화될 것이다. 따라서 한·미 FTA를 통해 교역의 규모와 경쟁력을 키우고 생산성을 향상시키며 더 나아가 경제성장 잠재력을 제고하고 안보문제까지도 고려하기 위해서는 한·미 FTA 추가협의를 연내에 조속히 매듭짓고, 이의 비준과 발효를 앞당겨야 한다. (2010. 11. 26)

북한 리스크 최소화하려면

▌정갑영(연세대 경제학부 교수)

북한의 연평도 공격으로 한국의 지정학적 리스크가 다시 부상하고 있다. 비록 금융시장은 단기에 회복된다 해도 투자자들의 마음 깊은 곳에 다시 한 번 북한 리스크를 각인시켜 줄 것 같다. G20의 성공적인 개최로 국가의 브랜드 가치가 상승하고, 코리아 디스카운트가 코리아 프리미엄으로 승화할 것이라고 자축한 지 불과 며칠 만에 터진 일이다. 북한은 의도적으로 G20 서울 정상회의의 긍정적 효과를 일거에 상쇄시키려 했던 것 같다.

그런데 더 심각한 문제는 현재 직면하고 있는 북한 리스크가 쉽게 해소될 것 같지 않다는 사실이다. 교착상태에 빠진 6자 회담이 다시 열리기도 쉽지 않고, 북한이 쉽게 사과와 재발 방지를 약속할 것 같지도 않다. 미국 역시 과거의 학습효과 때문에 이번에는 종전과는 달리 북한에 밀리지 않겠다고 벼르고 있다. 국제사회는 중국에 "공정하고 책임 있는" 역할을 기대하고 있지만, 중국의 공정성 잣대가 우리와는 다른 것 같다. 그렇다고 북한이 쉽게 핵을 포기할 가능성도 희박해 보인다. 물론 한국이나 미국이 다시 북한을 햇볕으로 감싸는 유화정책도 당분간 기대하기 힘들 것 같다.

오히려 이번 사태를 계기로 국내 여론은 강경일변도로 선회하고 있다. 천안함 사태와는 달리 정부의 안일하고 소극적인 대응을 질타하고 단호하게 대처하라는 여론이 비등하고 있다. 군이 강력하게 대응했어야 했다는 여론이 80%에 달하고, 적극적인 군사적 대응을 지지한다는 국민이 70%에 달한다고 한다. 천안함 사태 때는 이런 여론이 30%에도 미치지 못하였다. 여론의 압력으로 정부가 선택할 수 있는 전략도 과거보다는 훨씬 더 좁아진 셈이다.

이런 와중에서 그래도 가장 기대하고 싶은 시나리오는 한동안 군사적 긴장관계가 지속되다가 소강상태로 접어들고, 다시 옛날로 되돌아가는 코스일 것이다. 이런 기대감이 반영된다면 금융시장도 단기에 쉽게 회복될 수 있을 것이다. 단기적인 시각에서 본다면 이런 시나리오가 국민경제에 미치는 파장이 제일 적게 나타날 수도 있다. 실제로 이런 과정을 수십 년 되풀이하다 보니 북한 리스크에 불감증이 된 국민들도 많다.

그렇다면 과연 이번 사태도 과거처럼 찻잔 속의 태풍으로 끝날까? 나아가 북한 리스크를 최소화할 수 있는 전략은 무엇인가? 그러나 이번 사태는 과거와는 전혀 다른 차원의 북한 리스크를 불러오고 있는 것 같다. 따라서 리스크를 최소화하는 전략도 새롭게 검토되어야 할 것이다. 왜 그러한가?

첫째, 우선 북한의 무차별적인 공격에 직접적인 반격을 가해야 한다는 여론이 크게 늘어나고 있기 때문이다. 행여 여론을 등에 업고 반격과 공격을 거듭한다면 한반도는 전쟁의 위험에 노출될 것이다. 그렇다고 가만히 앉아서 당하고만 있을 수도 없으니, 한국의 전략적 딜레마는 어느 때보다 심각하다. 그러나 어떻게 대응하던 화약고가 폭발할 가능성이 더 높아질수록 우리 경제의 지정학적 리스크는 훨씬 더 커지게 될 것이다.

둘째, 북한 경제의 피폐화에 따른 체제 붕괴의 리스크도 커지고 있다. 혹자는 여전히 북한체제의 붕괴 우려는 공연한 기우라고 지적한다. 하지만 생존을 위협받는 주민들이 많아져서 행여 내부의 갈등이라도 발생한다면 이런 체제는 걷잡을 수 없이 흔들리기 마련이다. 만약 그런 사태가 발발한다면 이것 역시 또 다른 차원에서 우리 경제의 리스크를 확대시키는 요인이 된다. 붕괴 과정이나 붕괴 이후의 불안정이 모두 우리 경제의 불확실성을 증가시키기 때문이다.

최근 북한의 수출은 전년보다 80%나 감소하였고, 한국과 미국 등의 제재로 수입원도 막혀 버렸으니, 물자와 외화를 조달하여 호구지책(糊口之策)을 마련할 길도 막연하다. 생필품 하나 제대로 배급 못하고, 몇 십 년 모은 장롱 속의 돈까지 화폐개혁으로 무용화되었으니, 그런 정부에 누가 충성하겠는가. 비록 강압통치의 서슬에 눌려 표현은 하지 못하더라도 주민들의 마음은 이미 돌아섰을 것이다. 중국의 지원으로 간신히 연명한다 해도 이런 체제가 얼마나 버틸 수 있겠는가.

특히 체제 세습기에 이런 현상이 나타나기 쉽다. 실제로 1929년의 대공황도, 한국의 1997년 외환위기도, 미국의 2008년 금융위기도 모두 정권교체기에 등장하였다. 우연이라고 치부하기에는 그런 사례가 너무나 많다. 또한 체제 세습은 정권이양보다 훨씬 더 파급효과가 큰 잠재적 불안요인이다.

이런 상황에서 어떻게 북한 리스크를 최소화해야 하는가. 합리적으로 대응하는 상대방을 놓고 전략을 짜내는 것은 어렵지 않다. 그러나 비합리적으로 벼랑 끝 전술을 구사하는 북한을 겨냥해서 어떤 전략이 합리적인가를 판단하기는 쉽지 않다. 당연히 상호 협력해서 이익을 극대화하는 내쉬(Nash)형의 게임전략은 적용하기 힘들 것이다.

그래도 북한의 비합리적인 공격에 가장 적합한 대응전략이 있다면 그것은 북한이 신뢰할 수 있는 전략을 선택하는 길뿐이다. 신뢰받는 위협(credible threat)이 아닌 엄포는 결코 북한의 비합리적인 선택을 제압할 수 없다. 그렇다면 우리의 전략을 북한이 믿고 실질적인 경고가 되게 하려면 어떻게 해야 하나?

신뢰받는 위협의 가장 기본적인 요소는 전략의 일관성과 실행능력이다. 과거의 정책을 돌이켜 보라. 한국이 북한에게 신용 있는 위협을 주지 못했다는 것을 쉽게 알 수 있다. 정부는 일관성 없는 구두 대응을 지속해 왔고, 국론은 분열되고 국방은 해이했으며, 몇 달간의 시간만 흐르면 남북관계는 다시 복원되곤 했다. 이런 여건에서 한국이 어떻게 북한에게 위협이 되겠는가? 북한은 매번 공격하고 빠져 나오는 것을 자신의 우월전략으로 선택한 셈이다.

이렇게 보면 국내정책뿐 아니라 대외정책에서도 정부의 신뢰성이 매우 중요한 것이다. 이제부터라도 하루속히 우리 내부의 컨센서스(consensus)를 정립하고 일관되게 대응하는 전략이 가장 중요하다. 어떤 희생을 각오하고서라도 일관된 대응을 하겠다는 국민적인 합의가 필요하다. 사건이 터질 때마다 국론은 분열되고 우왕좌왕하며, 어정쩡한 대응이 지속된다면 우리 경제의 북한 리스크는 갈수록 더 커질 수밖에 없다. 정부가 바뀔 때마다 정책도 달라진다면 누가 그런 위협을 믿으려 하겠는가.

위기를 기회로 만들고, 위험을 긍정적 요인으로 승화시키려면 무엇보다도 국민들의 단결된 의지가 필요하다. 돌발적인 위험에 대응하는 전략에 대한 컨센서스를 만들어 나가야 한다. 이번 사태를 계기로 장기적 관점에서 북한에 대한 국가 전략을 다시 가다듬어야 한다. (2010. 11. 30)

한·미 FTA, 시작이 반이다

▌**권영민**(명지대 국제통상학과 교수)

지난 2007년 공식 서명되었음에도 불구하고 그동안 발효되지 못하고 진통을 겪어온 한·미 FTA의 추가협상이 드디어 최종 타결되었다는 소식이다. 이에 대한 우리 정부의 공식 입장은 자동차 분야를 양보하는 대신 돼지고기와 의약품 분야의 양보를 얻어내어 이익의 균형을 맞추었다는 것이다. 그러나 실질적인 상황을 추측해 보면 쇠고기를 거론하지 않는 대신에 대미 수출 자동차의 관세철폐 시기를 연기하고 세이프가드를 도입하는 등 우리가 더 많이 양보한 것으로 볼 수 있다. 결국 이번 추가협상은 양국의 민감한 분야인 쇠고기와 자동차를 서로 맞바꾸면서 당초의 개방취지가 상당히 퇴색된 FTA를 낳았다고도 평가할 수 있다. 특히 이미 공식 서명까지 마친 협정문의 내용을 수정하게 된 것은 향후 체결될 다른 FTA에 대해서도 '추가협상'이라는 나쁜 선례를 남겼다는 점에서 아쉬움이 많다. 그러한 이유에서 벌써 야당에서는 "굴욕적인 외교"라고 비난하며 전면 재협상을 요구하는 등 향후 국회비준과 대국민 설득과정에서 적잖은 진통이 예상된다.

그러나 명분보다 실리를 중시한다는 관점에서 본다면 이번 한·미 FTA의 타결은 이보전진을 위한 일보후퇴로 볼 수도 있을 것이다. 필자가 지난해 12월 KERI칼럼에서 이미 지적했듯이 협정의 발효는 새로운 경기규칙을 적용하는 것에 지나지 않는다. 이제부터 더 중요한 것은 그러한 경기규칙 아래서 양국 기업 간 경쟁이 어떻게 전개될 것인가이다. 물론 이번 협상결과는 우리가 좀 더 많이 양보한 것이기 때문에 분명 미국에 좀 더 유리한 경기규칙을 제공한 셈이다. 그렇다고 해서 향후 경기결과까지 우리에게 불리한 것은 결코 아닐 것이다. 그런데 이번 협상타결의 내용만 놓고 보아도 현재 상황에서 어느 쪽에 더 많은 승산이 있는지를 쉽게 짐작할 수 있다. 우선 우리가 미국의 경쟁력을 도저히 따라갈 수 없는 쇠고기 분야는 이번에도 협정대상에서 제외되었으니 다행스런 결과이다. 자동차 분야에서는 세이프가드를 도입할 정도로 미국이 한국의 경쟁력을 두려워하고 있음이 분명하다.

그러나 미국이 자국 자동차 산업을 보호하기 위해 취했던 과거 정책의 선례를 보면 이번 한·미 FTA에서의 관세철폐 시기 연장 등 보호조치 강화가 미국의 경쟁력 강화에 과연 얼마나 도움이 될지 의문이다. 즉, 1970년대에 시행된 일본산 자동차의 자율수출 규제조치는 당시 소형차 시장에 국한되었던 일본 자동차의 경쟁력 우위가 중대형과 고급 자동차까지 확대되는 계기를 마련했다. 1994년 발효된 NAFTA 또한 높은 역내 조달비율을 부과하여 외국계 자동차회사들을 압박하였으나 '빅3'로 지칭되는 미국계 자동차 회사들의 생산비중은 그때부터 오히려 하락하기 시작했다. 이는 모두 미국계 자동차 회사들이 보호주의 정책으로 생긴 일시적인 우위에 만족하여 경쟁력 향상 노력을 등한시한 결과이다. 대공황 이후 가장 극심한 경제위기를 맞으며 출범한 오바마 정권에서는 파산 지경의 자동차 기업들에게 막대한 공적자금까지 투입하며 대대적인 개혁을 유도하고 있지만 그 결과가 어떨지는 아무도 장담할 수 없다. 특히 지난 11월의 중간선거에서 민주당이 참패한 것은 취임 당시 신선하게 받아들여졌던 오바마의 새로운 미국을 위한 개혁이 이미 추진력을 현저하게 상실하고 있음을 보여주었다.

현재 우리 기업은 NAFTA의 불리함을 극복하기 위해 일찍이 현지화를 서둘렀던 일본이나 유럽계 자동차 기업의 전략을 이제 막 시작하고 있는 단계이다. 비록 완성차 관세철폐 시기가 뒤로 미뤄져 기존 합의에 비해 후퇴한 것은 사실이지만, 이는 현지화 전략을 통해 충분히 극복이 가능하다. 한 · 미 FTA의 부품관세 즉시 철폐는 현지화 과정에서 부품조달체제까지 함께 갖추어야 하는 부담을 상당히 완화시켜 줄 것이다. 또한 현지화는 우리의 수출 급증을 막기 위한 세이프가드 조치를 무력화시킬 수 있는 효과적인 방법이기도 하다. 즉, 이번 협상의 결과는 명목적으로 우리가 많이 양보한 것처럼 보이지만 그로 인한 손실을 크게 우려할 필요는 없을 것이다. 장기적으로 손실이 될지 이익이 될지는 한 · 미 FTA라는 새로운 시장 환경에서 우리 기업들이 얼마나 노력하고 성취하느냐에 달려 있다. 자동차 산업뿐만 아니라 다른 많은 산업에서도 한 · 미 FTA는 우리 기업에 분명 새로운 기회를 제공하게 될 것이다. 이제 명분을 논하기보다 어떻게 하면 더 많은 결실을 얻을지에 지혜를 모아야 한다. 경기에 앞서 함께 파이팅을 외치는 선수들과 같이 최선을 다하고자 하는 그런 마음가짐이라면 "시작이 반"인 셈이다. (2010. 12. 6)

북핵 대응이 시급하다

▌ 김인영(한림대 정치행정학과 교수)

폭로 전문 웹사이트 '위키리크스(Wikileaks)'가 지난 11월 28일 공개한 미국 국무부의 외교 전문(電文)이 외교가에 핵폭탄급 충격을 주고 있다. 일반인에게도 대단한 흥밋거리이다. 특히 일반인이 접하기 힘든 고급 정보를 가진 소수의 고위 정치인과 외교관이 들려주는 한반도 문제와 한국 정세에 관한 진실을 알게 되었을 때의 희열은 그 무엇에 비길 수 없다. 2007년 대선 당시 BBK사건 김경준의 귀국 비밀도 밝혀진다고 한다. 그러나 진실의 희열은 곧 진실의 두려움으로 바뀌게 된다. 북한 핵개발과 관련해 폭로된 비밀이 그 이유이다.

지난 3월 26일의 천안함 침몰 사건, 미국의 핵 전문가 지그프리드 헤커(Siegfried S. Hecker) 스탠퍼드대 국제안보협력센터 소장에게 북한이 공개한 우라늄 농축시설인 원심분리기 1,000여 개, 위키리크스가 공개한 북한 신형 대륙간 탄도미사일(ICBM) 개발과 해저 핵시설 보유 소식, 그리고 11월 23일 발생한 연평도 포격 사건이 사슬로 연결되어 하나의 결론에 이르게 한다. 북한이 플루토늄 추출에 이어 우라늄을 농축하는 방식으로 핵무기 개발 능력을 강화해 나가고 있으며, 언젠가는 그 핵무기로 마음만 먹으면 남한을 잿더미로 만들 수 있을지도 모른다는 사실이다.

하지만 남한은 1992년 북한과 '한반도의 비핵화에 관한 공동선언'에 합의했고, 그에 따라 남한에 배치되었던 모든 핵무기를 철수시킨 상태이다. 6개항으로 이뤄진 한반도 비핵화 공동선언의 1항에 핵무기 시험과 제조, 생산, 접수, 보유, 저장, 배비(配備), 사용을 남북한 모두 금지하도록 명시했고 그 합의를 준수했기 때문이다. 반면에 북한은 남북한의 비핵화 공동선언을 휴지조각으로 만들어 버렸다. 북한이 강행한 2006년 10월 9일의 제1차 핵실험, 2009년 5월 25일의 2차 핵실험이 그 예이다.

이제 우리는 북한이 가진 핵에 대해 어떻게 대처할 것인가를 진지하고 솔직하게 고민해야 하는 시점에 와 있다. 클린턴 행정부의 미·북 협상과 최근의 6자 회담과 같은 북한과의 협상으로 얻은 것이라고는 강화된 북한 핵능력과 북한에 지불된 식량·에너지·경제지원 300억 달러, 그리고 지나버린 세월이다. 북한 핵개발 이유에 대하여 '미국의 군사적 위협에 대항하기 위하여'라는 친북좌파 진영의 말도 안 되는 북한 변호를 인정해서 미국의 군사적 위협이 사라졌다고 하더라도 북한이 그동안 천문학적인 돈과 노력을 기울여서 국제사회의 압박과 제재를 받으면서 제작한 핵무기를 폐기하는 전략적이지 못한 선택을 할 리는 없을 것이다.

특히 앞으로 북한의 체제 생존 행로에는 핵무기가 필수조건이다. 김정일의 건강 이상에 따라 김정은으로의 후계체제를 조속히 구축해야 하며, 그 후계체제 완성시기가 아마도 2012년 강성대국 완성의 약속 시기와 일치할 것이며, 그 즈음에 미국 본토에 닿을 수 있는 북한제 대륙간 탄도미사일을 개발하여 국가적 대업을 완성할 것으로 보이기 때문이다. 그래 놓고 남한 정부에는 미국의 핵우산으로부터 벗어나 김정일 위원장의 핵 보호 품안으로 들어오라고 떵떵거리며 위협할 것이다. 다시 말해 군사적 긴장이 고조되면 북한에 굴복할 것인지, 아니면 핵무기에 맞을 것인지를 선택하라며 남한을 협박할 것이다. 요즈음의 북한의 행태로 보아서는 엄포(bluffing)가 엄포로 끝날 것 같지 않아 보인다는 데에 우리가 처한 현실의 비참함과 비장함이 공존한다.

노태우 대통령은 1992년 '한반도 비핵화에 관한 공동선언'을 발표하면서 남북한 간 위대한 합의를 이끌어낸 것처럼 천진난만한 미소를 지으며 자찬했었다. 김대중 대통령은 2000년 '6·15 남북한 정상회담'의 합의를 발표하면서 "이제 한반도에 전쟁은 없을 것"이고, 김정일 위원장을 "믿을 만한 식견 있는 인물"이라고 치켜세웠었다. 노무현 대통령은 2006년 제1차 북한 핵실험 이후 "상황의 본질과 전개과정, 전망, 결과와 영향을 종합적으로 고려해서 차분하게, 신중하게 검토해서 하나하나 조치를 취해 나갈 것"이라고 강조했었다. 우리 국민은 군출신 지도자이든 민주화 지도자이든 모두에게 속았다. 그들은 북한의 핵무기 보유에 대해 아무런 책임을 지지 못하는 곳으로 갔거나 책임질 수 없는 건강 상태에 있다.

책임지지 않기로는 환경단체 등 시민단체도 마찬가지다. '반핵'을 핵심 아젠다로 설정하고 활동해 온 환경연합을 비롯하여 시민단체들은 북한의 핵무기 개발에 대해서는 유화적이거나 침묵으로 일관한다. 부안 방사성폐기물처분장(방폐장, 2004년), 신고리원자력발전소 1, 2호기(2005년), 경주방폐장·군산방폐장(2005년) 건설을 죽기 살기로 반대해 온 환경단체나 시민단체들은 북한의 핵무기 제조 관련 소식에 대해서는 이율배반적으로 아무런 말이 없다. 이 때문에 국내 환경운동단체들의 반핵운동이 순수한 환경운동과는 거리가 있고 위선적인 운동으로까지 보인다.

그렇다면 생각해 보자. 북한의 핵을 머리에 이고 언제까지 편안히 일상생활을 하고 경제활동에 매진할 수 있을 것인가? 우리는 무엇을 어떻게 할 것인가? 우선은 북한의 파기로 휴지조각이 되어 버린 한반도 비핵화의 가치를 미국과 재논의하고 핵무기의 재배치를 고려해야 한다. 나아가 북한 핵위협을 근거로 자위권적 차원의 독자적인 핵개발도 정책과제로 신중히 검토해야 한다. 하다못해 비핵화 포기나 핵개발 제스처라도 써야 제대로 된 정부정책이다. 아랍권의 공격에 대한 자위권으로서의 이스라엘 핵보유, 중국의 인도를 향한 핵무기 배치에 대항한 인도의 핵보유, 인도에 대항하기 위한 자위권 차원의 파키스탄 핵실험과 핵보유를 참고해야 할 것이다.

　물론 우리나라는 지금 핵확산금지조약(NPT)에 가입해 있으며, 현 상황에서 미국·일본·중국·러시아 등 어느 나라도 우리의 핵무장을 찬성하지 않을 것이다. 엄청난 국제사회의 비난과 유엔 등 국제단체의 제재가 뒤따를 것이며, 국내 시민단체들과 친북좌파 정치인들의 반대도 거셀 것이다. 정권이 흔들릴 수도 있는 사안이다. 그래도 평화지상주의자들에게는 미안한 말이지만 생각이 있는 정부라면 북한의 핵위협과 핵공격에 대비한 무슨 방안이라도 국민에게 제시해야 한다. 정부든 국민이든 북한의 핵위협에 대비하지 않은 채 이대로 시간만 보낼 수는 없지 않은가? 이제부터라도 북한 핵위협에 솔직해져야 한다. (2010. 12. 8)

고요 속의 외침

▌ 배진영(인제대 국제경상학부 교수)

북한의 기습적이고 무차별적인 연평도 포격에 의해 시커먼 연기가 연평도 전역을 덮은 지 3주가 지나고 있다. 그것은 전쟁을 겪은 세대에게는 또 한 번 북한의 잔인함과 뻔뻔함에 몸서리치게 했고, 전쟁을 겪지 않은 세대에게는 전쟁의 참혹함과 우리의 주적이 누구인지를 깨닫게 해주었다. 포연에 자욱한 연평도 포구 마을을 멀리서 잡은 한 장의 사진은 아직도 진행 중인 한반도 현대사의 아픔과 슬픔을, 그렇지만 그 속에서도 우리의 피와 땀으로 일구어낸 대한민국 60년 역사의 치열함과 찬란함을 압축적으로 담고 있다.

대한민국의 역사인 오늘의 번영

해방 후 세계 최빈국이었던 대한민국은 6 · 25 동란으로 그나마 남아 있던 것마저 거덜 났다. 한 끼의 끼니를 때우기가 막막했던 그 시절 아침, 저녁 인사는 "식사하셨어요?"였다. 필자는 어린 시절 그 인사가 우리 고유의 미풍양속이라고 생각한 적이 있다. 1인당 GNP가 100달러에도 미치지 못했던 그런 대한민국이 60년이 지난 오늘 세계사적으로 찾기 힘든 경제발전과 민주화를 이룩해 냈다. 민주화 세력이 우리에게 형식적 자유라는 외투를 입혀 주었다면, 산업화 세력은 우리에게 물질적 자유라는 보다 본질적이고 내실 있는 자유를 주었다. 지난 60년간 오늘의 대한민국을 만들어 낸 우리 모두는 한반도 반만 년 역사에서 가장 빛나는 실천의지의 세력이며, 이들의 땀과 피눈물은 우리 후손에게 가장 자랑할 수 있는 위대한 유산이다. 지금의 한국은 반만 년 한민족의 역사가 아니라 대한민국 60년의 역사라는 한 역사학자의 외침에 공감한다.

검인 교과서 대신 유인물로 가르치는 전교조 교사

그러나 이 번영이 앞으로 지속될지는 누구도 확신할 수 없다. 사실 북한의 광포(狂暴)함과 그들의 끊임없는 국지적 도발은 그다지 무섭지 않다. 그것에 의해 대한민국은 무너지지 않는다. 그렇지만 대한민국의 건국을 부정하고 60년 대한민국의 역사를 기회주의자들의 득세라고 끈질기게 폄훼하는 세력이 제도권 안팎에 존재하는 한, 대한민국의 앞날은 장담하기 힘들다. 그중에서도 대한민국의 오늘을 가장 위태롭게 하는 세력이 전교조이다.

이명박 정부가 들어서면서 좌편향 되었던 중·고등학교 역사 교과서가 일부 수정되었다. 그동안 적지 않은 부모들은 어린 자녀들의 가치관 형성에 절대적 영향을 미치는 역사와 사회과목의 내용에 예민하게 반응하였다. 그래서 교과서 수정은 이들 부모들을 조금이나마 안도하게 하였다. 그러나 안도하기엔 아직 이르다. 중학교에서 국사를 가르치는 전교조 교사들 중의 일부는 검인된 교과서가 아니라 그들이 직접 만든 유인물로 가르치고 있다. 이 유인물에는 대한민국의 건국 과정을 폄훼할 수 있는 내용이 담긴 것은 물론이다.

검인된 교과서를 무력화하는 이런 교육방식은 아직 누구의 제지도 받지 않고 있으며, 사회문제로 부각되지도 않고 있다. 학생과 학부모들은 그 유인물을 교과서의 보조 자료로만 알기 때문에, 이들 교사들의 남다른 열성에 단지 감사하고 있을 뿐이다. 게다가 고교 진학 시험이 없으니 이들의 왜곡된 가르침이 들통 날 기회도 없다. 특히 현대사 부분은 국사 교과서의 마지막 부분에 있으니 학교에서 치르는 기말고사에서도 제외된다. 중 3의 기말고사는 고등학교 입학을 위한 내신 성적의 산출을 위해 일반적으로 11월 초에 치르기 때문이다. 뿐만 아니라 기말고사가 끝난 중학교 3학년의 교실 모습은 대체로 충실한 수업이 진행되지 못한다. 그렇지만 이들 교사들만 아주 열정적으로 현대사 부분을 가르치고 있어서 많은 학생들은 전교조 소속이라 다르기는 다르다고 존경한다고 한다. 이들의 지략과 투철한 사명의식, 그리고 그들의 끈질김이 섬뜩할 뿐이다.

고요 속의 외침

몇 년 전까지 '가족오락관'이라는 주말 인기 TV 프로그램이 방영된 적이 있다. 그 프로그램 중에는 '고요 속의 외침'이라는 게임이 있었다. 연예인들이 출연하여 시끄러운 음악이 나오는 헤드폰을 쓰고, 단어나 노래 가사를 다른 사람에게 전달하는 게임이었다. 첫 번째 연예인이 전달하고자 하는 단어가 조금씩 바뀌어 가면서 마지막 주자에 가서는 전혀 엉뚱한 단어로 둔갑할 때 폭소를 자아내던 그런 게임이었다. 전교조 교사들은 무엇보다 정의를 내세우고 따뜻함을 강조한다. 그들의 가르침은 열정적이고 자상하다. 우리 자녀들에게 참으로 인간적으로 다가선다. 이것은 사실 우리 자녀들과 부모들이 찾는 참스승의 덕목들이다. 그러면서 이들은 그들의 사상을 넌지시 그리고 교묘히 대한민국 현대사에 덧칠한다. 학생들은 전교조 교사를 따르기 때문에 스펀지에 물이 조금씩 스며들듯이 그들의 이념 주입에 젖어든다. 우리 자녀들은 자연스럽게 대한민국의 건국을 부정하고 미국을 싫어하면서 "남북한 우리끼리"를 되뇌게 된다. 이렇게 자란 우리 젊은이들이 한쪽에서는 우리 사회의 주류가 되고 다른 한쪽에서는 다시 교사가 되어 그들의 이념에 사로잡힌 젊은이를 재생산해 낸다. 대한민국의 오늘을 일군 세력들은 점차 사라지면서 이들의 세상이 오게 되는 것이다. '고요 속의 외침'처럼 어느 날 누구도 상상하지 못한 나락(奈落)에서 우리 젊은이들이 살지도 모른다.

북한 당국이 분명히 알고 있는 것은 대한민국을 넘어뜨릴 수 있는 유일한 비책은 그들이 갖고 있는 비대칭 전력의 우위나 원자폭탄이 아니라, 친북(親北)형 인간을 만들어낼 수 있는 전교조를 비롯한 종북 내지 친북 세력들의 한국 내 득세라는 사실이다. 그들이 가장 두려워하는 것 역시 한미연합의 군사적 우위가 아니라 북한주민들의 계몽에 의한 그들 내부의 동요와 한국민의 결속이다. 그러고 보면 남북한 간의 실질적 전쟁은 군사적인 측면이 아니라 주민의 동요와 결속을 좌우하는 체제우월에 관한 이념적 계몽임을 알 수 있다.

그래서 정부는 한편으로는 북한 주민을 깨어나게 하고 한국으로 넘어오는 북한 주민들을 껴안으면서 다른 한편으로는 우리 젊은이들에게 대한민국의 건국을 자랑스럽게 여기도록 하는 데에 강단(剛斷) 있는 모든 역량을 모아야 한다. 이것이야말로 피 흘리지 않으면서 통일 과업을 이루어내고 치열하고 찬란했던 지난 60년의 대한민국 역사를 후손들에게 온전히 물려줄 수 있는 길이다. '고요 속의 외침'이 한국이 아니라 북한에서 일어나기를 소망한다. (2010. 12. 14)

| 주 |

1) 조경엽·송원근, 『FTA의 경제적 효과분석을 위한 KERI-CGE 모형 개발 연구』, 한국경제연구원, 2009.

2) Timothy Geithner 미 재무장관, Mr. Tharman 싱가포르 재무장관, Mr. Swan 오스트레일리아 재무장관, "A 4-point plan for G-20", 월스트리트 저널, 2010년 11월 11일.

3) "Obama Sets Ambitious Export Goal", 뉴욕타임즈, 2010년 1월 28일.

4) "Embarrassment in Seoul", 월스트리트 저널, 2010년 11월 15일.

5) 매일경제, 2010년 11월 22일.

6) 한국은 16개국과 FTA를 발효하였고, 3개국과 협상타결 또는 서명하였고, 13개국과 협상을 진행 중이다. 발효 중인 16개국은 칠레, 인도, 싱가포르, 아세안, 유럽자유무역연합(European Free Trade Association: 스위스, 노르웨이, 아이슬란드, 리히텐슈타인)이다. 서명 또는 협상이 타결된 나라는 미국, 페루, 그리고 EU이다. 현재 협상 진행 중인 나라는 캐나다, 멕시코, GCC(Gulf Cooperation Council: 사우디아라비아, 쿠웨이트, UAE, 바레인, 오만, 카타르), 호주, 뉴질랜드, 콜롬비아, 터키 등 13개국이다. 우리나라는 미국과의 FTA 비준 동의안을 2009년 4월에 국회 외교통상통일위원회에서 통과시켰다.

7) 헥셔-오린 이론에 따르면 상대적으로 풍부한 요소를 집약적으로 사용하여 생산하는 상품에 비교우위를 갖게 되어서 국가 간 교역에서 그 상품을 특화하여 수출하게 된다. 스톨퍼-사무엘슨 정리에 따르면 국가 간 요소이동이 자유로울 경우 수출상품의 상대가격이 올라가고 그 결과 그 상품 생산에 집약적으로 사용되는 요소의 실질소득이 증가하게 된다.

8) GM은 기업공개(IPO)를 통한 주식청약으로 201억 달러를 벌었다. 30억 달러를 추가 발행하는 옵션을 이용하면 미국 정부의 지분은 33.3%로 줄어들 것이다. 2009년 미국 정부는 GM 구제금융에 495억 달러를 빌려주었다. 올해 67억 달러를 갚았고, IPO를 통한 수익에서 120억 달러를 미국 정부에 갚을 예정이다. 11월 17일 수요일에 뉴욕과 토론토에서 주당 33달러에 거래되었고, 11월 18일 목요일에 뉴욕증시에서 공식적으로 거래가 시작되었다. 이로써 GM은 적어도 금융 측면에서는 미국 정부의 구제금융에서 벗어날 수 있을 것이라고 예상했다(파이낸셜 타임즈, 2010년 11월 18일).

9) 미국은 2009년 현재 20개국과 FTA를 체결했는데, 그중 16개는 실행중이고, 1개는 비준 후 발효를 기다리고 있고, 3개는 타결은 되었으나 의회 비준이 아직 되지 않았다. 의회 비준이 되지 않은 세 나라 중 하나가 한국이다. 미국과 FTA를 체결한 20개 나라는 이스라엘, 멕시코, 캐나다, 칠레, 싱가포르, 모로코, 엘살바도르, 과테말라, 니카라과, 온두라스, 코스타리카, 도미니카공화국, 오스트레일리아, 바레인, 페루, 콜롬비아, 파나마, 오만, 한국, 요르단이다. 미국이 현재 협상 중인 나라는 말레이시아와의 FTA와 APEC 9개 회원국(싱가포르, 칠레, 미국, 오스트레일리아, 브루나이, 뉴질랜드, 페루, 말레이시아, 베트남)을 대상으로 한 RTA인 Trans Pacific Strategic Economic Partnership이다(The Council of Economic Advisors, "Economic Report of the President", U.S. Government Printing Office 2010).

10) 일본이 지금과 같은 상황만을 유지하다가 역동적으로 성장하고 있는 중국이나 한국에 밀려서 2류 국가로 밀려나지 않으려면 Trans Pacific Partnership을 통해서 먼저 시장개방을 활성화하고, 농업부문을 개혁하며, FDI를 늘리고, 무역장벽을 없애며, 규제를 철폐해야 한다. 높은 관세, 새로운 세이프가드, 수입민감품목 보호에 치우친다면 TPP 가입이 일본 경제상황 개혁에 아무런 도움이 되지 않을 것이다(Yeutter and Maruyama, "Japan at a Trade Crossroads", 월스트리트 저널, 2010년 11월 23일).

11) 외교통상부, 한·미 FTA 상세 설명자료, 2010년 1월.

12) 미국 측은 10년으로 관세철폐 유보기간을 낮추어도 품목 수 비중과 수입액 비중은 각각 13.5%와 2%로서 품목 수 비중은 우리 측보다 약간 높아지지만 수입액 비중은 여전히 작다.

13) 뉴스위크, 2010년 11월 15일.

14) 이각범 외, 『21세기 한·미 관계의 재정립: 글로벌 동맹관계를 위한 로드맵』, 한국경제연구원, 2008.

Chapter **6**

중장기적인 발전전략을
논의할 때다

재분배정책과 이념

▌**송원근**(한국경제연구연 선임연구위원)

　최근 한나라당 조전혁 의원의 전교조 명단 공개가 논란이 되고 있다. 전교조와 소속 교사들이 크게 반발하고 있고 명단 공개의 합법성에도 서로 다른 주장이 엇갈리고 있다. 그러나 1989년 전교조 창립 당시 개인적으로 불이익을 당할 위험이 있음에도 불구하고 자발적으로 교사들의 명단을 공개했던 사실을 돌이켜보면 작금의 사태에 격세지감을 느끼지 않을 수 없다. 전교조가 창립 이후 지금까지 우리 사회에 미친 영향은 매우 심대하다. 교육현장에서의 전교조의 전반적인 역할에 대해서는 논란이 있을 수 있으나 이념적 성향을 노골적으로 보였음은 부인할 수 없을 것이다. 이와 같은 교육현장에서의 교사들의 이념 성향 및 이념 교육은 자라나는 학생들의 가치관 형성에 큰 영향을 미쳤을 것으로 유추할 수 있고 우리나라의 전반적인 이념 분포에도 변화를 가져왔을 것으로 보인다.

　최근 사회적으로 논란이 되었던 또 다른 쟁점은 '초·중등학교 전면 무상급식 실시'에 관한 것이다. 전교조 명단 공개와 전면 무상급식 실시 주장은 서로 무관한 쟁점처럼 보이나 우리 사회에서의 좌파 대중영합적 이념 전파 및 확산 시도에 따른 파열음과 이런 이념의 정책화 시도라는 점에서 상호 연관성을 발견할 수 있다. 전면적 무상급식의 실시 주장은 선거철에 나온 대표적인 포퓰리즘 정책이라고 볼 수도 있다. 그러나 더욱 중요한 것은 전면적 무상급식 실시 주장이 이념적으로 보편적 복지를 추구하고 있다는 점이다. 보편적 복지의 추구는 광범위한 재분배정책을 시행하는 유럽식 복지국가를 지향함을 의미한다.

우리나라는 외환위기 이후 정치적으로는 좌파 성향의 정부가 들어선 반면 경제적으로는 소득분배가 악화되는 현상이 나타났다. 재분배정책의 확대를 주장하는 목소리도 외환위기 이후 크게 높아졌고, 국민기초생활보장제도의 도입, 4대 보험제도의 확대 적용, 최저 임금제의 전 산업 확대 등 '보편적 복지'의 구현을 위한 재분배성책이 채택되었다. 국민의 정부와 참여정부 10년간 정부 차원에서 '보편적 복지'의 구현을 위한 재분배정책의 확대를 위한 시도가 이어졌고 이러한 시도는 '보편적 복지'의 정책화에 일정 정도 기여했다고 평가할 수 있다. 이와 같은 현상은 정부의 이념지향 및 우리 사회 이념 지형의 변화에 기인하였다고 볼 수도 있는 반면 소득분배의 악화에 따른 재분배정책에 대한 요구의 증대에 영향을 받았다는 설명도 가능하다.

'보편적 복지'의 구현을 위한 재분배정책의 확대는 유럽의 경험에서 보듯이 복지비용의 과도한 증대로 인한 재정 건전성의 악화와 더불어 노동 및 투자유인을 감소시켜 경제의 활력을 떨어뜨리고 지속적인 성장을 제약하는 요인이 된다. 따라서 재분배정책의 확대를 가져오는 요인이 무엇인가를 파악하는 것은 매우 중요하다. 특정 이념의 전파 및 확산이 재분배정책의 확대를 위한 필요조건인가 아니면 소득불평등과 같은 경제적 변수가 재분배정책의 수준에 결정적 영향을 미치는가는 성장 친화적 시장경제를 지향함에 있어서 중요한 제약조건을 파악한다는 의미를 지닌다.

재분배정책의 규모 및 결정 메커니즘을 파악하는 데 가장 유용한 방안은 미국과 유럽의 차이를 비교해 보는 것이다. 미국에 비해 유럽의 재분배정책의 규모와 범위가 훨씬 크다는 것은 일반적으로 잘 알려진 사실이다. 이는 소득불평등과 재분배정책 간의 정치적 메커니즘이 현실과 일치하지 않음을 보여주는 대표적인 증거이다. 왜냐하면 미국과 유럽의 세전 소득불평등 수준은 큰 차이가 없거나 미국이 상대적으로 다소 높은 것으로 나타나기 때문이다. 또한 여러 실증연구를 통해서도 소득불평등 수준의 재분배정책에 대한 영향은 미미하다는 사실이 확인되고 있다.[1] 따라서 소득불평등도와 같은 경제적 변수가 재분배정책의 수준이나 방향을 결정하는 것으로 보기는 어렵다.

그렇다면 이념의 차이가 재분배정책의 차별성을 가져오는가? 다시 유럽과 미국의 경우를 비교해 보면 재분배를 위한 정책 혹은 제도의 측면에서 19세기 후반의 미국과 유럽은 큰 차이가 없었으나 20세기에 들어 미국은 건국 이래의 정치제도를 유지한 반면 유럽은 정치적 격변을 겪으면서 정치제도의 근본적인 변화가 나타났다. 정치제도의 변화에 있어서 대표적으로 유럽에서의 선거제도 변화, 즉 비례대표제의 도입을 들 수 있다. 미국은 기존의 다수결 제도를 유지한 반면 유럽은 대부분의 국가들이 비례대표제를 도입하였다. 비례대표제의 도입 여부가 중요한 것은 소수집단의 대표성이 담보될 수 있는 특징 때문이다. 유럽에서의 비례대표제 도입은 소수집단이었던 좌파 사회주의 정당이 주요 정당으로 부상하는 중요한 계기가 되었고 이를 통해 소득재분배를 목적으로 하는 정책의 광범위한 시행이 가능하게 되었다고 볼 수 있다. 여기서 중요한 것은 유럽에서의 비례대표제의 도입은 좌파 사회주의자들의 노동운동 및 대규모 파업, 그리고 혁명운동에 직접적으로 기인했다는 점이다.

반면 미국에서 비례대표제가 도입되지 않은 것은 노동운동의 영향이 결정적이지 않았고, 사회주의 정당의 정치적 영향력이 제한적이었던 데에 있다. 미국의 경우 지리적 특성과 헌법 및 권력기구의 특성이 노동운동의 확대 및 사회주의 정당의 부상을 제약하였다고 할 수 있다. 넓은 지역에 인구가 분산된 미국의 특징이 국가 전반에 위협을 가할 수 있는 노동운동의 확대를 제약하였고, 재산권의 보호 및 계약의 자유를 중요한 헌법정신으로 규정하고 있는 미국의 헌법과 사법체계 하에서 사회주의 정치세력의 확장은 용이하지 않았다. 의회 중심의 상대적으로 중앙집권화된 유럽 국가들에 비해 분권화된 미국의 체제, 특히 선거에 대해 독립적인 사법체계는 헌법정신에 위배되는 사회주의적 입법 시도를 좌절시키는 역할을 하였다고 볼 수 있다.[2]

지금까지의 논의를 통해 파악할 수 있는 것은 재분배 정책에서의 유럽과 미국의 차이가 나타난 원인이 사회주의 정당의 정치적 영향력이 유럽에서는 심대했던 반면 미국에서는 재산권 보호 등 헌법정신을 위협하는 사회주의의 위력이 상대적으로 미약했던 점에 있었다고 할 수 있다. 즉 유럽에서의 복지국가 성립의 근본적 원인은 시장경제 메커니즘에 따른 분배 시스템은 불공평하므로 시스템의 변혁이 필요하다는 사회주의 이념에 있다. 이념의 대중전파를 가능케 하는 정치제도와의 상호작용을 통해 유럽에서 사회주의가 주요 이념으로 자리매김 하였다고 볼 수 있다.

마르크스주의와 같은 사회주의자들의 정치적 담론 주도가 유럽에서 가능했던 것은 사회주의 정당들이 국가적으로 영향력을 행사할 수 있는 각국의 주요 정당이 되었기 때문이다. 게다가 유럽에서 마르크스주의 등 좌파 이념의 전파에 결정적으로 공헌한 것은 교육현장에서 교원노조(teachers' union)에 의해 좌파가 주도권을 가지게 되었다는 점에 있다.

독일과 프랑스의 경우 사회민주당이나 인민전선이 정권을 획득하기 이전부터 교원노조에 의해 좌파가 학교를 장악하여 초등교육에서부터 사회주의적 이념의 주입을 위한 노력이 진행되기 시작했다. 스웨덴에서도 1930년대 이후 사민당이 집권당의 지위를 유지하면서 정부 정책에 의해, 그리고 좌파적 교원노조에 의해 교육의 급진적 변화가 진행되었다. 따라서 대부분의 유럽 국가들에서는 초등학교(elementary school) 등 기초교육(basic education)에서부터 마르크스주의에 기초한 사회주의적 세계관이 교육되었다고 할 수 있다.

사회주의적 세계관에 따르면 기존의 자본주의적 생산관계는 불평등한 계급관계를 야기하고 이에 따라 고착화된 계급 간 소득불평등이 지속되므로 평등을 지향하는 사회 변혁이 필요하다. 유럽 사회에서는 20세기 전반에 걸쳐 교육을 통해 이와 같은 이념이 전파되었다고 할 수 있다. 이는 유럽인들이 미국인들에 비해 시장경제 메커니즘에 따른 소득의 분배가 불평등하다고 느끼는 원인이며 유럽에서 재분배정책이 상대적으로 광범위하게 큰 규모로 행해질 수 있는 이유이다. 공평성(fairness)에 대한 인식이 재분배에 대한 선호에 영향을 준다는 논의는 최근의 연구들을 통해 확인되고 있다.[3]

결론적으로 대중영합적 재분배정책이 광범위하게 행해지는 복지국가의 성립은 사회주의 이념의 강력한 정치적 영향력에 의한 것이고, 이와 같은 정치적 영향력을 가능하게 만든 정치 제도적 환경의 산물이라고 할 수 있다. 우리나라의 경우도 민주화 이후 강력한 노동운동의 전개 및 좌파이념 세력의 확대, 그리고 좌파 성향의 정권 등장을 경험하였으며 전교조의 세력 확장에 따라 학교 현장에서의 사회주의적 세계관의 교육 및 전파 등의 현상도 나타났다고 할 수 있다. 따라서 학교에서의 전면 무상급식 실시 주장과 같이 '보편적 복지'를 목적으로 하는 대중영합적 정책에 대한 요구는 앞으로도 지속될 가능성이 높다. 또한 이와 같은 요구가 정부 정책에 반영될 가능성이 낮지 않다는 것은 최근 이명박 정부의 정책기조에서도 일부 확인할 수 있다.

'보편적 복지'를 추구하는 이념의 실현이 경제의 지속적인 성장을 보장하고 모든 사람들의 후생을 증대시킨다면 문제는 없다. 그러나 사회주의 국가들의 몰락이라는 예를 들지 않더라도 유럽 국가들에서 나타났던 소위 '복지병'의 폐해, 대중영합주의가 발호했던 라틴아메리카 국가들의 경제적 파국 등 20세기에 '보편적 복지'를 추구한 이념의 실현에 따른 결과가 어떠했는지를 확인하는 것은 그리 어렵지 않다. 또한 '보편적 복지'의 폐해를 인식하여 복지정책의 방향을 '선택적 복지'로 전환하는 세계적 조류 속에서 '보편적 복지'를 추구하는 이념의 확산은 시대착오적이라고 할 수 있다. 그러나 이러한 이념의 확산이 빠르게 전개되고 정치 제도적 환경이 이를 뒷받침한다면 시대에 역행하는 정책이 채택되어 우리 경제의 지속적 성장이 제약되는 것을 피하기는 어렵다. 따라서 자유로운 시장경제의 구현을 통해 우리 경제의 지속적인 성장과 사회후생의 지속적인 증대를 도모하려면 이념의 역할의 중요성에 대한 인식이 있어야 한다. 전교조 명단 공개 논란과 전면적인 학교 무상급식 실시 주장을 보면서 깊은 고민을 하게 되는 이유이다. (2010. 4. 27)

참고문헌

Alesina, A. and E.L. Glaeser, Fighting Poverty in the US and Europe A World of Difference, Oxford University Press, 2004.

Alesina, A. and G-L. Angeletos, "Fairness and Redistribution", American Economic Review,

95(4), 2005, pp.960-980.

Alesina, A, G. Cozzi, and N. Mantovan, "The Evolution of Ideology, Fairness and Redistribution", NBER Working Paper 15587, 2009.

Benabou, R. and J. Tirole, "Belief in a Just World and Redistributive Politics", NBER Working Paper 11208, 2005.

Perotti, R., "Growth, Income Distribution, and Democracy: What the Data Say", Journal of Economic Growth, 1, 1996, pp.149-187.

Rodriguez, F., "Inequality, Redistribution and Rent-seeking", mimeo, 1999.

출구전략을 넘어
중장기적 발전전략을 논의할 때다

▎ **조경엽**(한국경제연구원 선임연구원)

이명박 정부가 출범한 지도 2년이 지났다. 현 정부에 대한 국민들의 평가는 그리 나쁘지 않은 듯하다. 현실적으로 달성하기 어렵다는 것을 알면서도 국민들은 747 공약에 높은 기대감을 갖고 이명박 정부를 출범시켰다. 기업하기 좋은 환경, 성장을 통한 일자리 창출 등 제2의 도약을 통해 선진국에 진입하겠다는 정책방향은 옳다고 생각했기 때문이다. 그러나 촛불시위에 밀리고 정치적 포퓰리즘에 빠져 초기의 정책들이 하나둘 굴절되어가는 모습에 실망을 한 국민들도 많다. 미국 발 금융위기로 밀어닥친 글로벌 경기침체를 극복하는 과정에서 보여준 발 빠른 대응이 실망하던 국민들의 가슴에 다시 한 번 기대감을 갖게 하고 있다. 올해 1분기 경제성장률이 7.8%에 달하고 있으니 현 정부에 대한 국민들의 기대감이 높아지는 것도 당연하다.

현재의 놀라운 경기회복은 과감한 금리인하와 적극적인 재정정책 때문인 것으로 평가된다. 이러한 평가가 올바른 것인지는 조금 더 시간을 두고 볼 일이지만 경기부양을 위한 통화정책과 재정정책이 가져올 부작용을 우려하고 있는 것은 사실이다. 출구전략 이행 시기에는 이견이 있지만 출구전략을 시행해야 한다는 데는 모두 동의를 하고 있다는 점에서 글로벌 경기침체 기간에 동원했던 정책이 정상이 아니라는 것은 분명하다. 비정상적인 낮은 금리와 과도한 재정지출이 가져올 부작용을 예측하기란 그리 어렵지 않다.

인위적인 저금리가 지속되면 시점 간(intertemporal) 자원배분이 왜곡되어 우리가 기대하는 이상으로 경기가 침체될 수 있다는 것이 저금리 정책의 맹점이다. 시장이자율이 자연이자율보다 오랜 기간 낮게 유지되면 미래를 위한 저축보다는 현재의 소비를 늘리는 것이 자연스러운 현상으로 자리 잡게 된다. 기업은 자본재에 대해 필요 이상으로 투자를 하고 소비자는 과잉소비를 하게 되면서 인플레이션과 자산버블이 발생하게 된다. 자신이 과오투자를 하고 과잉소비를 하고 있다는 것을 인지하는 시점부터 소비와 투자가 위축되고 자본 가격이 급락하면서 경기는 급격히 하강국면에 직면하게 된다.

이러한 저금리의 부작용이 여실히 드러난 예가 금번 미국 발 금융위기이다. 미국 경제는 2001년 말 엔론(Enron)의 파산보호신청 이후 사실상의 회복국면에 진입했음에도 불구하고 이를 감지 못한 미 연방준비은행은 오히려 2003년 6월까지 3차례에 걸쳐 금리인하 조치를 단행하였다. 경기가 저점을 통과한 이후에도 장기간에 걸쳐 저금리가 지속되다보니 거주목적이 아닌 투자목적의 주택구입 대출이 급증하는 등 거시경제 전반에 버블이 형성된 것이 금융위기의 시발점이라 할 수 있다.

최근 유럽의 PIIGS(포르투갈, 이탈리아, 아일랜드, 그리스, 스페인) 국가에서 볼 수 있듯이 과도한 국가채무는 한 국가의 경제를 파탄에 이르게 할 수 있다. 국가채무가 증가하면 국가신용도가 하락하여 국채금리가 가파르게 상승하고, 자본이탈이 가속화되어 결국 자본시장에서 자금조달이 불가능해지는 지경까지 이르게 된다. 국채발행이 어려워질수록 세금인상이 불가피하고 세금인상은 경제를 위축시켜 재정을 더욱 열악하게 만드는 원인이 된다. 우리나라의 국가채무 수준은 GDP 대비 35.6%에 달하고 있다. 다른 나라와 비교할 경우 상대적으로 양호한 것으로 평가된다. 그럼에도 불구하고 우리나라의 국가채무가 너무 빠르게 증가하고 있고 국제 통계기준과 달리 공기업 부채 등 우발성 채무를 포함하지 않고 있어 국가채무에 대한 우려감이 커지고 있다. 국민들의 세금으로 감당할 수밖에 없는 적자성 채무가 빠르게 증가하고 있다는 점도 우리가 국가채무 수준을 걱정하고 있는 이유 중의 하나이다. 국가채무에서 차지하는 적자성 채무가 2001년에 35%이던 것이 2009년에 46%로 치솟았다. 적자성 채무는 대부분 재정석자 때문에 발생한다. 재정적자를 줄이기 위해서는 지출을 줄이거나 세금을 인상해야 한다. 문제는 어느 정책을 선택하는 것이 지속가능한 성장으로 이어질 수 있느냐이다.

재정지출은 취약한 부분을 선별하여 선택적으로 재원을 사용할 수 있고 효과가 매우 빠르게 나타나기 때문에 정권을 잡으면 누구나 재정지출 확대 유혹에 빠지기 쉽다. 정부가 나서서 보살펴야 할 부분도 분명히 있지만 취약한 부분에 대한 지출은 효율적이지 못한 경우가 많다. 한계기업 지원, 공공 일자리 창출, 과도한 사회복지 지출, 지역균형 발전을 위한 인위적 도시개발 등은 정권이 인기를 얻고 일시적인 호경기 효과는 얻을 수 있겠지만 잠재성장률 향상에 결코 도움이 되지 않는 정책들이다. 정부가 취약한 부분을 찾아 선별적으로 재정을 투입하는 일이 잦아질수록 정책의 일관성이 훼손되기 쉽다. 정책의 일관성이 상실되면 정책방향을 예측하고 이에 편승하려는 경제주체들이 늘어난다. 이러한 도덕적 해이가 자원배분의 비효율성을 키워 재정정책의 효과는 반감되게 된다. 많은 경제학자들이 재정지출은 아무리 합리적이라 해도 재량적(discretionary)인 것보다는 준칙(rule)이 낫다고 주장하는 이유이다.

반면 감세정책은 정부의 역할을 줄이고 민간의 역할을 확대하겠다는 뜻이 담겨 있다. 특정 정책으로 일목요연하게 통제할 수 없을 정도로 경제규모가 커지고, 생산요소와 재화가 국경을 자유로이 이동할 수 있는 현 상황에서는 민간의 역할이 중요해진다. 자본과 고급인력은 세금부담이 적은 나라로 빠르게 이동하기 때문에 높은 세금을 부과하는 국가의 잠재성장률은 하락할 수밖에 없다. 정책효과가 더디게 나타나지만 많은 국가가 경쟁적으로 세금을 인하하여 자본과 고급인력을 유치하려는 이유가 여기에 있는 것이다.

저금리 정책으로 발생한 글로벌 경기침체를 저금리로 해결하려는 것은 아이러니하다. 저금리 정책이 글로벌 경기침체를 극복하는 데 얼마나 도움이 되었는지 아직 명확하게 알 수는 없지만 현재의 저금리 기조에서 하루빨리 벗어나야 한다는 것은 분명하다. 물가상승이 우려할만한 수준이 아니고 가계부채의 부담이 우려되고, 경기회복에 대한 불확실성이 여전히 존재하기 때문에 현재의 저금리를 유지하겠다는 것은 매우 근시안적인 시각이다. 일본의 자산버블에 이은 장기불황, 그리고 미국의 모기지 사태로 발생한 금융위기와 글로벌 경기침체의 근본원인이 저금리 정책이라는 것을 명심해야 한다. 국가채무가 지금처럼 빠르게 증가한다면 PIIGS 국가들의 위기가 남의 일만은 아닐 것이다. 모든 일을 정부가 나서서 해야 한다는 시각을 버려야 한다. 감세를 통해 시장을 키우고 재정지출을 억제하여 민간의 역할을 확대하고 작은 정부를 실현해 나가야 한다.

출구전략의 시행시기에 대한 논쟁이 뜨겁다. 단기적인 경기회복보다는 중장기적인 안목에서 경제발전 전략이 모색될 시점이다. 이를 위해 우선 금리를 인상하여 자금이 생산적 투자처를 찾아 움직일 수 있는 환경을 조성하는 데 역점을 두어야 한다. 또한 작은 정부와 감세 정책을 통해 성장 동력을 확충하고 일자리를 창출하겠다는 이명박 정부의 초기 재정정책으로 되돌아가야 한다. (2010. 4. 29)

가계 및 기업 부채 구조조정, 연착륙 유도해야

▌ 김창배(한국경제연구원 부연구위원)

가계부채가 740조 원에 육박하는 가운데 기업부채도 눈덩이처럼 커지고 있다. 대내외 여건이 불확실한 상황에서 금리인상 분위기도 무르익고 있다. 출구전략의 핵심인 금리인상이 본격적으로 시작되기 전에 우리 경제의 뇌관으로 지적되고 있는 가계 및 기업부문의 잠재적 부실을 최소화하는 노력이 필요한 시점이다.

지난해 말 가계부채 733조 7,000억 원으로 크게 증가

우리나라 가계부채(가계대출+판매신용)는 지난해 말 현재 733조 7,000억 원으로 2007년(630조 7,000억 원)에 비해 약 200조 원 이상 늘었다. 1인당 부채가 약 1,500만 원으로 1인당 GNI(2008년 기준 2,120만 원)의 70%에 해당하는 금액이다. 경제성장 및 금융시장의 자금중개기능 제고 등을 감안할 때 부채 증가는 자연스러운 현상이지만 단기간에 급증하는 것은 이상 징후로 판단할 만하다.

이러한 부채수준에 대한 평가는 금융자산 및 소득수준을 고려한 부채 상환능력으로 판단하는 것이 옳다. 물론 금융부채 대비 금융자산의 배율로 본 개인 부문 부채상환능력은 지난 해 3분기 말 현재 2.29배로 2008년

(2.09배)보다는 개선되었다. 글로벌 금융위기 이전인 2007년(3.0배) 수준도 거의 회복한 것이니 큰 문제가 없다고 볼 수도 있다. 하지만 여기에는 비거래요인(시가 및 환율 변동)에 의한 금융자산의 변동이 크게 반영되었음을 고려해야 한다. 2008년 9월 개인부문의 금융자산이 비거래요인에 의해 전년동월비 56% 감소했다가 2009년 9월에는 반대로 48% 증가한 것은 금융자산을 고려한 부채상환능력 지표의 불안정성을 반증한다.

따라서 소득을 고려한 부채상환능력도 함께 살펴볼 필요가 있다. 국민총가처분소득에서 가계신용이 차지하는 비율로 측정한 부채비율 은 2007년 약 64%에서 2009년에는 약 69%[4]로 상승하면서 부채상환능 력은 크게 저하된 것으로 나타난다. 일부에서는 소득 상위 40% 계층 이 전체 가계부채의 약 70%를 갖고 있어 금리가 인상되더라도 큰 문 제가 되지 않을 수도 있다고 주장한다. 하지만 문제는 하위 20% 가구 가 보유한 약 7%의 가계부채가 부실 가능성이 점차 높아지고 있다는 점이다. 가계부채의 70%는 안정적이라 해도 금리인상으로 하위 20% 가구 저소득층의 가계 파산이 이어져 사회 양극화 문제와 연결되면 경 제 전체적으로 악영향을 줄 소지가 있다. 더구나 불확실성이 크게 해 소되지 않은 상황이 진행되고 있으므로 예기치 않은 자산가격 하락 또 는 소득 둔화가 발생할 경우 안정적으로 여겨졌던 70%의 가계대출도 부실해질 수 있으며, 이는 또다시 금융부실의 도화선이 될 가능성도 있다. 얼마 전 국회에서 이성태 한국은행 총재가 "가계부채 문제가 한 국경제의 가장 큰 걱정거리"라고 말한 것도 과도한 가계부채 문제가 개인의 문제를 넘어 경제 전체를 위협할 수도 있다는 것으로 보인다.

가계부채보다 기업부채가 더 심각

그러나 가계부채보다 더 심각한 것은 기업대출 특히 중소기업 대출이라 할 수 있다. 한국은행의 자금순환 통계에 따르면 2009년 9월 말 현재 비금융법인기업(이하 기업)의 금융부채 잔액은 1,229조 원으로 2009년 명목 국내총생산(GDP)의 1.3배에 해당하는 규모다. 사실 기업부채의 심각성은 금융부채의 잔액이라기보다는 금융자산을 뺀 순부채 규모가 크게 증가하고 있다는 점이다. 순부채 규모는 2009년 9월 말 현재 264조 3,000억 원으로, 2008년 9월 268조 8,000억 원에 비해 소폭 감소했지만 글로벌 위기 직전인 2007년 104조 7,000억 원에 비하면 2배 이상이나 증가한 것으로 나타났다. 금융부채 대비 금융자산의 배율이 2007년 수준을 회복한 가계부문과는 반대의 양상을 띠고 있다. 더 큰 문제는 이자보상배율이 1에도 못 미치는 기업의 비중이 약 30%나 되고 상당수가 중소기업들이라는 점이다. 금융위기 관련 정책을 추진하면서 불가피하게 기업들에게 일괄 만기연장을 해준 것도 큰 이유다. 현 상태에서 금리인상은 이런 비우량 한계 중소기업들에게는 이자 폭탄이 될 수 있다.

금리인상은 시간문제일 뿐

앞서 살펴본 바와 같이 금리인상은 가계 및 기업부채에 큰 부담이 될 수밖에 없다. 기준금리가 오르면 대출 금리도 오를 것이다. 지난해 9월 말 기준으로 가계대출의 70%, 중소기업 대출의 40%가량이 변동형 금리인 것으로 추정되는 점을 감안하면 대출금리 0.5%포인트 상승은 연간 3조 원가량의 추가부담이 생길 것으로 보인다.

기준금리 동결이 1년 이상 계속되고 있는 것도 이러한 부담이 중요하게 작용했다고 보인다. 문제는 현재와 같은 2%의 저금리 상태가 지속될 수 없다는 점이다. 경제 전반에 과잉유동성을 형성하거나 구조조정 지연 등의 부작용을 초래할 수 있기 때문이다. 하반기 이후에 우려되는 인플레이션을 막기 위해서라도 금리인상은 불가피하다. 중국의 긴축조치와 미국의 재할인율 인상도 금리인상의 가능성을 높이고 있다. 올 하반기 중에는 한국은행이 기준금리 인상에 나설 것이라는 관측이 지배적이다. 이제 기준금리 인상에 대비해 이에 따른 충격을 최소화하는 노력이 필요할 때이다

가계 및 기업 부문의 잠재 부실을 최소화하는 노력이 필요

가계부채의 경우, 증가속도를 적절히 관리함과 동시에 특히 저소득층 가계의 충격을 최소화할 수 있는 대책을 마련해야 한다. 고정금리형 대출의 비중을 높여 금리상승기의 리스크를 완화하는 것도 필요하다. 변동금리 대출에서 고정금리 대출로 변경할 경우 중도상환 수수료를 면제해 주고 고정금리 대출을 확대하는 은행에 인센티브를 부여하는 등의 정책적 지원도 고려해 보아야 한다.

또 단계적이고 선별적인 기업구조조정을 통해 기업부채의 충격을 분산시킬 필요가 있다. 대출만기 일괄연장과 보증 확대로 버티고 있는 기업들을 계속 끌고 간다면 사회적 비용이 늘어날 뿐 아니라 모럴해저드 문제가 생긴다. 경제가 위기국면을 벗어난 만큼 이자보상배율이 지속적으로 1미만을 보이는 등 구조적인 부실위험을 안고 있는 기업에 대한 구조조정은 불가피하다. 하지만 만기 연장조치로 중기대출만기가 상당부분 2010년 12월로 집중된 점을 고려할 때 금융 출구전략을 일시적이 아니라 단계적으로 시행해 충격을 분산할 필요가 있다. 아울러 단지 유동성 문제만 겪고 있는 기업들에 대해서는 구조조정보다는 당분간 회생지원을 유지하는 등 선별적인 구조조정이 요구된다. 가계 및 기업 부채 구조조정의 연착륙이 경기회복세 지속 여부의 관건이 될 것으로 보인다. (2010. 3. 4)

MB 정부의 교육개혁에 거는 기대

■ **정갑영**(연세대 경제학부 교수)

집권 3년차를 맞는 이명박 대통령이 교육개혁을 직접 챙기겠다고 나섰다. 그것도 매월 한 번씩 진행사항을 점검하고, 교육의 선진화를 위한 제도개혁을 챙긴다고 하니 머지않아 MB 스타일의 교육개혁이 모습을 드러낼 것 같다. 만시지탄(晩時之歎)의 감이 없지 않지만 이제라도 대통령이 직접 챙긴다니 또 한 번 "혹시"나 하는 기대를 걸어 볼 수 있을 것 같다.

실제로 MB의 10대 선거공약에는 엄연히 교육정책이 들어 있었다. 그중 대표적인 공약이 바로 대학의 자율화로서 지난 정부에서 대못질한 3불(不) 정책을 완화하겠다는 것이었다. 즉, 학생의 선발권을 보장하고 입시를 세 단계로 나누어 대학의 자율성을 확대하여 경쟁력을 높인다는 내용이었다.

자율화와 경쟁은 오히려 퇴보하고 있어

그러나 이런 공약에도 불구하고 MB 정부가 지난 2년간 추진해 온 대학의 자율화와 교육개혁은 별다른 진전이 없었다. 보다 엄격하게 얘기한다면 진전은커녕 자율화 정책은 오히려 퇴보하고 있다. 입시의 자율화는 획일적인 입학사정관제로 변질되었고, 자립형 사립고는 외고에 대한 엄격한 규제의 대안으로 등장한 또 하나의 변형된 입시교육 모델로 부상하고 있다.

사교육을 억제하겠다는 취지로 획일적으로 도입된 입학사정관제도는 객관적인 성적은 외면하고 주관적인 정성지표만을 중시하니 벌써부터 많은 부작용마저 나타나고 있다. 심지어 일부 고교입시에서는 추첨을 통해 학생을 선발하는 우스꽝스러운 일도 벌어지고 있다. 학교성적과 각종 시험점수가 우수한 학생들이 뺑뺑이를 잘못 돌려 눈물 짓는 모습에 이 나라 교육의 현주소가 그대로 투영되어 있다.

차라리 자율화를 통해 수험생의 학습 성과를 중시하고 잠재력도 보완하는 다양한 제도를 학교마다 운용하면 해결될 터인데, 정부는 여전히 획일적인 규제만을 고집하고 있다. 교육의 수월성을 높이고 글로벌 경쟁을 이끌어갈 고도의 전문 인력을 양성한다는 국가 백년대계의 목표와는 더욱더 멀어지고 있는 것이다.

게다가 최근에는 대학등록금의 상한제를 입법하고, 전국 대학의 교수평가 제도를 모범규준으로 획일화하는 정책도 추진되고 있다고 한다. 또한 지난 정부에서 제정된 사학법의 개정도 논의조차 안 되고 있으며, MB 정부의 자율화 의지도 분명치 않아 보인다. 대체로 이번 정부도 교육개혁의 핵심이 자율화와 수월성의 제고를 통한 글로벌 경쟁력보다는 형평과 평준화를 추구하는 오류에서 크게 벗어나지 못하고 있는 것이다. 오히려 개혁이라는 미명과 포퓰리즘이 결합하여 대학의 자율화 정책은 더욱더 후퇴하고 있는 것이다.

물론 이런 정책에는 항상 그럴듯한 꼬리표가 달려 있다. 수요자인 수험생의 편의와 후생을 증진시키고 사교육비를 절감시키며 누구나 쉽게 대학에 들어가게 만든다는 목표가 바로 그것이다. 어떤 잣대로 평가해도 지당하고 반드시 실현되어야 할 과제다. 형편이 어려운 학생들을 위하여 정부가 등록금을 빌려주고 취업 후에 갚게 하는 제도도 얼마나 서민의 고통을 배려한 것인가. 학교 성적은 아예 감안하지 말고 입학 사정관이 수험생의 잠재력을 평가해서 뽑아야 한다는 것도 일견 친서민적인 바람직한 발상처럼 보인다.

그러나 좀 더 멀리, 좀 더 넓게 한국 대학의 글로벌 경쟁력을 살펴보자. 지금 우리나라 대학들은 사면초가(四面楚歌)에 빠져 있지 않은가. 당장 정원을 채우지 못하는 대학이 수두룩하고, 애써 대학을 마친 후에도 일자리를 찾지 못한 '백수'가 즐비하다. 그럼에도 불구하고 가계는 여전히 사교육비에 휘청거리고 있다. 일부 계층은 이런 제도에 염증을 느껴 아예 이 땅을 포기하고 있다. 몇 배 비싼 해외 등록금에도 불구하고 유학생은 날로 늘어만 가고 있다.

여기에 등록금상한제까지 걸어 놓았으니 우리 대학의 앞날은 갈수록 암울하기만 하다. 가격을 규제하면 품질이 나빠지는 건 너무나 당연한데, 등록금 의존율이 65%를 넘는 사립대학을 그런 제도로 묶어 놓았으니 무엇을 더 기대할 수 있겠는가. 일부에서는 드디어 등록금 규제에 성공했다고 쾌재를 부르지만, 과연 어디에서 가격규제로 뜻을 이룬 사례를 찾아볼 수 있겠는가.

우리가 선진국으로 도약하려면 대학은 적어도 다음 두 가지의 조건을 갖추어야 한다. 첫째는 세계적 명문 대학이 적어도 몇 개는 등장해야 하고, 둘째는 소외계층도 학비 걱정하지 않고 그런 대학을 다닐 수 있게 해야 한다. 그런데 안타깝게도 정부의 획일적인 규제만으로는 이 목표를 달성하기 힘들다. 오히려 이 조건들은 자율과 경쟁을 통해서만 이루어질 수 있는 과제다.

대학도 구조조정해야

우선 몇 십 년 동안 선거 때만 외쳐오던 자율화를 실질적으로 실행해 보자. 선거공약처럼 단계적으로 학교가 원하는 학생을 자율적으로 선발할 수 있게 길을 열어주자. 그리고 대학 간 경쟁을 치열하게 유도하자. 수험생이 동시에 여러 대학을 지원하게 하여 특성화되지 않은 경쟁력 없는 대학들의 구조조정도 유도하자. 규제는 오히려 경쟁력 없는 대학을 살리고 백수를 양산한다. 최근 약학대학 신설 허가와 같이 소수 정원을 많은 대학에 일률적으로 나눠주는 식의 정책을 지속해서는 안 된다. 나라 전체의 고용문제를 해결하기 위해서도 대학의 구조조정이 시급하다.

대학 정책의 패러다임이 획기적으로 바뀌어야

정부는 오히려 선택과 집중을 통한 적극적인 지원과 소외계층의 배려 정책에 집중하면 된다. 대학에서 길러진 전문 인력과 고급기술이 몇 천, 몇 만 명의 일자리를 창출하지 않는가. OECD 회원국 중 우리처럼 대학교육 지원에 인색한 정부가 어디 있는가. 4대강 사업비의 4분의 1만 투자해도 대학등록금이 반값으로 내려간다는 주장도 있다. 지원은 외면한 채 획일적인 규제만 강화하면 세계적인 명문은커녕 '붕어빵 대학'만 양산하게 될 것이다.

지금은 대학 정책의 패러다임을 획기적으로 바꿔야 할 때다. 더 이상 난마(亂麻)처럼 얽혀 있는 교육문제가 정부규제로 해결될 수 없다는 실패의 경험을 되풀이하지 말자. 차라리 모든 것을 대학이 알아서 하도록 맡겨 보자. 선진국의 성공모델을 우리도 적용해 보자. (2010. 3. 5)

공기업을 제대로 유지할 돈 없으면
차라리 민영화하라

▌ **조성봉**(한국경제연구원 선임연구위원)

정부가 가스공사의 유상증자 계획을 무산시켰다. 가스공사는 지난 3월 29일 정기주주총회에서 전환우선주 발행, 제3자 배정 신주발행 등 유상증자 근거를 정관에 추가할 예정이었으나 관련 조항이 삭제된 채 정관 개정안이 통과되었다. 가스공사는 부채비율이 344%나 되어서 증자를 통해 자본금을 확충하고자 했던 것이다. 가스공사의 부채비율이 이렇게 높아진 이유는 그동안 정부가 가스요금 인상을 억제해 왔기 때문이다.

현재의 가스요금 수준으로는 가스를 도입하면 할수록 가스공사는 손해를 보게 되어 있다. 가스공사에서는 요금인상을 못해 쌓인 누적적자를 미수금이라고 부르고 있다. 그나마 지난해에 가스요금을 조금 인상해서 미수금 수준이 2009년 6월 5조 원에서 올해 4조 2,000억 원 수준까지 떨어졌다. 당초 올해 3월부터 도입하려던 가스요금 원가연동제를 지방자치단체장 선거를 앞두고 정부가 그 도입을 미뤄버렸다. 이처럼 정부가 가스요금 인상을 억제하니 하는 수 없이 돈을 꾸어 올 수밖에 없었던 것이다.

가스공사는 도입원가에도 미치지 못하는 가스요금으로 모자라는 돈을 메워나가야 할 뿐만 아니라 해외자원 개발 사업에도 쓸 돈이 많다. 이라크 주바이르 유전 개발 사업에만 7조 3,450억 원이 소요될 것으로 알려지고 있다. 이렇게 돈이 많이 필요하기 때문에 가스공사는 2013년까지 단계적으로 2조 원의 유상증자를 포함해 자본규모를 4조 원에서 8조 원으로 확충하겠다는 계획을 지난해 9월에 내놓았던 것이다. 유상증자 외에도 해외 에너지 기업들과의 전략적 제휴, DR발행 등을 통해 자본을 확충한다는 것이었다.

정부가 유상증자를 반대한 이유는 한마디로 돈이 없기 때문이다. 돈은 없는데 유상증자를 허락하게 되면 3자 배정 증자로 정부가 최대 주주 위치에서 밀려나게 된다. 돈은 없지만 주인행세는 하고 싶었던 것이다. 이런 일은 공기업에서 흔히 볼 수 있는 현상이다. 우리나라 대표적 공기업인 한전도 자산규모가 70조에 가까운 엄청나게 큰 회사이지만 자본금은 1986년에 3조 원 수준을 넘겼고 그 후로 조금씩 자본을 증가시켜 현재 겨우 3조 2,000억 원 수준이다. 그 결과 전력설비를 많이 건설해야 할 필요가 있을 때에도 증자를 하지 못하고 부채를 증가시킬 수밖에 없어 한때는 부채비율이 꽤 높이 올라간 적도 있었다.

다른 기업도 마찬가지겠지만 한전이나 가스공사와 같은 에너지 공기업이 투자를 하기 위해서 돈을 모으려면 세 가지 방법밖에 없다. 첫째는 자본시장에서 증자를 해서 자본금을 확충하는 방법이고 둘째는 은행에서 돈을 꾸거나 사채를 발행해서 부채를 증가시키는 방법이다. 마지막으로 요금을 인상해서 이익을 남기는 방법이다.

그런데 정부는 요금인상은 거의 생각하지 않는 것 같다. 현 정부는 녹색성장기본법을 통과시키고 2020년까지 1990년 대비 온실가스를 30% 감축시킨다는 계획을 내세우고 있다. 이를 위해서 정작 가장 중요한 것은 에너지요금의 인상이다. 에너지절약, 신재생에너지에 대한 투자 등 이른바 중요한 녹색전략은 에너지요금의 인상 없이는 실현될 수 없는 공허한 이야기일 뿐이기 때문이다. 그러나 주지하는 바대로 정부는 글로벌 금융위기를 겪으면서 경기진작에 주력하고 친서민정책을 이유로 전기·가스 등 에너지요금은 동결시켰다. 작년에 공기업의 재정상황이 급격히 악화되자 이를 완화하기 위해 에너지요금을 소폭 인상하기는 하였으나 충분한 수준은 아니었다. 야심찬 녹색성장 계획에는 전혀 어울리지 않는 수준이라고 할 수 있다.

이번에 드러난 것처럼 공기업이 자본시장에서 증자를 통해 자금을 끌어 오는 방식은 원천적으로 막혀 있다고 해도 과언이 아니다. 정부가 이를 허락하지 않기 때문이다. 유상증자를 하고 동시에 정부의 지분율을 유지하려면 그에 상응하는 돈이 필요하기 때문에 정부가 허락하지 않는 것이다. 현재로선 공기업이 돈이 필요하다면 부채를 끌어들이는 방법 밖에는 없다. 부채비율이 높으면 이것도 여의치 않다. 이번에 가스공사가 생각해 낸 묘수는 자산재평가로 알려져 있다. 자산재평가로 부채비율을 낮춘 후 다시 부채를 증가시킨다는 것이다.

정부가 공기업의 주인 노릇을 제대로 하려면 공기업이 성장하는 만큼 돈을 들여야 한다. 그럴 만한 돈이 없으면 차라리 공기업을 민영화하는 것이 옳다. 요금이 오르는 것이 두렵다면 경쟁을 도입하고 요금규제를 별도로 하는 방법을 생각해야 한다. 정부 스스로가 제대로 공기업을 가꾸지 못하고 가꿀 능력도 없으면서 민간이 가꾸지도 못하게 막는 것은 바람직한 일이 아니다. (2010. 4. 6)

시장에 기초한
온실가스 저감정책을 기대한다

▌ **김영덕**(부산대 경제학과 교수)

　　〈장면 1〉 경제학 원론 강의실: 담당교수는 학생들에게 다음과 같이 외부효과를 내부화시키는 효율적인 정책수단으로서 교정적 조세를 설명한다. "정부는 직접 규제를 통해 사람들의 행동을 규제하기보다는 민간의 사적 이익 동기와 사회적 효율을 일치시키도록 시장 기능을 활용한 정책을 사용할 수도 있다. 부정적 외부효과를 시정하기 위해 고안된 세금을 교정적 조세 (corrective tax)라고 한다. 교정적 조세는 오염물질을 배출하는 권리에 가격을 부과하는 것과 같은 의미를 지닌다. 마치 자유 시장에서 재화에 대해 가장 높은 가치를 부여하는 사람에게 우선적으로 재화가 배분되듯이, 교정적 조세도 오염방지에 가장 큰 비용을 치를 용의가 있는 생산자에게 오염 배출권이 우선적으로 배분되도록 한다. 따라서 정부가 달성하고자 하는 오염수준이 얼마든지 간에 교정적 조세를 통해 그 수준을 가장 적은 사회적 비용으로 달성할 수 있다."[5]

　　이는 경제학에 입문하는 새내기 대학생들에게 외부효과(externality)의 내부화 정책 수단을 설명하는 강의 내용이다. 경제학 원론에서 강조하고자 하는 내용은 시장에 기초한 정책인 교정적 조세와 배출권거래제는 부정적 외부효과를 내부화하는 효율적인 정책이라는 점이다. 여기선 효율적이란 시장에 참여하고 있는 시장 참여자들이 제3자에게 부정적인 영향을 최소화하면서 가장 큰 만족감을 얻게 되는 자원배분을 의미한다. 경제학 원론에서는 국지적인 오염문제에 대하여 설명하고 있지만, 전 지구적인 기후변화 문제인 온실가스 배출저감정책에서도 시장에 기초한 두 정책인 교정적 조세와[6] 배출권거래제는 앞의 내용과 동일하게 부정적 외부효과를 내부화하는 효율적인 정책수단이다. 그렇다면 효율적인 정책이라는 결론에 도달하게 하는 핵심은 무엇일까? 온실가스를 배출하는 데 경제적 비용을 부담케 하여 온실가스 배출을 저감하는 유인을 제공하기 때문이다. 다시 말해서 온실가스에 가격을 붙였기 때문에 가능한 것이다.

〈장면 2〉 자전거 도로 건설 현장: 아파트 옆 산책길이 다시 파헤쳐진다. 여러 사람들이 힘들여 기존의 보도블록을 걷어내고, 그 옆에서는 육중해 보이는 기계가 달갑지 않은 소음을 내지르며 바닥을 고르고 있다. 한편에서는 고른 땅에 아스팔트를 깔고 그 위에 곧게 뻗은 흰 선을 칠한 다음 중간 중간에 하얀 색으로 멋진 자전거를 그려 넣고 있다.

지난해 주거지 주변의 인도 · 공원 · 하천 주변, 심지어는 농로를 파헤쳐 새로운 길을 만드는 공사가 벌어지는 것을 본 적이 있다. 다름 아닌 자전거 도로를 새로 조성하는 사업이었다. 거의 전국의 모든 지방자치단체가 앞 다투어 자전거 도로를 건설하고 이를 지역의 관광 중심지와 연계하는 등 숨 가쁜 건설 현장을 목격하는 것은 어려운 일이 아니었다. 중요한 인프라 구조로 자전거 도로가 자리 잡는 현장이다. 이러한 자전거 도로 조성으로 많은 사람들이 주말이면 삼삼오오 동호회와 가족 중심으로 자전거를 타면서 자전거 도로를 이용하고 주말의 여가를 즐기고 있다. 이러한 모습이 우리의 눈에 쉽게 띄는 것은 이러한 자전거 도로 확충의 힘이라고 할 수 있다.

자전거 도로의 확충과 자전거 이용의 확대는 온실가스 배출저감에서의 중요한 인프라이다. 실제로 정부는 자전거 이용의 확대를 녹색성장의 실천방안으로서 추진하고 있다. 그런데 주말에 자전거를 타는 사람들을 우리 주변에서 쉽게 볼 수 있는 것이 사실이지만 아직 우리 주변에서 자신의 자동차를 집에 두고 자전거를 타고 출퇴근을 하거나 대중교통인 버스나 지하철의 이용을 포기하고 자전거로 출퇴근을 하는 사람들을 보는 것은 쉬운 일이 아니다. 아직까지 자전거 도로라는 녹색성장의 인프라가 온실가스 배출을 저감하는 데 활용되지는 못하고 있는 것이다. 온실가스 배출을 저감하는 수단으로서 자전거의 역할을 기대하기 위해서는 기존의 온실가스를 배출하는 자동차의 이용으로부터 자전거의 이용으로 전환이 일어나야 한다. 그런데 이러한 전환이 우리의 눈에 들어오지 않는 것은 무엇 때문일까? 자전거 도로라는 인프라를 확충했는데도 말이다. 인프라의 확충이 온실가스 배출저감이나 녹색성장을 달성하기에는 충분하지 못하다는 것이다. 무언가 다른 것이 필요한데 그것을 찾기 위해 멀리 갈 필요 없이 책장 한 구석을 지키고 있던 경제학 교과서를 펼치기만 하면 쉽게 찾을 수 있다. 바로 유인(incentive)이다.

녹색성장으로서 자전거 도로가 활용되지 못하는, 다시 말해서 자전거가 자동차를 대체하지 못하는 이유는 앞에서 본 것처럼 경제학 교과서에서 강조하고 있는, 온실가스에 대하여 즉 탄소에 대하여 가격을 부과하지 않았기 때문이다. 온실가스를 감축하기 위해서는 우선적으로 온실가스에 가격을 부과하는 것이 필요하다. 온실가스에 가격을 부과하면 온실가스를 포함하고 있는 재화의 가격은 오르게 마련이다. 예를 들어 석유제품의 가격이 오르게 될 것이다. 석유제품의 일종인 휘발유의 가격이 오르면 자동차를 운행하는 비용이 높아지며 택시·버스 등의 대중교통의 가격 역시 오르게 된다. 이러한 가격 상승은 사람들로 하여금 자동차의 이용을 줄이고 다른 수단을 찾게 할 것이다. 이때 자전거 도로가 잘 정비되어 있다면 사람들은 더 용이하게 자동차로부터 자전거로 수송수단을 전환하게 될 것이다. 자전거 도로의 확충은 이때 녹색성장을 위한 자기 역량을 힘껏 발휘하게 되는 것이다. 온실가스에 가격을 부과할 때 자전거 도로가 잘 정비되어 있으면 자전거도로가 없을 때보다 사람들로 하여금 온실가스 가격 부과에 따른 부담을 더 쉽게 벗어나게 한다. 녹색성장의 인프라는 온실가스에 가격이 부과되어야 자기 역할을 뽐낼 것이 틀림없다.

지난 4월 14일로 「저탄소녹색성장기본법」(이하 녹색성장기본법)이 발효되었고 녹색성장기본법 시행령을 제정하여 명실상부한 녹색성장의 시대를 맞이하게 되었다. 녹색성장의 법적 제도적 인프라가 갖추어졌다고 할 수 있다. 녹색성장 기본법 시행령이 제정됨에 따라 온실가스의 관리체계가 마련되고 실제로 온실가스 중기 감축목표를 이행하는 작업에 박차가 가해질 것으로 기대되고 있다. 이제 녹색성장의 법적 인프라가 마련되었으므로 인프라가 제대로 된 역할을 할 수 있는 시장기반정책을 기대해 본다. 인프라가 제 역할을 할 수 있는지는 온실가스에 유인을 제공하는 시장에 기초한 정책수단을 채택하는가에 달려 있다.

「녹색성장기본법」 제27조 환경친화적 세제운영에서는 온실가스 배출에 대한 조세부담 강화와 자원배분의 비효율성을 줄이는 방향의 조세정책 운영을 규정하고 있고, 제36조 기후변화 대응의 기본원칙에서는 가격기능과 시장원리에 기반을 둔 합리적 규제체제 도입과 온실가스 배출에 대한 권리와 의무를 명확히 하고 시장거래를 허용하고 탄소시장을 활성화하는 것을 제시하고 있으며, 제40조 기후변화 대응 및 에너지 목표관리에서는 중장기 단계별 목표를 설정하고 목표달성을 위해 온실가스 다배출업체 및 에너지 다소비업체별로 목표를 설정·관리하고 필요한 경우 조치를 강구하도록 규정되어 있다.

「녹색성장기본법」에서는 국가 온실가스 감축목표를 달성하기 위한 여러 제도적 정책수단을 제시하고 있다. 탄소세·배출권거래제·목표관리제에 대한 제도적 틀을 모두 담고 있다. 물론 이들을 모두 시행할 수도 있다. 그러나 기후변화에 대한 대응징책으로 효율적인 정책수단은 온실가스에 가격을 부과하여 온실가스 배출 저감에 유인을 제공하는 시장에 기초한 정책이라고 할 수 있다. 녹색성장기본법에 어렴풋이 담고 있는 탄소세와 배출권거래제는 탄소를 배출할 때 가격 부담을 갖도록 유인을 제공하는 시장에 기초한 온실가스 배출저감정책수단이다. 기본법에서는 이 두 정책 수단에 대한 가능성만을 제시하고 있으며, 시행령에서도 이 두 제도의 시행에 대한 구체적인 내용은 밝히지 않고 있다. 온실가스 중기목표 달성에 걸맞은 정책수단의 시행이 절실함에도 불구하고 구체적인 정책수단이 결정되지 못한 모양이다. 아니면 탄소세나 배출권거래제와 같은 시장에 기초한 정책수단이 아닌 다른 수단을 사용하려 하는지도 모른다. 정책이 결정되지 않았다면 탄소세나 배출권거래제와 같은 시장에 기초한 온실가스 감축정책으로 결정하는 것이 타당하며, 더 늦기 전에 구체적인 시행방안을 마련하여야 할 것이다.

저탄소녹색성장기본법 시행령 제정 보도자료 말미에 자꾸 눈길이 가는 것은 시장에 기초한 온실가스 저감정책에 대한 기대감과 온실가스 중기목표 달성을 위한 정책 선정에 대한 조급함 때문이었을 것이다. 보도자료 말미에는 다음과 같이 적혀 있었다.

"오늘 국무회의에서 의결된 「저탄소녹색성장기본법 시행령」은 기본법과 함께 4월 14일부터 시행될 예정이다. 한편, 정부는 온실가스 배출권 거래와 관련된 법률을 정기국회에 별도로 제출할 예정이다."

(2010. 4. 23)

친서민정책의 반작용을 우려한다

▌유동운(부경대 경제학부 교수)

늘어만 가는 복지예산과 공공기관의 부채, 후퇴한 미디어법, 보류된 교육자율화와 영리의료법인 도입, 미소금융사업을 통한 정부의 대기업 경영 간섭, 말썽 많은 4대강 정비사업과 요란한 세종시 사업수정 등 2009년은 일자리를 창출할 것을 기대해 표를 던졌던 유권자들에겐 실망을 안겨준 한 해였다. 친기업정책과 친시장정책에서 벗어나 친서민정책과 친정부 계획으로 진로를 수정한 MB 정부를 바라보면서 2010년 경인년을 맞이하게 되었다.

강태공의 '상(賞)의 반작용'

상(賞)이라는 것은 뚜렷한 공로가 있을 때 주어져야지 남발하다 보면 불평불만을 쉽게 유발하고, 그 결과 만족하지 않으면 원한을 키우게 된다. 일찍이 중국 주나라 강태공(姜太公)은 이것을 '상(賞)의 반작용'이라고 지적하였다. 복지예산을 들여 서민들의 경제적 지위가 향상되도록 하는데 이의를 제기할 사람은 없을 것이다. 그러나 자원배분에 중립적이지 않은 복지예산, 가령 예산이 주어지면 노력이 제공되지만 예산이 주어지지 않으면 노력이 제공되지 않는 복지사업은 맬더스(T.

Malthus)의 지적처럼 근면하였을 사람을 다른 사람에게 의지하는 인간으로 만들고, 일반인의 저축의지를 감퇴시키고 근로의욕을 약화시키는 독약이나 다름없다. 정부가 서민을 위해 지출하는 복지예산이 '상의 반작용'처럼 당초의 기대와는 정반대로 결국에 가서는 서민의 자립정신을 고갈시키는 반서민정책이 되어버릴까 염려된다.

그런 측면에서 시장에 들어가지 못하는 그룹, 예를 들어 장애인이나 병자 및 고령자에 대한 복지예산 이외에는 함부로 예산이 투입되지 않도록 함이 바람직하다. 그렇게 해야 하는 까닭은 복지 수혜대상의 실업자나 빈곤층에 대한 열정이 부족해서가 아니라 그들의 장래를 걱정해 주어야 하기 때문이다. 더구나 복지사업은 정치적으로 조직화된 사람들이 정치적으로 조직화되지 않은 사람들의 희생하에 자신들의 경제적 이득을 볼 수 있는 방향으로 정치인에 의해 이용되는 수단이 되기 때문에 더더욱 신중히 시행해야 할 필요가 있다.

공기업의 반작용

중국 송나라의 왕안석(王安石, 1021~1086)은 상품가격을 안정시킬 목적으로 국가가 직접 시장에서 상품을 사고파는 시역법(市易法)과 정부가 직접 시장에서 물품을 조달하는 균수법(均輸法)을 도입하였다. 모두 경세제민을 목적으로 국민의 고통을 덜어 주려는 선의에 의해 도입된 제도였다. 그런데 상품의 시장가격을 조절하기 위해 도입된 시역법이 실제 시행에 들어가자 이를 관장하는 기관인 시역사(市易司)는 판로가 좋은 물품들만 앞 다투어 사들이는 투기꾼으로 변질되고 말았다. 그렇게 해야만 조정이 하달한 이윤지표를 달성할 수 있었고, 관료들이 중간과정에서 자기 주머니를 채울 수 있었기 때문이었다. 또 균수법이 시행에 들어가자 중앙의 구매담당부서인 발운사아문(發運司衙門)은 시장을 독점하는 최대 국영기업으로 변질되었다. 물론 정부가 직접 장사를 했기 때문에 부정부패의 온상이 될 수밖에 없었다.

이런 점에서 볼 때 상거래와 무역은 민간에게 맡겨 두어야 한다고 주장하는 수구파 범중엄(范仲淹, 989~1052), 구양수(歐陽脩, 1007~1072), 소동파(蘇東坡, 1036~1101)의 주장이 옳았다. 정부의 상거래 개입은 결국 나라와 백성 모두를 망치게 하였다. 왕안석의 변법이 추진된 후 북송이 멸망하기까지는 불과 50~60년도 걸리지 않았다.[7]

중국 당나라 유안(劉晏, ?~780)이 민정과 재정을 담당하는 관리로 있을 때 정부에서 소금을 전매하는 제도를 없애버렸다. 관리들은 대개 백성들을 착취하는 경향이 있으므로 소금이 나는 고장에서 소금을 관리하는 염관을 없애고 백성들이 만든 소금을 직접 상인들에게 팔아 상인들이 소금을 가지고 각지로 다니며 마음대로 팔게 했다.[8]

한 마디로 말해 친시장정책의 지혜를 활용하였다. 조선의 실학자 유형원(柳馨遠, 1622~1673)은 『반계수록(磻溪隨錄)』에서 "백성들로 하여금 요행으로 돈을 얻어 쓰게 함이 나라의 복이 될 수 없다"고 주장한 유안(劉晏)의 견해를 전한다. 또 유형원은 당시 조선에서 시행하던 환상제(還上制)를 폐지하고 서울과 지방에 관주도의 상평창(常平倉)과 개인 주도의 사창(社倉)을 각각 설치하여 곡식을 매매하도록 권하였다.[9] 즉 곡식이 천하여 값이 헐한 때에는 그 값을 올려서 사들이고 곡식이 귀하여 값이 비쌀 때에는 그 값을 헐하게 내팔 수 있는 시장을 만듦으로써 곡가를 안정시켜 곡식이 천해도 농민을 해치지 않게 하고, 곡식이 귀해도 다른 백성을 해치지 않게 하려는 생각에서였다.[10]

그런 측면에서 유안이나 유형원의 주장은 부채가 늘어만 가는 공공기관이나 공영을 내세우는 민영방송 미디어매체나 공교육에서 진전을 보지 못하는 교육기관이나 영리의료법인의 도입을 반대하는 병 · 의

원에게 소중한 지혜가 될 것이다.

정부 계획의 반작용

하이에크(Friedrich August von Hayek, 1899-1992)는 『노예의 길(1944)』에서 국가가 특정 목적을 달성하기 위해 국민 개인의 행위를 지시하려고 더 많이 계획하면 할수록 개인은 계획을 수립하기가 점점 더 어려워져 결국 국민들로 하여금 아무런 선택의 여지를 남겨두지 못하는 수동적인 인간들로 만들어 버릴 것을 우려하였다. 노자(老子)는 법이나 명령이 요란할수록 오히려 도둑이 더욱 많아진다고 하였다. 그는 『도덕경』에서 "사람을 다스리기 어려운 것은 지도자가 아는 것이 많기 때문이다. 그러므로 아는 것으로 나라를 다스리면 나라에 해가 되고 앎이 없이 다스리는 것은 나라에 복이 된다(民之難治, 以其智多, 故以智治國 國之賊, 不以智治國, 國之福)"고 하였다. 또 "백성을 다스리기 어려운 것은 윗사람이 뭔가를 한다고 하기 때문(民之難治, 以其上之止有爲)"이라고 하였다.[11]

세종시 건설이나 4대강 정비사업 등 자생적인 사업이 아닌 정부의 의도적인 계획 하에서 이루어지는 사업에 눈길이 가는 이유는 결국 위정자가 성을 쌓는다든지, 제도를 개혁한다든지 따위의 인위적 방법을 쓰면 나라가 다스려지기 어려워지기 때문이다. (2010. 1. 7)

배출권거래제 도입 논의, 충분한가

▌이선화(한국경제연구원 부연구위원)

저탄소녹색성장기본법(일명 녹색법) 및 관련 내통령령의 제정으로 저탄소 사회와 친환경 성장에 대한 기본방향과 중기적 온실가스 감축목표가 확정되었다. 이에 따라 저탄소 녹색성장을 달성할 구체적 시행방안에 대한 논의도 탄력을 받고 있다. 배출권거래제(ETS)의 경우 '녹색법'에서 '총량제한 배출권 거래제 등의 도입' 가능성이 구체적으로 언급되면서 가장 주목받는 정책수단으로 대두하였다.

이미 시행 6년차에 접어든 EU를 비롯하여 미국 · 일본 · 호주 등 주요 선진국이 ETS의 법제화를 추진하고 있다. 이러한 추세에 맞추어 정부에서는 배출권거래 관련 법률을 입안 중이며, 정부의 유관 기관 및 관련업체들이 모의거래 및 시범사업을 진행하면서 이 제도의 도입은 기정사실로 여겨지고 있다. 그러나 온실가스 감축 아젠다가 경제 전반에 가져올 파급효과에 비해 그 감축수단의 효과와 효율성 논의는 충분했는가에 대해 의문을 제기하지 않을 수 없다.

배출권거래제가 온실가스 감축의 주요 수단으로 떠오른 배경에는 교토의정서의 채택이 있다. 교토의정서는 온실가스에 대한 의무감축목표를 설정하고 이를 실현하기 위한 방안으로 이른바 '교토메커니즘'으로도 불리는 '유연메커니즘(Flexibility Mechanism)'의 도입을 채택하였다. EU에서 시행 중인 현 제도는 바로 이러한 총량목표 하에서 배출권 거래를 통한 감축목표의 달성, 제3국이나 의무감축 지역 내 온실가스 감축사업을 통한 크레디트(CERs, ERUs)의 인정을 내용으로 하는 교토메커니즘을 구체화한 것이라 할 수 있다.

교토메커니즘은 개별적 통제방식에서 벗어나 배출권 가격을 통해 개별 기업이 온실가스 감축의 인센티브를 내재화하게 된다는 의미에서 시장친화적 정책수단으로 분류되었다. 그러나 이를 시장메커니즘이라고 부르는 것은 일면의 진실만을 담고 있을 뿐이다. 할당량이 주어졌을 때 개별 기업이 시장의 원리에 따라 최선의 감축수단을 선택하게 된다는 배출권거래제의 원리에는 이견의 여지가 없다. 그러나 공급 자체가 시장원리에 의해 결정되는 여타 자원의 할당원리와 달리 배출권거래제에서는 초기 할당량(AAU)이든 공동사업을 통한 크레딧(ERU, CER)이든 공급량 자체가 정책적으로 결정된다. 즉 배출권거래제의 설계에서 가장 중요한 단계는 총량설정의 단계인데, 이는 고도의 정치적 협상과정을 수반한다. 온실가스 감축수단으로서 배출권거래제의 매력은 온실가스 감축에 대한 금전적 유인 제공에 있지만 그 금전적 유인은 동시에 개별 경제주체가 총량 및 할당방식에 동의하기 어렵게 하는 원인을 제공하기도 한다. 실제로 지난해 EU ETS 2기의 국가 할당량을 둘러싼 동유럽 국가 간의 법적 반발과 이들 국가에 대한 EU집행위의 패소는 EU ETS의 앞길이 순탄치 않을 것임을 짐작케 한다. 보다 심각한 문제는 이것이 설계상의 결함이라기보다는 배출권거래제가 안고 있는 태생적 한계라는 점이다.

배출권거래제가 안고 있는 두 번째의 근본적 문제점으로는 총량설정의 경직성에서 비롯되는 가격 변동성을 들 수 있다. 배출권 총량의 비탄력성은 수요의 변동에 따라 급격한 가격 상승 또는 가격 붕괴로 이어지게 된다. 다시 한 번 EU의 경험을 예로 들자면 EU ETS 2기의 배출권 가격은 거래기 초반 25유로에서 경제위기로 인한 수요 감소와 함께 급속히 하락하여 현재는 15유로를 오르내리고 있다. 이는 배출권 총량이 훨씬 많았던 1기의 초반의 가격을 크게 밑도는 수치이다. 수요 변동에 따른 배출권 가격의 지나친 변동성은 친환경 투자에 대한 불확실성을 높여 기업의 투자결정을 어렵게 한다. 이 역시 적절한 가격 시그널을 통한 온실가스 저감투자의 유도와 같은 배출권거래제의 기본 취지를 무색케 하는 결과이다. 이 밖에도 초기 할당방식과 관련된 이슈들 역시 거래제 참가자들의 전략적 행동에 따른 제도 왜곡의 가능성을 제기한다.

혹자는 1992년 UN의 기후변화협약 이후 교토의정서의 채택에 이르는 기간에 이 모든 문제점들이 이론적으로 충분히 논의되었고 교토의정서의 채택은 그러한 논의의 결과 채택된 최선의 정책이라고 반박할 수도 있겠다. 필자의 이론적 불신을 해소시키는 결론은 아니었지만, 교토메커니즘이 도입되고 EU에서 배출권거래제가 시행되기까지 많은 갑론을박이 오갔음은 분명하다. 그러나 적어도 우리나라에서 이 제도를 시행하는 주된 근거가 '주요 선진국'에서 시행되고 있기 때문이어서는 안 된다. EU의 경우 여러 가지 정책수단이 시험대에 올랐으며 교토의정서 의무감축목표 이행비용이 직접 규제 시의 67억 유로에 비해 절반가량으로 줄어든다는 연구결과물도 제시하였다. 이에 비해 우리의 배출권거래제 논의는 심도 깊은 논의보다는 '대세'에 기대고 있다는 인상을 지우기 어렵다. 특히 우리나라의 경우 앞서 제기한 배출권거래제 자체의 이론적 문제점 이외에도 탄소의 최대 배출원인 전력시장에 대한 가격규제라는 구조적 핸디캡마저 안고 있는 실정이다.

무엇이 최선의 정책인지를 선언하기 이전에 배출권거래제의 이론적 문제점과 더불어 한국에서의 구체적 시행조건에 대한 논의가 선행되어야 할 것이다. 어떠한 정책수단을 막론하고 이는 제도의 성공적 안착을 위한 필요조건이다. (2010. 6. 17)

진보 교육감들의 우려되는 월권행위

▌ 김정래(부산교대 교수, 교육학)

올해 지방선거는 기존의 광역단체장과 기초단체장괴 지방의회 의원을 비롯하여 전국 16개 교육감을 선출하는 대규모 선거였다. 또 '교육의원'이라는 일반 유권자에게 생소한 교육선출직을 뽑기도 하였다. 선거결과는 집권당의 참패였다. 이와 함께 6명의 친전교조 성향의 이른바 '진보교육감'이 당선되어 세간의 관심을 끌고 있다. 그런데 이들이 우파 후보들의 분열로 과반수에 못 미치는 지지율로 당선되었다는 점에 대해 우려가 크다. 그러나 정작 일반 유권자와 학부모들이 우려하는 것은 그들이 내건 공약의 이념적 편향성과 그 실현 가능성 때문이다. 그 대표적인 예가 초 · 중등학교의 무상급식 공약이다.

물론 무상급식 공약은 비단 진보교육감 후보들이 아니라 야당의 핵심공약 중의 하나였다. 유권자에게 적지 않은 '유혹'으로 작용한 무상급식 공약이 야당의 압도적 승리의 주요인이었다. 야권의 광역자치단체장과 기초자치단체장 후보들은 물론이고 교육의원과 광역의원 후보, 심지어 기초의회 의원 후보들이 일제히 무상급식을 공약으로 내걸었으니 말이다. 필자를 포함하여 많은 식자들이 무상급식의 폐해와 위험성을 지적하고 이미 경고한 바 있다.[12]

이를 간단히 다시 정리하면 다음과 같다.

첫째, 비용의 문제이다. 좌파 교육감들은 무상급식 예산 확보에 문제가 없다고 하지만, 한정된 예산에서 이를 확보하다 보면 정작 사용해야 할 교육재정이 열악해진다. 서울교육감이 당장 초등학교 무상급식 하는 데만 3,900억 원 정도가 더 소요된다. 이를 전국적으로 확대하여 보면 초·중등학생 전원에게 무상급식을 할 경우 약 3조 원이 더 필요하다. 이 예산이면 매년 신규 교사 7만 명을 추가로 채용할 수 있는 돈이다.

둘째, 효율성의 문제이다. 아이들의 기호와 성향에 관계없이 공짜 점심을 준다는 것은 급식 효율성 자체를 떨어뜨린다. 범죄적 낭비(criminal waste)라는 비판을 면할 수 없다.

셋째, 사회정의에 역행한다. 비유컨대 승용차나 택시를 탈 여유가 있거나 타야 할 사람들에게 이를 타지 못하게 하고서 강제로 지하철을 타게 하면서 그 비용은 지하철 탈 필요가 없는 이들에게 전부 전담케 하는 것과 같은 것이다.

넷째, 무상에 따른 급식 관리를 국가가 한다고 하면서 정부부문이 비대해진다. 구체적으로 급식 관리경비의 증가와 함께 무상급식 관리를 위한 정부부문의 비대화가 우려된다. 특히 급식관리 부분은 회계상 급식항목이 아닌 다른 항목에서 비용이 증가하는 등 숨겨진 상태에서 비대화된다.

다섯째, 세부담의 가중이다. 다른 복지정책과 마찬가지로 무상급식 정책이 종국에 가서 그르다는 것을 알게 되어도 이를 철회하기 쉽지 않다는 점이다.

문제는 일반인들에게 적지 않은 유혹으로 다가온 무상급식과 같은 교육정책이 지나치게 좌편향되어 있고 현실성이 떨어진다는 점이다.

이는 서울교육감 당선자가 구성한 취임준비위원회가 발표한 내용에서 확인할 수 있다. 준비위는 친환경 무상급식을 2011년 초등학교를 시작으로 2012년 초·중학교, 2013년 초·중·고 전체로 확대한다는 의견을 내놨다. 또 보도에 따르면 준비위는 친환경 무상급식 예산을 2011년 2,295억여 원, 2012년 3,790억여 원, 2013년 5,236억여 원으로 추정하고 "서울 25개 구청장 중 21명이 무상급식 공약을 내걸었고 시의원의 69.3%, 교육의원 62.5%도 무상급식에 찬성하므로 (예산 조달이) 충분히 가능하다"고 설명했다고 한다. 무상급식의 폐해와 실현가능성에 의문이 제기되는 가운데 친환경급식을 한다는 것이다. 얼핏 들으면 좋은 정책으로 비쳐지는 친환경급식은 그 현실싱과 숨은 의도에 의구심을 품지 않을 수 없다. 친환경을 내세우며 모든 급식자재를 유기농으로 해야 한다든가 급식에 사용하는 쇠고기를 국산 한우로 해야 한다는 주장이 나올 것이 우려된다. 우리나라에 현재 유통되는 한우의 비율이 얼마인가를 살펴보기만 해도 친환경급식 주장은 반미 선동의 빌미를 제공하는 또 다른 단초가 될 수 있다.

좌파 교육감들이 추진하는 무상급식 정책이 좌경화되는 것은 이미 감지된 바 있다. 2006년 열린우리당이 주도하여 직영급식을 모든 학교에서 의무화하도록 개정한 학교급식법은 사실 무상급식 전초전이라고 할 수 있다. 무상급식 못지않게 직영급식이 안고 있는 폐해도 크다. 이번 지방선거 이전부터 필자가 지적한 폐해는 상론하지 않겠다.[13]

필자는 직영급식의 단계에서 무상급식으로 전환된 상황에서 다음 단계에서 '공교육'이니 '평등교육'이라는 명분을 내세우면서 여타의 경제수단을 국유화할 것을 예측하면서 우려한 바 있다. 예를 들면 직영의무화를 전제로 무상급식을 한 다음 단계로 교통비와 학용품비 같은 교육재화와 서비스를 무상으로 하는 전략이 나올 것을 우려한 바 있다.

경제수단의 국유화 우려는 그대로 현실로 나타났다. 서울교육감은 내년부터 교육청 예산 475억 원을 들여 1인당 한 해 5만 원씩 서울 초·중학생 학습준비물 비용을 지원한다는 것이다.[14]

표면적으로 보면 매력적이지만, 이상향을 지향하는 장밋빛 청사진에 불과한 이 정책은 정의 측면에 어긋나고 효율성과 현실성 측면에서 문제가 있다. 무상의 수혜를 받을 필요가 없는 이들에게 강제하는 전체주의 정책으로 흐를 수 있음을 간과해선 안 된다. 또 효율적으로 사용할 수 있는 교육재정을 포퓰리즘에 몽땅 쓸어 넣는 우(愚)를 범하는 것이다. 한 마디로 '무상교육' 이념에 매몰되어 종착점이 어디인지 모르고 달리는 격이다.

이와 같이 경제수단의 국유화를 꾀하는 교육감들의 정책은 보다 면밀하게 검증되어야 한다. 첫째, 이들 정책이 우리 헌법의 자유민주주의적 가치에 합당한가를 따져 보아야 한다. 둘째, 교육감의 이러한 정책은 행정 체계상 월권이다. 교육감은 엄연히 지방자치기구 중의 일부이다. 따라서 교육감의 정책이 국가정책의 대강이나 중앙정부의 정책에 크게 위배되어서는 안 된다. 셋째, 이들 정책이 전제하는 노선을 면밀하게 검증하여야 한다. '공교육'을 내세우는 과도한 공(公)개념은 교육에서의 사적 가치의 중요성을 크게 훼손한다. 교육을 통하여 획득하는 가치는 물론이고 교육을 받는 근원적인 동기가 사적(私的)인 것임을 지나치게 왜곡하고 폄하하는 사고체계에 대한 근본적인 검토와 반성이 있어야 한다. 어떤 경우에도 공적 가치는 사적 가치를 보호하는 데서 그 정당성이 있는 것이다. 사적 가치를 희생하고 공적인 것을 내세우는 것은 말 그대로 전체주의로 가는 길이다. (2010. 7. 2)

친서민정책과 포퓰리즘

▋ 김인영(한림대 정치행정학과 교수)

　최근 이명박 대통령이 친(親)서민정책을 부쩍 강조하고 있다. 친서민 정책을 강조하면서 동시에 대기업의 사회적 책임도 거론하고 있다. 대기업의 사회적 책임을 강조하는 것을 넘어 듣기에 따라서는 '대기업 때리기'로 볼 수 있는 발언을 하기도 했다. 이 대통령이 7월 22일 '포스코 미소금융' 지점을 방문한 자리에서 대기업 캐피탈 회사의 대출 이자율이 연 40% 정도로 높은 것을 거론하며 다른 사설 대부업체의 이자율과 별반 차이가 없다고 말한 것이 발단이 되었다. 대기업 금융기관들이 '고리(高利) 대출'을 하고 있다고 생각하게 된 것이고, 이를 두고 대통령은 "사회 정의(正義)상 맞지 않는다", "이렇게 이자를 많이 받으면 나는 나쁘다고 본다"라고까지 언급한 것으로 언론은 전하고 있다.

　하지만 대통령의 실제 속내는 지극히 정치적인 것으로 파악된다. 이명박 대통령은 6 · 2 지방선거에서 유권자들이 정부와 한나라당에 등을 돌린 이유가 이명박 정부를 국민들이 '부자 정권' 내지는 '불통 정권'으로 보고 있기 때문이고 선거 패배의 원인을 거기서 찾고 있다. 그래서 이번 친서민정책과 '대기업 때리기'는 MB정권에 대한 친기업 인식을 변화시키고, 야당으로부터 친서민정책 이슈를 빼앗아 하반기

국정을 원활하게 운영하려는 정치적 의도를 가지고 있다고 분석할 수 있다. 이미 6 · 2 지방선거 패배 이후 대통령은 '중도실용'에 '친서민'을 보태어 '친서민 중도실용'을 집권 하반기 국정운영 지침으로 삼았으며, 청와대 보좌진 개편도 '중도성향'과 '서민정책'이라는 원칙에 따라 이루어졌다.

그런데 의문이 가는 것이 하나 있다. 친서민정책에서 '서민'은 누구를 지칭하는 것인가? 그리고 친서민정책의 구체적인 내용은 무엇인가이다. 대기업은 서민 사업인 두부제조업은 하지 말 것이며, SSM(기업형 슈퍼마켓)도 해서는 안 된다는 식이라면 식품산업에 종사하는 대기업 직원들과 SSM을 관리하는 직원들은 직장이 없어져도 되는 상류층이라는 말인가?

계급론적 시각에서 보면 계급을 부르주아(bourgeoise) 자산가 계급, 프롤레타리아(proletariat) 무산자 노동자 계급으로 나눈다. 계층론의 관점에서는 계층을 상류층(upper class), 중류층(middle class), 하층(lower class), 최하층(underclass)으로 나눈다. 그러면 '서민(庶民)'은 계급론적으로 프롤레타리아인가? 계층론적으로는 중류층인가, 하층인가? '서민'은 개념적 정의가 지극히 자의적이며 불분명한 용어이다. 달리 말하면 코에 걸면 코걸이, 귀에 걸면 귀걸이식의 정치적 용어라는 말이다.

한글 사전에서 서민은 '아무 벼슬이 없는 평민' 내지는 '일반 백성'을 의미하며, 반대어로는 '부유층', '귀족', '특권층'을 들고 있다. 영어로는 'the common people' 또는 'the masses'로서 중산층과 노동계층을 포함하는 포괄적이고 광범위해서 모호하게 된 개념이다. 서민계층이 누구인지 불분명하니 정치적으로 쉽게 이용될 수 있는 용어이기도 하다. 예를 들어 서민을 중산층으로 이해하면 서민정책은 중산층 정책이 되고, 노동계층으로 이해하면 노동 정책이 된다.

하지만 서민이 '대중(masses)'을 의미한다면 친서민정책은 대중을 위한 정책으로 포퓰리즘(populism) 정책이 되게 된다. 문제는 '서민'이라는 용어가 듣기에는 좋지만 사회를 '서민(대중)-귀족'의 이분법으로 분할하여 대립관계로 사회의 갈등을 부추길 가능성이 있다는 것이다. 사회통합을 위하여 친서민정책을 채택하면서 도리어 사회 갈등을 초래할 소지가 있다는 의미이다.

이명박 대통령은 집권 후반기에 '친서민정책'을 기치로 하여 대중을 기반으로 한 포퓰리즘에 기대어 정치를 해보겠다는 의미로 해석된다. 이렇게 이해되는 근거는 집권 여당인 한나라당 서민정책특위 위원장인 홍준표 최고위원이 "서민경제 안정과 정권 새창출을 위해 우파도 '보수 포퓰리즘'을 해야 한다"고 주장한 적이 있으며 "'서민정책'을 보수의 브랜드로 만들겠다"고 기자들에게 공표한 것에서도 드러난다. 더 나아가 서병수 한나라당 최고위원은 최근 "중소기업을 살리기 위해 정부가 대기업 등에 간섭하는 것도 필요하다"고 주장하며 정부의 적극 개입을 정당화하였다.

이렇듯 이명박 정부가 추진하고 있는 친서민정책이 포퓰리즘임을 한나라당이 부인하지도 않고, 또 그러한 방향으로의 정부 정책 변화를 요구하고 있는 것에서 문제는 상당히 심각해진다. 더욱이 7·28 재보선에서 '친서민정책'으로 야당의 '정권 심판론'에 승리하였기 때문에 '친서민정책'은 더 강화될 것이다. 하지만 '친서민정책'이 포퓰리즘으로 전환된다면 다음과 같은 적지 않은 문제가 발생할 수 있음을 지적하고자 한다.

첫째, 이명박 대통령과 한나라당은 노무현 정부의 정책들을 포퓰리즘으로 비판하여 집권을 한 정당인데 집권 후반기에 자신이 그 길로 들어선다면 자기모순에 빠지게 되는 형국이 된다. 만일 자기모순이 아니라 정책적 변화라고 강변한다면 그 정책은 정당성 결여로 성공하기 힘들게 된다. 예를 들어 노무현 대통령 시절 세간의 비판의 핵심은 "노대통령이 좌회전 깜빡이를 켜고 우회전한다"라는 것이었다. 보수·진보, 좌·우 모두에게 환영받지 못했고 정책적 혼선 때문에 지지도는 바닥을 치게 되었다. 정책 이데올로기 변화를 시도하는 이명박 정권이 노무현 정권에게서 배워야 할 교훈일 것이다.

둘째, 이명박 정부의 친서민정책은 집권 후반기 정치적 위기를 돌파하기 위한 포퓰리즘 정책이기 때문에 상황에 따라 매번 흔들릴 것이고 결국은 상반된 결과를 초래할 가능성이 높다. 예를 들어 노무현 정부 시절 혁신도시 건설로 지방경제를 살려 서민을 위하는 정책을 폈으나 부동산가격 상승으로 도리어 투기세력을 위한 정책이 되어 본래의 정책 의도와는 정반대의 결과를 초래하였다. 또 노무현 정부에서 만든 DTI(소득수준에 따른 대출규제제도), LTV(주택담보인정비율), 토지거래허가제도 등은 서민들이 은행대출을 받아 부동산을 장만하는 길까지 막아버려 외면당했고, 결국은 정권교체의 원인이 되었다. 이렇듯 친서민(庶民)정책이 친부자(富者)정책이 되어버리는 반대의 결과를 초래한 이유는 예측도 없이 서민 비위만 맞추는 포퓰리즘 정책으로 즉흥적으로 급조되었기 때문이다. 이명박 정부의 '친서민정책'이 노무현 정부의 실수를 되풀이하지 않으리라는 법은 없다.

셋째, 포퓰리즘은 대개 집권과 권력유지를 위해 사용되는데 그 과정에서 대기업과 부유층을 비난의 표적으로 희생양 삼아 사회불안과 균열을 초래하게 된다. 역사적인 경험에서 보듯이 포퓰리즘의 결과는 아르헨티나의 페론주의(Peronism)처럼 사회의 극심한 분열과 투자 감소, 궁극적으로는 무분별한 복지혜택 부담 증가를 통해 국가부도로 이어지는 처참한 국가 쇠락임을 기억해야 한다.

넷째, 이명박 정부가 이제까지의 서민정책이 무늬만 '서민'이었으므로 진짜 서민정책을 쓰겠다는 것인데, 이러한 포퓰리즘 정책은 결국 그리스 등 남유럽 국가들의 경제위기를 자초한 재정지출의 확대를 초래할 수 있으며 장기적으로 재정 건전성을 해치게 될 가능성이 높다. 가정경제에서도 수입 없이 빚내어 돈을 쓰다보면 결과는 파산이다.

다섯째, 앞으로 더욱 우려되는 사안은 정당화된 정부의 경제에 대한 개입 확대이다. 예를 들어 친서민정책의 하나로 서민가계 학생의 학자금을 공짜로 하겠다는 한나라당의 정책제안은 공짜 급식으로 재미를 본 '민주당 따라하기'라는 비난을 받아야 함과 동시에 정부가 교육에 지나치게 깊게 개입하여 교육을 그르치게 될 가능성이 높다. 또 정부가 미소금융의 이자율을 강제로 내리라는 것은 대출손실이 생길 경우 대기업이 보충하라는 지시인 동시에 시대에 뒤떨어진 정부 규제일 뿐이다. 또 은행은 앞으로 은행 순이익의 일정부분을 강제로 떼어 서민금융 부문에서의 손실을 보충해야 할 것으로 보이는데, 정부가 대기업과 은행의 영업이익을 강제로 서민층 빚 메우기에 쓰도록 하겠다는 인위적인 경제 개입으로 보인다. 경제논리에도 맞지 않고 시대에도 뒤떨어진 관치경제의 도래를 보게 될 것 같아서 씁쓸하다.

대기업이 사회적 책임의 하나로 해야 할 일은 고용창출과 투자 활성화 이외에도 중소기업과 자발적 상생 등 적지 않다. 대기업의 적극적인 서민정책은 사회 안정에도 필요하다. 이명박 대통령과 한나라당이 진정으로 서민을 위한다면 해야 할 일은 '대기업 때리기'가 아니라 대기업의 자발적 동참을 위한 '인정'과 '칭찬'이다. 사실 한국의 현실에서 대기업은 정말 만능이어야 한다. 해외에서는 글로벌시장의 경쟁도 거뜬히 이겨내야 하고, 국내에서는 윤리경영을 하고 일자리를 창출하고 은행보다 저금리로 서민대출도 해주어야 하며, 사회적 기업도 만들어 소외계층도 보듬어 주고, 사회봉사 차원에서 성금도 크게 쏘아야 하며, 선거철에는 고용창출도 기대에 어긋나지 않고 잘해야 한다. 아니면 '대기업 때리기'가 이어진다. '대기업 배싱(bashing)'은 포퓰리즘에 의한 복지정책을 정당화하기 위한 희생양을 만들어 비난하기 위함 때문이다. 하지만 수출로 경제회복을 위해 헌신한 것은 외면하고, 경영 이외의 사안으로 비난하고 몰아치고 강제한다면 과거의 경험에서 보듯이 결과적으로 나아질 것은 없다. "칭찬은 코끼리도 춤추게 한다"고 하지 않는가. 즉, 정부가 친서민정책의 일환으로 고용 확대를 원한다면 대기업의 고용창출 노력을 인정하고 투자환경을 조성해 주는 것이 정답이다. 좋은 일자리 창출은 세상이 다 알 만큼 어렵기 때문이다.

지난 노무현 정부는 각종 위원회를 만들고 정부부처를 키우고 공무원 숫자를 늘려 고용창출에 매진했었다. 그에 따라 전국에 공무원시험 광풍이 일었고 그 시험에 좌절한 사람들이 노무현 정권을 비판하기도 했다. 이명박 정부의 친서민정책이라고 할 수 있는 공공 근로사업이 서민들에게조차 비난을 받는 이유는 낭비성 예산사용 때문이다. 좋은 일자리를 창출하는 것이 아니라 단순한 작업이 반복되는 일자리의 창출이 정부가 할일인가라는 비판 때문이다.

제대로 된 일자리 창출은 기업의 준비된 투자에 의해서만 가능하다. 투자는 민간기업에 맡기고 정부는 지원해야만 좋은 일자리가 만들어진다. 기업의 입장에서 본다면 시장전망이 불확실하고 성공의 가능성이 없는데 정부 권유에 따라 투자했다가 실패하면 그 책임은 누가 지는가? 청와대가 책임져 주는 시대도 아니고 그럴 수도 없는 시장경제 시스템이 아닌가? 투자환경이 조성되고 투자성공을 약속할 수 있어야 기업이 적극적으로 투자에 나설 것임을 알아야 한다. 투자와 고용창출 모두 기업에 맡기고 정부는 외곽에서 지원할 때 제대로 된 성과가 도출될 수 있음을 정부는 명심해야 한다.

한나라당을 포함한 정치권 역시 '친서민정책'에 근거하여 복지공약을 남발하고 대기업을 다그쳐 정권을 유지하고 그것을 민주주의라고 포장한다면 그것은 포퓰리즘과 다를 바 없다. 포퓰리즘 역시 선거에 근거한 민주주의이기는 하다. 하지만 그러한 민주주의는 민중(民衆)을 위한다는 미명하에 엘리트 독재 내지는 대중의 요구에 모든 것이 좌우되는 민중주의로 쉽게 변화된다. 포퓰리즘은 모든 것이 민중의 요구에 좌우되기 때문에 대의민주주의는 왜곡되고 정치적 다양성은 허용되지 않으며, 경제적 자유가 억압되기 때문에 경제적으로 실패의 길로 들어서게 됨을 역사는 충분히 증명하고 있다. 한나라당과 청와대의 친서민 행보가 포퓰리즘으로 변화하여 정부 만능의 권위주의로 다시 복귀하게 될 것을 경계해야 한다. (2010. 8. 4)

경제성장의 실패는 제도의 실패다

▌**김승욱**(중앙대 경제학부 교수)

　　인간의 감정은 믿을 만하지 못하다. 개인이나 사회나 상황에 따라 감정에 이끌려서 잘못된 의사결정을 하면 후에 대가를 치르는 경우가 많다. 인간 이성도 부족하기는 마찬가지이다. 한치 앞도 내다 볼 수 없는 인간의 짧은 지혜로는 거대한 사회적 현상을 미리 알 수도 없고, 그래서 정부 계획에도 한계가 있다. 그래서 상황에 따라 인위적인 정책을 실시하는 것보다, 효율적인 제도 세우기에 초점을 맞추어야 한다. 그런데 최근에 우리나라에서 정부가 이보다는 여론에 따라 일관성 없는 정책을 펴고 있는데, 이는 장기적으로 볼 때 바람직하지 못하다. 이 글에서는 경제성장과 실패의 원인이 제도에 있음을 다시 한 번 강조하고, 최근 한국경제 운용에 대한 시사점을 찾고자 한다.

　　그동안 주류경제학에서는 제도는 불변이라는 가정 하에 경제현상을 시간과 공간을 초월해서 항상 성립되는 물리영역처럼 연구했다. 그러나 노벨상 수상자인 더글러스 노스(D. North)는 주류경제학에는 시간과 제도가 빠져 있다고 비판하면서 역사와 제도를 강조했다. 그리고 제도는 경제활동의 유인체계를 결정하는 게임법칙이며, 따라서 장기 경제성장의 근본요인이라고 주장했다. 노스에 의하면 과거 유럽의 기적은 역사상 최초로 효율적인 제도 창출에 성공했기 때문이다. 통치자의 인위적인 판단에 의지했던 나라들은 낙오되고, 효율적인 제도들을 창출했던 네덜란드와 영국 등에 의해서 서구의 발전이 주도되었다. 월러스타인(I. Wallerstein)은 역사상 패권국은 17세기의 네덜란드, 19세기의 영국, 20세기의 미국 밖에 없었다고 했는데, 이들 패권국들의 이름에 모두 '연합(united)' 이라는 단어가 들어가는 것이 흥미롭다.

지난 20년 동안 경제학계에도 제도 연구가 붐을 이루고 있다. 이는 소위 신제도주의 경제학 연구자들이 노벨상을 많이 받고 있는 것을 통해서도 알 수 있다. 이 분야의 연구자 중에 1970년대에는 하이에크(1974)와 허버트 사이먼(1978), 1980년대에는 조지 스티글러(1982)와 제임스 부케넌(1986) 등에게만 노벨상이 돌아갔다. 그런데 1990년대에는 로널드 코즈(1991), 게리 베커(1992), 더글러스 노스(1993) 등 10년 동안 5회의 노벨상이 이 분야 연구자들에게 돌아갔다. 그리고 2000년대에 들어서도 이 분야에서 에컬로프(2001), 커너먼(2002), 오먼(2005), 후르비치(2007), 윌리엄슨(2009), 오스트롬(2009) 등이 노벨상을 수상했다.

오늘날 가난의 원인도 역시 제도 실패 때문이라는 지적이 많다. 시장경제제도를 수용하지 않은 나라들이 가난하다. 그런데 시장경제를 채택한다고 해서 저절로 잘 살게 되는 것도 아니다. 효율적인 제도를 창출한다는 것은 어려운 과정이다. 최근에 타임지가 20세기를 대표하는 남미 최고의 경제학자로 선정한 페루 출신의 경제학자 에르난도 데소토(Hernando de Soto)는 『자본의 미스터리(The Mystery of Capital) : 왜 자본주의는 서구에서만 성공했는가』를 통해서 오늘날 빈국의 문제는 제도 실패라고 주장했다. 그는 이 책에서 제3세계 빈국들이 자본주의의 혜택을 누리지 못하는 원인으로 자본 부족을 말하지만 이는 사실과 다르다고 주장했다.

제3세계 국가들이 가지고 있는 자산의 규모가 작지 않다. 약 100명으로 구성된 소토 연구팀은 5년 동안 필리핀 · 이집트 · 아이티 · 페루 등 4개국에서 가난한 사람들이 보유한 자산의 규모가 어느 정도인지 조사했다. 사실 가난한 나라들도 국토 위에 집을 짓고, 공장을 세워 많은 자산들을 보유하고 있다. 그런데 문제는 이들 자산의 약 80%가 불법자산이라는 사실이다. 제3세계와 과거 사회주의 국가들에서 가난한 사람들이 보유한 불법 자산의 규모를 추정한 결과, 최소한 9조 3,000억 달러에 이르는 것으로 나타났다. 이 금액은 미국 유통 화폐의 약 2배이며, 세계 20대 선진국의 증권거래소에 등록된 모든 회사 자산 총액과 맞먹는다. 그리고 1989년 이후 10년 동안 제3세계에 유입된 해외직접투자 총액의 20배를 넘고, 지난 30년 동안 세계은행이 대출한 모든 대출금의 46배, 그리고 그 기간 동안 선진국의 원조 총액의 93배에 달하는 엄청난 규모라고 한다.

그런데 중요한 점은 왜 그토록 막대한 자산을 보유하고도 유동자본으로 전환시키지 못하는가 하는 것이다. 이들 연구진의 결론은 축적된 자산에서 자본으로 전환시킬 수 있는 명시화 과정이 없기 때문이라는 것이었다. 즉, 재산권 제도가 확립되지 못하기 때문이라고 결론을 내렸다.

그렇다면 제3세계 국가들이 선진국의 제도를 모방해서 재산권 제도를 도입하면 될 것이 아닌가? 왜 그것이 그렇게 어려운가? 데 소토는 이것이 바로 "자본의 미스터리"라고 했다. 이들이 발견한 것은 이렇게 재산권 제도가 확립되지 못한 이유가 부정부패 때문이라는 것이었다. 데 소토 팀이 실제로 관찰한 바에 의하면 필리핀에서는 개인 소유의 집을 지으려면 168단계의 절차가 필요하고, 공공기관을 53군데 거쳐야 했다. 그리고 이집트에서는 농지에 지은 주택을 뇌물을 주지 않고 정상적인 절차를 통해서 등록하는 데는 6~11년이 걸렸다. 그래서 이 집트에서는 470만 명이 불법 주택에 거주하고 있었다. 윌리엄 번스타인(William Bernstein)의 『부의 탄생(The Birth of Plenty)』에는 페루의 라마에서는 집을 한 채 구매하는데 심지어 728가지 절차가 필요하다고 밝히고 있다. 이러한 제도 실패로 인해서 많은 자산이 자본으로 유동화하지 못하고, 그 결과로 공장 등 산업시설을 세울 수 있는 자본이 부족해서 해외자본에 의존하고, 결국 이익이 발생해도 이자로 지급하고 계속 빈곤이 반복되고 있다는 것이다.

돌이켜 보면 우리나라도 조선 후기에 극심한 부정부패로 나라를 잃은 아픈 기억이 있다. 그리고 해방 이후 이승만 정부 시절에도 부정부패가 만연해 있었다. 대만의 장개석 정부도 우월한 입장에 있었음에도 불구하고 부정부패로 인해 모택동에게 나라를 내어 주었다. 그런데 우리나라나 대만은 이 뼈아픈 과거를 반성하고, 부정부패를 뿌리 뽑겠다는 강력한 정부의 의지가 있었기 때문에 경제성장이 가능했다. 거기다가 압축 성장과정에서 각종 효율적인 제도를 도입하고 모방하고 우리에 맞게 만들어내는 데에 성공했다. 정부 실패를 최소화하고, 경쟁에서 우수성이 인정된 기업에게 합당한 보상을 해주어 차별화라고 하는 시장경제의 기본적인 원칙에 충실했기 때문에 성공할 수 있었다.

그런데 최근 한국 사회는 이러한 성공 원인에 대해서 망각하고 있는 것 같다. 지난 총선 패배 이후에 정부는 저소득층에 대해 관심을 돌리고 있다. 물론 필요하다. 국민들이 경쟁을 수용하려면, 경쟁이 공정해야 하고, 경쟁의 결과가 너무 비참하면 안 된다. 정부는 바로 이 두 가지 원칙을 유지하는 역할을 해야 한다. 즉, 경쟁이 공정하게 이루어지는지 감시하고, 경쟁에서 낙오된 기업이나 개인에게 재기의 기회를 주고, 최소한의 인간 존엄성을 유지할 수 있는 수준을 유지하는 것이 정부의 역할이다. 이런 측면에서 정부가 저소득층과 소기업에 관심을 기울이는 것은 바람직한 현상이다. 그러나 시장경제의 기본원칙을 무너뜨리는 일은 없어야 한다.

대통령의 한 마디에 이자율이 뚝 떨어지고, 갑자기 대기업에게 상생협력을 강제하는 식으로 인위적으로 경제를 운영하는 것은 법치가 아니라 인치로 가는 것이다. 인간의 부족한 이성과 감정에 따라 경제를 운영해서는 안 된다. 그것보다는 시장왜곡의 원인을 찾아 시장제도와 질서를 세워 장기적으로 효율성을 높여야 한다.

오늘날 기업규모에 따른 임금격차가 벌어진 근본원인은 외환위기 이후에 두드러진 대기업과 중소기업의 생산성 격차 등에 따른 것이다. 여기서부터 시작하지 않고 도덕성과 탐욕을 문제시하는 것은 문제해결의 실마리를 잘못 잡은 것이다. 문제의 원인을 보다 정확하게 판단하고, 시장 왜곡의 출발점을 찾아 장기적인 제도 보완에 힘을 기울이는 것이 지금 정부가 할 일이다. 우리의 문화와 실정에 맞는 효율적인 제도를 창출하는 것은 결코 쉬운 일이 아니다. 자원이라고는 인적 자원밖에 없는 우리나라는 구직난 속의 구인난이 존재하는 근본 원인이 무엇인지 밝혀서 제도를 보완하는 일에 힘을 기울여야 한다. (2010. 8. 12)

중소기업과 대기업 상생정책의 함정

▌정갑영(연세대 경제학부 교수)

중소기업과 대기업 간의 상생이 중요한 경제정책의 패러다임으로 부상하고 있다. 특히 많은 대기업들이 올 상반기에 두드러진 실적을 거둔 반면, 중소기업은 고전을 면치 못한 것으로 밝혀지면서 상생정책은 더욱 큰 힘을 받게 되었다. 나아가 대통령이 공정한 사회를 국정의 주요 지표로 강조하면서 상생정책은 이제 MB정부의 중요한 정책 코드로 정착되는 것 같다.

정치적 관점에서 보면 상생정책은 너무나 좋은 정책구호다. 실적이 좋은 대기업들에게 이젠 혼자서만 잘 나가지 말고 중소기업도 끌어안으라는 얘기이니 수많은 중소기업인에게 얼마나 큰 감동을 주는 표어인가. 표를 중시하는 정치인들에게는 안성맞춤의 정책이다.

실제로 중소기업과 대기업의 상생정책은 나라를 위해서도 바람직한 정책이다. 경제위기 때마다 더욱 심화되는 대기업과 중소기업 간의 격차를 해소하고 적절한 조화를 통해 국가경제를 균형 있게 발전시키자는 논리를 어느 누가 반대할 수 있겠는가. 이것은 명분과 실리를 모두 갖춘 이상적인 정책목표가 아닐 수 없다.

그러나 문제는 그 이상을 어떻게 실현시키느냐에 달려 있다. 연일

정부나 관련 단체들에서 전시성 협약이나 체결하고, 대통령이나 장관이 대기업 총수를 불러 중소기업과의 협력 방안을 논의한다고 해서 상생의 분위기가 얼마나 오랫동안 지속될 수 있겠는가. 또한 1960~1970년대와 거의 유사한 방식으로 정부가 주도하여 상생을 독려한다고 해도 지금보다 크게 개선될 것 같아 보이진 않는다.

특히 중소기업 실적부진의 책임이 대기업의 불공정한 거래나 약탈적인 행태에 기인하기 때문에 정부가 나서서 상생을 종용해야 한다는 접근으로는 소기의 성과를 지속적으로 유지하기 힘들 것이다. 이것은 대기업과 중소기업의 관계를 합해서 0이 되는 영합(零合)게임의 구도로 만드는 정책으로서 지속적인 성과를 기대하기 힘들다.

다시 말하면 대기업이 이익을 줄여서 그 이익을 중소 협력업체에 넘겨야 한다는 정책은 대기업과 중소기업의 이해득실의 합계가 항상 0이 되는 결과를 가져온다. 이렇게 되면 대기업과 중소기업의 이익 변화가 합해서 0이 되기 때문에 사회 전체의 후생은 제자리걸음인 채로 중소기업과 대기업 간의 대립과 갈등구조만 확대된다.

실제로 서로 간의 인센티브에 의해 자발적으로 이루어지는 거래가 아니라, 일시적인 정부의 압력으로 형성된 관계는 오래 지속되지 못한다. 아무리 총수를 불러 상생을 다짐받는다 해도 제로섬 정책은 시간이 흐를수록 아무에게도 도움을 주지 못한다. '갑'인 대기업을 '을'인 중소기업에 대한 일방적인 가해자로 치부하는 식의 접근은 지양해야 한다. 그렇다면 어떤 정책이 성공을 거둘 수 있겠는가?

우선 일방적인 대기업 규제가 아니라 부당한 대기업의 횡포를 제도적으로 방지할 수 있는 체계적인 접근이 필요하다. 대기업과 하청관계를 유지하는 대부분의 중소기업들은 '갑'인 대기업으로부터 부당한 거래를 강요받는 경우가 많다. 따라서 하도급 관계를 표준화하고 중소기업의 기술을 보호해 주며, 일정한 조건하에서 지속적인 계약관계를 유지할 수 있는 제도를 정부가 뒷받침해 주어야 한다. 일시적인 단속이나 포퓰리즘을 지양하고 공정거래위원회가 하도급거래 관계를 표준화시켜 적절한 법과 제도의 보호를 받을 수 있는 길을 열어주어야 한다. 이를 통해 갑인 대기업도 제도적으로 분명하게 적시된 부당한 거래는 당연히 규제대상이 된다는 사실을 인지해야 한다. 법 제도와는 관계없이 수시로 터지는 정치사회의 이슈와 포퓰리즘에 좌우되는 제로섬 게임을 추구하는 상생정책은 결코 성공할 수 없을 것이다.

둘째, 중소기업의 중견화(中堅化)와 기술개발을 적극적으로 지원하는 법 제도의 개편이 필요하다. 현행 법 체계는 영세한 중소기업에 대한 정부지원 때문에 중소기업이 중견기업으로 발전할 인센티브를 부여하지 못하고 있다. 오히려 기업규모가 커지면 기업 자체를 2~3개로 분리하여 중소기업의 지위를 그대로 유지하는 전략이 일반적인 관행이 되어 버렸다. 이런 구조 하에서는 중소기업이 스스로 영세성을 탈피하고 중견기업으로 성장하려고 하지 않는다.

셋째, 중소기업도 결국은 경쟁력으로 생존할 수밖에 없다는 사실을 간과해서는 안 된다. 지나치게 정부의 지원에만 의존하는 중소기업은 자생력을 길러나가기 힘들다. 반면 갑의 위치에 있는 대기업은 국내외의 수없이 많은 기업으로부터 원자재를 조달할 수 있다. 국내 조달이 경쟁력이 없다면, 어떻게 지속적으로 애국심에만 의존하며 국내 기업과 협력하려 하겠는가. 대기업 역시 완제품 시장에서 치열한 경쟁을 피할 수 없기 때문이다. 따라서 정부가 가장 적극적으로 추진해야 할 지원정책은 오히려 중소기업의 기술개발지원이다. 직접적으로 지원할 수도 있고, 대기업에게 인센티브를 부여해 중소기업과의 기술협력을 유도하거나 대외적인 기술협력을 유도하는 등 다양한 정책을 병행해야 할 것이다.

대기업과의 상생을 유도하는 궁극적 목표는 대기업과의 제로섬 게임을 통한 중소기업의 이익 증진이 아니다. 오히려 더 중요한 목표는 중소기업의 경쟁력 강화를 통해 세계시장에서도 뛸 수 있는 자생력을 길러주는 것이다. 중소기업을 어렵게 만드는 장단기 요인을 파악하고, 기술개발과 노동력 확보, 해외시장 개척, 대기업과의 공정거래 등을 유도할 체계적인 중소기업 정책을 적극 추진해야 한다. 공연히 대기업과의 상생만을 강조하며 인기영합적인 정책에만 집중하면 정책성과도 제대로 달성하지 못하고 중소기업의 경쟁력도 제고시키지 못하는 결과를 가져오게 될 것이다. 상생정책의 접근방법을 제로섬 게임에서 합해서 더 큰 것을 만들어주는 정(+)의 게임으로 바꿔주어야 한다. (2010. 9. 13)

국가정책과 정책 구호

▌**최 광**(한국외국어대 경제학부 교수)

　대한민국은 구호의 나라다. 역대 정권은 모두 정권 자체와 정책을 두고 수많은 구호를 만들어냈다. 그러나 많은 경우 내용이 없거나 불분명한 구호, 말이 안 되는 구호, 상호 모순되는 구호를 내세워 국가의 중요한 정책을 추진하려 했다. 당초 그 구호의 진정성도 의심스럽지만 구호 자체가 잘못된 경우가 많았기에 구호와 정책이 말잔치로만 끝나는 경우가 허다했다. 현 정부도 최근에 정치적 구호 만들기에 점차 맛을 들이고 있다.

　새 정권이 탄생할 때마다 각 정권은 스스로를 구호로 장식했다. '문민정부', '국민의 정부', '참여정부'가 지난 세 정권의 구호였다. 참으로 다행스럽게 현 정부는 정권 자체를 상징하는 구호를 내세우지 않았다. 구호의 글귀만 보면 정말로 훌륭하다. 그러나 내세운 구호가 얼마나 말이 안 되는지 주창자도 국민도 인식하지 못했었다.

　한 정권의 특성은 역사가 많이 흐른 뒤에 후대가 규정하는 것이지 출발 시점에서 자신이 스스로 규정할 사항이 아니다. 당나라 태종의 '정관의 치'는 태종 스스로가 규정한 것이 아니고 중국 역사를 대표할 만한 성군이었기에 후대가 '정관의 치'로 기리고 있는 것이다.

정권에 대한 기치로서의 구호뿐만 아니라 국가의 중요한 정책을 두고도 구호가 수없이 사용되어 왔다. 선진조국 창조, 생산적 복지, 참여복지, 국가균형발전, 시장개혁, 선진화, 친서민, 상생, 공정한 사회 등 수없이 많다. 문제는 이들 구호들이 좋은 언어 표현에도 불구하고 내용이 없거나 불분명하다는 점이다. 그리고 이들 구호에 따라 추진한 정책이 성공한 적이 없고 현재 추진 중인 정책도 성공할 것 같지 않다.

군사정권 시절의 구호인 '선진조국 창조'를 보자. 외견상 선진조국 창조는 필요한 것 같은데 문제는 무엇이 선진조국이냐 하는 것이다. 목표를 선진국이 되는 것으로 하더라도 도대체 어떤 나라가 선진국인지 모호하다.

복지를 두고 김대중 정권 때는 '생산적'이라는, 그리고 노무현 정권은 '참여'라는 수식어를 붙였다. 생산적 복지와 참여복지라는 말이 학문적 용어가 아니라서 문제가 있다는 것이 아니다. 참여복지란 말이 정책의 구호로 발표된 이후에 장관이하 보건복지부 전 직원이 그 개념을 규정하기 위해 토론회를 갖는 촌극이 벌어진 바 있었다. 지금까지 전문가를 포함해 어느 누구도 생산적 복지, 참여복지가 무엇인지를 명쾌하게 설명하지 못한다. 참여복지, 생산적 복지가 무엇인지를 정책담당자도 국민도 모르는데 어떻게 생산적 복지, 참여복지를 할 수 있단 말인가? 이명박 정부는 '능동적' 복지를 내세우고 있다.

참여정부 시절의 구호인데 구호를 만든 사람들조차 자신들이 만든 구호가 무엇을 의미하는지를 제대로 깨닫지 못했던 경우가 있다. 대표적으로 '시장개혁'이다. 참여정부는 당초 자유롭고 공정한 시장질서의 확립을 국정과제의 하나로 강조했다. 그 과정에서 '재벌개혁'이 강조되더니 재계의 저항과 경제여건의 변화를 빌미로 뒤에는 재벌개혁 대신 '시장개혁'이란 구호를 사용하겠다고 공식적으로 천명했다.

문제는 시장개혁의 의미가 무엇인가 하는 것이다. 시장을 개혁하여 반(反)시장 비(非)시장으로 가자는 것인가? 대한민국은 헌법상 시장경제를 기반으로 하는 사회이므로 시장은 개혁의 대상이 아니고 보호되고 권장되어야 한다. 사실이 이러함에도 불구하고 시장개혁이 정부정책의 구호로서 전면에 부각되었으니 참으로 안타까울 뿐이다. 물론 참여정부의 시장개혁이 성공했다는 말을 들은 적이 없다.

진보 좌파정권이야 원래 구호를, 그것도 인기영합적인 구호를 선호하는 것이 하나의 전통(?)이지만 두 번의 좌파정권의 대척점에서 탄생한 MB정부도 작년부터 내용이 없는, 내용이 불분명한, 말이 안 되는, 그러면서도 인기영합적인 구호에 함몰해 가고 있다. 선진화, 친서민, 상생, 공정한 사회 등의 구호가 그것이다.

공기업 개혁을 두고 MB정부는 공기업 선진화라는 구호를 내세웠다. 선진화라는 말은 영어에 해당되는 단어가 없다. 이는 곧 선진화라는 말에 내용이 없음을 의미한다. 내용이 없는 선진화를 내세워 공기업 개혁을 하려 하니 공기업 개혁과 관련하여 아직 손에 쥔 것이 없다. 차라리 '공기업 민영화'나 '공기업 효율화'가 간단하고 분명한 구호이다.

MB정부는 정권 초기에는 '친기업'을 외치다 최근 '친서민'으로 전환했다. 친서민이라는 구호는 그 자체도 문제지만 그보다 더 중요한 것은 정권 자체의 이념적 정체성에 혼란을 야기하는 점이다. 같은 대통령, 같은 집권 여당이 우파와 좌파 양극단의 정책을 어떻게 그렇게 스스럼없이 연이어 내놓을 수 있단 말인가? 친서민, 친기업, 친부자 정책 모두 국민을 편 가르고 분열시키는 정책이다. 대통령은 전체 국민의 지도자이지 서민, 부자 등 일부 계층의 지도자가 아니지 않는가?

도대체 서민은 누구인가? 빈곤층인가, 중산층인가, 노동자인가, 농민인가? 국어사전은 서민을 '아무 벼슬이 없는 평민', '중류 이하의 넉넉하지 못한 백성'으로 설명하고 있다. 옛 왕조시대의 서민은 귀족이 아닌 평민으로 오늘날 그 의미가 사라진 지 오래이다. 아마도 중류이하의 소득자, 즉 '저소득층'을 염두에 두었을 법한데 그러한 의도라면 '친저소득층' 하면 되지 군이 생경한 친서민을 정책 구호로 사용할이유가 없다. 친서민 정책의 일환인 서민금융대책은 금융 소외자들의자활을 돕는다는 취지는 좋지만 금융질서를 무너뜨릴 위험을 안고 있으며, 신용등급이 높은 사람을 오히려 역차별하고 대출자들의 도덕적해이를 부추기며 종국적으로 금융위기를 초래할 위험을 안고 있다.친서민 구호로 반기업정서를 부추겨 지지도가 올라간다고 우쭐거리는사이 국가의 기강과 경쟁력이 흔들리고 결과적으로 저소득층이 최대의 피해자가 될 수 있음을 왜 인지하지 못하는가?

'상생'이란 구호는 MB정부에서 처음 사용되는 것은 아니다. 최근 경제위기 극복 사례의 자칭 '세계적 모범국가'인 한국에서 잠재성장률을상회하는 경제성장에도 불구하고 경기회복의 훈기가 바닥에까지 돌지않자 MB정부가 들고 나온 것이 대기업과 중소기업의 상생이다. 최근대통령은 "대기업이 소상공인을 지원하는 따뜻한 마음이 필요하다"고했다. 이 말의 취지는 이해할 수 있으나 기업 간의 거래는 마음이 본질이 아님은 누구보다 현장 경험으로 잘 아는 분의 말이라 매우 의아스러울 뿐이다. 대통령과 장관들이 대기업에게 툭하면 "더 투자하라","신규채용 더하라" 윽박지르는데, 이러한 정책은 후진국에서는 물론사회주의 국가들도 하지 않는 정책이다. 대통령께서 대기업과 중소기업의 상생을 강조하자 각료 등이 대기업 비판에 나서는 것은 문제이다. 대기업이 잘못한 것이 있다면 평상시에 개별부처가 문제를 책임지고 시정했어야 했다. 자신들의 직무유기 가능성은 밀쳐 두고 재계를 부도덕한 집단으로 몰아가는 우를 범하고 있다.

상생의 의미를 제대로 이해할 필요가 있다. 정치활동에서는 "너 죽고 나 살자"가 원칙이기에 상생은 불가능하다. 그러나 경제활동에서는 중소기업이든 대기업이든 거래 당사자 모두 서로 혜택을 향유하기에 언제나 상생이 이루어지고 있다. 중소기업의 특허를 불법 탈취하는 대기업이 있다면 법과 제도로 다스리면 되는 것이지 몇 가지 작은 사례를 침소봉대하며 신문 1면을 장식하는 일은 언론도 정치권도 이제는 멈추어야 한다. 대기업이든 중소기업이든 싸고 질 좋은 제품을 생산하여 소비자를 만족시키고 그 대가로 이득을 얻는 것이 기업의 본질이다. 그럼에도 싸고 질 좋은 제품의 생산능력이 없는 중소기업의 제품을 대기업에게 구매하라고 따뜻한 마음을 강요하는 것은 한마디로 어불성설이다. 개인 간의 상생을 제3자가 하라, 마라 할 수 없듯 기업 간의 상생인 사업상의 거래를 정부가 어떻게 이래라, 저래라 할 수 있는가?

제65주년 광복절 경축사에서 이명박 대통령은 공정한 사회를 주창하며 "공정한 사회는 출발과 과정에서 공평한 기회를 주되, 결과에 대해서는 스스로 책임지는 사회입니다", "공정한 사회는 개인의 자유와 개성, 근면과 창의를 장려합니다"라고 하고 덧붙여 "공정한 사회에서는 패자에게 또 다른 기회가 주어집니다. 승자가 독식하지 않습니다"라고 했다. 문제는 앞서 강조한 말과 뒤에 덧붙인 말이 일관성을 갖지 못하는 데 있다. 관련 정책을 입안할 때 어디에 초점을 맞추느냐에 따라 구체적인 내용이 판이하게 달라진다. 대통령의 의도는 무엇인가? 구체적으로 어떻게 하겠다는 것인가?

공정한 사회를 만들고 지켜나가자는 데 반대하는 것이 아니다. 어떤 공정 사회를 무슨 방법으로 이뤄낼 것인가 하는 게 문제이다. 어떠한 사회가 공정한 사회인가에 대해서는 인류가 끊임없이 고민해 왔으나 이념에 따라 서로 다른 견해가 제시되었을 뿐이지 합의된 정의가 없다. 대통령이 경축사에서 공정한 사회를 주창하려면 사전에 엄청난 준비를 했어야만 했다. 공정한 사회와 거리가 먼 사면이 이루어진 후, 그리고 문제 많은 인물들이 공직에 천거된 후 청문회에서 연쇄 낙마사태로 문제가 대두되자 이번이 "공정사회를 만드는 마지막 기회"라며 의욕을 과시하고 있다. 그러면서 "공직사회, 힘을 가진 자, 부를 가진 사람 등 기득권자들이 공정사회의 기준을 철저히 지켜야 한다"고 말한다. 진정성이 있다 하더라도 이러한 인식으론 일이 되지 않는다. 좌파(진보)가 우파(보수)를 맹공할 때 써먹는 방법으로 과연 목적을 달성할 수 있을까?

국가정책과 관련하여 제시된 각종 구호들을 놓고 관찰되는 문제 세 가지를 더 지적해 보자. 첫째, 같은 정책을 놓고 구호가 너무 자주 바뀐다는 점이다. MB정부에서 세제개편 관련 구호는 2008년도에 '일자리 창출을 위한 경제 재도약'이었고, 2009년도에 '민생안정과 미래도약'이었으며, 금년에는 '일자리 창출과 서민생활안정'이다. 좋은 구호들의 나열이나 2년여 짧은 기간인데 일관성도 없고 같은 대통령 밑에 같은 장관이 추진하는 정책인데, 철학이 없고 임기응변식이다. 이러는 사이 우리의 세제는 누더기 세제로 바뀌어 가고 국민의 세제에 대한 불신은 증대하고 있다.

둘째, 내세우는 구호를 뒷받침하는 구체적 시책이 전혀 내용이 없거나 관련이 없는 사항들이 나열되어 왔다는 점이다. 역대 정권이 모두 내세운 부정부패 척결 문제를 보자. 부패 없는 사회의 구현을 위해서 국가시스템 혁신, 투명하고 공정한 인사시스템 확립, 행정개혁을 하겠다고 했는데 이들 세칙으로 부패 없는 사회가 어떻게 구현되는지 전혀 감이 잡히지 않는다. 그동안 부정부패 척결이 구호로서가 아니고 확고한 의지로서 천명되고 우선시되었더라면 지금쯤은 각종 부정부패 비리가 사라졌어야 하지 않은가?

셋째, 국가의 수많은 기관이 본연의 업무와 직접적으로 관련이 없는 구호를 내세워 혼란을 야기하고 결과적으로 크게 보아 자체 일을 그르치는 경우가 발견된다. 예를 들면 감사원이 '경제 활력 회복 및 국가경쟁력 강화', '민생안정 및 국민권익 보호', '사회통합과 품격 제고' 등을 내세우는데 이들 구호는 헌법과 감사원법에 규정된 "국가의 세입·세출의 결산을 검사하고, 국가기관과 법률이 정한 단체의 회계를 상시 검사·감독하여 그 집행에 석정을 기하며 행정기관의 사무와 공무원의 직무를 감찰하여 행정운영의 개선·향상을 도모한다"는 설립 취지와는 상관이 없다. 감사원은 회계검사 업무와 직무감찰 업무만 파고들어 잘하면 되지 본연의 업무가 아닌 일에 현란한 구호를 내세울 이유가 없다. 외통부의 특채 비리로 문제가 되자 감사원이 칼을 빼든단다. 잘못이 있으면 감찰할 수 있다. 문제는 특채를 두고는 언제나 비리의 발생 소지가 있으므로 감사원이 언제나 눈을 부릅뜨고 감시해야 했다. 감사원도 직무유기를 한 책임에서 벗어날 수가 없다.

정권이나 정부가 국가정책을 두고 구호를 사용하지 말라는 것이 아니다. 지금과 같이 애매하고 내용이 없고 제대로 된 시책으로 뒷받침되지 않은 구호가 난무할 때 정책목표는 달성되지 않으며 구호만 허공에 메아리칠 뿐이고 국민은 허탈감에 빠질 뿐이다. 인류 역사상 화려한 구호를 내세운 정책이 성공한 사례가 거의 없다. 임기응변적 인기영합적 구호의 난무는 사회와 경제를 나락에 떨어뜨릴 뿐이다.

구호가 구호로서 작동하고 결과적으로 국가정책이 잘되기 위해서는 사회체제의 근본을 잘 수호한다는 전제하에, 그리고 구호와 관련된 정책을 뒷받침하는 시책이 치밀하고 일관성 있게 마련된다는 전제하에 구호의 개념이 명료하면서 많은 사람에게 같은 의미로 이해되고 전달되어야 하며 내용이 분명해야 한다. (2010. 9. 16)

'서비스 산업 선진화' 실천의지가 관건이다

▌ **김창배**(한국경제연구원 부연구위원)

정부는 얼마 전 "서비스부문 외국인투자 활성화 방안"을 내놓았다. 2008년 4월 이후 5차례에 걸쳐 내놓은 "서비스 산업 선진화 방안"과 올 4월 "유망 서비스 분야 일자리 창출방안"에 이은 후속 대책으로 외국인 직접투자(FDI)를 지렛대로 서비스 산업의 경쟁력 제고를 추진하겠다는 것이 핵심 내용이다.

이처럼 서비스 산업의 선진화가 중요한 정책과제로 부상한 것은 수출과 내수의 불균형 문제 해소, 일자리 창출, 서비스 수지 적자 완화, 나아가 선진경제로의 진입 등 우리 경제의 여러 가지 문제를 해결할 수 있는 중요한 활로가 될 수 있기 때문이다.

우선 우리 경제의 고질적인 취약점으로 지적되어 온 수출과 내수의 불균형, 즉 수출의존도 심화를 해소하기 위해서는 서비스 산업이 중요하다. 2000년대 들어 수출증가율이 연평균 10%씩 뜀박질을 하는 동안 소비와 투자 등 내수부문의 증가율은 약 3%대의 거북이걸음에 그치고 있다. 수출의 GDP 성장에 대한 기여율은 90년대 24.6%에서 2000년대 65.8%로 높아진 반면 내수 기여율은 같은 기간 중 96.7%에서 48.3%로 낮아졌다. 성장의 약 70%를 수출에 의존하고 있다는 이야기다. 물론 경제성장의 관점에서 수출과 내수의 바람직한 비중에 대한 공식은 없다. 하지만 만사가 그렇듯이 '과유불급'이다. 지나친 수출 의존도는 외부충격에 민감하게 반응하면서 성장을 제한한다. 실제로 이번 글로벌 금융위기 충격에 우리 경제는 성장률 급락을 경험한 바 있다. 현재와 같은 대외 의존도가 해소되지 않는다면 향후에도 이러한 현상은 되풀이될 수밖에 없다. 특히 부채위기를 겪고 있는 주요국의 상황을 감안하면 더욱 그렇다. 부채축소 노력이 소비 위축과 자국 수출증대 노력으로 이어질 것으로 예상되면서 우리의 수출호조도 제동이 걸릴 수 있기 때문이다.

일자리 창출도 서비스 산업의 확대가 전제되지 않고는 쉽지 않다. 기획재정부의 자료에 의하면 2000년대 들어 제조업이 1% 성장할 때 고용은 오히려 0.1% 감소한 반면 서비스업의 경우는 1% 성장 시 고용이 약 0.7% 상승했다. 향후에도 기술집약적 제품으로 수출구조가 바뀌고 경기순환 주기가 단축되어 세계 시장에서의 경쟁이 심화되기 때문에 제조업의 고용유발효과가 약화될 수 있으므로 고용창출의 활로는 서비스업이 될 수밖에 없다.

서비스 수지 개선을 위해서도 서비스 산업의 경쟁력 제고는 필수요소다. 서비스 산업의 저생산성으로 인해 만성적인 적자를 보이고 있기 때문이다. OECD의 자료에 의하면 우리나라 서비스업의 생산성은 OECD 국가 중 최하위이며 미국의 절반에도 미치지 못하는 실정이다. 소득증가, 글로벌화 진전 등으로 증가할 것으로 예상되는 국내외 서비스 수요를 흡수하기 위해서는 개방 확대와 관련업계의 기득권 탈피를 통한 경쟁력 제고가 시급한 과제임은 두말 할 나위없다.

역사적으로도 볼 때도 수출과 내수 어느 한쪽만 갖고 선진국이 된 나라가 없었다. 선진국들이 국민소득 2만 달러 이행 기간 중에 소비와 투자 등 내수부문이 성장을 견인했다는 점은 선진경제로의 구조변화를 준비하는 우리에게 중요한 시사성을 갖는다. 최근에 있었던 IMF 연례협의단이 "수출 중심의 정책편향을 줄이고 비교역재 부문의 생산성을 높이려는 과감한 개혁조치가 필요하다"고 한 것도 같은 맥락의 권고다.

주요국의 국민소득 2만 달러 기간 중 소비 및 투자 증가율

자료: 예산정책처

서비스업 선진화의 중요성은 아무리 강조해도 지나치지 않다. 그동안 대책들을 보면 정부도 그 중요성을 충분히 인식하고 있으며 서비스산업에 대한 개방, 규제 완화, 제조업에 비해 불리한 지원제도 개선 등의 정책 내용들도 바람직한 방향성을 가지고 있다고 평가된다.

문제는 실천이다. 왜냐하면 서비스 산업의 선진화는 복잡한 이해관계, 과도한 규제 그리고 부처 이기주의 등으로 어느 것 하나 쉽게 처리될 수 있는 것이 아니기 때문이다. 이를 극복하기 위해서는 남다른 실천의지가 필요하다. 수많은 대책에도 불구하고 구체적인 성과가 부진한 중요한 이유 중의 하나로 바로 이러한 실천의지가 약하다는 점을 들 수 있다. 실제로 의료산업 투자활성화의 핵심과제인 영리병원 문제 하나도 해결하지 못하고 있는 것이 현실이다. 또한 최근 논란이 되고 있는 기업형 슈퍼마켓(SSM) 규제 법안과 관련된 논란을 보면 과당경쟁 상태인 도소매 서비스 업종의 선진화를 어떻게 이룰 수 있을지 의구심이 든다. 게다가 얼마 전에는 외교통상부 장관 딸의 특채 파동 등으로 특채를 50%까지 늘리려던 행정고시 개편안도 여론과 이해 관계자들의 반대로 무산된 것을 보면 정부가 과연 서비스 산업의 선진화에 대한 의지를 갖고 있는지 의심스럽다.

  정책은 장기적인 안목과 함께 일관된 원칙이 중요하다. 일관된 원칙이 없이는 이해관계가 복잡하게 얽혀 있는 서비스 산업 선진화는 요원하다. 선진경제로 진입하는 데 중요한 흐름이 될 수 있는 서비스 산업의 선진화가 공염불이 되지 않기 위해서는 정부의 일관된 실천의지가 더욱 요구된다. (2010. 9. 28)

1) Perotti(1996)는 내생적 재정정책의 정치적 메커니즘에 대한 실증분석을 통하여 소득불평등도가 재분배정 책에 영향을 미치지 않음을 보였고, 민주주의 국가들만을 대상으로 한 경우에도 소득불평등은 유의한 영향 을 주지 않았다는 분석 결과를 보여주고 있다. 또한 Rodriguez(1999)에서는 선진국들의 경우 소득불평등과 재분배 정책 간의 유의미한 관계가 없음을 보이고 있다.

2) 미 연방대법원은 19세기 후반과 20세기 초반에 재산권 보호 및 계약의 자유에 근거하여 노동운동 및 사회주 의 정치세력에 불리한 판결을 내린 예가 다수 있다. 또한 뉴딜의 대표적 정책인 전국산업부흥법(NIRA: National Industrial Recovery Act of 1933)에 대한 미 연방대법원의 위헌 판결도 계약의 자유라는 헌법적 가치를 보호하려고 한 예라고 할 수 있다.

3) Alesina and Angeletos(2005), Benabou and Tirole(2006), Alesina, Cozzi, and Mantovan(2009)에서 는 공평성에 대한 인식이 재분배에 영향을 미친다는 점을 이론적으로 분석하고 있다. 이들 연구의 공통점은 동일한 조건을 가진 국가들에서도 공평성에 대한 인식의 차이로 인해 상이한 정책 및 발전경로를 갖는 상이 한 균제 상태(steady states)에 있게 된다는 것을 보인 점이다. 이와 같은 상이한 균형은 미국과 유럽의 차이 점을 보여주는 것으로 위의 연구들은 주장하고 있다.

4) 2009년 명목 국민총가처분소득 증가율을 3.5%로 가정한 경우

5) 맨큐의 경제학 10장 외부효과에서 발췌

6) 온실가스 배출에 대한 교정적 조세는 흔히 탄소세라고 불린다.

7) 강경이 옮김(2007), 이중톈 지음, 『제국의 슬픔』, 에버리치홀딩스.

8) 이원길 옮김(2004), 『智囊』, 신원문화사.

9) 환상제란 흉년이나 춘궁기에 관곡을 대여하였다가 풍년 또는 추수기에 이를 상환하게 하는 제도.

10) 이재호 역(1977), 《유형원―반계수록》, 한국의 사상대전집, 동화출판사.

11) 오강남 풀이(1995), 『도덕경』, 현암사.

12) 필자의 경우 선거 이전에 여러 차례 이를 지적한 바 있다. 「정치적 의도 무상급식, 세금부담 가중시킬 것」 (자유기업원, CFE Viewpoint 162, 2010년 3월 2일, www.cfe.org), 「'무상급식' 환상이 빚는 폐해」(한국경 제신문, 2010년 4월 6일, A39면), 「선택과 자율이 있는 교육의 경인년을 기대하며」(새교육 2010년 1월호 통권 제663호, pp.6-7), 「공짜와 간섭」(한국경제신문, 2010년 1월 6일, A39면) 등이 있다. 그리고 선거 전 에 무상급식의 폐해를 경계하자는 발표를 한 바 있다. 「학교 무상급식 추진에 관한 논의」(학교급식의 문제 점과 선진화 방안, 자유기업원 정책토론회 주제 발표, 2010년 4월 13일), 「학교급식 직영화의 문제점과 학 교급식법 개정방향」(학교급식 직영화, 이대로 좋은가?: 현행 학교급식법의 문제점과 개선방향, 학교급식 법 개정 공청회, 2009년 11월 19일), 「무상급식의 폐해를 알리기 위한 시도로서 학교급식 직영화 및 무상 화 방안의 타당성 검토」(경기개발연구원 CEO Report No.25, 2009년 11월)의 보고서를 낸 바 있다.

13) 『학교급식법 재개정을 위한 위탁급식의 합리적 운영방안 연구』(한국급식협회 정책연구과제, 2007년 6월), 『서울특별시 학교급식 운영 개선방안 연구』(한국교육개발원 수탁연구 CR 2003-21, 2003년 12월), 「학교 급식법 개악을 통해 본 국가의 교육독점: 학교급식법의 문제점과 재개정 방안」(자유기업원 CFE Report, 2007년 10월 10일, www.cfe.org), 『학교급식 직영화 및 무상화 방안의 타당성 검토』(경기개발연구원 CEO Report No.25, 2009년 11월) 등이 있으며, 발표 원고로는 「학교급식법 재개정을 위한 학교급식 정책의 방 향, 부산의 학교급식 이대로 좋은가?」(국회의원 권철현 주최 토론회, 2006년 11월 29일)와 「학교급식 직영 화의 문제점과 학교급식법 개정 방향」(학교급식 직영화, 이대로 좋은가?: 현행 학교급식법의 문제점과 개 선방향, 학교급식법 개정 공청회, 2009년 11월 19일)가 있으며, 신문 시론으로는 「위탁급식으로 돌아가라」 (한국경제신문, 2008년 10월 10일, A43면), 「학교급식 직영이 능사 아니다」(한국경제신문, 2006년 6월 30 일, A46면) 등이 있다.

14) 조선일보 2010년 7월 1일자 사설. 이 사설에 따르면 이 외에도 곽노현 교육감은 821억 원 예산으로 중학생 학부모가 학생 1인당 연간 24만 9,600원씩 내는 학교운영 지원비도 없애고, 1,036억 원을 들여 전문계고 학생들 연간 수업료 145만 800원과 학교운영 지원비 33만 6,000원을 면제해 주겠다고 한다.

Chapter **7**

선진 사회의 조건

기부문화 창달을 위해서도
기업하기 좋은 환경을 조성해야

▌박동운(단국대 명예교수)

기부문화가 뿌리를 내리고 있는 것 같다. 반가운 일이다. 이명박 대통령이 친서민 정책을 내세워 이를 강조하고 있으며 언론 또한 이를 지지하고 있다. 특히 2005년부터 강조되어온 기업의 사회공헌 활동이 큰 몫을 했다고 생각된다. 그러나 염려스러운 점도 없지 않다. 한국 사회가 노블레스 오블리주(Noblesse Oblige, 지도층의 도덕적 책무)를 지나치게 '강요된 베풂' 쪽으로 이끌어가고 있는 것 같기 때문이다. 필자는 한국의 기부문화 창달을 위해서는 기업하기 좋은 환경 조성이 중요하다는 점을 강조하고자 한다.

먼저 (비기독교인의 이해를 바라면서) 성경 이야기부터 한다. 기독교를 공산주의와 비슷하게 보는 목사들이 간혹 있다. 그 근거는 신약성경 사도행전에 있을 것이다. "믿는 사람들은 모두 함께 지내면서 모든 것을 공동으로 소유하고, 재산과 소유물을 팔아 모든 사람은 필요한 만큼 나누어 가졌다"(사도행전 2:44-45). 인용은 초기 교회의 탄생과정을 보여주는 내용이다. 초기 교회는 공동체 형성과정에서 공용(共用)과 공유(共有)가 바탕이 되었다. 이는 칼 마르크스 사상과 별로 다를 것이 없다. "능력에 따라 모든 사람들로부터, 필요에 따라 모든 사람들에게(to each according to his needs, from each according to his ability)." 이 말은 곧 "능력 있는 사람들로부터 빼앗아서 필요한 사람들에게 나눠 준다"는 뜻이다. 마르크스는 이런 논리로 공용과 공유에다 공산(共産)까지 덧붙여 평등분배를 실현하고자 공산주의를 주창했다. 따라서 기독교를 공산주의와 비슷하게 보는 것도 무리는 아닐 것이다. 그러나 기독교는 그렇게 가르치지 않는다. "각자 그 마음에 정한대로 해야 하고, 아까워하면서 내거나 마지못해서 하는 일은 없어야 합니다. 하나님께서는 기쁜 마음으로 내는 사람을 사랑하십니다"(고린도후서 9:7). 기독교에서는 인용 내용이 '기독교의 올바른 베풂'으로 인정받는다. 따라서 기독교는 공산주의와는 전혀 다르다. 다시 말하면, 기독교는 '자발적 베풂'을 지지하지 '강요된 베풂'을 지지하지 않는 것이다.

그동안 세계 역사의 한 면을 장식해 온 몇몇 국내외 자발적 기부자를 소개한다. 알프레드 노벨은 노벨상을 제정했다. 그는 다이너마이트를 발명하여 돈을 많이 벌었다. 1888년 그의 형이 죽었는데 프랑스의 한 신문이 실수로 알프레드 노벨이 죽었다는 기사를 썼다. 그 기사에서 다이너마이트를 만든 알프레드 노벨이 '죽음의 상인'으로 묘사되었다. 출근하여 그 기사를 읽던 알프레드 노벨은 자신의 모습이 '처참한 것'을 발견했다. 그는 죽기 전인 1895년 11월 27일 '과학 진보와 세계 평화에 기여한 사람들에게 수여할 노벨상 제정'을 유언으로 남겼다. 그는 재산의 94%인 3,100만 SEK(스웨덴 크로나; 2008년 4월 말 현재 가치로 4억 5,000만 달러)를 노벨상 설립을 위해 기부했다. 노벨재단은 1896년에 설립되었고, 노벨상은 1901년부터 수여되기 시작했다. 노벨의 경우 기부는 체면 유지를 위한 자발적 기부다.

앤드류 카네기는 스코틀랜드에서 태어나 아버지를 따라 12살 때 미국으로 이민 갔다. 그는 미국에 도착하자마자 가족의 비참한 생계를 돕기 위해 주급 1달러 20센트를 받고 음침한 지하실에서 실 감는 일부터 시작했다. 그는 첫 주급을 받았을 때의 기쁨을 50여 년 후에 이렇게 썼다. "그때 나는 겨우 12살이었다. 내가 첫 주급을 받았을 때 나는 얼마나 자랑스러웠는지 이루 말할 수 없다. 내가 세상에서 조금이라도 쓸모가 있었기 때문에 내 스스로 일해서 벌어들인 1달러 20센트! 부모님을 도울 수 있다니!" 그 후 그는 열심히 일했고 저축했고 투자했고, 운도 따라 돈을 많이 벌었다. 그는 자신의 꿈인 자선사업을 하기 위해 66세 때인 1901년 잘 나가던 철강회사를 팔아 4억 8,000만 달러를 손에 쥐었다. 그는 하루아침에 세계 1등 부자가 되었다. 그는 가진 돈의 90% 정도를 여러 분야에 베풀었다. 그가 설립한 카네기재단은 그동안 열심히 활동해 왔고, 현재 미국을 대표하는 기부문화의 상징이다. 그가 밝힌 기부 이유다. "부자인 채로 죽는 것은 부끄러운 일이다." 카네기의 경우, 기부는 자신의 꿈을 실현하기 위한 자발적 기부다.

빌 게이츠는 세계 역사상 가장 많이 베푼 사람이다. 게이츠재단은 1994년 재단 설립 이후[1] 지금까지 미국과 5대륙에 걸쳐 의료·교육·도서관·미국 저소득층 생활보호·에이즈백신 개발 등에 어마어마하게 많은 돈을 내놓았다. 게이츠재단의 기부액은 2010년 8월 16일 현재 228억 1,900만 달러에 이른다.[2] 그는 『미래로 가는 길』에서 이렇게 썼다. "나는 열아홉 살의 나이에 나름대로 앞날의 세계를 점치고, 내가 여긴 방향에 나의 미래를 걸었다. 결과적으로 나의 판단은 옳았다." 그는 1994년부터 마이크로소프트를 떠난 2008년까지 세계 1등 부자였다. 세계 1등 부자 빌 게이츠는 2006년 6월 15일 자신이 베푸는 이유를 이렇게 썼다. "나는 거대한 부를 선물로 받았다. 거대한 부에는 막중한 책임이 따른다." 이어 그는 2008년 경영 일선에서 물러난 후 2009년 6월 노르웨이의 한 자선토론회에서 억만장자들에게 이렇게 호소했다. "부자는 재산의 대부분을 사회에 기부해야 합니다. 나눠주면 기부의 기쁨을 알게 될 것입니다." 처음에는 기부를 생각하지도 않았다가 아버지의 권유로 기부를 결심한 빌 게이츠의 경우, 기부는 자신의 기쁨을 위한 자발적 기부다.

이종환 삼영그룹 회장을 빼놓아서는 안 된다. 그는 2000년 사재 10억 원을 출연하여 '관정이종환교육재단'을 세웠는데 2008년 4월 말 현재 출연액은 6천억 원이다. 그는 전 재산의 95%를 교육재단에 출연했다. 그가 출연한 6천억 원은 당시 환율로 5억 4,000만 달러를 넘는다. 이종환 회장의 전 재산에 대한 출연율 95%와 출연액 5억 4,000만 달러는 알프레드 노벨의 출연율 94%와 출연액 4억 5,000만 달러를 웃돈다.[3] 얼마나 자랑스러운가! 관정이종환교육재단은 2000~2008년간 장학생을 3,700명이나 배출했는데 이 가운데 국내 장학생은 약 3,000명, 국외 유학 장학생은 약 700명에 이른다. 이 뿐만이 아니다. 이종환 회장은 '아시아판 노벨상'을 제정하여 2010년부터 아시아 지역 인문학자와 과학자 각각 1명에게 노벨상에 준하는 100만 달러씩을 시상한다. 그러면 이종환 회장은 왜 그렇게 많은 돈을 교육에 투자했는가? 그것도 '자발적으로!' 필자와의 인터뷰에서 그는 필자의 질문이 채 끝나기도 전에 이렇게 밝혔다.[4] "나는 우리나라에서 단 한 명이라도 노벨상 수상자, 단 한 명이라도 빌 게이츠가 나오기를 바라며 돈을 씁니다." 이종환의 경우, 기부는 '세계 1등 인재 육성'을 위한 자발적 기부다.

이명박 대통령을 뺄 수가 없다. 이명박 대통령이 국정을 이끌어가면서 "약자에게 기회를 주는 시스템을 만들어야 한다"고 강조하는 정책은 박수를 받을 만하다. 실제로 이명박 대통령은 이를 일찍이 실천에 옮겼다. 이명박 대통령은 2009년 7월 6일 "부부가 살 집 한 채만 빼고 전 재산 331억 원을 사회에 기부한다"고 발표했다. 현직 대통령이 거의 전 재산을 사회에 기부한 예는 국내는 물론 외국에서도 찾아보기 어렵다고 한다. 그 후 이명박 대통령은 약속한 대로 '가난하지만 열심히 살아가는 사람들을 위해' 재산을 기부했다. 이명박 대통령의 호를 딴 '재단법인 청계(淸溪)'가 발족하여 2010년부터 연간 11억 원가량의 재원으로 '가난한 학생들을 위해' 고교 등록금과 초 · 중 · 고교생의 식비 등을 지원하는 복지사업이 추진되고 있다. 이명박 대통령의 경우, 기부는 가난한 사람을 돕기 위한 자발적 기부다. 그래서 이명박 대통령의 '약자에게 기회 주는 정책'은 설득력을 얻는 것 같다.

지금까지는 '자발적으로 베푼' 사람들의 이야기다. 그러면 '강요된 베풂'은 어떤 결과를 가져올까? 삼성그룹은 2006년 2월 불법대선자금, 에버랜드 전환사채 편법배정 등으로 물의를 불러일으킨 데 대한 사과의 뜻으로 이건희 회장 일가의 사재 8천억 원을 사회에 환원하기로 결정했다. 이는 잘 알려져 있다시피 '자발적 기부'가 아닌 노무현 정부에 의한 '강요된 기부'였다. 앞에서 이야기한 대로 알프레드 노벨, 앤드류 카네기, 빌 게이츠, 이종환의 '자발적 베풂은 영원한 것'으로 밝혀졌지만 노무현 정부의 강요로 이루어진 삼성그룹의 '강요된 베풂은 일시적인 것'으로 밝혀졌다.

이제 미국 기업의 기부문화를 이야기하려고 한다. 미국은 기부문화를 대표하는 나라다. 사회주의에서는 꿈도 꿀 수 없었던 기부문화가 미국에서는 꽃을 활짝 피웠다. 그 이유는 미국이 출발부터 자유시장경제를 택했기 때문이다. 남북전쟁 전후로 미국은 기회의 땅이었다. 당시 경제정책은 그 표어가 '자유기업, 경쟁, 자유방임'이었다. 사람들은 기업설립, 직업선택, 재산취득 등에서 자유로웠다. 누구나 성공하면 이익을 얻고, 실패하면 손해를 보게 되는 풍토였다. 오로지 실적만이 시금석(試金石)이었다. 그 결과 미국은 물질주의가 발달하게 되었다. 물질주의 발달로 미국은 사람들의 활력이 어마어마하게 방출되어 한층 더 생산적이고 동적인 사회로 발전하게 되었다. 이 시대에 폭발적으로 쏟아져 나온 것이 바로 미국 기업의 기부활동이었다.[5] 시카고는 그 예 가운데 하나에 지나지 않는다. 시카고는 1880년대부터 1890년대 초반까지 거대한 문화기관들이 들어섰다. 대표적인 예를 몇 가지 들면 미술학교, 뉴베리도서관, 시카고교향악단, 시카고대학교, 휠드박물관, 크레라도서관, 헐 하우스(이는 가난한 사람들에게 문화와 교육을 보급하고 이들의 일상 문제를 돕기 위해 전국적으로 설립된 수많은 복지회관 가운데 최초의 것이었음) 등등. 당시 미국의 가치관은 '기회의 평등'이었다. '기회의 평등'은 문자 그대로 이해되기는 어렵지만 밀턴 프리드먼은 이를 '능력에 따라 열려지는 인생'으로 풀이한다. 당시 미국 정부는 사실상 아무 일도 하지 않은 채 개인이나 기업이 능력에 따라 활력이 넘치게 활동할 수 있는 여건을 마련해 주었다. 그래서 기업이 활력이 넘치게 기부활동을 한 것이다.

현재의 한국은 어떠한가? 현재의 한국은 정부가 앞장서서 기업이 활력이 넘치게 활동할 수 있는 기업하기 좋은 환경을 조성해 준 미국 같은 나라일까? 필자는 그렇게 생각하지 않는다. 한국은 현재 정책이 지나치게 포퓰리즘에 젖어 있고, 기업의 활력이 넘치게 활동할 수 있는 기업하기 좋은 환경이 아니다. 이런 풍토에서 기업의 기부문화 창달은 기대하기 어렵다. 이명박 정부에서 새롭게 등장한 용어 "개천에서 용 난다"는 기업도 참여하여 그 실현에 기여할 필요가 있다. 그래서 정부는 기업의 '자발적 베풂'을 활성화시킬 수 있도록 기업하기 좋은 환경을 조성해야 한다. (2010. 8. 18)

1등만 기억하는 더러운 세상

■ **배진영**(인제대 국제경상학부 교수)

6·2 지방선거가 한나라당의 패배로 끝났다. 전국을 푸른색으로 물들일 것으로 예상했던 터라 한나라당과 이를 지지하는 사람들의 실망은 매우 크다. 무엇보다 서울과 경기지역의 교육감 선거에서 진보 진영의 후보가 당선되어 이들이 끌고 갈 교육정책에 자녀 키우는 부모로서 걱정이 앞선다. 언젠가는 경쟁사회로 내던져질 수밖에 없는 자녀들에게 평준화의 가치를 강조하고 경쟁의 의미를 왜곡한다면 제 자식이 어떻게 매사에 도전적이고 실패에 굴하지 않으면서 경쟁력을 갖춘 젊은이로 이 사회에 진출할 수 있을지 염려된다. 선거는 끝났다. 이 사회는 어쨌든 평등과 균형을 보다 큰 선(善)으로 받아들이는 엄연한 세력이 존재함을 이번 선거는 보여주었다. 감성의 깊은 곳에 호소하는 그들의 언변과 이글거리는 눈매, 그리고 열정어린 몸짓은 언제든지 틈만 있으면 우리 사회를 그들이 원하는 방향으로 휩쓸 수 있음을 다시 한 번 과시하였다.(?)

얼마 전 모 국회의원이 인기 개그 프로그램에 나오는 유행어가 더 이상 방영되지 않도록 그 코너의 폐지를 요구한 적이 있다. "1등만 기억하는 더러운 세상"이라는 유행어가 계층 간의 갈등을 유발한다는 이유에서다. 비록 무모하면서 유치한 요구이지만 그것은 그 유행어에 얼마나 많은 사람들이 공감하고 있는지를 말해준다. 1등만을 기억하는 세상이 더럽다는 것은 곧 경쟁을 부추기는 세상이 더럽다는 것과 다를 바 없다. 이것은 경쟁을 좋아하는 사람은 이 세상에 단 1명, 1등 하는 사람밖에 없고 그 외의 모든 사람들에게 경쟁은 고통만을 안겨준다는 생각을 갖게 한다. 경쟁은 이 사회를 정말 비인간적인 고통의 각축장으로 내모는가? 1등만을 기억하는 것이 진정 더러운 세상을 만드는가?

우리 사회는 참으로 역동적이다. 해방 직후 1947년 우리나라 취업자의 80%는 농사를 짓거나 벌목 또는 어업에 종사하였다. 이것은 그 당시 우리나라에서 태어나면 누구든지 농림어업의 힘든 일에 종사할 확률이 80%나 됨을 의미한다. 지금 대학 강단에서 학생을 가르치고 글쓰기를 업으로 하는 필자가 그 당시에 젊은이로 살았다면 거의 농사꾼을 벗어나지 못했을 것이다. 힘으로는 경쟁력이 전혀 없는 필자는 참으로 힘든 삶을 꾸려나갔을 것이 분명하다. 그러나 지금은 어떠한가? 2008년 취업자 중 농림어업에 종사하는 비중은 7.2%에 불과하다. 그 많은 나머지 사람들은 60년이 지난 지금 어디에서 무엇을 하면서 살아가고 있는가? 그것도 1인당 GNP가 해방 직후에 비해 20배가 넘으면서 말이다.

농업과 가내수공업 위주였던 해방 직후 직업의 종류는 그다지 많지 않았다. 그러나 지금 직업의 종류는 대략 1만 5,000개나 되며 각 직업 내에서 생산되는 다양한 품목들을 생각한다면 그 수는 헤아릴 수 없이 많다. 무엇이 이토록 다양한 직업을 만들면서, 풍요로운 삶을 할 수 있도록 만들었는가? 그것은 현재보다 그리고 남보다 좀 더 잘 살기를 원하는 우리의 본성 때문이다. 그것은 인간 행위의 공리로서 예나 지금이나 마찬가지이다. 남보다 잘 사는 방법은 간단하다. 남보다 더 열심히 공부하거나 일해서 우위에 서든지 아니면 남이 가지 않는 길을 개척하여 남보다 앞서는 것이다. 어떤 방법이 보다 인간적인가? 전자에는 1등이 언제나 한 명만 존재하지만, 후자에는 길을 개척하는 것에 따라 1등이 새롭게 생겨난다. 1등이 한 명만 존재하고 그 1등만 기억한다면, 그 세상은 정말 더러운 세상일 것이다.

그러나 우리 모두는 누구든지 1등이 될 수 있다. 그것은 우리 모두가 다르게 태어나기 때문이다. 그 다름을 찾아내고 이를 개발하면 그리고 여기에 약간의 운이 따라준다면 누구나 새로운 길을 만들어 낼 수 있다. 남을 짓밟고 일어서지 않아도 1등이 될 수 있는 것이다. 물론 새로운 길을 가는데 두려움과 불안감이 없을 수 있겠는가. 그 길은 의외로 평탄할 수도 있겠지만 거칠고 질퍽하며 낭떠러지로 이어질 수도 있다. 그러나 미래의 불확실과 두려움을 극복하지 않고서 어떻게 새로운 길을 개척할 수 있겠는가? 그것이 바로 기업가의 정신이고 성공적인 기업가들은 바로 이런 사람들이다. 직업의 종류와 각 직종의 곁가지들이 수없이 많다는 것은 그만큼 새로움에 도전하여 그곳에서 1등을 하는 사람들이 많다는 것을 의미한다. 1등만을 기억하기 때문에 더러운 세상이 아니라, 그것 때문에 누구든지 인간으로서의 자존심과 자긍심을 더 높이고 풍요로운 삶의 영위를 가능하게 하는 것이다.

누구든지 1등이 될 수 있는 세상은 자유와 경쟁을 전제로 하지 않고서는 달성될 수 없다. 자유로운 경쟁이야말로 남과 다를 수밖에 없는 자신만의 삶을 개척해 나갈 수 있게 하고 그 속에서 나만의 세상을 열어 펼칠 수 있게 한다. 그렇기 때문에 획일화를 강요하는 평준화 사회를 생각하면 끔찍하기 짝이 없다. 태어나서 죽을 때까지 평준화로 살 수 있다면 그런 사회도 그 나름대로 의미가 있다. 그러나 언젠가는 경쟁사회로 나갈 수밖에 없다면, 모두는 겉으로 멋지게 보이는 경쟁사회의 동일한 목표를 향해 평준화 속에서도 은밀하게 질주할 것이다. 경쟁을 통해 걸러지는 장치가 없기 때문에 자신을 탐색하고 그래서 자신의 진로를 선택할 수 있는 기회는 그만큼 늦추어진다. 그래서 평준화 그 자체에는 1등이 없지만, 평준화의 끝에는 오직 1명만이 1등을 할 뿐이다. 이처럼 한 길로 몰아세우는 것과 다를 바 없는 평준화야말로 얼마나 잔인하고 비인간적인가? 그 사회에서의 낙오자들은 남과 다른 자신을 개발하고 그만의 길을 개척할 수 있는 기회를 박탈한 평준화를 책망하는 것이 아니라 마치 경쟁사회가 자신을 낙오하게 만든 것인 양 경쟁사회에 그 책임을 돌린다. 그래서 그들은 자신의 낙오에 대한 깊은 성찰 없이 "1등만을 기억하는 더러운 세상"이라고 외치는 개그맨의 익살스러움에 함께 하고 싶어 하는 것이다.

1등이 꼴찌가 되고, 꼴찌가 1등이 될 수 있는 사회는 경쟁 사회에서만 가능하다. 무엇보다 경쟁질서가 가져오는 사회적 효과는 누구든지 1등이 될 수 있고 1등의 개수는 사람의 수만큼 많을 수 있다는 점이다. 1등만을 기억하는 것이 좋다고는 할 수 없지만, 1등을 존중하고 인정하는 사회야말로 풍요와 창의, 그리고 혁신이 가득 찬 역동적인 사회를 만든다. 그것이 보다 인간적인 사회이다. 그래야만 나도 1등이 될 수 있기 때문이다. (2010. 6. 7)

공정사회, 또 하나의 포퓰리즘

조동근(명지대 경제학과 교수)

왜 '지금' 공정사회인가?

이명박 대통령 취임사를 다시 찾아 읽었다. 취임사에 공정에 대한 언급이 있었는지 궁금했기 때문이다. 그러나 취임사에 '공정사회'는 없었다. '공정'을 검색했더니 두 군데가 검색됐다. 하나는 "투명하고 '공정'하게 경영하는 기업인들이 존경받고, 투자하고 일자리를 만드는 기업이 사랑받아야 합니다"이고, 다른 하나는 "기업이 먼저 투명하고 '공정'한 경영으로 노동자를 끌어안아야 합니다"이다. 두 곳 모두 '공정한 경영'을 언급하고 있다. '기업경영' 맥락에서의 공정의 의미는 '준법'을 의미한다. 편법이 아닌 '정도경영(正道經營)'을 요구한 것이다. 노(勞)의 사(使)에 대한 신뢰구축을 위해서라도 사(使)측이 '꼼수'를 부려서는 안 된다는 것이다.

이명박 대통령의 취임사는 방대하다. 글자 수는 8,539자로 200자 원고지 40매가 넘는 분량이다. 그럼에도 '공정'이란 명사가 명확하게 쓰이지 않았다. '공정한', '공정하게' 식의 부가어로 쓰였을 뿐이다. '공정'이란 단어의 울림이 크지 않았기 때문일 것이다. 그러면 이번 '8·15 경축사'는 어떠한가? '공정'이 무려 열 번이나 쓰였다. 양자의 차이를 어떻게 설명해야 하는가?

8·15 경축사를 기준으로 보면 대통령의 취임사에 공정에 대한 분명한 언급 내지 비전이 있었어야 한다. 2년 반 전이면 아주 가까운 과거가 아닐 수 없다. 지금 공정사회를 문제 삼아야 할 정도라면, 그 당시에 이미 문제의 뿌리가 배태(胚胎)되어 있었을 것이기 때문이다. 반대로 취임사를 기준으로 보면 8·15 경축사는 이명박 정부가 그동안 실정(失政)을 해왔음을 고백하는 것이다. 취임사를 기점으로 당시 문제가 되지 않았던 '공정사회' 시비가 최근 공론화된 것은 그만큼 우리사회가 '불(不)공정'해졌다는 것을 의미하기 때문이다. 어떤 시점을 기준으로 보더라도, 이명박 정부는 궁색하다. 물론 후자가 더 궁색하다.

이명박 정부가 그토록 '공정사회'에 집착하는 이유는 무엇인가? 이명박 정부는 그동안 '실용'을 강조해 왔다. "이념의 시대는 가고 실용의 시대가 왔다"고 선언한 취임사가 이를 웅변하고 있다.[6]

하지만 실용은 하나의 방법론으로 '가치'가 될 수는 없다. 이를 이명박 정부가 모를 리는 없다. 이명박 정부에게 '이념 부재' 정권이란 비판은 참으로 견디기 힘든 혹독한 비판이었을 것이다. 따라서 '이념 부재' 정권이라는 비판을 일거에 잠재우고 내부결속을 다지기에 충분한 집권 후반기를 관류하는 '가치'를 탐색하기에 여념이 없었을 것으로 추측된다. 이 같은 상황에서 '공정사회'란 화두(話頭)가 던져진 것이다. 그러면 여기서 왜 '공정사회'여야 하는가 하는 질문이 제기될 수 있다.

'공정사회'의 부메랑

대통령 중심제하에서 대통령의 권력이 막강한 것은 대통령 자리가 국가적 의제(agenda)를 선점할 수 있는 위치이기 때문이다. 따라서 대통령은 국면 전환을 위해 또는 자신의 통치기반 강화를 위해 '화두(話頭)'를 던지고 싶은 유혹에 빠지기 쉽다. 하지만 화두 선점은 '양날의 칼'과 같다.

김영삼 정부로 시계를 돌려보자. 당시 우리나라는 김영삼 대통령이 던진 '세계화(世界化)'란 화두에 온 나라가 빠져들었다. '세계화' 구상은 김영삼 대통령이 1994년 11월 16일 '아태경제협력체 정상회의'에 이은 호주 방문길의 기내(機內)에서 이루어진 것으로 알려져 있다. '세계화 선언'이 있은 후 맨 처음 한 일이 세계화가 국제화와 어떻게 다른가를 국민들에게 설명하는 것이었다. 이는 치열한 고민과 깊은 성찰을 통해 '세계화' 선언이 이루어지지 않았음을 반증하는 것이다. 세계화는 김영삼 정부의 '시대적 소명'인 양 출발했다. '세계화'는 맞는 방향이지만, '받침 논리'가 결여되어 있고 준비가 충분치 못했기 때문에 세계화 선언은 비극의 씨앗을 잉태했다. 한국경제는 이렇게 'IMF 외환위기'의 길에 접어들었다.[7]

이명박 대통령이 던진 '공정사회' 화두도 드러난 양상만을 놓고 보면 '세계화 선언'과 유사한 점이 많다. 우선 충분한 사전적 성찰과정을 갖지 못했다. '공정사회'는 일종의 '당위'이기 때문에, '왜' 공정사회인가는 질문이 될 수 없다. 하지만 "왜 지금 공정사회를 문제 삼아야 하는가", 그리고 "공정사회를 통치수단으로 삼는 것이 정당한가"라는 질문은 별개의 문제다. 8 · 15 경축사 이전에 공정사회가 화두로 등장할 것을 예측한 사람은 거의 없었다고 봐야 한다. 용어의 혼선도 문제다. '공정사회'가 화두로 던져졌기 때문에, 공정의 개념에 대한 충분한 공론화(公論化) 과정을 갖지 못했다. 결국 이 대통령이 부연설명을 하지 않을 수 없었다. 지난 9월 8일 청와대서 열린 중소기업 대표들과의 조찬 간담회에서 이 대통령은 "누구에게든지 균등한 기회를 줘야 한다는 게 공정사회의 기본 바탕"이라고 언급했다. "개천에서 용 날 수 있는 사회"가 될 수 있도록 기회를 균등하게 주어야 한다는 것이다.[8]

하지만 대통령의 부연설명에도 불구하고 공정사회 개념을 둘러싼 여진이 쉽게 가라앉을 것으로 보이진 않는다.

역설적으로 '공정사회'라는 화두는 친(親)서민을 선점 당해 빈사상태에 빠져 있는 좌파를 '기사회생'시켰다. 공정사회를 서민들이 피부로 느낄 수 있도록 정부가 직접 '로빈 후드(Robin Hood)'식 행동에 나서야 한다는 주문이 그것이다. 어찌 보면 정치적 반대세력에게 칼자루를 쥐어 준 셈이다. 그리고 정반대의 시각에서 '공정사회'가 대대적 사정(司正)을 위한 청와대의 사전 포석이라는 야권의 폄훼성 주장도 심심치 않게 제기되고 있다.

이제 원하든 원하지 않든 모든 정책사고와 정책프로그램은 '공정사회'라는 관문을 통과해야만 한다. 공정사회 화두는 의도하지 않게 정쟁(政爭)의 빌미를 제공하고 있다. 이명박 정부의 '법인세 인하' 등 '감세정책'은 더 이상 발을 붙이기 어려울 것으로 판단된다. 오히려 '부유세' 부활이 탄력을 받을 수 있는 상황이 전개될 수도 있다. '공정사회' 화두는 이명박 정부의 '초기 정책기조'를 허무는 부메랑이 되고 있다. '국민성공 시대'라는 비전은 공정사회에 의해 철두철미하게 부정되고 있다. 성공을 처벌하는 사회가 과장이 아닌 현실이 될 수 있다.

'친서민정책'과 '공정사회'는 양립 가능한가?

이명박 대통령은 8·15 경축사를 통해 공정사회를 세 가지로 압축하고 있다. 첫째, 공정한 사회는 '출발과 과정'에서 공평한 기회를 주지만 '결과'에 대해서는 스스로 책임지는 사회이며, 둘째, 공정한 사회에서는 승자가 독식하지 않아야 하며, 셋째 정부가 시행하고 있는 친서민 정책은 공정사회 구현을 위한 구체적 실천방안이라는 것이다. 여기에서는 이와 같은 '공정사회론'이 가진 '내적 비일관성'의 문제를 적기(摘記)하고자 한다.

　이 대통령이 정리한 공정사회에 대한 첫 번째 정의는 정확한 개념에 기초하고 있다. 즉, 출발과 과정에서 공평한 기회가 주어지면 '결과적 불평등'은 불문에 붙이는 것이 맞다. 그럼에도 이 대통령은 '결과로서의 평등' 까지 포괄하려고 한다. '결과로서의 불평등'을 누군가 착취해서 그렇게 된 것으로 오해하고 있다. 이 같은 인식 오류는 "대기업과 중소기업의 관계"를 보는 눈에서 그대로 나타나 있다.

　시장경제에서 분배는 당사자 간의 '계약'을 통해 이루어진다. 당사자가 분배 결과를 수용하는 것은 '자유의지'에 의해 계약을 했기 때문이다. 이때 제기되는 문제는 당사자 간의 '능력'에 차이가 날 수밖에 없다는 것이다. 능력에 차이가 나면 '자유의지'가 무슨 의미를 갖겠는가 하는 이의제기이다. 그러면 능력을 같게 할 수 있는가? 단연코 불가능하다. 능력을 결정하는 요인 중 '우연'과 '선천적 자질' 등이 통제 불가능하기 때문이다. 출발에서의 공평한 기회가 '동일한 출발선'을 의미하는 것이 아니다. 따라서 중요한 것은 제도적 요인 등이 특정 주체에게 '유·불리(有不利)'하게 작용하지 않도록 하는 것이다. 이 대통령이 언급한 대로 '과정에서의 공평한 기회'가 '공정'의 요체인 것이다. 불편부당(impartial)함으로써 공정성(fairness)이 확보되면 능력의 차이는 부차적이다. 계약이 '자율적'으로 이루어지고 계약에 따른 이익이 당사자 간에 굳이 반분(半分)되지 않더라도 '상호 호혜적'이면 계약은 도덕적으로 정당하며 분배의 결과 또한 공정하다고 볼 수 있다.

　공정에 대한 오해는 거래로부터의 이익이 반분(半分)되지 않으면, 그리고 '결과로서의 평등'이 확보되지 않으면 '공정'하지 않은 것으로 여기는 것이다. 공정의 개념을 정확히 인식하면 대기업과 중소기업의 상생을 위해 정부가 굳이 개입할 이유는 없다. 정부의 개입은 중소기업의 경쟁력 제고를 오히려 저해시킬 수 있다. 그동안 중소기업이 크지 못한 것은 대기업의 불공정 거래 때문이라기보다, 정부의 보호 때문일 수 있다.

조립업체와 부품업체 간의 '갑과 을' 관계도 그리 일반화할 일은 아니다. 인텔(Intel)과 보쉬(Bosch)는 분명 부품업체이지만, 이들 기업이 '을'의 위치에서 불이익을 본다고 할 수는 없다. 대기업이 갑을관계를 이용해 중소기업에 대해 '우월적 지위'를 남용하면 계약법과 공정거래법을 엄격하게 적용하면 된다. 마치 대기업이 중소기업을 착취하는 양 사태를 왜곡시켜서는 안 된다. 이는 그동안 수면이하로 잠복한 '반(反)기업정서'에 다시금 불을 붙이는 것이다.

"공정한 사회에서 승자독식은 있을 수 없다"는 이 대통령의 언급은 일반 대중의 가슴을 적실 수는 있지만, 논리적으로 완결된 말은 아니다. 우선 정치권력과 달리 시장에서 '승자독식'은 사실상 존재하지 않으며, 승자의 몫을 골고루 나누는 것이 공정한 것도 아니기 때문이다. 또한 공정은 '불편부당'과 '기회균등'이 본질이기 때문에 친(親)서민 정책과 공정사회는 양립가능하지 않다. '친'이 붙은 정책은 모두 마찬가지이다. '친(親)'은 필히 '반(反)'을 수반한다. 이는 '친과 반'의 이분법적 구도를 의미한다. 참여정부의 망령을 되살리는 것이 목적이 아니라면 특정 계층을 향한 '친'정책은 신중해야 한다. 이 같은 관점에서 친기업(business friendly) 정책도 패착이다. '친시장'으로 접근했어야 했다.

친서민정책이 공정사회를 구현하기 위한 실천방안이라는 주장에 동의하기는 어렵다. 서민은 '사회적 약자'를 포함하지만 그렇다고 서민 전체를 '사회적 약자'로 치부해서는 안 된다. 이는 '사회적 약자'를 배려하는 '공적부조(公的扶助) 프로그램'이 '친서민정책' 프로그램이 돼서는 안 된다는 것을 시사한다. '사회적 약자'를 돌보는 빈곤 대책과 친서민정책은 마땅히 달라야 한다. 서민정책의 관건은 '자조(自助)'의지를 북돋아주는 것이어야 한다. 따라서 친서민정책은 '공정사회'가 아닌 '자조(自助)사회'를 구현하기 위한 실천방안인 것이다. 이명박 정부의 친서민정책은 서민의 범주를 정확히 규정하지 않음으로 해서 포퓰리즘으로 흐를 공산이 크다.

'국민성공 시대'의 초심으로 돌아가야

시장은 '비인격적' 자원배분 기구이기 때문에 시장을 통한 분배는 상대적으로 공정하다. 문제는 시장을 통하지 않은 즉 '비시장적 배급(non-market rationing)'이다. 따라서 '공정의 잣대'는 비시장적 접근에 집중돼야 한다. 그러나 이명박 정부의 공정사회는 정반대이다. 상대적으로 공정한 시장적 배분에 대해 공정의 잣대를 대고, 정작 눈을 크게 뜨고 감시해야 할 '비시장적 배급'의 문제에는 피상적으로 접근하고 있다.

'비시장적 배급'은 가치 있는 것의 '재량적 배분'을 의미한다. 우리나라의 파워 그룹은 "관료조직과 정치권 그리고 사법부"이다. 이들의 행태를 보면 비시장적 배급의 폐해를 쉽게 알 수 있다. 중앙부처 고위 공무원의 산하기관으로의 전직(轉職)은 '열린 노동시장'이 아니다. 최근 7년간 외교부의 특채 규모는 외무고시 선발인원의 4.4배에 이른다고 한다. 외무고시에 목을 맨 수험생은 기가 찰 노릇이다. 국회는 한번이라도 의원 배지를 달면 매월 120만 원의 연금을 평생 받는 법안을 슬그머니 끼어 넣었다. 생활형편이 어려운 제헌국회 등 전직 국회의원의 품위고양을 위해서란다. 취지는 좋지만 그 비용을 국민들에게 전가해서는 안 된다. 같은 국회의원들이 기금을 만들어 해결하면 될 일이다. 전관예우 관행과 스폰서 검사는 영향력의 '비시장적 배급'의 또 다른 유형이다. 이런 일그러진 초상은 무전유죄(無錢有罪)의 자괴를 낮게 한다. 이토록 불공정한 일이 어디에 있겠는가? 이들 파워그룹의 "특권과 특혜 그리고 반칙이 규율되지 않으면" 공정사회는 신기루에 지나지 않는다.

공정사회 이전에 특권과 특혜, 그리고 반칙 없는 사회를 강조하는 것이 옳다. 특권과 특혜 시비가 없으면 누구든지 자신의 실패를 인정하게 된다. 자신의 실패를 인정함으로써 재기(再起)를 다짐하는 사회가 공정한 사회인 것이다. 국가가 할일은 특권과 특혜 그리고 반칙을 규율하는 것이다. 이것이 '법치(rule of law)'이며, 그것으로 족하다. '공정사회'를 논하는 것 자체가 '설계주의'의 발로이기 때문이다. 이 대통령은 대처 총리와 레이건 대통령의 보수혁명에서 지혜를 얻어야 한다. 이들 지도자는 공통적으로 자유를 '도덕의 본질'로 확신했다. '도덕과 정의'를 통치도구로 삼지 않았다.

후일 '공정사회'는 또 다른 포퓰리즘이라는 비판을 면하기 어려울 것이다. 공정이란 담론을 지렛대로 대중의 마음을 움직여 정치적 기반을 공고히 하려 했기 때문이다. 그리고 '공정사회'론은 이명박 정권의 초기 정책기조를 철저히 훼손시키는 뜻하지 않은 부메랑이 될 수 있음에 유의해야 한다. 정권은 짧고 정권에 대한 평가는 길다. 레이건과 대처가 높이 평가되는 것도 그들의 경제적 치적 때문만이 아니다. '자유주의의 이념과 가치'를 신봉했기 때문이다. 참여정부는 실패했지만 그들의 이념과 가치의 정체성은 분명히 지켰다. 절반의 성공을 거두었을 수도 있다. 이명박 정부는 사상과 이념 그리고 가치에서 '경계인(境界人)'을 자처하고 있다. 우파적 가치와 이념으로 국민성공 시대를 열겠다는 초심으로 돌아가야 한다. 국민 개개인이 성공할 수 있도록 국가가 돕는 사회, 가진 자가 '도덕적 의무'를 다하는 사회를 지향해야 한다. (2010. 10. 1)

개천에서 용 나는 사회

▮ 안재욱(경희대 대학원장, 경제학)

많은 사람들이 과거에는 그렇지 않았는데 이제는 '개천에서 용 나기 어려운 시대'라고들 한다. 그 증거로 서울대생 대부분이 강남출신이고, 부가 부를 낳고 자수성가한 사람이 적다는 것을 든다. 이에 정부는 사교육을 억제하고 서민층의 보육료를 지원하는 등 복지정책을 확대하려고 하고 있다. 이러한 정부의 정책이 개천에서 용을 쉽게 나게 하기 위한 조치인지를 논하기에 앞서 과연 우리 사회가 정말 '개천에서 용 나기 어려운 사회'인지 짚어볼 일이다.

"개천에서 용 난다"라는 속담은 가난한 상황에서 열심히 공부하거나 열심히 일을 해서 부를 얻고 높은 사회적인 지위를 얻었을 때를 비유해서 쓰는 말이다. 우선 근대사회 바로 이전인 조선시대에는 철저한 신분사회였으므로 기본적으로 개천에서 용이 날 수 있는 사회가 아니었다. 양반의 비율이 매우 낮았고 대부분 평민이나 노비였다. 교육은 양반의 전유물이었으며 과거를 통해 관직에 오를 수 있었던 사람들도 양반 자제로 국한되었다. '개천'에서 '용'이 나올 턱이 없었다.

근대로 들어서면서 신분사회가 타파되고 시장경제가 도입되면서 개인의 사회 경제적 지위가 출신 신분이 아니라 개인의 능력에 따라 결정되었다. 누구라도 열심히 공부하거나 일을 하면 부를 얻고 사회적인 지위를 높일 수 있는 길이 열렸다. 열심히 공부하거나 일한 사람들이 부를 이루고 사회적으로 높은 지위를 얻었다. 정말 '개천에서 용 난' 경우가 매우 많았다.

그 이유는 무엇일까? 그것은 그만큼 '개천'이 많았기 때문이다. 다시 말하면 우리 국민의 대부분이 못살았던 까닭이다. 1962년 우리나라 1인당 국민소득은 87달러에 불과했다. 지금은 1인당 국민소득이 2만 달러에 달한다. 현재 대부분의 국민이 잘살게 되었고, 잘살게 된 국민의 대부분이 '개천' 출신인 것이다. 현재 1인당 국민소득이 2만 달러라는 사실은 그만큼 '개천'이 많이 없어졌다는 것을 의미한다. 따라서 지금 과거처럼 개천에서 용이 많이 나지 않는 것은 당연하다. 과거처럼 '개천에서 용 나기' 어렵다고 현재의 상황을 탓하는 것은 비교를 잘못하고 있는 것이다.

문제 삼아야 할 것은 우리 사회가 정말로 가난한 집 아이가 부를 축적하기 어렵고 사회적으로 성공할 가능성이 없는 사회인가 하는 점이다. 전혀 그렇지 않다. 우리 사회는 여전히 '개천에서 용 날 수' 있는 사회이며, 그 가능성이 훨씬 더 많이 있다.

우리 사회가 개천에서 용 나기 어렵다고 주장하는 사람들을 보면 매우 제한된 시각을 갖고 있다. 단순히 서울대 가는 것이 성공이고 행정고시와 사법고시를 통해 관료가 되고 판검사가 되는 것이 성공의 길이라고 생각한다. 그러나 서울대로 진학했다고 해서 꼭 성공한 삶으로 이어지는 것이 아니다. 가장 비근한 예로 우리나라 역대 대통령 중에 서울대 출신은 한 명밖에 되지 않는다. 또 관료와 판검사만이 성공한 삶이 아니다. 우리 사회에서 부를 축적하고 사회적 지위를 얻을 수 있는 길은 무수히 많다. 기업가, 소설가, 시인, 축구선수, 야구선수, 농구선수, 골프선수, 가수, 탤런트, 배우, 화가, 요리사, 기자, 건축가, 방송인, 디자이너, 모델 등 정말 다양하다. 실제로 우리 주변을 둘러보면 서울대 나오지 않고 심지어 대학 나오지 않은 사람들 중에 각 분야에서 자수성가한 사람들이 매우 많다. 지금 우리 사회는 어느 분야에서든지 자신이 소망하는 것을 열심히 하면 사회적으로 인정받는 사람이 되는 사회다.

지금 우리 사회가 '개천에서 용 나기 어려운 사회'라고 비판하는 사람들은 실제로는 우리 사회가 물질적으로 평등하지 않다는 것을 강조하고 물질적으로 평등한 사회를 구현해야 한다고 주장하고 싶은 것을 달리 표현하고 있는 것이다. 그러나 물질적인 평등사회는 전혀 가능하지 않다. 왜냐하면 그것은 자연스럽지 않기 때문이다. 사람마다 능력과 재능이 다 다르다. 또 모든 사람이 다 근면하고 성실하지도 않다. 능력이 있다거나 근면하고 성실한 사람이 그렇지 않은 사람보다 더 많은 부를 이루고 성공하는 것은 당연하다. 이러한 자연스러운 현상을 인위적으로 막는 것은 가능하지도 않고 부작용만 생긴다.

어느 날 어떤 조치를 취해 모든 사람의 부를 동일하게 만들었다고 치자. 과연 그것이 얼마나 지속될까? 다음날이면 각자의 부는 모두 달라질 것이다. 왜냐하면 개인에 따라 저축하는 사람도 있을 것이고 소비하는 사람도 있을 것이기 때문이다. 동일한 부를 계속 유지하게 하려면 정부는 모든 사람들에게 "저축하지도 말고, 똑같이 소비하고, 남보다 열심히 일하지 말고, 새로운 기술 개발이나 발명을 하지 말라"고 명령하고 그 명령이 잘 지켜지도록 감시하고 감독하면 된다. 그러나 그러한 사회는 사람이 사람답게 살 수 없는 비참한 사회가 된다.

'개천에서 용 나기 어려운 사회'라고 비판하는 사람들은 부의 불평등으로 인해 출발선이 달라 가난한 집의 아이가 부잣집 아이보다 성공하기 어렵다고 한다. 따라서 공정하지 않다는 것이다. 그러나 공정이라는 것은 법과 규칙이 누구에게나 동등하게 적용되는지를 판단하는 데에 사용되는 것이지 환경이나 처지가 다른 경우에 적용되는 것이 아니다. 공정이라는 잣대를 들이대며 이런 식의 '기회의 평등'을 주장하는 것은 앞에서 말한 '결과의 평등'과 다를 게 없다. 또한 지금의 처지와 환경이 좋다고 해서 성공하고, 열악하다고 해서 성공하기 어려운 것이 아니다.

IQ가 150되는 아이가 100인 아이보다 반드시 공부를 잘하지 않는다. 또 공부는 잘 할지 모르지만 반드시 사회적으로 성공하는 것은 아니다. 물론 IQ 150인 아이가 공부에 취미가 있어서 열심히 한다면 IQ 100인 아이가 공부를 따라 갈 수 없을 것이다. 또 IQ 150인 아이가 성실하게 일을 한다면 IQ 100인 아이보다 더 성공할 수 있을 것이다. 그러나 IQ 150인 아이가 머리만 믿고 공부를 게을리 한다면, 또 사회에 나가서도 열심히 일하지 않는다면 그는 결코 성공하지 못한다.

마찬가지다. 부잣집 아이가 부모의 재력만 믿고 놀기만 한다면 재산을 다 탕진하고 실패한 인생을 살 것이다. 실제로 우리 주변에서 이러한 사람들을 많이 본다. 물론 부잣집 아이가 열심히 공부하고 일을 한다면 더 많은 부를 축적하고 사회적으로 더 성공할 수 있을 것이다. 결국 자기하기 나름인 것이다. 인생에서의 성공은 물질적 환경보다는 오히려 성실, 노력, 인성, 창의력, 긍정적인 마음 등에 좌우되는 경향이 더 많다.

실제로는 국민들의 생활에 정부 개입이 많은 사회일수록 '개천에서 용 나기' 어려운 사회가 된다. 정부 개입이 많은 사회에서는 자원과 부의 배분이 개인의 능력과 노력보다는 혈연, 학연, 지연 등에 의해 이루어지기 때문이다. 정부 개입이 많은 사회에서는 일부 선택된 사람들이 정부로부터 특혜를 받는다. 그것은 사람들의 생활을 총체적으로 제한하고 있는 사회주의 국가를 보면 확연히 드러난다. 북한에서 최고 권력자인 김정일 위원장 주변과 그에게 충성하는 사람만이 특권을 누리고, 그 특권을 이용하여 부를 이루고 있다.

"사교육이 개천에서 용 나기 어렵게 한다"면서 사교육을 억제하면 사교육은 억제되지 않을 뿐만 아니라 사교육비가 더욱 올라가게 되어 서민들의 가계를 더욱 압박한다. 사교육이 성행하는 것은 정부의 교육에 대한 간섭과 통제로 인하여 학교 교육의 질이 저하되었기 때문이다. 사교육 문제를 해결하는 것은 정부가 교육에 대한 간섭과 통제를 없애고 학교와 학부모에게 자율권을 줘 학교 교육을 살리는 일이다. 교육은 지식뿐만 아니라 인생의 본질적인 가치를 전수하는 과정이다. 거기에는 자녀에게 무엇이 옳은지, 그른지, 그리고 인생에서 무엇이 중요한지를 가르치는 것이 포함되어 있다. 그러므로 교육은 정치인이나 관료들이 아닌 개별 가족에 의해 통제되어야 맞다.

또 보육료 지원과 같은 복지정책으로는 개천에서 용 나게 하기가 쉽지 않다. 오히려 복지 대상자들의 일할 유인을 감소시켜 가난에서의 탈출을 어렵게 만들 수 있다. 일을 더 하여 돈을 더 많이 벌게 되어서 정부로부터 받는 복지혜택이 줄어든다면 일을 덜하고 돈을 덜 벌려고 하기 때문이다. 복지정책이 오히려 자신의 처지를 개선하려는 노력을 막는 것이다. 자신의 처지를 개선할 수 있는 방법은 결국 자신이 열심히 일하는 것이다.

복지정책의 또 다른 문제점은 도덕적 해이를 유발한다는 점이다. 사람들이 정부의 복지혜택을 받기 위해 소득을 낮게 신고하려는 유인이 존재한다. 정보문제로 인하여 정부가 사람들의 소득을 정확하게 산정할 수도 없다. 그래서 복지정책은 많은 국민들로 하여금 정직하지 못한 삶을 살게 만든다. 가난한 사람을 돕는 것은 정부의 복지제도보다는 민간의 복지제도에 맡기는 것이 바람직하다. 민간에 의해 복지재단이 설립되어 활성화할 수 있게 외국과 같이 기부금에 대한 조세감면 규정을 정비하는 것이 정부가 해야 할 일이다.

우리나라는 여전히 '개천에서 용 날 수 있는 사회'이다. '개천에서 용 날 수 있는 사회'를 만든다는 명목으로 정부가 국민들의 생활에 간섭한다면 오히려 그러한 사회에서 더 멀어질 수 있다. 지금보다 더 나은 '개천에서 용 날 수 있는 사회'를 만들기 위해서는 지금 국민들의 생활에 가해지고 있는 많은 정부의 규제와 간섭을 줄이고 민간의 활동을 장려해야 한다. (2010. 10. 7)

'사회주의적 인간'을 부추기는 정치권

■ **신중섭**(강원대 윤리교육과 교수)

"인간의 품성이 본성에 의존하는가 아니면 문화에 의존하는가"라는 물음은 오래 전부터 있어 왔다. 그러나 본성과 문화가 인간의 품성에 함께 영향을 미친다는 것은 분명하다. 철학자 피터 싱어(Peter Singer)는 '다원주의 좌파'[9]라는 저서에서 "좌파는 이제 마르크스를 버리고 다원의 지혜를 받아들여야 한다"고 주장하였다. 어렵고 불우한 처지에 있는 사람들에 대해 무한 동정심을 가지고 있는 싱어는 아직도 '좌파'의 역할이 지대하다고 믿고 있지만, 마르크스의 인간관을 전제하고서는 좌파의 이상을 성취할 수 없다는 판단을 하고 있는 것이다.

마르크스의 가장 큰 실책은 인간의 본성을 잘못 파악한 것이다. 마르크스는 인간의 품성은 전적으로 문화의 소산이라 믿고 사회체제가 변하면 인간의 품성도 완전히 바뀔 것이라고 생각하였다. 인간의 이기심은 인간의 본성이 아니라, 자본주의 문화의 소산이기 때문에 자본주의가 타도되고 사회주의 사회가 도래하면 사회주의에 적합한 '이타적 인간'으로 변혁될 수 있을 것이라고 믿었다.

싱어는 평등·정의와 같은 사회주의적 이상을 달성하기 위해서 필요한 '사회주의적 인간' 곧 '이타적 인간'이 탄생할 것이라고 생각한 마르크스의 철석 같은 믿음은 잘못되었다는 것을 인정하였다. 싱어에 따르면 인간의 품성은 진화의 산물이기 때문에 상대적으로 불변적인 요소가 존재한다는 사실을 우리는 받아들여야 한다는 것이다. 그는 완전히 평등한 사회는 존재할 수 없을 뿐만 아니라, 정치나 문화·경제 체제와 관계없이 모든 사회에 계층적인 인간관계가 존재하는 것은 보편적인 현상임을 인정한다. 인간이 모여 사회를 구성하는 순간부터 어떤 행태로든 지위의 높낮이가 생기기 때문에 계급이 없는 완전한 평등사회의 건설은 불가능하다는 것이다.

인간은 문화뿐만 아니라 본능의 영향을 받기 때문에 평등사회의 실현이 불가능하다는 싱어의 통찰은 강한 설득력을 가지고 있다. 그러나 본능이 사회와 인간의 품성 형성에 영향을 미치지만 문화의 영향 또한 무시할 수 없을 정도로 강하다. 현실에서 사회주의가 붕괴된 뒤에 우리는 사회주의 사회가 우리가 생각한 만큼 평등한 사회는 아니었으며, 사회주의자들의 주장과는 다른 '사회주의적 인간'이 존재한다는 사실을 발견하였다.

마르크스는 이기심을 완전히 극복한 이타적 인간을 '사회주의적 인간'으로 상정했지만 우리가 발견한 '사회주의적 인간'은 전혀 다른 모습을 하고 있었다. '사회주의적 인간'은 '도덕적 자아'를 가지고 있지 않았다. 모든 것을 국가가 결정하고 실행하기 때문에 인민들은 자발성을 갖지 못한다. 도덕적인 선악의 판단은 인격체로서 주체적 개인의 판단 영역이 아니라 국가의 영역이기 때문에 개인은 도덕적 주체의식을 상실하였다.

'사회주의적 인간'은 국가가 명령하지 않으면 자발적으로 행동하지 않을 뿐만 아니라 도덕적 판단도 하지 않는다. 그들에게는 도덕적으로 옳은 것과 그른 것에 대한 자율적 판단이 결여되어 있다. 따라서 그들에게는 '자기 책임의 원칙' 같은 것은 존재하지 않는다. 어떤 일이 잘되든 잘못되든 그것은 국가의 책임이지 개인의 책임이 아니다. '사회주의적 인간'은 나에게 무엇이 잘못되었을 때 그것이 나의 책임이라는 의식을 갖지 못한다.

뿐만 아니라 나와 가족들이 먹고 살기 위해 내가 열심히 일해야 한다는 의식도 없다. 나와 나의 가족을 먹여 살려야 하는 것은 국가이지 내가 아니라고 생각한다. 실제로 사회주의 사회에서는 그렇게 하였다. '사회주의적 인간'이 모여 사는 사회에서 열심히 일하는 것, 성실하게 일하는 것은 공동체나 다른 사람에게 이익을 주는 것이 아니라 피해를 주는 것이다. 내가 열심히 일하면 나에게, 내가 속한 공동체에 이익이 돌아오는 것이 아니라 다음 해에 나와 내가 속한 일터의 사람들이 해야 할 작업량이 늘어날 뿐이다.

사회주의 사회가 만든 인간은 '이타적 인간'이 아니라 도덕적 주체 의식을 상실한 '무책임한 인간'이었다. 사회주의적 인간은 나태할 뿐만 아니라 거짓말하는 것에 양심의 가책도 없다. 모든 것은 나의 책임이 아니라 국가의 책임이라고 믿기 때문이다.

현실 사회주의 체제가 붕괴되었다고 '사회주의적 인간'이 사라진 것은 아니다. 우리는 우리 주변에서 얼마든지 '사회주의적 인간'을 만날 수 있다. 그들은 우리 사회의 모든 문제가 자본주의 체제에서 유래한다고 생각한다. 가난한 사람이 존재하는 것도, 사회가 양극화된 것도, 교육문제가 존재하는 것도 모두 자본주의 체제가 양산한 이기적 인간의 탐욕 때문에 생긴 것이라고 주장한다.

이런 '사회주의적 인간'의 탄생에 한몫을 한 것은 정치가와 국가이다. 기회 있을 때마다 정치가들은 모든 국민을 행복하게 만들어 주겠다고 외친다. 여기에 편승하여 국가까지 따라 나선다. 정치와 국가의 포퓰리즘이 자유민주주의 사회에서 '사회주의적 인간'을 양산한다. 책임 있는 부모가 자식을 돌보듯 가부장적인 국가가 모든 국민의 행복을 책임지겠다는 것이다. 이런 사회에서 국민에게 필요한 덕목은 국가의 호의를 단호하게 거절하고 나와 가족들의 생계를 내가 책임지겠다는 '책임의식'이 아니라 국가를 믿고 따르는 것이다.

'경제 활성화'와 '일자리 창출'을 외치던 이명박 정부가 '친서민 중도실용'과 '공정한 사회'를 표방하면서, 이런 '사회주의적 인간'을 부추기는 측면이 짙다. 야권의 '보편적 복지'에 '자기 책임의 원칙'으로 단호하게 맞서지 못하고, '준보편적 복지'[10]를 표방하고 나옴으로써 야당은 더욱 왼쪽으로 나가고 있다. 정부 여당이 '서민정책'을 제시하면 야당도 경쟁적으로 '서민정책'을 제시하고 있다. 민노당이나 주장했던 '보편적 복지'를 민주당이 외치고 나온 것은 '친서민 중도실용'이 초래한 정치적 결과이다.

국가가 자신의 힘으로 힘겹게 가난과 싸우는 사람들을 도와주는 것은 피할 수 없는 국가의 과제이다. 그러나 이것이 지나치면 '사회주의적 인간'의 양산을 부추긴다. 통일 한국을 바라보며 북한에 살고 있는 무수히 많은 '사회주의적 인간'을 생각할 때면, 또 복지정책을 통해 국민의 행복을 책임지겠다는 우리 정치권을 보고 있노라면, 대한민국의 미래가 걱정된다. (2010. 10. 12)

자수성가는 결국 개인의 몫이다

▌**공병호**(공병호경영연구소 소장)

어느 시대에나 그 시대를 이끄는 시대정신(時代精神)이 있다. 이는 사람들의 의식과 행동에 영향을 미칠 뿐만 아니라 제도나 정치 지도자의 선택에도 큰 영향을 끼치게 된다. 오늘날 한국 사회를 관류하는 시대 정신은 무엇일까? 바라보는 시각에 따라서 사람마다 다른 이야기를 내놓을 수 있지만 시대정신과 관련해서 최근 우리 사회에서 유행하는 현상들을 잠시 살펴보자.

최근 들어 부쩍 국가가 뭔가를 도와야 한다는 주장이 힘을 얻고 있다는 사실이다. 여당의 한 중진 의원은 심지어 빈곤층을 넘어서 중산 층과 그 이상까지 포함하는 70% 복지론을 주장하기도 한다. 주요 언론들은 너나 할 것 없이 더 이상 젊은 세대들이 세대이동을 하는 일은 불가능하다는 주장을 펼치기도 한다. 게다가 누구누구 때문에 내가 혹은 우리가 힘들게 되었다는 이야기도 힘을 얻어가고 있다. 대통령 때문에, 재벌 때문에, 부자 때문에 등과 같은 주장들이 힘을 얻고 있는 점을 우려하지 않을 수 없다. 더욱이 최근 들어선 젊은 세대들은 자기 힘으로 일어서서 성공을 거둘 수 있는 이른바 자수성가(自手成家)가 불가능한 시대로 가고 있다는 주장도 큰 힘을 얻고 있다. 스스로 "우리 세대는 불가능해"라고 규정짓게 되면 이에 따른 사고와 행동이 나오게 되고, 그런 사고나 행동에 걸맞은 삶이 전개될 수 있다.

과연 젊은이들의 앞날에 암울함만 기다리고 있는 것일까? 일부 사람들이 주장하듯이 그들은 자수성가가 불가능한 세대인가? 우리나라뿐만 아니라 사회가 선진화된다는 것은 그만큼 이례적인 성공의 기회가 줄어드는 것을 뜻한다. 하지만 결코 기회의 문이 닫히는 것을 의미하지는 않는다. 전 세대나 지금 세대나 불문하고 오랜 학교생활을 마무리하고 사회생활을 시작하는 일은 늘 불안감과 불확실함이 함께 한다. 단적으로 "이렇게 적은 봉급으로 어떻게 가족을 꾸리고 살아갈까?"라는 의구심이 들기도 하고 누구에게나 앞이 보이지 않는 것이 사실이다. 젊은 세대만의 특징이 아니라 모든 세대들이 사회생활을 시작함과 함께 경험하는 불확실함이다.

풍요롭게 자란 세대들이기에 장점도 많지만 단점이 있다면 고통스런 시간을 참아낸 경험들이 별반 없다는 점이다. 때문에 자칫 자신의 생각이 뚜렷하게 서 있지 않으면 내부에서 문제를 찾기보다는 바깥에서 원인을 찾으려 노력하게 된다. 며칠 전 필자는 트위터에서 한 젊은이가 이런 주장을 펼치는 것을 본 적이 있다.

"지금 상황은 사회 시스템에 문제가 있어요. 자기 혼자 잘 되겠다고 열심히 해봐야 법이나 시스템이 뒤를 받쳐 주지 못하기 때문에 자수성가하는 것이 불가능해요. 보세요, 지금 대기업이 중소기업을 쥐어짜서 수익을 내는 세상에 혼자서 뭘 하겠어요?"

지극히 위험한 생각이지만 누구도 그 생각이 가진 문제점을 지적하지 않았다. 남들이 모두 가기를 원하고 이미 잘 알려진 길을 찾으려면 경쟁이 치열할 수밖에 없다. 교육과정에서 우수한 성적을 받은 사람들만이 그런 기회를 잡을 수 있다. 그러나 세상에 넓고 편안한 길도 있지만 좁고 험한 길도 있지 않는가? 남이 가지 않는 길이지만 개척해 볼 만한 길이 얼마든지 있지 않는가? 모두 대학을 나와서 엇비슷한 길을 가려고 하니까 늘 직장이 없다는 이야기만 나오지 않는가? 필자가 학교를 졸업할 당시 단자회사(short-term investment finance company, 短資會社)가 가장 큰 인기를 끌었다. 그러나 그 업종은 이미 사라진 지 오래다. 현재 잘 나가고 유행하던 직업이 앞으로 20년, 30년 갈 가능성은 아주 낮다. 지금은 누구도 눈길을 주지 않지만 먼 미래를 보고 남이 감히 하려고 하지 않는 분야, 남이 귀찮아하는 분야에 발을 담글 수 있지 않는가? 게다가 그 분야가 숙련도를 요구하고 세월과 함께 차별화하는 분야라면 틀림없이 지금 젊은이들 가운데 선뜻 뛰어들려는 사람은 많지 않을 것이다.

그래서 필자가 한 번은 트위터에 이런 글을 올린 적이 있다. "남들이 모두 가는 큰 길을 갈 수 없다고 포기할 수는 없지 않습니까? 젊어서 고생은 사서도 한다는데 남들 노는 것처럼 다 놀면서 잘 되려고 하니까 그게 힘들지 않은가요? '자네들은 희망이 없어'라는 선입견부터 스스로 깨버려야 해요."

모든 자수성가는 젊은 날 초기에 집중적인 선불을 요구한다. 다시 말하면 무엇인가를 포기해야 하고 자신의 길에서 전력을 다해 달릴 것을 요구한다. 그러나 이 점에서 젊은 세대와 기성세대와는 큰 차이가 있다. 기성세대는 어렵게 성장해 왔기 때문에 현재의 불편함을 감내하는 데 젊은 세대들보다 더 유리하다. 그들은 절박한 시대를 살아왔기 때문에 참아낼 수 있다. 하지만 지금 젊은 세대들은 이것을 하다 어려우면 금방 다른 것을 선택할 수 있다고 생각한다. 게다가 즐길 수 있는 것이 너무 많다. 이것도 해야 하고 저것도 해야 하는데 이것이 물질적으로 가능하지 않을 때 힘들어 한다. 예를 들어 부모가 부유하지 않으면 자신이 비용을 더 많이 지불할 각오를 하면 된다. 그리고 좋은 직장을 구할 수 없다면 좀 떨어지는 곳에서부터 시작해서 밑바닥에서 기어 올라갈 각오를 하면 된다. 현재 비용을 지불하지 않고 어떻게 훗날 귀한 것을 얻을 수 있겠는가?

또한 젊은 세대라는 용어를 자주 사용하지만 사실 자수성가는 결국 개개인의 문제라 할 수 있다. 젊은 세대는 불가능하다는 이야기가 아니라 그 세대 가운데 누구는 승자가 되고 누구는 패자가 된다. 결국 평균적인 가능성은 줄어들었지만 개개인이 하기에 달려 있다. (2010. 11. 9)

허각이 아닌 존박이 승리했다면

▋ **신중섭**(강원대 윤리교육과 교수)

허각이 우리 정치권에서 '공정사회'의 아이콘으로 떠오르고 있다. 발단은 조계종 총무원장 자승스님이다. 10월 27일 자승스님은 김황식 신임 국무총리가 취임 인사차 예방한 자리에서 "(총리)가 공정한 사회를 위해 법과 원칙, 소통과 화합, 나눔과 배려를 강조했는데 혹시 허각을 아느냐"고 물었다. 김 총리가 "모른다"고 하자 자승스님은 "허각이라는 친구가 아무런 뒷배경도 없고 물려받은 재산도 없이 오로지 성실함과 탁월한 노래 실력으로 마지막 1인으로 뽑혔다. 공정한 사회를 이루는 대표적인 사례가 아닌가 생각했다. 그 과정을 보시면 공정한 사회와 서민정책에 도움이 될 것이다"라고 조언했다.

자승스님의 허각 이야기는 여기에서 끝나지 않았다. 11월 16일 자승스님은 '슈퍼스타 K2' 주인공 허각, 존박, 장재인과 함께 점심식사를 했다. 이 자리에서 "재산을 물려받은 것도 아니고 누가 뒤에서 밀어주는 것도 아닌데, 재능과 목소리 하나만으로 '슈퍼스타 K2'의 마지막까지 올라온 것은 운과 공정함이 따르지 않으면 안 되는 것"이라며 "공정사회 모델로 젊은이들에게 꿈과 희망을 심어줬다"고 이들을 격려했다. 스님이 '운'과 '공정함'을 함께 언급한 것은 아마도 세상은 복잡하여 재능 있는 개인이 부단히 노력하고 사회가 공정하다고 할지라도 '운'이 따르지 않으면 꼭 성공할 수도 없다는 세상의 자명한 이치에 대한 깨달음 때문일 것이다. 자승스님은 또 '슈퍼스타 K2' 투표에 참여했다고 말해 우리를 놀라게 했다.

자신이 공정사회의 본보기로 떠오른 것에 대해 허각의 반응은 흥미롭다. 허각은 "어떤 면에서 그렇게 비쳐졌는지는 모르겠지만, 자신은 썩 공정하지는 않다"면서 "착실한 청년으로 봐줘서 몸 둘 바를 모르겠다"고 했다. "프로그램에 공정한 규정이 정해져 있어서 그렇게 했을 뿐"이라고 했다. 환풍기 수리와 행사장 가수 일을 전전하던 중졸 학력의 가난한 청년이 가수의 꿈을 안고 도전하여, 134만 명이 넘는 시청자가 심사 투표에 참여한 '슈퍼스타 K-시즌2'에서 승리한 것은 많은 사람에게 감동을 주기에 충분하다. 파격적으로 내건 2억 원 상금의 주인공이 되었으니 허각은 인생의 전환을 맞이한 것이다.

그러나 결승 무대에서 허각에 밀린 존박이 허각의 부상에 기여했다는 사실도 부정할 수 없다. 존박은 미국 명문 사립대학 노스웨스턴대 학생이며 180Cm의 키에 화려한 외모로 사람들의 관심을 끌었다. 가정환경이나 인생여정에서 존박은 철저하게 허각의 대척점에 있었던 것이다. '존박 내정설'이 돈 상황에서 허각의 통쾌한 승리에 사람들은 환호한 것이다. 물론 시청자 투표 반영률이 70%에 달하는 상황에서 허각의 승리에는 상대적으로 불우한 처지에 있는 허각에 대한 동정심과 격려가 투표에 반영되었음은 말할 것도 없다.

한 케이블 TV에서 기획한 프로그램이 18%의 시청률을 상회하면서 이처럼 사회적 관심을 끈 것은 "개천에서 용 나기를 갈망하는 성공신화"에 대한 열망 덕분이다. '학력 대물림', '성공 대물림'으로 사회적 약자에게는 희망이 없다는 확고한 사회적 통념이 깨어지는 것을 보고 많은 사람들은 통쾌한 희열을 느꼈을 것이다. 허각에 대한 희망과 열광은 부정할 수 없는 우리 사회의 자화상이다. 이것이 '공정사회'에 대한 국민적 열망을 견인한다.

허각 성공신화에 감동하는 우리 국민 정서를 놓치지 않고 정치권이 끼어드는 것은 당연지사다. 김정권 한나라당 의원은 11월 1일 국회 정치 분야 대정부질문에서 "마이클 샌델 교수의 '정의란 무엇인가'라는 인문서적이 유례없는 판매량을 보인 것은 역설적이게도 우리 사회가 정의롭지 못하다는 사실을 보여주는 것"이라면서 '슈퍼스타 K'에서 중졸 학력의 환풍기 수리공인 허각의 우승을 언급하면서 "평등과 공정에 대한 국민적 열망"을 강조하였다. 그는 허각의 우승을 공정과 연관시키면서 "결국 공정한 사회는 이념이나 구호로 이룰 수 있는 것이 아니라 제도와 시스템을 수반하는 실천의 문제"라고 목소리를 높였다. 존박이 아니라 허각이 우승할 수 있는 제도와 시스템을 만들어야 한다는 소리처럼 들린다.

허각 열풍에 손학규 민주당 대표도 빠지지 않았다. 그는 10월 15일 국회에서 열린 의원총회에서 "허각은 집안이 어려워 고등학교 진학도 못하고 이리저리 공사판에서 막노동 일을 하면서도 노래에 대한 열정을 참지 못하고 틈틈이 노래를 해 이제 가수가 됐다"면서 "허각의 우승 스토리가 민주당이 가야 할 길"이라고 말했다. 그는 "처음에는 얼굴이 잘 생긴 존박이 우승할 것으로 생각했지만, 무명가수에다가 얼굴이 꽃미남이 아니라서 어디 명함도 못 내밀고 있었고 출신도 별 볼일이 없는 사람이 차츰 관심을 받게 되고 평범한 시민이 허각에게 표를 몰아줬다고 한다"며 "나중에는 130만 표까지 올라갔다고 하는데 민주당이 앞으로 가야 할 길이 이렇지 않을까 생각한다"고 주장했다. 그는 허각을 만든 것은 '평범한 시청자, 팬, 국민'이라는 것이다. 그가 강조한 것은 공정한 절차가 아니라 국민의 마음이다. 사실은 '하나' 지만 해석은 '다양'하고 제멋대로다.

　그러나 허각이 아니라 존박이 승리했다면 어떻게 될 것인가. 사람들이 여전히 허각이 승리했을 때처럼 열광했을 것인가? 존박이 승리했다고 심사 절차가 공정하고 투명하지 못했다고 단정해야 하는가. 약자가 항상 승리하는 사회가 '공정한 사회'인가. 공정한 사회를 결정짓는 요인이 최종 우승자가 강자가 아닌 약자이기 때문인가. 약자가 항상 강자를 누르고 승리하는 사회를 공정한 사회라 할 수 있는가. 허각이 패배하고 존박이 최종적으로 우승했다면 우리 사회는 공정한 사회가 아니라고 해야 하는가.

　'슈퍼스타K'에서 허각이 승리한 것에 사람들이 감동을 받고, 그것을 우리 사회의 화두가 된 '공정한 사회'와 연결시키는 감정을 이해할 수는 있지만 허각의 승리와 공정한 사회가 필연적 연관관계에 있는 것은 아니다. '슈퍼스타K'의 공정성이 허각의 승리에 있는 것은 아니다. 허각이 아니라 존박이 승리했다고 하더라도 '슈퍼스타K'는 공정할 수 있다. 왜냐하면 '슈퍼스타K'의 공정성 여부는 최종 우승자가 누군가가 아니라 최종 우승자를 뽑는 절차에 따라 결정되기 때문이다.

　중요한 것은 최종 우승자가 아니라 '슈퍼스타K'에 참가한 모든 사람들이 최종 우승자를 뽑는 절차, 곧 심사위원들의 평가와 시청자들의 투표로 우승자를 뽑는다는 절차에 동의하고, 그 절차가 공정하게 시행되었기 때문이다. 심사위원들의 평가와 시청자들의 투표가 투명하게 진행되었고, 그것을 지켜본 사람들이 그 절차가 공정했다고 동의했기 때문에 '슈퍼스타K'는 공정성을 획득한 것이다.

　'공정한 사회'에 대한 논의가 곧잘 혼란에 빠지는 이유는 공정성에 대한 정의를 각기 자기방식으로 하기 때문이다. 물론 사람들은 무엇이 공정한가, 공정하지 않은가를 직관적으로 판단할 수 있는 능력을 가지고 있기 때문에 '공정'은 더 이상의 정의가 불가능한 개념일 수도 있다. 특권을 가진 사람이 특혜를 받는 사회가 공정한 사회가 아니라는 것에 대해서는 모든 사람들이 직관적으로 동의한다. 외교부 장관의 자식이 외교부 직원으로 특채된 것을 두고 그것이 공정했다고 말할 사람은 없다.

그러나 장관의 자식이 특채에 의해 공직으로 나아갔다는 사실 자체가 불공정한 것은 아니다. 공정한 절차를 통해 공직에 진출했다면 그것을 불공정하다고 할 수는 없다. 물론 오비이락으로 불공정한 힘이 개입되었다는 혐의를 둘 수 있지만 그 과정이 투명하게 공개되고, 그런 혐의가 없다면 그것을 불공정하다고 할 수는 없다. 오히려 고위 공직자의 자녀가 특채에 응시할 수 없다면 그것은 불공정일 수 있다.

일반적으로 공정이나 정의는 개인의 품성이 아니라 제도의 특성과 그 제도를 만드는 과정의 특성으로 이해된다. 이와 관련하여 롤즈는 다음과 같이 말한다. 정의란 원초적인 도덕적 개념이라는 생각을 나타내 줄 뿐만 아니라 공정한 경기, 공정한 경쟁, 공정한 거래라고 말하는 경우에서와 같이 상호협동하에서 서로 경쟁하는 사람들을 다루는 정당성(right)과 관련된 공정성(fairness)이란 개념이 정의의 기본이라는 생각을 나타내고 있다. 공정의 문제가 일어날 경우는 서로에 대해 행세할 어떤 권위도 없는 자유로운 사람들이 공동의 행위에 가담할 때, 그리고 그들 간에 그 행위를 규정하고 그 이익과 부담에서 각각의 몫을 정해 줄 규칙들을 결정하고 받아들일 때이다.[11]

정의와 공정에 대한 물음은 사람들이 가치 있는 것으로 판단하여 갖기를 원함에도 불구하고 그것이 제한되어 있어 원하는 사람이 모두 갖지 못할 때 제기된다. 샌델은 다음과 같이 말한다.

한 사회가 정의로운가, 그렇지 않은가를 묻는 것은 우리가 가치를 부여하는 것들 곧 소득과 부, 의무와 권리, 권력과 기회, 공직과 명예를 어떻게 분배하는지를 묻는 것이다. 정의로운 사회는 그러한 재화를 올바른 방식으로 분배한다. 정의로운 사회는 각각의 개인에게 그들의 합당한 몫에 따라 분배한다. 어려운 문제는 우리가 사람들의 합당한 몫이 무엇이고, 왜 합당한 몫인가를 물을 때 시작된다.[12]

샌델은 합당한 몫을 결정하고 재화를 분배하는 3가지 방식으로 행복·자유·미덕을 든다. 무엇이 공정이나 정의인가 하는 것은 그가 취하는 정의론의 관점에 따라 달라진다. 플라톤의 『국가』[13]에서 케팔로스는 빚을 갚는 것, 폴레마르코스는 친구들에게 선을 행하고 적들에게는 해를 입히는 것, 트라시마코스는 강한 자에게 유리한 것이 '정의'라고 주장하였다. 플라톤은 모든 사람이 다른 사람의 본분에 간섭하지 않고 각자가 자기 본분에 충실할 때 이루어지는 조화로운 상태를 정의라고 하였다. 이런 정의에 대한 정의(定義)는 정의를 '시민권의 평등'으로 정의하는 입장과 상반된다. 곧 모든 사람들이 합의할 수 있는 정의에 대한 정의(定義)는 존재하지 않는다. 어떤 상태가 공정한가에 대한 사람들의 직관적인 판단이 존재하지 않는 것은 아니지만, 상황이 복잡해지면 공정한가, 공정하지 않은가에 대한 판단이 달라진다.

이런 상황에서 우리가 '공정한 사회'와 관련하여 롤즈의 정의론에 주목해야 할 곳은 그가 제시한 정의의 두 원칙이 아니라, 정의의 두 원칙을 도출하는 '원초적 상황'이다. 롤즈의 정의론은 '무지의 베일'[14]에 싸여 합리적인 판단을 하는 사람들이 도출한 정의의 원칙이다. 롤즈는 자신이 원초적 상황에서 '정의의 원칙'을 도출하였다고 주장함으로써 자신의 정의의 두 원칙이 보편타당함을 입증하려고 하였다. 원초적 입장에서 도출된 정의의 두 원칙에 모든 사람들이 동의할 것이라는 기대를 가지고 있는 것이다.

물론 '원초적 상황'은 롤즈가 자신의 정의론을 정당화하기 위해 설정한 가상적 상황이고, 이 가상적 상황에서 사람들은 정의의 두 원칙에 합의할 것이라고 가정하고 있지만 실제 상황이 아니기 때문에 우리는 실제로 이러한 일이 일어날 것이라고 기대할 수는 없다. 그러나 롤즈의 원초적 상황은 우리에게 중요한 시사점을 주고 있다. 정의의 원칙 또는 '공정한 사회'의 원칙은 시민들의 합의를 통해 도출되어야 한다는 것이다. 그리고 현실에서 이러한 합의의 도출은 국가의 몫이다. 국가는 '공정'한 원칙을 도출하고, 그 원칙이 공정하게 집행되도록 관리하고 감독해야 한다.

공정한 사회를 만드는 것은 누구의 몫인가? 그것은 1차적으로 국가의 몫이다. 법을 통해 공정을 실현하든, 제도를 통해 공정을 실현하든, 공정한 법과 제도를 만드는 것은 개인이 아니라 국가의 몫이다. 물론 공정한 법과 제도를 만들어야 하는 국가가 국민과 독립하여 존재하는 실체가 아니라 민주주의에서는 국민에 의해 선출되기 때문에 국민들도 2차적인 책임이 있다.

이런 맥락에서 본다면 많은 사람들이 공정한 사회 실현을 위해 힘 있는 사람들이 앞장서야 한다고 주장하지만 공정한 사회를 힘 있는 사람들의 윤리의식에만 맡길 수는 없는 노릇이다. 조금만 생각해 보면 이런 기대를 하는 것은 논리적 모순이다. 우리 사회에서 힘 있는 사람들이 도덕적으로 존경받지 못하고 있다. 많은 사람들은 힘 있는 사람들이 공정한 방법으로 그 자리를 차지하게 되었다고 믿지 않는다. 이명박 정부가 '공정한 사회'를 내세우는 것을 못마땅하게 생각하고 '공정한 사회'에 대해 냉소적인 입장을 견지하는 것은 이명박 정부가 공정과 상당한 거리가 있어 공정을 내세울 만한 도덕적 정당성을 확보하고 있지 못하다고 생각하기 때문이다. 여론 조사를 보아도 국민들의 이러한 의식은 선명하게 드러난다. 가장 불공정한 집단으로 매도당하고 있는 곳이 바로 힘 있는 집단이다.

이런 상황에서 어떻게 힘 있는 자들의 도덕심에 호소하여 공정한 사회를 이룩할 수 있겠는가. 따라서 힘 있는 사람이든, 없는 사람이든 그들의 도덕심에 호소하여 '공정한 사회'를 성취하려는 입장은 설득력이 떨어진다.

공정한가, 공정하지 못한가에 대한 판단을 시민들에게 일임할 수는 없다. 공정성은 사람들의 판단에 있는 것이 아니라 제도 자체에 있다. 공정성의 초점은 사태에 대한 사람들의 판단이 아니라 제도로 옮겨져야 한다. 제도는 공정할 수도 있고, 공정하지 않을 수도 있다. 그러나 일단 안착된 제도에 대해서는 공정성을 부여해야 한다. 물론 많은 사람들이 공정하지 못한 제도라고 판단하는 제도가 존재할 수도 있지만 공정한 절차에 따라 만들어진 제도는 일단 공정한 제도로 받아들여야 한다. 공정하지 못한 제도라면 폐기되거나 수정되어야 하지만 존재하는 제도는 일단 공정한 제도로 인정해야 한다. (2010. 11. 25)

| 주 |

1) 빌게이츠재단은 본래 1994년에 〈William H. Gates Foundation〉으로 시작했는데 기부활동이 본격적으로 펼쳐진 것은 재단 이름이 〈Bill & Melinda Gates Foundation〉으로 바뀐 2000년 1월부터다.

2) 〈www. gatesfoundation.org〉 참조

3) 관련된 자료는 이종환, 『정도(正道)』(관정이종환교육재단, 2008) 참조. 관정이종환교육재단은 2008년 4월 이후에도 많은 액수의 장학금을 주어 왔다. 이 글에서는 2008년 4월을 강조하고 있는데 그 이유는 이종환 회장이 기부한 돈의 액수를 환율을 감안해 알프레드 노벨과 비교하기 위해서다.

4) 이는 필자가 『CEO 정신을 발휘한 사람들』(삼영사, 2008) 집필 전에 이종환 회장과 가진 인터뷰 내용이다.

5) Friedman, Milton & Rose(1979), Free to Choose, Harcourt Brace Jovanovich.

6) 이대통령은 취임사에서 "실용은 동서양의 역사를 관통하는 합리적 원리이자 세계화의 물결을 헤쳐 나가는 데에 유효한 실천적 지혜"라고 했다.

7) 김영삼 정부는 세계화를 국정운영의 기본으로 삼았지만, 국가의 대외신임도가 갖는 의미를 천착하지 못했다. 마땅한 안전장치도 없이 '장기자본시장'보다 '단기자본시장'을 먼저 개방했다. '펀더멘털(fundamental)론'에 함몰돼 사실상의 국가 디폴트(default) 사태를 맞이한 것이다.

8) 우리나라의 대학 진학률은 85%를 넘어서고 있다. 기회의 균등이 제약 조건인지 심각하게 생각해야 한다. 용(龍)이 되는 것은 결국 개인의 자조와 의지의 문제이다. '기회의 문제'라기보다는 '역동성의 문제'로 보는 것이 더 타당하다.

9) Peter Singer, A Darwinian Left: Politics, Evolution, and Cooperation, Yale University Press, 2000.

10) 정부는 '9·16 서민희망예산'을 발표하였고, 서민정책 4~5개를 더 발표할 것이라 한다. 이에 맞서 민주당도 '민생희망 40개 법안'을 제시하면서, 친서민정책을 위해 4대강 예산을 삭감해야 한다고 주장하고 있다.

11) 존 롤즈, 『공정으로서의 정의』, 황경식 옮김, 서광사, 1988, pp.26-27.

12) Michael J. Sandel, Justice: What's the right thing to do?, FSG, 2009, p.19, 『정의란 무엇인가』, 이창신 옮김, 김영사, 2010, p33. 롤즈도 정의라는 것을 단지 사회제도나 또는 규율체계라 불리는 것의 덕목으로만 간주한다. 존 롤즈, 『공정으로서의 정의』, 황경식 옮김, 서광사, 1988, p.12.

13) 플라톤, 『국가』 제1권 참조, 박종현 역주, 서광사, 1977.

14) 원초적 상황에서 사람들은 자기의 지위나 계층을 모르며, 천부적 재능이나 체력을 어떻게 타고날지 자신의 운수를 모른다고 가정한다.

KI신서 3109

한국경제의 미래, 시장에 답이 있다

1판 1쇄 인쇄 2011년 1월 21일
1판 1쇄 발행 2011년 1월 31일

지은이 한국경제연구원 **펴낸이** 김영곤 **펴낸곳** (주)북이십일 21세기북스
출판콘텐츠사업부문장 정성진 **출판개발본부장** 김성수 **외주편집** 임정랑 **디자인** 에이틴
마케팅·영업본부장 최창규 **마케팅** 김보미 김현유 강서영 **영업** 이경희 우세웅 박민형
출판등록 2000년 5월 6일 제10-1965호
주소 (우413-756) 경기도 파주시 교하읍 문발리 파주출판단지 518-3
대표전화 031-955-2100 **팩스** 031-955-2151 **이메일** book21@book21.co.kr
홈페이지 www.book21.co.kr **21세기북스 트위터** @21cbook **블로그** b.book21.com

ⓒ 한국경제연구원, 2011